韓國史研究叢書 24

朝鮮後期 政治와 掛書

李相培

國學資料院

책 머리에

　필자는 조선시대 민의 의식과 그 행동양식이 어떠한 형태로 변화·발전하여 왔는가에 많은 관심을 가지고 역사라는 학문에 접근하였다. 그리고 이 연구를 위해서는 무엇보다도 그 시대 당사자들의 의사와 의지가 담긴 文件에 대한 연구가 필수적이라고 생각하였다. 이러한 취지에 적합했던 史料가 조선시대의 각종 재판기록을 수록해 놓은 『推案及鞠案』이었으며, 그 가운데서도 필자의 관심을 끌었던 것은 民이 직접 글을 작성하여 자신의 의사를 표현한 掛書였다. 그 이후 석사학위 논문에서부터 괘서에 대한 연구를 시작하여 그 결과물로서 필자의 박사학위 청구논문인 『朝鮮後期 掛書研究』가 나왔고, 이 책은 학위논문을 수정·보완한 것이다.
　괘서란 일반인들은 물론 비록 역사를 공부하는 사람들도 다소 生疎한 용어로 받아 들이고 있다. 그러나 전근대사회 民의 자유로운 의사표현 통로가 다양하게 마련되어 있지 않던 시대에 나타난 역사적 결과물로서의 괘서는 조선후기에 모두 43건이 중앙에 보고 되고 있다. 주로 서울과 下三道에서 많이 나타나고 있는 괘서는 정부의 관리나 정책의 비판, 각종 秘記와 讖書·鄭鑑錄 등을 이용한 조선멸망설, 외부의 침략 또는 난의 발생을 예언하거나 난을 선동하는 것을 주 내용으로 하고 있어 당시 民의 의식수준을 파악할 수 있는 좋은 자료이다. 이러한 괘서는 성문·官廳의 문루·담벽·場市·비석 등 특정한 장소에 구애받지 않고 게시되었으며, 이를 주로 이용한 계층은 지식인층에서부터 농민과 노비에 이르기까지 다양한 신분분포를 보이고 있다. 괘서의 성격도 초기에는 정치의식이 강한 지식인들이 주축이 되어 주로 이용하였기 때문에 정치적 성격이 강하였으나, 19세기 이후에는 사회적 성격이 강하게 나타나고 있다. 이러한 괘서는 전근대사회에서 輿論形成・變亂企圖・意思表現 道具・政策과 부정부패에 대한 비판, 언론적 정보전달의 기능과 역할을 담당하여 왔다. 따라서 당시의 정치·사회상과 매우 밀접한 관계를 가지고 있다.

막상 이 책의 출간을 결정하고나자 기쁨보다는 두려움이 앞선다. 학문적 능력이나 소양이 부족한 상태에서 그나마 정리된 내용을 감히 책으로 발간할 수 있었던 것은 이 분야 연구에 작은 보탬이 되었으면 하는 소박한 바램과 함께 새로운 출발을 위한 자신과의 다짐에서 비롯된 것이다. 先學諸賢들의 叱正을 달게 받아 끝 없는 학문에의 정진과 열정으로 계속 수정·보완해 나갈 것을 다짐하는 것으로나마 부끄러움을 최소화할 수 있을 것이다.

특별한 재주나 명석함을 갖추지 못한 필자가 보잘 것 없는 결과나마 이렇게 간행할 수 있었던 것은 오직 많은 사람들의 격려와 애정어린 보살핌의 결과이다. 학부시절부터 지금에 이르기까지 학문의 기본자세와 방법의 지도는 물론 삶의 방향을 제시해 주신 孫承喆선생님의 은혜에 대해서는 글로 형언할 수가 없다. 또한 항상 너그러움과 부지런함을 몸소 보여 주시면서 학문의 길에 정진하도록 이끌어 주신 元永煥선생님의 은혜도 잊을 수 없다. 만일에 이러한 분들이 없었다면 필자는 이 자리에 있지 못하였을 것이다. 이 자리를 빌어 늘 부족한 필자를 지도해 주신 선생님께 진심으로 감사드리고 싶다. 그리고 학문적 가르침과 더불어 물심양면으로 도와 주시고 이끌어 주신 崔福奎선생님, 보잘 것 없는 논문을 바로 잡아 주시고 격려해 주신 李求鎔선생님, 李章熙선생님,

吳星선생님의 은혜에 대해서도 이 자리를 빌어 깊이 감사드린다. 특히 신통치 못한 글을 정성스럽게 읽어 주시고 학문적 조언과 가르침은 물론 한국사연구총서의 한 권으로 발간될 수 있도록 주선해 주신 吳星선생님의 은혜에 감사드린다. 또한 사학과 선생님들과 후배들의 도움도 필자에게는 큰 힘이 되었으며, 학위논문 작성 과정에서 교정과 교열을 마다않고 자기일처럼 도와 준 동아시아사연구회 선생님들과 학형들의 성원도 빼놓을 수 없다. 아울러 음으로 양으로 도와 준 서울특별시사편찬위원회 연구원선생님들께도 이 자리를 빌어 감사드린다.

그리고 불효자인 이 자식을 팔순이 다 되도록 늘 걱정해 주시는 어머님과 학위논문이 나오기까지 넉넉하지도 못한 살림에 학비를 부담해 주며 용기를 불어 넣어주신 형님과 누님 내외분, 결혼 이후 줄곧 집에서 거리가 먼 직장에 다니면서도 학문에 전념할 수 있도록 옆에서 도와주고 용기를 불어넣어 준 아내에게도 그동안 특별히 고마움을 표시하지 못했는데 이 자리를 빌어서나마 감사의 말씀드린다.

끝으로 상업성이 거의 없는데도 불구하고 한국사 분야의 도서간행에 열정을 기울여 오신 국학자료원의 鄭贊溶 사장님과 지루한 원고를 꼼꼼하게 교정하고 편집해 주신 편집실의 한봉숙님 외 여러분께도 고마운 뜻을 표한다.

1999년 1월

李 相 培

目 次

책 머리에

序 論 ··· 9

제1장 掛書의 槪念과 匿名書定罪事目의 制定 ·················· 19

  제1절 掛書의 槪念 ··· 19
  제2절 匿名書定罪事目의 制定 ························· 27

제2장 肅宗朝의 換局과 掛書 ·· 35

  제1절 換局의 發生과 掛書事件의 登場 ······················ 35
    1. 老論·少論·南人의 政爭과 自然災害의 頻發 ··········· 35
    2. 掛書事件의 發生現況 ·· 42
  제2절 庚申大黜陟과 掛書의 擴散 ···························· 46
    1. 1679년 把子橋洞 掛書事件과 庚申大黜陟 ············ 46
      1) 事件의 展開 ··· 46
      2) 南人間의 갈등과 庚申大黜陟 ························· 52
    2. 1711년 迎恩門 掛書事件과 誣告事件 ··················· 57
      1) 事件의 展開 ··· 57

    2) 誣告事件으로의 확산 ···································· 71
   3. 1715년 敦化門 掛書事件과 政府의 對應策 ···················· 81
    1) 事件의 展開 ··· 81
    2) 李世卿의 告變과 政府의 立場 ·························· 86
  제3절 肅宗朝 掛書事件의 性格과 特徵 ··························· 93

제3장 英祖의 蕩平策과 老論政權의 確立 ·························· 99

  제1절 老·少論의 葛藤과 掛書事件 ······························· 99
   1. 蕩平策의 推進과 老·少의 葛藤 ····························· 99
   2. 掛書事件의 發生現況 ··································· 111
  제2절 少論의 掛書抵抗과 老論政權의 確立 ······················ 122
   1. 1728년 西小門 掛書事件과 李麟佐亂 ······················ 122
   2. 1755년 羅州 掛書事件과 老論政權의 確立 ·················· 132
    1) 事件의 發生 ······································· 132
    2) 親鞫過程과 結果 ·································· 141
    3) 掛書事件에 대한 朝廷의 反應 ························ 148
    4) 沈鼎衍試券事件과 老論政權의 確立 ···················· 156
  제3절 英祖朝 掛書事件의 性格과 特徵 ························· 180

제4장 純祖朝 民의 動向과 掛書 ································ 185

  제1절 秘記의 流行과 掛書利用層의 擴大 ························ 185
   1. 各種 圖讖書의 流行 ···································· 185
   2. 掛書事件의 發生現況 ··································· 189
  제2절 掛書事件을 통해 본 民의 動向 ··························· 196
   1. 1804년 四大門掛書事件과 關西秘記 ······················· 196

2. 1826년 淸州牧 掛書事件과 民의 動向 ·· 206
      1) 淸州牧의 地域的 條件 ·· 206
      2) 淸州北門 掛書事件의 顚末 ·· 207
      3) 淸州鎭營 掛書事件의 顚末 ·· 215
      4) 關聯人物의 分析과 民의 動向 ·· 222
   제3절 純祖朝 掛書事件의 性格과 特徵 ·· 231

제5장 憲·哲宗朝 掛書事件과 行政的 處理 ·· 235

   제1절 掛書事件의 發生現況 ·· 235
   제2절 山淸·奉化掛書와 政府의 對應 ·· 242
      1. 1844년 山淸 掛書事件과 幼學層의 實態 ·· 242
         1) 山淸縣의 地域的 條件 ·· 242
         2) 事件의 顚末 ·· 244
         3) 關聯人物의 分析을 통해 본 幼學層의 實態 ································ 252
      2. 1853년 奉化 掛書事件과 行政的 處理 ·· 258
         1) 奉化縣의 地域的 條件 ·· 258
         2) 事件의 顚末과 主謀者의 造作 ·· 261
         3) 造作된 主謀者의 人物과 行政的 處理의 亂脈 ················ 267
   제3절 憲·哲宗朝 掛書事件의 性格과 特徵 ·· 274

제6장 掛書事件의 性格과 機能 ·· 277

   제1절 歷史的 性格과 變化의 樣相 ·· 277
      1. 性格 및 內容別 變化 ·· 277
      2. 時期別 變化樣相 ·· 282
      3. 主謀者의 身分·職役別 分布 ·· 285

    4. 地域的 擴大 ……………………………………………… 287
    5. 政府의 對應과 主謀者 檢擧現況 …………………… 289
 제2절 歷史的 機能과 役割 ………………………………… 291
    1. 情報傳達・輿論形成・變亂企圖로서의 機能 ……… 291
    2. 批判的 意思表現 道具로서의 役割 ………………… 295

結 論 ……………………………………………………… 299

□ 參考文獻 …………………………………………………… 309
□ 索 引 …………………………………………………… 315

序 論

　조선후기의 역사상은 정치·경제·사회사적인 측면에서 선학들의 연구업적이 풍부하게 이루어져 왔다. 특히 각 시기별로 구체적인 역사상을 정립해 가는 노력이 꾸준히 진행되고 있으며, 분야별 연구도 점차 세분화 되어가는 추세다.[1]

　그러나 아직까지도 조선후기 사회의 역동적인 역사상을 완전하게 해명했다고는 보지 않는다. 특히 당시의 역사적 환경 변화와 함께 그 시대 백성들이 느껴온 의식의 변화와 그 실상, 나아가 그들의 의식변화에 따른 행동양상 등은 조선후기 역사상의 정립에 보다 중요한 요소임에도 불구하고 충분한 실체가 규명되지 않은 것이 지금의 현실이다.

　필자는 조선시대 民의 의식 변화상과 그 행동양식 등을 알기 위해서

---

1) 조선후기사 각 분야의 연구사는
　近代史硏究會 編, 『韓國中世社會解體期의 諸問題』 상·하, 한울, 1987.
　金炫榮, 「朝鮮後期史 硏究의 回顧와 展望 : 1979~1988」 『國史館論叢』 10, 1989.
　尹熙勉, 「回顧와 展望 : 韓國史學界 1990~1992 <조선후기>」 『歷史學報』 140, 1993.
　이훈상, 「回顧와 展望 - 조선후기편-」 『歷史學報』 152, 1996. 등에서 자세히 다루고 있다. 이 책에서는 직접적인 주제와 관련이 멀어 따로이 연구사를 정리하지 않았다.

는 그 당사자들의 意思와 의지가 담긴 文件에 대한 연구가 필수적이라고 생각하였다. 물론 爲政者들이 보는 시각에서의 민의 의식동향도 연구의 한 방법이겠으나 이는 당사자가 아니라는 점에서 일정한 한계점을 가지고 있으며, 당시 위정자들의 對民認識은 기본적으로 열등한 존재 혹은 갓난아이에 견줄 정도의 인식이었다.[2] 결국 민의 정치·사회에 대한 의식변화, 나아가 그들의 비판의식 등을 살펴볼 수 있는 최상의 자료는 자신의 의사를 개진한 문건이 일차적인 사료일 것이다.

그런데 전근대사회에서 이와 같은 요소를 만족시켜줄 만한 자료는 그리 많지 않다. 즉 당시의 民들은 자신들의 의사표현을 개진할 수 있는 다양한 통로가 마련되어 있지 않았기 때문에 이를 극복할 수 있는 방법과 통로를 찾게 되었다. 당시 민의 의사표현 수단으로는 크게 두 시각에서 찾아 볼 수 있다. 하나는 합법적인 범주 내에서의 의견개진이나 행동이요, 다른 하나는 비합법적인 방법으로서의 의사표현과 실천이다. 전자로는 관리들이 주로 사용하는 상소와 백성들이 사용하는 民訴 등이 있고, 후자로는 각종 匿名書로서 掛書를 비롯하여 投書·榜書·壁書 등이 있다. 특히 후자의 경우 인심동요의 차원에서 주로 이용되었던 방법가운데 하나로서 단순한 익명서의 범주를 벗어나 民亂으로 나아가는 기폭제 역할을 하는가 하면 정치적 문제로 비화 발전하기도 하였다.

조선시대 합법적인 범주 내에서 이루어졌던 下意上達의 통로로써의 民訴로는 訴訟 뿐만 아니라 조선초기 태종 때에 설치된 申聞鼓[3]를 비롯하여 上言·擊錚 등이 있다. 상언과 격쟁은 신문고가 특정 신분·특정 지역에 한정되어 民意를 전달하는 기능을 점차 상실해가자 그 대안으로서 대두된 것이다. 비록 상언과 격쟁의 범주가 설정되어 있기는 했

---

[2] 박광용, 「정치운영론」『조선정치사』(하), 청년사, 1990. 719쪽.
[3] 申聞鼓는 서울과 지방에 억울함이 있는 자에게 호소의 기회를 부여해 준다는 취지에서 설치되었는데 초기에는 登聞鼓라 하다가 한달 후에 신문고로 개칭되었다. (『太宗實錄』 卷2, 太宗 元年 8月 丁巳條)

지만4) 이들은 민의 자각을 매개로 한 자신들의 권리의식을 대변하는 중요한 방법으로 존재하고 있었다.

그리고 다른 한편으로는 법에 대한 민의 인식도 조선후기로 올수록 보다 적극적이고 능동적으로 발전하여 갔다. 그리하여 소송의 횟수도 증가하고 있으며, 소송의 범주도 광범위하게 퍼져있어 의식적인 면에서 볼 때 민의 권리의식을 확산시켜 가기도 하였다5).

이들 민소는 수령과 감사, 비변사 등을 차례로 거쳐 왕에게 도달되는 것으로 당시 합법적 범주내에서의 대항수단이었다. 그러나 민소에 대한 처리 결과는 오히려 민에게 불리하게 작용하였다. 즉 합법적 저항의 마지막 단계인 上言이나 擊錚의 경우에도 미세한 일이라든가 절차를 무시했다든가 하는 등의 구실을 내세워 받아들이지 않는 것이 일반적인 경향이었다.6) 또한 수령의 입장에서도 비록 10명 이상이 연명으로 소장을 내는 경우 소장을 들고 읍에 들어오는 자는 1명으로 제한하고, 아무리 큰 사안이라 하더라도 3명을 넘지 못하도록 규정한 것은 집단적인 시위를 제도적으로 막기 위한 것이었다.7)

이와 같은 상황하에서 민의 합법적 저항은 소기의 목적을 달성하는 유용한 수단이 되기에는 역부족이었다. 그 결과 집단적인 무력저항이나

---

4) 16세기 중엽 明宗代에 上言과 擊錚의 범주를 ① 刑戮이 자신에게 미치는 일, ② 부자관계를 밝히는 일, ③ 嫡妾을 가리는 일, ④ 良賤을 가리는 일로 정하였다. 이후 17세기 肅宗代에는 ① 자손이 父祖를 위한 일 ② 부인이 남편을 위한 일, ③ 동생이 형을 위한 일, ④ 奴가 상전을 위한 일의 4가지가 추가·확대되었으며, 정조대에 이르러서는 民隱에 관한 사항도 포함되었다.(韓相權, 『朝鮮後期 社會와 訴冤制度』一潮閣, 1996에서 상언·격쟁에 관하여 상세히 다루고 있다)
5) 민의 법의식 변화에 관하여는 趙允旋, 「『續大典』 刑典 '聽理' 條와 民의 法意識」, 『韓國史硏究』 88, 1995를 참조.
6) 『中宗實錄』 卷9 中宗 4年 閏9月 丙寅條.
「…許遲曰 前日行幸時 呈駕前者 過百有餘人 或被申訴不實之罪 雖申訴的實 而亦被越訴之罪 …」
7) 高錫珪, 『19세기 鄕村支配勢力의 변동과 農民抗爭의 양상』 서울대박사학위논문, 1991. 198~199쪽.

은밀한 방법의 정부비난 등을 통하여 이같은 모순을 해결하고자 하였다. 그 방법으로서 주로 이용되었던 것이 匿名書이다. 백성들의 불만사항이나 정치체제 및 관리들에 대한 비판적인 내용을 담고 있는 익명서는 그 성격상 현실에 대한 비판의식의 한 형태로 나타나고 있다는 점에서 보다 현실성을 가지고 있다. 따라서 보다 객관적으로 민심의 意識動向과 그 행동양식 및 정치동향을 살펴볼 수 있는 것으로는 적절한 史料라고 생각한다. 익명서 가운데 가장 큰 효력을 발생하였던 것이 掛書나 壁書 등이고 파급효과는 다소 떨어지지만 投書와 같은 것도 익명서의 범주에 들어간다.

조선후기의 괘서사건은 모두 43건이 史料에 보이고 있다. 그 내용에 있어서는 민의 개인적인 문제와 관련된 사항 뿐 아니라 정치·사회·외교적인 문제에 이르기까지 광범위하게 나타나고 있다. 또한 조선후기에 나타난 괘서사건이 시기적으로 그 성격과 기능면에서 구분되어 나타나고 있으며, 조선후기 정치적 변화와도 밀접한 관련을 가지고 있다. 이에 괘서사건을 통해서 당시 민의 의식 변화상과 아울러 그들의 행동양식의 한 단면을 살펴보고, 괘서 자체의 성격과 그 기능이 역사상 속에서 어떻게 발전·변화되어 갔는가를 밝히는 것은 조선후기 기층민에 대한 연구에서 필수적으로 거쳐야할 단계로 생각된다. 또한 이러한 연구는 조선후기 정치사 연구에도 일조할 것으로 생각한다.

한편 이 분야에 대한 학계의 관심은 1990년대에 들어서부터이다. 필자는 1989년 숙종대의 괘서사건에 관하여 논문을 발표한 이래 영조대, 순조대, 헌종대, 철종대에 걸쳐 각 시기별로 괘서사건의 변화과정과 그 특징에 관한 논문을 발표하였다.[8] 이에 더하여 1894년 발발한 동학농민

---

8) 李相培,「肅宗朝 掛書에 關한 硏究」『江原史學』제5집, 江原史學會, 1989.
_____,「英祖朝 尹志掛書事件과 政局의 動向」『韓國史硏究』76, 韓國史硏究會, 1992.
_____,「英祖朝 沈鼎衍 試券事件과 乙亥逆獄」『人文學硏究』제30집, 江原大學

전쟁이 1994년에 100주년을 맞이하게 되었고, 이에 관한 재조명이 활발하게 진행되는 과정에서 괘서사건이 동학의 발생배경 요인의 하나로 자리매김하기 시작하면서 연구에 활기를 더하였다9). 韓明基는 「19세기 전반 괘서사건의 추이와 그 특성-1801년 하동·의령 괘서사건을 중심으로-」에서 19세기 괘서사건의 추이에 관하여 개괄적으로 정리하고, 하동·의령·창원 등지에서 발생한 괘서사건에 관하여 『承政院日記』와 규장각 고문서 등을 활용하여 분석하고 있다.10) 그리고 高成勳은 『朝鮮後期 變亂硏究』라는 논문에서 조선후기 변란의 한 형태로서의 괘서사건을 언급하였고,11) 裵惠淑은 『朝鮮後期 社會抵抗集團과 社會變動 硏究』에서 조선후기에 나타나는 일련의 사회저항세력을 논술하면서 그 한 예로서 괘서사건을 언급하고 있다.12) 이들 두 논문은 조선후기의 사회변동과 발맞추어 변화해 가는 사회세력과 사상 흐름의 일부분을 괘서사건의 분석을 통하여 얻고자 했다는 공통점을 가지고 있다. 그러나 이와같은 일련의 연구는 괘서사건의 시대적 성격이나 그 기능 및 역사적 특징 등을 체계적으로 인식하고 있지 못한 한계점을 가지고 있다.

    校論文集, 1992.
  ____, 「朝鮮後期 漢城府 掛書에 관한 硏究」 『鄕土서울』 第53號, 서울特別市史編纂委員會, 1993.
  ____, 「純祖朝 掛書事件의 推移와 性格에 관한 硏究 -1826년 淸州牧 掛書事件을 中心으로-」 『史學硏究』 第49號, 國史編纂委員會, 1995.
  ____, 「山陰記事를 통해 본 山淸掛書事件의 특징」 『史學硏究』 第50號, 國史編纂委員會, 1995.
  ____, 「把子橋洞掛書事件과 匿名書定罪事目」 『鄕土서울』 第57號, 서울特別市史編纂委員會, 1997.
9) 한국역사연구회, 『1894년 농민전쟁연구 2- 18·19세기의 농민항쟁-』 역사비평사, 1992.
10) 韓明基, 「19세기 전반 괘서사건의 추이와 그 특성 -1801년 하동·의령 괘서사건을 중심으로-」 『國史館論叢』 43, 1993.
11) 高成勳, 『朝鮮後期 變亂硏究』 東國大博士學位論文, 1993.
12) 裵惠淑, 『朝鮮後期 社會抵抗集團과 社會變動 硏究』 東國大博士學位論文, 1994.

이들 이외에 괘서에 관한 단편적인 언급으로는 조선후기 민란의 동향과 그 양상을 설명하는 가운데에서 일부 지적되고 있는 실정이다.13) 결국 조선후기 괘서사건에 관한 본격적인 연구와 정리가 전혀 이루어지고 있지 않은 상황에서 피상적인 연구결과만을 중심으로 그 성격과 기능을 설명하고 있다.

이 책은 이러한 문제의식을 바탕으로 괘서의 개념에서부터 출발하여 조선후기 괘서사건의 발생현황, 지역적 발생빈도의 변화, 주모자의 신분과 사회적 성향 및 검거율, 괘서사건에 대한 정부의 반응과 법조문의 변천, 괘서사건의 주요내용과 그로 인해 파생되는 실질적인 效果, 괘서사건과 민란과의 연계성 문제, 괘서사건과 조선후기 정치동향과의 관련성 등을 규명하고자 한다. 나아가 궁극적으로 괘서사건이 조선후기 역사속에서 어떠한 위치를 차지하고 있으며, 그 기능은 어떠하였는가? 그리고 이는 우리역사 발전과정에서 어떠한 의미를 가지고 있는가를 살펴보고자 한다. 아울러 이러한 연구가 조선후기의 정치·사회변화와 함께 민의 저항의식 및 비판의식과 같은 사상적 추이를 규명할 수 있음은 물론이다. 이와 같은 연구를 통해서 조선왕조가 근대화로 넘어가는 길목에서의 민의 실상을 파악하고자 하는 데도 이 책의 목적이 있다. 그리고 그 대상시기는 숙종대부터 1876년 개항기까지로 정하였다.

이 책의 주요자료로는『朝鮮王朝實錄』이나『承政院日記』,『備邊司謄錄』,『日省錄』등 관찬사료와 재판기록인『推案及鞫案』을 기초로 하고 있다. 이는 괘서사건이 주로 반정부적이고 비판적인 성향이 강하므로 정부의 공식기록 보다는 재판기록에서 보다 상세한 내용파악이 용이하였기 때문이다.

---

13) 李離和,「19세기 전기의 民亂硏究」,『韓國學報』第35輯, 1984.
　　홍순민,「17세기말 18세기초 농민저항의 양상」,『1894년 농민전쟁연구』2 역사비평사, 1992.
　　정석종,『조선후기의 정치와 사상』, 한길사, 1995.

『추안급국안』은 17세기 초부터 19세기 말까지 약 300 여년간의 조선 후기 사회에서 일어난 掛書・變亂・盜賊・逆謀・凶疏・邪學(天主敎)・黨爭・假稱御史・陵上放火・投書 등에 관련된 공초기록으로서 당시의 정치사는 물론 사회사 분야에서도 중요한 사료중의 하나이다. 이 자료에는 사건의 경중에 따라 親鞫・庭鞫・推鞫・三省推鞫으로 구별되어 공초기록이 남아 있다.14) 이 책의 기록형식은 대개의 경우 왕의 전교에 의한 여러 대신들의 命招로 시작하여 上變書나 사건의 개요가 기록되고 관련 죄수의 압송 및 設鞫의 결정과 시행절차, 그리고 국청에 참여하는 여러 대신들의 이름과 참가여부가 표시되고 別問事郎廳・別刑房・文書色의 직함과 성명이 기록되어 있다.15) 이어 假都事에 의한 죄인의 체포・압송이 기록되고 각 죄인들의 공초가 이루어진다. 사건이 끝날때까지 반복되는 공초와 죄인들간의 面質 내용이 계속 기록되므로 그 양은 매우 방대하다.

따라서『推案及鞫案』은 괘서사건의 실체를 더듬어 보는데 있어서 최상의 자료이자 가장 기초적인 사료로서 가치가 있다고 하겠다. 나아가 그 보조자료로서 1646년부터 1882년까지의 추국내용을 요약하여 기술하고 있는 『推鞫日記』 30책과 1646년부터 1763년까지 죄인의 공초기록

---

14) 친국은 왕이 직접 참석하여 宮城을 호위하고 時原任大臣과 義禁府堂上, 司憲府와 司諫院의 臺諫들 그리고 左右捕盜大將의 참석하에 죄인을 군왕이 친히 鞫問하는 것으로 사건의 輕重에 있어서 變亂과 같은 국가의 안위에 직접적으로 관계되는 사건이 많다. 정국은 친국과 별다른 사항이 없으나 궁성을 호위하지 않고 왕이 직접 참여하여 신문하지 않는다는 점이 다르다. 추국은 사헌부와 사간원 가운데 一司가 없더라도 開坐할 수 있으며 問事郎廳은 의금부에서 차출한다. 삼성추국은 綱常之犯에 관한 사항을 다루는 것으로서 형조에서 의금부에 이첩하여 죄인을 압송하며 형조에서 이미 범행일체를 자백받으므로 結案만 받고 罷坐한다.(鄭奭鍾,『朝鮮後期社會變動硏究』一潮閣, 1983, 8~9쪽)
15) 죄인에게 심문할 問目을 작성하는 별문사랑청은 대개 이조와 병조의 正郎・佐郎・弘文館副校理・副護軍・副司直・副司果 등 4~5인이 되며, 죄인에게 형구로 고통을 가하는 별형방과 죄인의 진술을 기록하는 문서색은 각각 都事가 2~3명 담당한다.

을 간략하게 기술한『鞫廳日記』도 사료적 가치가 있다. 또한 포도청에서 죄인의 신문과정과 그 내용을 기록한『左捕盜廳謄錄』『右捕盜廳謄錄』『左右捕盜廳謄錄』 등도 재판기록의 보조자료로서 그 활용도가 매우 높다고 하겠다. 이들 각각의 자료들은 그 내용에 있어서 중복되는 사건의 기록도 있으나『推案及鞫案』에는 기록되지 않은 사항들이 적혀 있는 경우도 있어 상호 보완적으로 살펴볼 수 있는 장점을 가지고 있다.

이 책은 모두 6章으로 구성하였다. 제1장에서는 '괘서란 무엇인가?' 하는 문제와 이와 유사한 형태의 벽서, 투서, 익명서 등과의 차이점은 어디에 있는가 등을 살펴서 괘서의 역사성과 그 개념을 먼저 파악하고자 하였다. 그리고 괘서사건이 발생하여 주모자가 체포되었을 경우 이들에 대한 법의 적용기준이 되었던 법조문은 어떠한 변화과정을 거쳐 확립되었는가를 살펴 보고자 하였다.

제2장에서는 숙종 때 총 6건의 괘서사건 가운데 비교적 史料가 충실하고 특징을 가지고 있는 사건 가운데 남인과 서인간의 갈등속에서 정치적 목적을 달성하기 위해 이용된 숙종 5년(1679)의 把子橋洞 掛書事件과 丙子胡亂 이후 조선의 對淸外交政策을 비판한 숙종 37년(1711)의 迎恩門掛書事件, 그리고 현직관리들의 實名을 거론하면서 비판을 가한 숙종 41년(1715)의 敦化門掛書事件에 관하여 그 내용과 진행과정 및 결과를 분석하였다. 그리고 사건의 분석을 근거로하여 숙종대의 괘서사건이 가지고 있는 역사적 성격과 특징에 관하여 간략하게 요약하였다.

제3장에서는 조선후기에 가장 오랫동안 재위했고, 그만큼 많은 역사적 발전과 문제점을 노출시켰던 영조 때의 사건을 분석하였다. 이 시기에는 모두 15건의 괘서사건이 보고되고 있으며, 정치적으로 영조에게 큰 부담을 지어준 李麟佐 亂을 기점으로하여 지속적으로 발생하고 있다. 이들 전체의 괘서사건에 대하여 모두를 상세하게 분석하기에는 어

려움이 많아 2가지 사건만을 표본으로 분석하고 나머지는 略述하였다. 분석 대상인 영조 4년(1728) 한성부 지역을 중심으로 해서 여러 차례 발생한 괘서사건의 일단은 당시의 정치적 갈등속에서 소외된 소론계열이 다수 관련된 李麟佐 亂과 밀접한 연관을 가지고 발생하였다는 점에서 특징을 갖는 사건이다. 또한 1755년 羅州掛書事件은 영조년간에 지리하게 계속되어 오던 노론과 소론간의 政爭을 매듭지어『闡義昭鑑』을 편찬하게 됨으로써 노론정권의 확립을 가져온 직접적인 계기가 된 사건이다. 이 두가지 사건의 분석을 통해서 영조대의 괘서사건이 亂과 연결되어 가는 양상과 함께 당시 정치적 흐름과 연계하여 정계에서 도외시 당하고 있던 少論 급진론자들의 행동양식의 일단을 엿볼 수 있다. 이러한 사건의 분석을 근거로 영조대 괘서사건이 가지고 있는 역사적 성격과 특징에 관하여 간략하게 요약하였다.

　제4장에서는 순조대의 괘서사건을 대상으로 하였다. 순조 앞인 정조대는 괘서사건이 한건에 불과하고, 기록도 없어 사건의 진상을 파악하기가 매우 어려운 관계로 본 논고에서는 분석대상에서 제외하였다. 순조 때의 총 괘서사건은 12건이 보고되고 있다. 이들 가운데 1804년 關西秘記와 관련되어 발생한 한성부의 四大門掛書事件과 1826년 청주에서 두차례에 걸쳐 연속적으로 나타난 괘서사건을 다루었다. 전자의 경우 19세기에 일반 백성들 사이에 만연되어 있던 각종 秘記類의 실상을 살펴볼 수 있으며, 후자의 경우 당시 정계에 몸담고 있지 않던 지식인들의 실상과 의식구조 및 일반 백성들의 정치적·사회적 현실인식의 일단을 살펴볼 수 있다. 그리고 사건의 분석을 근거로하여 순조대의 괘서사건이 가지고 있는 역사적 성격과 특징에 관하여 간략하게 요약하였다.

　제5장에서는 헌·철종 때의 괘서사건을 다루었다. 편의상 1876년 개항 이전까지의 괘서사건을 다루었기 때문에 고종 때의 괘서사건은 언급을

피했다. 헌종과 철종 때는 모두 각각 3건씩의 괘서사건이 나타나고 있는 바 이 가운데 헌종 때의 山淸縣 掛書事件과 철종 때의 奉化掛書事件을 분석하였다. 이들 사건은 조선왕조가 와해 일로의 위기에 처한 당시의 시대적 상황에서 백성들이 가지고 있었던 현실사회와 정치에 대한 인식의 양상을 살펴볼 수 있으며, 세도정치의 모순으로 인한 행정적 처리의 난맥상이 어느 정도로 심각했는가도 살펴볼 수 있는 계기를 제공한다. 또한 산청괘서사건의 경우 가장 初等搜査의 기록인 『山陰記事』가 남아 있어 이를 분석의 기초자료로 하였다. 그리고 사건의 분석을 근거로하여 헌·철종대의 괘서사건이 가지고 있는 역사적 성격과 특징에 관하여 간략하게 요약하였다.

　제6장에서는 앞의 왕조별로 분석한 연구결과를 토대로하여 조선후기 괘서사건의 성격이 어떻게 변화되어 가고 있는가와 그 주요내용은 무엇이었는가를 전체적으로 정리하였다. 나아가 조선후기 괘서사건이 확대되어 가는 과정을 시기적·지역적·신분계층적인 면에서 분석하고, 정부의 대응책을 주모자 검거율의 측면에서 그 일단을 살펴보고자 한다. 그리고 조선후기의 괘서사건이 가지고 있는 역사적 기능으로서 여론 형성의 기능, 정보전달의 언론적 기능, 난의 사전 준비기능이 있었음을 고찰하고, 괘서가 전근대사회 민의 다양한 의사표현 도구가운데 하나로 자리매김하면서 對政府, 對官吏에 대한 비판적 역할을 수행하였음을 구명하고자 한다.

제1장 掛書의 槪念과 匿名書定罪事目의 制定

제1절 掛書의 槪念

　유사이래 오늘날까지 民들은 국가의 정책이나 행정시책 및 현실여건 등에 대하여 사안에 따라 개인 및 집단의 意思를 합리적 혹은 비합리적 방법을 모두 동원하여 개진해 왔다. 이같은 의사표현이 현대사회는 비교적 자유롭게 이루어지고 있고, 또한 계층에 관계없이 개인의 의사를 주장할 수 있는 대중매체가 많이 발달되어 있지만 전근대사회는 이러한 여건이 충분히 마련되어 있지 않았다. 즉 귀족이나 양반 등 지배계층은 자신들의 기득권을 유지하는 범위내에서 개인적인 상소나 연합상소 등으로 의사를 표출하였으나 대다수 일반 民들은 이같은 합법적인 통로가 거의 마련되어 있지 않았다. 다만 일반 民들이 불합리한 조치를 당했을 경우 주어진 의사표현 방법으로는 民訴나 신문고 이용, 혹은 上言과 擊錚 정도가 있을 뿐이었다.
　이와 같은 제도적인 모순을 극복하고 자신의 의사를 표현할 수 있는 방법의 한 형태로 나타난 것이 '匿名書'이다. '匿名書'는 글자 그대로 이름을 기록하지 않은 글을 의미하는 것으로서 掛書·壁書·投書 등 어떠한 글이든 實名이 아니면 모두가 익명서에 해당한다. 따라서 괘서·벽서·투서 보다는 익명서가 광범위한 영역을 가지고 있는 용어이다. 이와 같은 익명서는 비단 조선후기에만 나타나고 있는 것은 아니다. 또한 익명서의 성격상 그 내용의 사실유무나 주모자의 검거여부를 정확하게 밝혀내기는 쉽지 않다. 民들은 바로 이러한 장점을 활용하여 익명서를 통해 자신의 의사를 개진하였던 것이다.

이와 같은 익명서를 통해 자신들의 의사를 개진한 형태의 史料 중에서 가장 오래된 기록은 신라 진성왕 2년(888)의 다음과 같은 내용이다.

> 「이름을 밝히지 않은 사람이 時政을 비난하는 글을 써서 朝路에 게시하였다. 왕명으로 사람들을 수색하였으나 범인을 체포하지는 못했다.」[1]

이후 고려시대에도 여러 건의 익명서가 나타나고 있는 바 이를 살펴보면 다음과 같다.

① '각 령의 군사들이 익명으로 걸린글을 들어 이르기를'[2]
② '어떤 사람이 익명의 글을 던져 말하기를'[3]
③ '이에 앞서 어떤 사람이 익명의 글을 걸어 이르기를'[4]
④ '어떤 사람이 익명서를 최충헌의 집에 던졌다'[5]
⑤ '楊水尺들이 익명서를 걸어 이르기를'[6]
⑥ '어떤 사람이 승평문에 글을 서 붙였는데 이르기를'[7]

---

1) 『三國史記』 卷11 新羅本紀 第11 眞聖王 2年 春 2月條.
「時有無名子 欺謗時政 㨾辭榜於朝路 王命人搜索 不能得」
2) 『高麗史』 卷 128 列傳 41 鄭仲夫條. 「諸領軍士揭匿名榜云」
3) 『高麗史』 卷 129 列傳 42 崔忠獻條. 「有人投匿名書云」
4) 上同. 「先是有人帖匿名牓云」
5) 上同. 「有人投匿名書于忠獻家」
6) 上同. 「楊水尺等帖匿名書云」

위의 史料 가운데 ①은 정중부와 그의 아들 鄭均이 국정을 弄權하고 횡포한 짓을 일삼는다는 내용의 익명서가 붙은 것을 각 령의 군사들이 보고한 것이며, ②와 ④는 타인이 최충헌을 살해하고자 한다는 내용의 익명서이다. ③은 최충헌과 將軍 朴晉材 사이의 권력다툼 속에서 나온 익명서이며 ⑤는 양수척들이 반란을 일으키면서 익명서를 붙인 것이고 ⑥은 崔怡가 겨울에 民들을 동원하여 나무를 벌목한 것을 비판하는 내용으로 昇平門에 방을 써 붙인 것이다. 이들 가운데 ②와 ④는 전형적인 투서의 형태이며, ①과 ⑤와 ⑥은 조선후기 괘서와 같은 형태이다. 그리고 ③은 성격상 투서에 가까운 것으로 보인다.

이와 같이 고려시대의 익명서도 투서나 괘서 등의 형태로 다양하게 나타나고 있으며, 모두가 무인세력들 간의 세력다툼이나 개인과 시대에 대한 비난 등이 내용의 주를 이루고 있음을 알 수 있다.

그러면 이들 익명서의 범주에 들어가는 대표적인 사례, 즉 괘서·방서·투서·벽서 등의 개념과 표현방식의 차이, 그 쓰임새와 의미는 어떠한 차이점과 유사점을 가지고 있는가?

먼저 掛書는 조선후기에 고유명사화된 용어이다. 일반적으로 그 辭典的 의미는 '국가에 반역을 도모하거나 타인을 모함할 때에 궁문·성문·관청의 문 같은 곳에 이름을 숨기고 게시하는 글'로 정의하고 있다. 그러나 漢字의 字意的인 의미로 볼 때는 '걸다'는 뜻의 동사인 '掛'와 '글'이라는 뜻의 명사인 '書'가 합성되어 이루어진 것으로 글자 그대로 '글을 걸다'라는 뜻으로 풀이 된다. 이러한 의미로 사용되던 것이 조선후기에 이르러 고유명사화된 것으로 보인다. 즉 괘서라는 용어가 고려시대와 壬辰倭亂 이전에는 나타나고 있지 않다가 조선후기 숙종 5년 (1679) 4월 8일 도성의 把子橋洞 掛書事件에서부터 처음 등장하기 때문

---

7) 上同.「有人牓昇平門云」

이다.8)

　물론 조선후기 이전의 익명서가 괘서라는 용어로 나타나고 있지는 않으나 사건의 형태나 양상으로 보아 같은 성격의 것으로 파악할 수 있는 것은 앞서 서술한 신라 진성왕대의 익명서를 들 수 있다. 그 당시의 표현대로 '榜於朝路'9)의 榜은 '게시한다'는 의미로서 掛와 동일한 의미를 내포하고 있다. 그리고 고려시대에는 위에서 보듯이 榜과 같은 의미인 '牓'자도 쓰고 있다. 이후 조선시대에 와서는 '掛'와 서로 혼용되어 사용되다가 조선후기에 이르면서 후자가 더욱 많이 사용되면서 '掛書'가 일반화 되어갔다. 결국 '榜書'와 '掛書'는 같은 의미로 해석된다.10)

　이들 괘서는 대개가 사람이 많이 왕래하는 길목이나 사람의 눈에 잘 띄는 성문과 관청의 문루 등에 많이 나 붙으므로 내용의 전파면에서 익명서 가운데 가장 효율적이다. 따라서 글의 내용을 여러 사람에게 알려 여론을 조성하거나 민심을 흉흉하게 할 유언비어의 유포, 대중을 동원할 필요가 있을 경우 등에 많이 이용하고 있다.11) 즉 투서가 일정한 사람만이 그 내용을 알고 있는 것과 비교할 때 내용의 확산이나 전파성에서는 가장 효과가 있다고 할 것이다.

　다음으로 '投書'는 字意的으로는 '글을 던지다'의 의미이며, 성격적인 면에서 정의 한다면 드러나지 않은 어떤 사실의 내막을 적어서 자기 이름을 숨기거나 혹은 밝히어 몰래 要路에 던져 넣는 글을 말한다.12) 이

---

8) 『肅宗實錄』 卷8 肅宗 5年 4月 壬申條.「壽慶又言 名入掛書者 不可仍在將任」
9) 註1) 참조.
10) 다만 '榜'의 경우 국가에서 국민들에게 전달사항을 알리거나 고시할 때 사용하는 하나의 방법이기도 했다. 예를 들면 과거시험을 보고 난 후 그 합격자를 발표할 때도 '榜을 건다'고 표현하고 있다. 여기서는 국가에서 주체가 되는 것은 제외하고 언급하는 것이다.
11) 실제로 괘서의 내용 전파는 예상보다 빨리 나타나 백성들이 피난가는 경우도 있고, 영조 때에는 민란에 이용되기도 한다.
12) 投書를 飛書로 표현하기도 하였다. (『成宗實錄』 卷94 成宗 9年 7月 丙戌條.)

러한 투서는 앞서도 언급하였듯이 고려시대에도 나타나고 있으며, 조선시대도 전 기간에 걸쳐 다양하게 나타나고 있다. 기본적으로 이름을 숨기고 투서하였을 경우 익명서의 예에 따라 처리하는 것이 원칙이다. 성종 2년(1471) 2월 궐내에 투서하는 사건이 발생하자 성종은 의정부에 다음과 같이 전교하고 있다.

「이제 또 익명으로 궐내에 투서한 자가 있으니 이는 모두 간활한 무리가 자기에게 불편한 것이 있으면 문득 부도한 말을 얽어 만든 것이다. 이러한 풍습이 한 번 시작되면 사람들은 뉘라서 스스로 편안하겠는가? 금후로 모든 익명의 투서는 비록 국가의 중대한 일에 관계되었다 하더라도 한결같이 불문에 붙이고, 반드시 고발한 자가 나타나기를 기다려서 바로 청납하되 만일 현장에서 잡힌 자가 있으면 모두 법대로 처치하여 용서하지 않을 것이니 중외에 효유하라.」[13]

즉 투서사건에 대한 정부의 처리방침은 사건 자체를 문제삼지 않는 것이라고 천명하고 있다. 그러나 이러한 원칙이 반드시 지켜진 것은 아니다. 세조 8년(1462) 12월에는 익명의 투서에 대해 주모자가 잡히지 않았는데도 투서내용에 언급된 인물을 국문하는 사례가 있기도 하였다.[14] 또한 實名으로 투서하였을 때는 투서자는 물론 투서 내용의 사실 확인을 거쳐 처리하고 있다. 문종 1년(1451) 5월 靈山의 儒生 閔孝寬이 고을 수령의 과실을 적어 實名으로 대사헌 鄭昌孫의 집에 투서한 사건의 경우 민효관을 국문하였고,[15] 세조 8년 투서사건의 경우에는 투서대상자

---

13) 『成宗實錄』 卷10 成宗 2年 5月 癸酉條.
「今又有投匿名書於闕內者 此皆奸猾之徒 有不便於己 輒構不道之言 此風一開 人孰自安 今後 凡匿名書 雖關係國家重事 一皆不問 必待顯告乃聽 如有現捕者 皆當置法不貸 其曉諭中外」

14) 『世祖實錄』 卷29 世祖 8年 12月 戊寅條.
「司憲府啓 有人以紙一封 投府庭 開緘視之 則蔚山郡事孫孝胤 餽食物於左參贊朴仲孫 禮曹判書李克培處 請遞任事也 其人則未及卽捕 請鞫孝胤 從之」

가 처벌되었던 사례가 그것이다.16)

패서나 투서의 처리과정에 있어서는 정부가 뚜렷한 원칙을 가지고 있었다기 보다는 사건의 경중에 따라 처리방법이 달랐음을 알 수 있다. 이러한 현상은 조선초기부터 후기까지 지속되고 있으며 그 실상은 조선후기 실학자인 丁若鏞의 『牧民心書』에 잘 나타나 있다.

「무릇 패서와 투서가 반역에 속하여 놀라운 기미가 있을까 염려되는 경우에는 큰 것은 영문에 달려가 감사와 직접 의논할 것이요, 작은 것은 首吏나 首鄕을 보내서 감사에게 보고할 것이다. 혹 고을 사람들이 서로 무함하거나 아전들이 서로 무고 날조하여 사사로운 원한을 갚으려고 하는 것은 즉각 불태워 감히 전파되지 않도록 해야 할 것이다. 혹 그 말하는 바가 비록 사사로운 원한에서 나왔다고 하더라도 실질적인 근거가 있고 중요한 일에 관계된 것은 조용히 살펴서 그 싹과 맥락을 찾아야 한다.」17)

위에서 보듯이 그 내용이 국가의 안위에 관계되는 큰 사항일 경우는 그대로 불사르지 않고 사건을 표면화하여 대책을 마련할 것이며, 개인적인 원한관계에 의한 것이면 불문에 부치고, 내용에 근거가 있는 일이면 확인하여 처리해야 한다는 주장이다. 이는 법전에 모든 익명서는 즉시 불살라야 한다는 것과 정면으로 배치되는 주장이다.

이와 같이 투서는 주요 이용 대상층이 정해져 있지 않았으나 조선전

---

15) 『文宗實錄』 卷7 文宗 元年 5月 丙寅條.
「…有靈山儒生閔孝寬者 書本邑守過失七八條 潛投大司憲鄭昌孫家 … 請鞫此人 以戒後來 從之」
16) 『世祖實錄』 卷29 世祖 8年 12月 戊寅條.
17) 丁若鏞, 『牧民心書』 兵典 制5條 應變條.
「凡掛書投書 若關係兇逆 慮有駭機 大者 馳進營門 面議于監司 小者 委遣首吏首鄕 密報監司 其或邑人 自相搆陷 或縣吏 自相誣捏 以逞私怨者 卽刻焚滅 無敢傳播 或其所言雖出私怨 亦有實據 關係非常者 默以察之 採其苗脈」

기에는 지식인층에서 주로 이용되었던 것으로 보이며,18) 조선후기로 올수록 평민에 이르기까지 이용층이 넓어지고 있다. 또한 투서에 대한 관리들의 인식은 '市井의 薄夫나 閭巷의 細民'과 같은 사람들이 하는 '陰邪하고 譎詐한 일'로서 생각하고 있다.19) 그러나 실제적으로는 지식인들에 의해 보다 많이 이용되었던 것을 볼 때 이율배반적인 사고를 하고 있었음을 알 수 있다. 결국 자신들이 억울한 일을 당했거나 실제의 비리를 폭로당하였거나, 개인적인 망신을 당하여 원한이 깊을 경우 자신의 신분으로서 떳떳하게 반론을 제기할 수 없는 상황에서 사건을 크게 확대하지도 않으면서 다른 한편으로는 상대방을 곤경에 빠뜨리기 위한 수단으로서는 익명의 투서가 좋은 방법의 하나였던 것으로 인식하고 있었기 때문이다.

결국 투서는 그 내용을 일반 民들에게 널리 알리기 위한 목적에서 사용되었다기 보다는 보다 국한된 범위내에서 소정의 목적을 가지고 행했던 저항 수단임을 알 수 있다. 따라서 광범위하게 민심을 유도하고 유언비어를 확산하는 데는 투서가 적절한 선택방법은 아니었다.

다음으로 '壁書'는 벽에 쓰거나 써서 붙이는 글을 말한다. 이것도 기본적으로 정부를 비판하는 내용이 많다는 점에서는 다른 익명서와 성격을 달리하지는 않는다. 다만 글의 부착장소가 벽에 한정되어 있다는 점에서 약간의 차이가 있을 뿐이다. 조선시대 성종 13년(1482)의 성균관

---

18) 『成宗實錄』 卷31 成宗 4年 6月 庚辰條.
성종 4년(1473)에는 宰相을 지낸 吳伯昌과 諫官을 지낸 成俊 사이에 榜書와 익명의 投書로 서로를 공격한 사건이 발생하였다. 이는 대간 성준이 재상인 오백창의 비리를 밝히고 헐뜯자 오백창이 성준의 薄行을 들추어 榜書하였고, 이에 대하여 방서에서 지적된 사항 하나하나를 변명하는 내용의 투서를 성준이 오백창의 집에 던진 사건이다. 이는 투서나 방서와 같은 익명서를 고위관리도 종종 이용하였음을 보여주는 근거이다.
19) 『成宗實錄』 卷31 成宗 4年 6月 乙亥條.
「司憲府大司憲徐居正等 上箚子曰 … 臣等以爲匿名投書 陰邪譎詐之事 雖市井薄夫 閭巷細民 尙不忍爲 今不出於薄夫細民 而反出於宰相臺諫 …」

유생들에 의한 벽서사건20)이나 명종 2년(1547)의 양재역벽서사건21)이 대표적인 그 예라 할 수 있다. 이들은 부착 장소가 한정되어 있다는 한계는 있지만 내용의 파급효과 면에서는 그래도 투서보다 높다고 할 수 있다. 그러나 조선후기에는 비록 글이 담에 붙었다 하더라도 벽서라기 보다는 괘서로 표현하고 있음을 볼 때 기본적인 성격에서는 괘서와 큰 차이가 없다고 할 것이다. 이러한 사실은 다음의 기록을 통해서 알 수 있다.

「근일에 차마 듣지 못할 말로서 여러 신하들의 죄목을 구성하여 익명서를 써서 더러는 공해의 담벽에 붙이고, 더러는 길가의 여염집에 건 것을 도성 民들이 앞을 다투어 등서를 하여다 도처에 전파시키고 있으니 말세의 나쁜 습속은 常法으로서 금지될 바가 아닙니다. 이제 만약 별도로 조목을 제정한다면 掛書人은 大明律 본율에 의거하여 교수형에 처하고…」22)

위와 같이 담벽에 글을 붙인 것은 곧 벽서를 의미하며, 길가 여기저기 여염집에 건 것은 괘서를 의미하는 것인데 기본적으로 이들을 한가지로 보고 있음을 알 수 있다.

이상에서 살펴 보았듯이 괘서나 투서·벽서 등은 기본적으로 익명서의 범주속에서 다루어 지고 있으며, 각각 방법이나 효과면에서 약간의 차이를 나타내고 있음을 알 수 있다.

---

20) 『成宗實錄』 卷146 成宗 13年 9月 庚子·辰丑·壬戌條.
21) 『明宗實錄』 卷6 明宗 2年 9月 丙寅條.
22) 『肅宗實錄』 卷8 肅宗 5年 7月 己未條.
「引見大臣備局堂上吳始壽曰 近日以不忍聞之說 構成諸臣罪目 作匿名書 或付之公廨墻壁 或掛於路傍閭家 都民爭先謄書 到處傳播 末俗惡習 非常法所可禁戢 今若別立條目掛書人 依大明本律處絞…」

제2절 匿名書定罪事目의 制定

조선시대 괘서사건에 대한 法條文은 기본적으로 중국의 『大明律』을 기본으로 하고 있으며, 시대가 경과함에 따라 점차 보완되어 갔다. 먼저 『經國大典』 推斷條에는 다음과 같이 적혀 있다.

「익명서가 모름지기 國事에 관계된 것이면 父子之間에도 말을 전하여 들을 수 없으며, 만일 이를 전하는 자가 있거나 오랫동안 불사르지 않는 자가 있으면 모두 律에 의거하여 논한다.」[23]

위의 기록을 통해서 보면 익명서 가운데 國事에 관계된 것은 전파를 할 수도 없으며, 즉시 불사르도록 규정하고 있고 이를 어길 때에는 大明律에 의거하여 죄를 줄 수 있다고 하였다. 위의 문장대로 한다면 익명서가 國事에 관계된 일이 아니고 개인적인 원한에 관계된 일일 경우에는 처벌 근거가 없다. 또한 괘서사건에 관련된 세부적인 범죄 조항, 예를 들면 내용의 전파자, 주모자 이외의 공모자, 기타 사건과 관련된 자들에 대한 구체적인 처리문제는 규정하고 있지 않음을 알 수 있다. 다만 이에 대한 세세한 사항은 대명률에 근거한다는 여운을 남기고 있을 뿐이다.

그리고 조선시대의 법전 가운데 익명서에 관한 조항은 『경국대전』의 규정이 그대로 유지되고 있다. 즉 위에서 살핀 『經國大典』 刑典 推斷條의 내용이 고종 때 편찬된 『大典會通』 刑典 推斷條의 내용과 일치하고 있다. 그리고 이 법전들 사이에 편찬된 『續大典』이나 『大典通編』에는 아예 언급조차 하고 있지 않다.

---

23) 『經國大典』 刑典 推斷條.
 「匿名書雖係干國事 父子之間 亦不得傳說 如有傳說者 累日不燒者 並依律論」

한편 『大明律』은 그 구성이나 내용이 어렵고 이해하기 어려운 문자가 많아 태조 4년(1395) 金祗에 의해 吏讀文으로 번역되었으며, 이를 『大明律直解』로 부르고 있다.24)

『대명률직해』에는 익명서에 대하여 다음과 같이 규정하고 있다.

「무릇 이름을 숨기고 문서를 투서한 자는 교형에 처하고 발견한 자는 바로 불사를 것이며, 관사에 넣은 자는 장 80이고, 관사에서 받아서 심리한 자는 장 1백이며, 被告者는 논죄하지 않으며, 제보하여 관에서 체포하게 한 자는 은 10냥을 상으로 준다.」25)

기본적으로 이 법조문은 조선시대 전 시기를 걸쳐 적용되어 왔다. 그러나 위의 내용에서 보듯이 『대명률』의 조항이 비록 조선의 『경국대전』보다는 상세하게 기록되어 있으나 익명서 내용의 전달자에 대한 처리문제, 익명서를 발견하고 바로 불사르지 않았을 경우의 처벌문제, 공모자에 대한 처벌 등에 관하여는 역시 상세한 규정을 하고 있지 않음을 발견할 수 있다.

이와 같은 법조문에 근거하여 괘서사건에 대한 법적 처리를 진행하던 중 법의 미비점을 발견하게 되었다. 즉, 숙종 5년(1679) 4월 漢城府 把子橋洞 괘서사건과 그에 연이어 한성부 관아담장에 괘서사건이 발생하여 괘서의 내용을 일반 民들이 베껴가는가 하면, 그 내용이 일시에 널리 전파되자 이에 당황한 조정에서는 괘서의 내용 전파를 금지할 필요를 느꼈고, 나아가 괘서 내용의 전파자에 대한 법적인 조치를 필요로 하게 되었다. 그리하여 당시 右議政이었던 吳始壽는 7월 28일에 다음과

---

24) 金淇春, 『朝鮮時代刑典 -經國大典刑典을 中心으로-』, 三英社, 1990. 23쪽.
25) 『大明律』 卷22 刑律 訴訟編 投匿名文書告人罪條.
「凡投隱匿名文書告言人罪者絞 見者卽便燒毁 若將送入官司者杖八十 官司受而爲理者杖一百 被告言者不坐 若能連文書捉獲解官者 官給銀一十兩充賞」

같이 주장하였다.

「『大明律』을 상고해 보니 '익명서를 투서한 자는 絞刑에 처하고, 발견한 자는 바로 불사를 것이며, 官司에 넣은 자는 杖 80이고, 관사에서 받아서 심리한 자는 장 1백이며, 피고자는 죄에 저촉되지 않고, 제보자는 관에서 은화 10냥을 준다' 하였습니다. 그런데 보고도 불사르지 않은 자나 소문을 퍼뜨린 자는 애당초 거론치도 않았으니 이는 법률의 미비함이라 여겨집니다. 三尺(법률을 뜻함)의 법은 의당 金石처럼 지켜져야 할 것이나 말세의 악습을 이 법률로 警飭하기는 어렵습니다. 또 별도로 사목을 세울 때에는 법조문에 크게 구애받을 것이 없기 때문에 軍籍·戶籍·年分·漕轉의 사목을 마련할 때에는 본 법률에 경중을 더하거나 제한할 때가 있는 것입니다. 그러니 지금 따로 사목을 만들어 투서자는 본 법률로 논하고, 익명서를 붙인 집의 주인이 주인으로서 보고도 곧바로 불사르지 않은 자와 그 내용을 전파한 자는 투서한 사람보다 한 등급을 감하여 논죄하며, 제보하여 체포케 한 자는 큰 도적을 잡은 상과 똑같이 마련하면 적당할 것입니다. 또 성문이나 종각·관공서에는 각기 수직하는 사람이 있으니 만일 즉시 불사르지 않아 사람들이 모여들고 전파하게 한 자는 익명서를 붙인 집의 주인이 즉시 불사르지 않은 것과 똑같이 논죄하는 것이 어떻겠습니까.」26)

위에서 보듯이 그는 법률의 미비점을 조목조목 지적하면서 군적이나 호적의 사목을 제정하는 경우와 같이 특별히 事目을 제정하여 처벌 기준을 마련할 것을 주장하였다. 또한 교리 李漢命은 파자교동 괘서사건의 곡절을 사목에 삽입하여 훗날의 표본으로 삼자고 다음과 같이 주장하였다.

---

26) 『備邊司謄錄』 35冊 肅宗 5年 7月 28日條. 『肅宗實錄』 卷8 肅宗 5年 7月 己未條.

「얼마 전 파자교 앞에 패서한 일은 마침 흉서가 나오고 그 죄인을 잡지 못한 상태에서 일어나 민심을 현혹하기 쉬웠기에 조정 안에서도 그 말에 동요치 않을 수 없어 전연 덮어둘 수 없다고 여기고 성상께 알리기에 이르렀으나 사리로 따져보면 이는 참으로 실수였습니다. 그러나 결국은 榜에서 지목한 사람들을 다스리지 않고 오히려 원한이 있어 혐의로운 사람만 다스렸고 終末의 처분도 榜을 내건 자를 붙잡아 다스리려고 한 것에 불과하였지 익명서에서 단서를 잡아 남의 죄를 성립시키려는 것은 아니었습니다. 그런데도 당초에 처리한 바가 모두 法例에 합치한 것이 아니어서 간사하고 불령한 무리들이 다시 먼저처럼 조정에서 가져다가 보는 습성이 더욱 조장된 것입니다. 지금 만일 사목을 정하여 그러한 걱정을 막고자 한다면 먼저의 일도 그 시종을 논하여 事目 중에 넣게 하는 것이 어떻겠습니까.」27)

이에 대하여 숙종은 이들의 의견이 전적으로 옳다고 동의를 표하고 구체적인 事目의 내용을 정리하여 8월 3일 「匿名書定罪事目」을 반포하였다. 이 자리에서 숙종은 사목의 제정 이유에 대하여 다음과 같이 밝히고 있다.

「대명률에 익명서를 定罪한 조항은 일체를 잘 지켜 행하고 있으나 말세의 인심이 깨끗하지 못하여 익명서를 내 거는 자가 줄을 잇고 있다. 이는 대체로 얼마 전 파자교에 방을 붙인 일이 마침 江都의 흉서 죄인을 체포하지 못하였을 때에 나온 것이라서 순전히 덮어 둘 수만도 없어 일단 수거한 데서 연유한 것이다. 그러나 결국 죄를 입은 것은 방을 붙인 혐의를 받은 자들 뿐이고 방문에 이름이 오른 자는 끝내 묻지도 않았다. 그렇지만 간사하고 불령한 무리들이 다시 먼저처럼 거두어 보기를 바라는 이러한 습성이 늘어가니 일의 한심스러움이 이보다 더할 수 없다. 간특한 악습을 근절하려면 常法만

---

27) 『備邊司謄錄』 35冊 肅宗 5年 7月 28日條.

준용해서는 안되겠으므로 7월 27일 탑전에서 결정한대로 새로 반포할 사목을 마련하여 아래에 개록한다.」[28]

위의 기록을 통해서 알 수 있는 사항은 대략 세가지가 있다. 첫째는 『대명률』의 익명서 定罪 내용만으로는 범죄를 막을 수 없다는 점. 둘째는 많은 民들이 괘서의 내용을 취하여 보고자 했다는 점. 셋째는 民들 사이에 익명서가 습관화되어 가고 있어 악습을 근절해야할 특단의 조치가 필요했다는 점이다. 이러한 이유를 들어 事目制定의 정당성을 주장하고 있다. 그「匿名書定罪事目」의 내용은 모두 5개의 항목으로 되어 있으며, 구체적인 사항은 다음과 같다.[29]

1. 익명서를 투서한 자는 본률(=大明律)에 의거하여 絞刑에 처한다.
1. 무릇 괘서한 장소가 대로변이면 부근에 사는 사람이, 관청이면 수직자가, 개인 가옥이면 집 주인이 즉시 불살라야 하고, 그렇게 하지 않아 사람들이 모여서 읽게 한 자는 익명서를 투서한 자보다 1등을 감하여 士族은 流 3천리에 처하고, 常漢은 전 가족을 변방으로 옮기도록 한다.
1. 익명서의 내용을 전파하거나 익명서를 가지고 官司에 들여보낸 자는 역시 익명서를 투서한 자보다 1등을 감하여 정죄한다.
1. 관사에서 받아 심리한 자는 본률대로 장 1백에 처한다.

---

28) 『備邊司謄錄』肅宗 5年 8月 3日條.
「匿名書定罪事目 大明律匿名書定罪之法 所當一切遵行 而末世人心不淑 匿名掛書者 前後相續 盖緣頃日把子橋掛牓 適出於江都凶書 罪人未捕之日 故雖不得全然掩置 而畢竟被罪者 乃足掛榜可疑之人 而已至於名在榜書者 則終乃勿問是白去乙 奸細不逞之徒 苟冀其復如前日之取見 其習益長 事之寒心 莫甚於此 懲奸戢惡 不必一循常法 依七月二十七日 榻前定奪新頒事目磨鍊 開坐于後爲白臥乎事」
29) 上同.
「一 投匿名書者 依本律處絞爲白齋. 一 凡掛書處 路傍則附近居人 公廨則守直人 私家則家主 不卽燒毁 使人聚見者 減投書人一等 士族則流三千里 常漢則全家徙邊爲白齋. 一 傳說匿名書者 及持其書送入官司者 亦減投書人一等定罪爲白齋. 一 官司受而爲理者 依本律杖一百爲白齋. 一 投書人捕告者 依大懲捕捉例施賞爲白乎矣 勿拘名數 雖捕一名 並卽論賞爲白齋.」

1. 투서인을 제보하여 체포케 한 자는 大憝을 체포한 예대로 시상하되 인
   명 수에 구애치 않고 비록 한 명만 잡았더라도 즉시 논상한다.

 이 사목은 숙종 24년(1698)에 이르러 李翊 등이 편찬한『受敎輯錄』에
반영되어 法條文化하였다.『受敎輯錄』刑典 告訴條에 기록된 바에 의하
면 다음과 같다.

  「익명서가 걸려 있는 집을 발견하고도 즉시 불태우지 않는 자와
  말을 전한 자는 大明律의 투서에 관한 율보다 1등을 감하고, 공해를
  수직하는 사람으로서 즉시 불태우지 않아서 슈이 관에 나가고 전파
  되게 한 자도 동일하며, 보고 내용을 전한 자는 全家徙邊하고 포고
  자는 큰 도적을 잡은 상으로서 논한다. 강희 갑자 9월 일에 의거한
  다.」30)

 위 내용에서 康熙 甲子 9월은 숙종 10년(1684)을 가르키나 그 해에
이와 같은 내용이 논의 되지는 않았다. 그리고 실제로 이 조문의 하단
부에 '康熙己未承傳'이라 적혀 있어 숙종 5년(1679)에 제정된「匿名書定
罪事目」에 근거를 두고 있음을 밝혀 놓았다. 결국 익명서에 대한 법적
인 처리가 더욱 강화되었음을 의미한다.
 실제로『受敎輯錄』의 내용이 영조대의 괘서죄인을 다스리는 근거가
되는 등31) 때때로 사건의 처리에 적용되기도 하였으나, 모든 사건에 고
르게 반영되지는 않았다. 예를 들면 순조 26년(1826)에 발생한 청주목
괘서사건의 경우 그 내용이 왕에게 직접 보고가 되었으며, 조정에서는

---

30)『受敎輯錄』卷5 刑典 告訴條.
  「匿名書掛置之家 見而不卽燒毀者及傳言者 比大明律 投書者減一等. 公廨守直之
  人 不卽燒毀致令軍官傳播者同. 見而傳播者 全家徙邊. 捕告者論以大僞捕賊之賞
  據康熙甲子九月日」
31)『英祖實錄』卷47 英祖 14年 3月 乙亥條.

이를 謄寫하여 다른 하나의 필사본을 만들어 두고 겉으로는 원본을 불살라 버렸다. 그리고 최초로 발견한 자가 이를 불사르지 않고 충청병사에게 보고하고, 충청병사는 충청감사에게 보고하였으며, 충청감사는 조정에 보고하였으니 만일 위의 事目에 의거하여 처리한다면 최초 발견자 뿐 아니라 충청병사와 監司도 刑을 받아야 마땅하나 실제적으로는 이같은 조치가 취해지지 않고 있다. 더구나 차후에 주모자가 체포될 경우를 생각해서 괘서의 내용을 필사하여 조정에 두었다는 것도 사목의 규정에 어긋나는 것이다.32)

그럼에도 불구하고 조선후기 괘서사건이 발생했을 경우 내용의 전파자에 대한 처벌을 할 경우에는 숙종대에 정한 「匿名書定罪事目」과 나아가 『受敎輯錄』의 내용이 근간이 되고 있었음은 부정할 수 없다.

---

32) 『英祖實錄』 卷37 英祖 10年 1月 丙戌條.

제2장 肅宗朝의 換局과 掛書

제1절 換局의 發生과 掛書事件의 登場

1. 老論·少論·南人의 政爭과 自然災害의 頻發

　현종 15년(1674) 8월 현종이 죽고 그의 외아들 숙종이 14세의 나이로 즉위하였다. 즉위 당시 숙종의 나이가 어려 영의정 許積과 좌의정 金壽恒 그리고 우의정 鄭知和가 院相으로 임명되어 정치를 보좌하였다. 숙종 초기의 정치적 해결과제 가운데 하나는 현종대 이후 지속적으로 문제가 되었던 禮論에 대한 是非의 종결이었다.
　예론은 현종 즉위년(1659)의 효종의 죽음과 현종 15년(1674) 효종의 비인 仁宣王后의 喪에서 인조의 繼妃이자 현종의 할머니인 趙大妃의 喪服을 어떻게 하느냐의 문제였다. 효종이 죽었을 때 조대비의 상복에 대해 현종은 三年服이 옳다는 南人의 주장을 누르고 朞年服이 맞다는 서인의 주장을 받아들였다. 당시 남인의 尹鑴는 효종이 인조의 장자는 아니지만 왕위를 이었으므로 嫡子로 보아야 한다고 주장하였고, 송시열을 중심으로 한 서인들은 효종이 비록 왕위를 잇기는 했지만 長子가 아니고 次子로서 嫡子가 아닌 庶子로 보아야 한다고 주장하였다.1) 이들의 주장에서 현종은 서인의 의견을 받아들여 기년복으로 결정하였다. 이후 서인들이 현종연간에 줄곧 정치적 우위를 점하여 왔다.

그러나 효종의 비인 인선왕후가 죽자 이번에도 조대비의 복을 기년복으로 하자는 주장과 大功九月服으로 하자는 주장이 제기되었다. 이 두가지 의견 가운데 일단 전자로 결정되었으나 服을 입기 하루 전에 예조판서 趙珩이 이의를 제기하여 大功服으로 바꾸었다. 당시 조형은 과거 송시열이 주장한 예론에 근거하여 효종의 비가 작은며느리이기 때문에 대공복을 입어야 한다고 주장하였던 것이다.2) 이 주장은 현종에 의해 무시되어 조대비는 長子婦의 服인 朞年服을 입게 되었다.

결국 효종이 죽었을 때의 상복에 대한 예론과 그의 부인이 죽었을 때의 예론은 각기 다른 논리가 적용되었던 것이다. 즉 전자의 경우에는 효종을 庶子로 인정한 것이었으나 후자는 효종을 嫡子로 인정한 결과였기 때문이다. 이러한 결과는 왕위계승의 정통성까지 제기될 수 있는 문제였다. 최종적으로 현종은 효종을 적자로 인정하면서 정통성을 확보하였으며, 나아가 효종을 서자로 인정하여 예론을 펼쳤던 인물들을 정계에서 몰아내고 남인을 중심으로한 정국을 형성하였던 것이다.

그리하여 현종은 예조판서 조형을 하옥하고,3) 영의정 김수홍을 춘천에 중도부처 하였으며,4) 이러한 조치에 반발한 서인세력들을 축출하였다. 이와 동시에 영의정에 허적을 임명하고, 동지의금부사에 吳始壽를 임명하는 등 남인세력을 등용하기 시작하였다.5) 이와 같은 정국의 변화는 숙종이 즉위하면서 점차 남인세력의 확대를 예고하였다.

---

1) 『顯宗實錄』 卷1 顯宗 卽位年 5月 乙丑條.
2) 『顯宗實錄』 卷22 顯宗 15年 3月 壬戌條.
3) 『顯宗實錄』 卷22 顯宗 15年 7月 丁丑條.
4) 『顯宗實錄』 卷22 顯宗 15年 7月 戊寅條.
5) 『顯宗實錄』 卷22 顯宗 15年 8月 戊子條.

숙종이 즉위한 직후 진주 유생 郭世楗은 송시열이 邪論을 주장하였으므로 그를 죄 주어야 한다고 상소하여 서인들의 반발을 불러 일으켰다.6) 그러나 숙종은 과거 송시열의 예론을 비판하였던 許穆과 金壽弘을 각각 대사헌과 장령으로 임명함으로써7) 서인들의 반발을 정면으로 반박하는 조치를 취하였다. 나아가 송시열을 옹호하였던 이조참판 李端夏와 사간 沈攸 등을 파직시켰다. 이러한 조치는 숙종이 서인에 대한 배척을 의미하는 것이었다. 결국에는 서인의 영수격이었던 송시열이 대간들의 탄핵을 받아 숙종이 즉위한 해 12월에 파직되고, 같은 달에 德源으로 유배되었다.8) 이후 송시열에 대한 탄핵은 계속 이어져 숙종 5년 (1679) 3월 거제도에 위리안치 되었고,9) 그의 행위가 잘못되었음을 기록하여 종묘에 고하고 이를 전국에 반교하였다.10) 남인들은 이에 만족하지 않고 송시열에게 형을 가하여 처형할 것을 끈질기게 주장하였으나 숙종의 반대에 부딪혀 뜻을 이루지는 못했다. 그러나 조정의 많은 서인세력을 몰아내고 남인중심의 정국을 만드는 데는 성공하였다.

숙종 초기 정국을 장악한 남인세력들은 허목과 윤휴를 중심으로한 淸南과 許積과 權大運을 중심으로한 濁南으로 대립하는 형세가 되었다. 청남은 비교적 과격한 세력으로서 李瑞雨·李台瑞·李壽慶 등이 가담하고 있었고, 탁남은 온건한 세력으로서 閔熙·睦來善·吳始壽 등이 이에 해당하였다.11) 당시 허목은 허적을 중심으로한 세력들이 권력을 독점하고 있는 것에 대해 반발하고 차자를 올려 정식으로 영의정 허적을 탄핵하였으나 오히려 숙종은 조정의 분열을 일으킨다는 명분을 내세워

---
6) 『肅宗實錄』 卷1 肅宗 卽位年 9月 丙戌條.
7) 『肅宗實錄』 卷1 肅宗 卽位年 11月 辛酉·乙丑條.
8) 『肅宗實錄』 卷1 肅宗 卽位年 12月 壬申條.
9) 『肅宗實錄』 卷8 肅宗 5年 3月 庚申條.
10) 『肅宗實錄』 卷8 肅宗 5年 5月 戊申條.
11) 李熙煥, 『朝鮮後期黨爭硏究』, 國學資料院, 1995. 29쪽.

허목을 비롯한 청남세력들을 물리치고 허적에게 힘을 실어 주었다.12) 이후 사실상 청남세력의 패배로 인해 남인은 허적을 중심으로하여 다시 하나로 결집되었다. 그러나 이같은 허적에게로의 권력집중은 숙종과 서인세력의 비난 대상이 되었다. 그후 숙종 5년(1679) 남인의 李煥이 漢城府 把子橋洞에 掛書를 하여 서인세력을 제거하려다 실패하였고,13) 이듬해에는 허적의 帳幕御用事件이 발생하여 그가 영의정에서 파직되었다.14) 이에 더하여 서인 金錫胄·金益勳 등이 許積의 庶子 堅과 福昌君 楨 삼형제가 역모를 꾀한다는 내용의 고발사건이 발생하여 남인이 대거 정계에서 실각하고 서인이 정권을 장악하게 되는 이른바 庚申大黜陟으로 換局이 단행되었다.15)

그러나 정권을 장악한 서인은 庚申大黜陟의 처리과정에서 남인에 대한 처벌 문제를 놓고 내부적으로 강경론을 주장하는 老論과 온건한 해결을 주장하는 少論으로 분열되는 기미를 보였다. 이들의 분열은 숙종 8년(1682) 이른바 壬戌告變에서 연유된 5년간의 의견대립으로 더욱 촉진되었다.16) 여기에 더하여 西人의 영수들 가운데 노론의 입장을 지지한 우암 宋時烈과 소론의 입장을 지지한 尹拯 사이에 이른바 懷尼是非17) 문제가 가세하자 老·少의 대립은 더욱 표면화 되어 가고 있었다.

그후 숙종 15년(1689)에는 '元子定號' 문제로 송시열·김익훈 등 노론의 거두들이 물러나고 정계에서 실각했던 남인들이 다시 등장하는 己巳換局이 발생하자 노·소론의 대립은 잠시 소강상태에 빠지게 되었다.

---

12) 『肅宗實錄』 卷8 肅宗 5年 6月 戊寅條.
13) 李相培, 「把子橋洞掛書事件과 匿名書定罪事目」『鄕土서울』 57號, 1997. 69~93쪽.
14) 李建昌, 『黨議通略』, 31쪽.
15) 上同.
16) 李熙煥, 『朝鮮後期 黨爭硏究』, 國學資料院 1995. 53~67쪽.
17) 懷尼是非는 宋時烈과 그의 제자 尹拯 사이에 생긴 문제. 송시열이 윤증의 아버지인 尹宣擧를 비난하자 윤증이 스승과 절교하였는데 그의 이러한 행동에 대해 是非가 발생한 사건을 말한다. 懷는 송시열, 尼는 윤증을 의미한다.

더욱이 이 때 노론의 정신적 지주였던 송시열이 제주도에서 압송되어 오다가 井邑에 이르러 賜死됨으로써[18] 남인들의 정계진출은 더욱 활발하게 이루어졌고, 상대적으로 노론은 몰락을 초래하였다. 그 후 남인들은 嬉嬪 張氏를 왕비로 책봉[19]하는데 주도적인 역할을 수행하면서 정권의 굳건한 확보를 시도하였다.

그러나 5년 후 소론의 金春澤·南九萬·朴世采·尹趾完 등이 숙종의 폐비 閔氏 복위운동을 일으키다가 咸以完의 고변으로 뜻을 이루지 못하고 발각되었다. 이 때 남인들은 소론을 제거하기에 좋은 기회로 삼고 이들을 국문하였으나 숙종이 소론의 뜻에 따라 민씨를 복위시키고, 장씨도 희빈으로 복귀하도록 조치를 내렸다. 이에 희빈 장씨와 밀접하게 연결되어 있던 남인은 오히려 정치일선에서 물러나게 되었고, 소론이 정권을 차지하게 되었다. 이것이 이른바 甲戌換局이다.

이후 노론과 소론의 정치적 대립은 소론이 정권적 우위를 장악하고 있는 상황하에서 다시 고개를 들게 되었고, 숙종 36년(1710) 崔錫鼎事件과[20] 숙종 41년(1715) 『家禮源流』의 시비[21]로 인해서 더욱 가열되었다. 결국에는 숙종 42년(1716) 이른바 丙申處分이 내려지면서 정권이 노론 중심으로 재창출 되는 결과를 가져왔다.[22]

이와 같이 숙종대의 정치적 상황은 경신대출척 이후 기사환국·갑술

---

18) 『肅宗實錄』 卷21 肅宗 15年 6月 戊辰條. 『承政院日記』 康熙 28年 6月 2日條.
「…上曰大臣言如此 斟酌賜死…至井邑縣 受賜死之旨 乃草遺疏二本…」
19) 『肅宗實錄』 卷22 肅宗 16年 10月 己卯條. 『承政院日記』 康熙 29年 10月 22日條.
20) 崔錫鼎이 쓴 『禮記類篇』이 朱子가 쓴 『庸學二編』의 章句를 임의로 바꾸고 주석을 달아 聖學에 背馳되었기 때문에 최석정이 斯文亂賊으로 지목되어 삭탈관직 당하고 책은 모두 불사른 사건.
21) 『家禮源流』가 노론은 兪棨의 저술이라 하고, 소론은 兪棨와 尹宣擧가 함께 지은 책이라고 각각 주장하여 책의 序와 跋에 그 是非를 기록한 사건이다.
22) 『肅宗實錄』 卷58 肅宗 42年 8月 辛亥條. 『承政院日記』 康熙 55年 8月 24日條.
숙종은 『家禮源流』의 是非에 대하여 尹宣擧의 文集版木을 破毁하게 하고 윤선거 父子의 官爵을 삭탈하여 실질적으로 老論의 입장을 지지하였다.

환국·병신처분 등에 이르기까지 노론·소론·남인 등 붕당에 의한 정쟁이 계속되어 오다가 결국에는 노론중심으로의 정권을 창출하였다. 그리고 숙종은 이러한 정쟁을 적당히 이용하여 換局의 조치를 취함으로써 왕권강화와 안정을 추구하였던 것이다.

한편 이 시기의 사회여건 가운데 民에게 가장 큰 부담을 안겨 주었던 것으로서 각종 자연재해를 지적할 수 있다. 이들 자연재해는 局地的인 현상이 아니라 전국적으로 만연되어 있었다. 즉 숙종 21년(1695)에는 심각한 흉년으로 인해 전국에 餓死者가 속출하였을 뿐만 아니라 먹을 것이 없어 어린 아이를 遺棄하는 사태가 빈발하자 정부에서는 遺棄兒收養法을 제정하여 반포하기에 이르렀다.23) 그 내용에 의하면 나이는 12세 이하로 한정하고 기한은 숙종 22년 1월 1일부터 5월 30일까지로 제한하고 있다. 그러나 백성들의 기근은 끊이지 않아 이듬해에도 계속되었으며, 여기에 전염병 등의 질병까지 겹쳐 사망자가 수만명에 달하였고, 이들의 구제를 목적으로 국가에서는 設賑을 행하였다. 당시 設賑에 참여한 사람만도 서울은 1만명, 팔도는 각각 수만명에 달하였으며, 영남의 경우 56만명에 달하였다는 보고는 그 때의 참혹한 상황을 익히 알 수 있게 한다.24) 그리하여 가을의 쌀 한말 값이 50전 하던 것이 이듬해 봄에는 200전으로 무려 4배나 뛰어 올랐고,25) 신하들 사이에는 현종 12년(1671)의 흉년에 비하여 그 피해가 두배에 달한다는 의논이 나오기도 하였다.26)

---

23) 『肅宗實錄』 卷29 肅宗 21年 12月 丁未條.
「因賑恤廳啓辭 定遺棄兒收養法 頒布八路 年歲則二十二歲以下爲限 月日則以丙子正月初一日 至五月三十日爲限 其不知來歷者 使呈官成立案」
24) 『肅宗實錄』 卷30 肅宗 22年 3月 戊辰條.
25) 『肅宗實錄』 卷29 肅宗 21年 8月 己未條.
「是時正當秋成之節 而米穀翔貴 斗米直五十錢 至丙子春 斗米直二百錢」
26) 『肅宗實錄』 卷29 肅宗 21年 9月 辛酉條.
「正言 兪命弘上疏…今年凶荒比之辛亥 殆將倍徙」

이러한 상황은 백성들로 하여금 인간의 한계를 뛰어 넘는 행동, 즉 사람이 사람을 잡아 먹는 참상으로까지 몰고 갔으며, 이를 심각하게 느낀 숙종은 備忘記를 내려 혹시 있을 지도 모를 백성들의 동요를 鎭撫하고자 하였다.27) 그 이후에도 숙종 34년(1708) 전국에 걸친 홍역과 癩病으로 인해 수만명의 인명피해를 가져왔으며,28) 숙종 37년(1711)에는 전국적으로 대홍수가 일어나 민가 2,200여 호가 침수되고, 540여명의 인명피해를 냈다.29) 이듬해에는 가뭄으로 인한 피해가 극심하더니30) 그해 8·9월에는 큰 水災가 겹쳐31) 백성들을 더욱 도탄에 빠지게 만들었다.

 이와 같은 끊임없는 자연재해로 인한 기근과 전염병은 백성들의 유민화를 초래하였으며, 이들 유민은 화전민으로 전락하거나 도적떼가 되어 민가와 관청을 습격하기도 하였다. 숙종 23년(1697)까지 근 10년간 황해도·함경도·강원도 등지에서 발생했던 張吉山 세력은 그 대표적인 예이다.32) 이들의 활동은 숙종 13년(1697) 황해도 구월산을 중심으로 전개되어 함경북도 西水羅나 碧潼蟹川洞을 중심으로 馬商을 빙자하여 군대 5천과 보병 1천여명을 거느리는 큰 세력으로 성장하게 되며, 평안도 운산에서 관군의 군기를 약탈하는 등 숙종 연간 전 기간에 걸쳐 활동하였다. 그 주모자인 장길산은 체포되지 않았으며, 후반부에 가서는 산간의 승려나 서울의 庶類들과도 결탁되어 정권을 뒤엎으려는 계획에도 관련되고 있다.33) 이 외에도 숙종 29년(1703) 3월에 충남 천안, 경기 포천, 전북 서흥에서 발생했던 민란,34) 숙종 22년 도성에서 발생한 明

---

27) 『肅宗實錄』 卷32 肅宗 23年 7月 癸未條. 『承政院日記』 康熙 36年 7月 5日條.
28) 『肅宗實錄』 卷46 肅宗 34年 3月 庚戌條. 『承政院日記』 康熙 47年 3月 3日條.
29) 『肅宗實錄』 卷50 肅宗 37年 7月 己酉條.
30) 『肅宗實錄』 卷52 肅宗 38年 5月 丁亥條. 『承政院日記』 康熙 51年 5月 11日條.
31) 『肅宗實錄』 卷52 肅宗 38年 8月 癸酉條. 9月 戊戌條.
32) 鄭奭鍾, 『朝鮮後期社會變動硏究』, 一潮閣, 1983. 131~169쪽.
33) 鄭奭鍾, 『朝鮮後期社會變動硏究』, 一潮閣, 1983. 145~169쪽에서 장길산세력과 승려세력과의 거사계획 및 연대관계에 관하여 논술하고 있다.

火賊事件,35) 숙종 34년(1708) 전국에서 횡행했던 劇賊들의 무리,36) 숙종 37년(1711) 愼甘同을 중심으로 居昌에서 발생한 賊黨들의 무리,37) 숙종 39년(1713) 9월 井邑에서 발생한 賊黨들의 무리38) 등의 사건들이 자주 발생하였다.

 이와 같이 붕당간의 정쟁심화와 병행하여 나타난 換局과 자연재해의 발생으로 인한 사회적 혼란을 틈타 일부 지식인 계층들은 政敵을 제거하기 위한 목적이나 관리들의 부정부패 및 정부의 정책을 비판하기 위한 목적에서 민심의 동요를 유도하여 자신의 목적을 달성할 수 있는 계기로 삼고자 괘서사건을 일으켰던 것이다. 즉 괘서사건을 일으켜 괘서의 내용을 빌미로 여론을 형성하고, 이를 정치적 문제로 비화시켜 조정에서 논의하게 함으로서 목적달성의 계기로 삼고자 하였던 것이다. 따라서 이 시기의 괘서사건은 당시의 정치상황과 일정한 관련을 가지고 있다. 이러한 사실은 숙종조 괘서사건에 대한 개괄적 흐름과 함께 대표적인 사건의 분석접근을 통해 보다 확실하게 알 수 있다.

2. 掛書事件의 發生現況

 다음의 <표 2-1>에서 보듯이 숙종의 재위기간(1675~1720) 동안에는 모두 6개의 괘서사건이 발생하고 있다. 이들 괘서사건 가운데 본 章에서 사례분석을 시도한 숙종 5년(1679) 把子橋洞掛書事件과 숙종 37년(1711) 迎恩門掛書事件, 숙종 41년(1715) 敦化門掛書事件을 제외한 나머지 사건들의 사건별 개요와 특성을 살펴보고자 한다.

---

34) 『肅宗實錄』 卷38 肅宗 29年 3月 庚申條. 『承政院日記』康熙 42年 3月 15日條. 『備邊司謄錄』肅宗 29年 4月 1日條.
35) 『肅宗實錄』 卷30 肅宗 22年 2月 己丑條.
36) 『肅宗實錄』 卷46 肅宗 34年 9月 庚寅條.
37) 『肅宗實錄』 卷50 肅宗 37年 7月 癸丑條.
38) 『肅宗實錄』 卷54 肅宗 39年 9月 己巳條. 『承政院日記』康熙 52年 9月 25日條.

肅宗朝 掛書事件 發生現況

<표 2-1>

	發生年度	發生場所	主 要 內 容	犯人	典據
1	숙종 5년 (1679) 4월	한성부 把子橋洞	장수들의 이름을 열거하고 그들이 난을 일으킨다는 내용	○	實,備, 燃,推
2	숙종 5년 (1679) 7월	한성부 官衙담벽	내용이 구체적이지 않음. 다만 백성이 내용을 등서하여 전파함	×	實,備
3	숙종 37년 (1711) 4월	한성부 迎恩門	조선의 외교관계를 언급하며 특히 대청외교를 비난함	×	實,備, 承,鞫
4	숙종 40년 (1714) 2월	한성부 崇禮門	부도지언이라는 기록외에는 없음	×	實
5	숙종 40년 (1714) 5월	한성부 돈의문	왕의 병이 심하니 5부의 백성에게 돈을 거둬 祭祀하자는 내용	○	實
6	숙종 41년 (1715)10월	한성부 돈화문	조정 내외의 현직고위관리들의 이름을 명기하여 비판한 내용	?	實,備, 承,推

* 實은 『肅宗實錄』, 備는 『備邊司謄錄』, 承은 『承政院日記』, 推는 『推案及鞫案』, 鞫은 『鞫廳日記』, 燃은 『燃藜室記述』이다.
* 犯人에서 ×는 주모자가 체포되지 않은 것이고, ○는 주모자가 체포된 것이며, ?는 주모자로 체포되기는 했으나 진범인지가 불확실한 경우이다.

숙종 5년(1679) 7월에 발생한 괘서사건은 한성부의 관아 담벽과 민가의 울타리 등에서 동시다발적으로 발생한 사건이다. 이에 관한 기록은 단편적으로 서술되어 있어 그 구체적인 전말을 자세히 알 수는 없으나, 『肅宗實錄』과『備邊司謄錄』가운데 후자의 내용이 비교적 자세한데 그 내용을 보면 다음과 같다.

「우의정 吳始壽가 아뢰기를 근래에는 인심이 깨끗하지 못하여 차마 듣지도 입에 담을 수도 없는 말로써 여러 신하들의 죄목을 꾸미고, 익명서를 만들어 길가의 민가에 붙이거나 관아의 담장에 붙이거나 하여 널리 퍼뜨리려 하니 백성들이 일시에 모여들어 다투어 적어가기를 마치 科場의 문제를 베껴 가듯 합니다. 그래서 도처에 전파하고 있으니 일의 해괴함이 무엇이 이것보다 더 심하겠습니까.」39)

위의 기록으로 보아 이 사건은 앞서 4월에 한성부 파자교동에서 발생한 괘서사건과 같은 연결선상에서 일어나고 있는 것으로 보인다. 또한 하나의 사건으로 끝난 것이 아니라 여러곳에서 산발적으로 발생하고 있으며, 백성들이 괘서의 내용을 앞다투어 베껴서 도처에 전파하였다는 사실도 알 수 있다. 이는 조정에서 법률적으로나 정치적으로 괘서내용의 전파를 막고자 부단히 노력했으나 실제적으로는 사건의 전파가 널리 퍼져 나가고 있음을 단적으로 증명해 주는 것이라 하겠다. 나아가 괘서가 갖는 사회적 성격의 일단을 찾아 볼 수 있는 것이기도 하다.

이와 같은 연속적인 사건의 발생과 민심의 動搖로 인해 조정에서는 익명서에 대한 보다 구체적인 처벌조항을 만들어 事目으로 제정하여 반포하자는 의견이 확대·논의 되었고, 그 결과 그 해 8월 3일「匿名書定罪事目」이 제정되었고,40) 이 사목은 차후『受敎輯錄』에 반영되어 괘서내용의 전파자에 대한 법률적 처리의 근거가 되고 있다.41)

한편 숙종 40년(1714) 2월에 발생한 崇禮門掛書事件은『肅宗實錄』에 단 한줄의 기록밖에 없다.

「도둑이 숭례문에 익명서를 건 사건이 있는데 말이 지극히 不道하였다.」42)

이 한줄의 기록으로는 달리 내용을 알 길이 없다. 다만 한성부의 여러 성문 가운데 崇禮門에 걸었다는 것이 눈에 띈다. 즉 경비가 다른 곳

---

39)『備邊司謄錄』35冊 肅宗 5年 7月 28日條.『肅宗實錄』卷8 肅宗 5年 7月 己未條.
40)『備邊司謄錄』35冊 肅宗 5年 8月 3日條.
41)「匿名書定罪事目」에 규정된 내용은 모두 5개 항목으로 이 책 제1장의 註29)에 자세히 적고 있다.
42)『肅宗實錄補闕正誤』卷55 肅宗 40年 2月 辛卯條.

보다도 삼엄한 이곳에 괘서가 걸렸다는 사실은 괘서의 부착장소가 일정하지 않다는 것을 단적으로 보여주는 것이라 할 수 있다. 또한 괘서의 내용을 기록하지 않고 단지 '不道之言'이라는 추상적이고 함축적인 말로 일축하고 있어 그 내용이 정부나 왕실을 비난하는 것이거나 혹은 관료들의 비리나 국가의 정책을 비난하는 내용이었을 것으로 추측할 수 있을 뿐이다. 그리고 이 사건 이전까지는 비교적 괘서의 내용을 실록에 기록하였다는 점과 비교할 때 정부의 대응자세가 약간 변화한 것이 아닌가 생각된다. 이 사건의 주모자를 '도둑'이라고 표현한 것도 다른 사건과는 다른 점이다.

이어서 같은 해인 숙종 40년(1714) 5월에 발생한 敦義門掛書事件은 조선후기 괘서사건 가운데 그 성격이 독특한 것으로서 주목된다. 즉 일반적으로 괘서사건은 반정부적이고 비판적이며, 저항적인 성격을 나타내고 있는 것인데 반하여, 이 사건은 숙종의 병환을 걱정하는 내용으로서 종래의 것과는 相異한 내용을 담고있다. 즉 京畿道의 幼學 李景夏 등 5명이 敦義門에 괘서한 내용은 다음과 같다.

> 「성상의 환후가 여러 달을 끌고 있으니 臣者된 자로서 정성으로 기도를 올려 재앙을 물리치는 절차가 있어야 마땅하다. 5部의 백성으로 하여금 성금을 내어 祭需를 돕게 하자.」[43]

이들은 이어서 漢城府에 글을 올리고는 20여 명이 모여들어 露梁津에서 제물을 갖추어 하늘에 3일간 제사를 올렸다. 이에 대해 조정에서는 괘서의 내용이 정부를 비판한 것이 아니었기 때문에 그들을 국문하지 않고 불문에 부치고 있다. 다만 당시의 輿論이 그들의 행동은 禮에 어긋난 것으로 비난하였다고만 적고 있다.[44] 여기서 예에 어긋난다는

---

43) 『肅宗實錄』 卷55 肅宗 40年 5月 壬寅條.
44) 上同.

내용은 그들의 행동 양식에 대한 비판이었을 것으로 생각된다. 즉 왕의 병환에 대해 걱정하는 것은 신하된 자들의 도리일 것이나, 이를 표현하는 방법상에 문제가 있었음을 지적한 것으로 보인다.

이상 숙종조에 나타난 일련의 괘서사건을 통해서 몇가지 사실을 인지할 수 있다. 즉 괘서사건의 발생지역이 모두 서울에 집중되어 있다는 점, 주모자 검거율이 낮았다는 점, 괘서의 내용이 대부분 정치적성향을 가지고 있다는 점, 민란과 같은 집단조직과의 연계성을 가지고 있지 않았다는 점 등을 알 수 있었다. 이에 대한 보다 구체적인 설명을 위해 다음 節에서 세 가지 괘서사건에 대한 분석을 시도하였다.

제2절 庚申大黜陟과 掛書의 擴散

1. 1679년 把子橋洞 掛書事件과 庚申大黜陟

1) 事件의 展開

숙종 5년(1679) 4월 漢城府 把子橋洞에 괘서사건이 발생하였다. 발생 당시 漢城府判尹 柳赫然이 이를 보고 領議政 許積과 左議政 權大運에게 알려 주었고, 이들은 괘서사건과 관련된 혐의자들을 체포하여 포도청에 잡아다 놓고 이를 좌의정 권대운이 4월 8일 大臣들과 備局의 여러 신하들이 모인 자리에서 숙종에게 보고하였다.

당시 괘서에 실린 내용은 1년이 지난 후『肅宗實錄』에 전체가 기록되었다. 조선후기에 발생한 괘서사건의 경우 괘서에 적힌 내용을 그대로 실록에 기록해 놓은 경우는 숙종 때 뿐이며, 그것도 본 사건과 숙종 37년(1711)의 영은문괘서사건 뿐이다. 따라서 다소 장황하지만 괘서의 내용 전체를 살펴볼 수가 있고 괘서가 의도했던 것이 무었인가를 명확하게 알 수 있어 내용 전체를 옮기면 다음과 같다.

「다음 글은 아주 급히 알려야 할 사항이다. 南黨은 어지럽게 흐리고 西類는 원한에 차 있어, 인심은 이반되고 나라일은 어찌할 방도가 없으니 종묘와 사직이 위태로운데 하늘의 뜻이 정해지지 않아 통탄스럽구나. 대대로 국록을 먹는 신하는 차마 국가와 기쁨과 슬픔을 함께 하는 의리를 저버릴 수가 없어서 죽으려고 하여도 죽을 곳이 없었다. 충성을 하려면 멸친되는 것을 참을 수 없으며, 효도를 하려면 어떻게 국은을 저버릴 수 있겠는가. 부득이 혈서로 정성을 드러내어 천지신명께 고하니 君父가 있음을 아는 자는 급히 하늘에 고하고, 군부가 없다고 생각하는 자는 근심없이 그대로 보고 있을지어다. 강화도에서 계획을 세운 金씨 성을 가진 힘센 무사가 남산의 大家 속에 숨어 있으니 누가 감히 찾아 내겠는가. 큰 변란이 9일로 이미 박두하였으니 이것이 어느 때인가. 尹元衡의 患難은 왕실과 혼인할 때에 있었는데, 三家의 劍術은 市街에서 시험되었다. 수어청의 군대가 곧 서울로 향하니 북소리는 廣津에서 일어나고 長湍의 병졸이 밤에 일어나니 나팔소리는 彰義門으로 들어온다. 凌漢隊 삼백명은 이미 中營에서 의논했는데 忠壯徒 20명은 모든 군대를 넉넉히 대적할 수가 있다. 內廳의 八劍과 外局의 九椎와 御營廳 30명, 禁衛營 4인, 別武士 11인과 군사를 지휘할 1명의 장수는 지난 겨울에 이미 계획을 마쳤다. 推戴는 비록 밖에 있지마는 사직을 세우는 일이 어찌 멀겠으며, 가시 울타리가 비록 엄중하나 相印은 만들 수가 있다. 閔鼎重·金益勳·李翊相·李選·申琓·李行益·權道經·李益亨·具鎰·어영청 哨官 6명, 金部長·黃宣傳·李訓哨·尹·洪 등을 때 맞추어 베어 버린다면 국가의 복일 것이다. 중요한 자는 반드시 그 일족을 다 죽여야 하기 때문에 그 이름을 썼으나 소소한 자는 그 일족까지 죽일 것이 없으므로 이름을 쓰지 않은 것이다. 그 나머지 위협에 못이겨 추종한 자들은 모두 죽일 것은 없으니 우선 기록하지 않는 것이다. 충성과 효도는 둘다 온전히 할 수 없기 때문에 눈물을 머금고 쓴다. 중요한 자 중에 김씨는 멸족을 해서는 안되는데 천심은 반드시 헤아릴 것이다. 남인들이 정사를 어지럽힌 데서 화가 생겼으니 통곡할 만하고 통곡할 만하다. 林의 檄文은 남쪽에서 나와 서쪽으로 들어가고, 李의 편지는 안에서 밖으로 나오니 화란의 기미가 크게 펼쳐졌다. 북부에 사는 선비의 종인 居昌을 잡아 신문하면 알 수 있을 것이다. 왕가의 딸로서 불속에 뛰어들고 싶은 사람은 바로 나이다. 통곡한들 어찌하며, 통곡한들 어찌할 것인가. 老人忠義 金 諜는 눈물을 흘리며 쓴다.」45)

위의 내용을 볼 때 표면적으로 제시되는 괘서의 목적은 대체로 다음 두가지로 요약될 수 있다. 첫째는 곧이어 군대를 거느린 반란이 서북쪽의 창의문과 동쪽의 광진에서부터 일어날 것이라는 점을 알림과 동시에 이와 관련된 인물들의 이름을 적어 놓고 이들을 빨리 제거해 버려야 한다고 주장하고 있다. 둘째는 南人들의 혼란스러움과 아울러 西人들이 국가를 원망하고 있다는 사실과 남인들이 정사를 어지럽혀 환란을 불러 일으켰다는 내용을 써 넣어 정치적 문제와 연관되어 있음을 암시하고 있다. 그리고 이들 이외에는 글의 의미를 알 수 없는 애매한 말들로 얼버무리고 있으며 스스로를 왕가의 딸이라고 표현하는 등 주모자가 누구인지 쉽게 구분할 수 없도록 여러가지 복선을 깔아 놓은 것이다.

그런데 이 사건에서 주목되는 것은 괘서의 내용 하단부에 괘서의 주모자를 알아볼 수 있는 단서를 제공하고 있다는 점이다. 즉 '北部의 私奴 居昌을 잡아 신문하면 알 수 있다'는 문구가 그것이다. 그러나 괘서를 행한 주모자는 직접적으로 밝히지 않고 있다. 이는 곧 노비의 이름을 거론함으로써 괘서내용의 사실성을 보다 높여 신뢰도를 극대화하고, 이를 믿고 괘서에서 언급된 관리들을 곧바로 처형시키게 함으로써 자신들의 목적달성을 이루고자한 전략적 포석이었던 것으로 보인다. 이것

---

45) 『肅宗實錄』 卷9 肅宗 6年 5月 庚子條.
『推案及鞫案』 卷8 81冊 「尹鑴朴瀗李煥推案」 5月 12日 李煥匿名書條에도 괘서내용의 원문이 실려 있으며, 『肅宗實錄』의 내용과 일치하고 있다.

은 대부분의 괘서사건이 익명인 것과 비교되는 것이다.
　당시 영의정 허적은 사건의 보고를 받은 즉시 포도청에 명하여 괘서의 하단부에 거명된 居昌을 체포토록 하였고, 그로부터 진술을 받아 숙종에게 보고하였다.

> 「그 말이 비록 허망하지마는 居昌이라는 이름이 있어 그대로 방치하기는 곤란하므로 포도청을 시켜 물어 보았더니, 거창의 말이 이것은 李煥이 만들어 냈을 것이라고 합니다. 이환이 거창의 주인 辛聖老와 더불어 僕문제로 다툴 때 거창이 주인을 대신하여 송사하였는데, 당시에 이환이 그에게 굴욕을 많이 당한 일이 있어 필시 이 때문에 거창을 모함했을 것입니다. 그렇지 않으면 남의 종 이름을 누가 알겠습니까? 이 말이 근거가 있을 듯하여 이환을 체포하도록 한 것인데 이 일은 의금부로 넘기어 엄하게 다스리지 않을 수 없습니다.」46)

　거창의 진술요점은 李煥이 자신의 주인인 신성로와의 송사문제로 개인적인 원한관계가 있어 자신을 모함하였다는 것이다. 이에 이환을 잡아들여 포도청에서 신문을 한 결과 그는 괘서가 걸린 날 좌참찬 尹鑴의 집에 있었다고 진술하여47) 자신의 거취를 증명함으로써 일단 화를 모면하게 되었다. 이환은 出身으로 南人의 거두인 윤휴와 친척간이었다.48) 따라서 정치적으로 암암리에 윤휴의 비호를 받고 있었을 뿐만 아니라 괘서사건이 발생한 이후 윤휴가 두차례 밀서를 올려 이환을 구출하기도 하였다.49) 이후 판의금 吳始壽와 여러 당상관들이 공동으로 차자를 올려 죄인들에 대한 가형을 하지 말 것을 청하였다.

---

46) 『肅宗實錄』 卷8 肅宗 5年 4月 癸酉條.
47) 『燃藜室記述』 卷33 肅宗朝 故事本末條. 「李煥招稱 以其日往宿尹鑴家云 以此發明」
48) 上同. 「煥卽鑴之切族」
49) 上同. 「鑴再上密箚 伸救李煥」

「단순한 익명서를 공안처럼 취급하여 매를 때리고 고문하여 취조하는 일은 선왕의 법도에 어긋날 뿐 아니라 조정의 체면을 깎는 처사입니다.」50)

이에 숙종이 여러 대신들에게 의논하자 영의정 허적이 차자의 말이 옳다고 하여 혐의자 모두를 진범이 잡힐 때까지 서울에 남아 있으라는 단서를 달아 풀어주었다.51) 이와 같은 조치는 매우 형평을 잃은 처리방법이었다. 즉 사건에 직접적으로 관련된 자들을 加刑하여 진실을 밝히지 않고 단순하게 조정의 체면을 깎는다는 미명하에 사건을 해결하지 않은 것은 後述하듯이 그 이면에 또 다른 이유가 있었기 때문이다.

결국 이 사건에 대한 심판은 1년이 지난 후에 庭鞫으로 열려진다. 즉 사건이 발생한 이듬해인 숙종 6년(1680) 이른바 庚申大黜陟으로 불리우는 정치적 변혁이 있었다. 이 정국의 변화로 인해 종래 정권을 장악하고 있던 남인이 실각하고, 서인이 정권을 잡게 되었다. 그 결과 당시 남인의 비호를 받아 괘서사건에 대한 처리를 미루었던 것이 다시 고개를 들어 庭鞫이 진행되었다.

이 국청에서 이환은 익명서를 모의한 곳은 許積의 집이고, 李台瑞와 그의 아들 李景明 등이 참여하였으며, 자신은 처음부터 참가한 것이 아니라 송사사건의 일로 사정을 호소하기 위해 들렀다가 관련된 것이라고 진술하고 있다. 나아가 이태서가 '이 무리들을 반드시 제거해야만 우리가 편안할 것이다'라고 말하면서52) '이것은 나 한사람의 뜻이 아니고 사직동의 대신과 의논해서 하는 일이니 그대가 만약 입을 열게 되면

---

50) 『肅宗實錄』 卷8 肅宗 5年 4月 癸未條.
51) 上同.
52) 『肅宗實錄』 卷9 肅宗 6年 5月 辛丑條.
「台瑞摩掌憤然日 汝雖以鄕人 不知妙理 此輩必須除之 吾儕安矣」

그대는 반드시 먼저 죽을 것이다'고 협박하여53) 그 위세가 두려워 1년 전의 의금부 공초에서 사실대로 말하지 못했다고 진술하고 있다. 그러나 결국 이환은 그의 結案에서 다음과 같이 자신의 죄를 시인하고 있다.

> 「李台瑞가 두 번 세 번 사주하여 과연 그와 함께 모의하였습니다. 이태서가 문장을 짓고 李景明이 글을 썼으며, 내가 이태서의 종을 데리고 새벽을 틈타 把子橋 옆에 갔다 내건 것이 확실합니다. 주된 목적은 西人 宰相들을 모함하여 죽이려는 데 있었습니다.」54)

즉 자신도 직접 모의에 참여하였을 뿐만 아니라 발각될 염려가 있어 새벽에 자신이 직접 종을 데리고 가서 걸었다는 사실을 실토하고 있다.55) 또한 서인 재상들을 죽이고자 했다는 괘서의 목적을 발설함으로써 당시 재차 정권을 장악한 서인은 남인을 축출하기 위한 명분을 얻게 되었다. 이후 윤휴에 대한 국청이 이환과 거의 동시에 진행되었으며,56)

---

53) 上同.「台瑞曰 此非吾一人之意 與社洞相議爲之之事 汝若出口 則汝必先死」
54) 上同.
「台瑞再三指嗾 果與台瑞同謀 台瑞製之 景明書之 煥率台瑞之奴 乘曉往掛於把子橋邊的實主意在於構殺西人宰相云」
『推案及鞫案』卷8 81冊「尹鑴朴瀗李煥推案」5月 13日 罪人李煥結案條에는 掛書를 작성하는 과정에 관하여 약간의 기록이 더 있어 『肅宗實錄』의 結案 내용과는 약간의 차이가 있으나 사건의 결과를 뒤집을 정도의 것은 아니다. 또한 『燃藜室記述』에는 위의 내용 외에도 '이 사건을 모의한 곳이 허적의 집이었다'는 기록도 있다.(『燃藜室記述』卷33 肅宗朝 故事本末條)
55) 『推案及鞫案』卷8 81冊「尹鑴朴瀗李煥推案」5月 13日 罪人李煥結案條.『肅宗實錄』의 結案 내용과 다른 것으로서 『推案及鞫案』에는 첫째, 괘서를 거는 방법에 있어서 밤에 괘서할 경우 순찰 도중에 발견되어 여러 사람에게 알릴 수 없다는 이유를 들어 새벽에 걸게 되었다는 것. 둘째 人家의 모퉁이에 걸 경우 사람의 이목이 있어 좋지 않다는 점. 셋째 일이 끝난 이후 달아나기가 수월하다는 이유로 긴 나무 장대에 매달아 길 한복판에 세워 놓기로 하였다 점 등의 내용이 더 첨가되어 있다.
56) 『推案及鞫案』卷8 81冊「尹鑴朴瀗李煥推案」의 기록에서 이들의 진술이 같이 이

숙종은 윤휴와 이환이 담합할 것에 대비하여 각각 먼곳에 두어 서로 의사를 통하는 폐단이 없게 하라고 특별히 명하기도 하였다.57)

이 사건의 결과 李煥·李台瑞·李景明 등은 모두 絞刑에 처해졌으며, 남인의 巨頭이자 원로였던 허적이 먼저 賜死되었고,58) 尹鑴도 얼마 후에 사사되었다.59) 뿐만 아니라 서인들의 집중공격을 받아 權大運·閔熙 등은 중도부처되고, 許穆은 삭탈관작하여 門外黜送 당했으며,60) 괘서 내용의 인물들을 체직하라고 주장했던 李壽慶은 유배되어 圍籬安置되는61) 등 많은 남인세력들이 죽거나 실세하게 되었다.

2) 南人間의 갈등과 庚申大黜陟

이 사건은 한마디로 정치적 색채를 농후하게 가지고 이루어진 사건이다. 괘서의 내용 가운데 난을 일으킬 인물들을 적고 이들을 빨리 처형하라고 하였는데 당시 괘서에 적혀 있던 인물들은 모두가 서인들이었다. 그리고 이환이 최후진술에서도 괘서의 목적은 서인들을 제거하기 위한 것이었다고 밝히고 있다.

그런데 사건의 진행과정에서 보면 약간의 의문을 갖게 한다. 먼저 전술하였듯이 왜 사건을 당시에 결말짓지 않고 1년이 지난 이후에 다시 국청을 열게 하였는가이다. 만일에 남인들이 서인들을 완전히 제거하기 위해서 괘서를 이용했다면 당시의 정치적 상황으로 볼 때 남인들이 정권을 장악하고 있었으므로 괘서를 문제삼아 서인들을 제거하는 방향으로 정국을 유도할 수도 있었을 것이다. 그런데 그들은 왜 사건을 처리

루어 졌음을 알 수 있다.
57) 『肅宗實錄』 卷9 肅宗 6年 5月 庚子條.
58) 『肅宗實錄』 卷9 肅宗 6年 5月 己亥條.
「禁府啓曰 罪人許積賜死命下矣 卽遣都事賜死之意 敢啓 傳曰 知道」
59) 『肅宗實錄』 卷9 肅宗 6年 5月 戊申條.
60) 『肅宗實錄』 卷9 肅宗 6年 5月 癸丑條.
61) 『肅宗實錄』 卷9 肅宗 6年 5月 辛亥條.

하지 않고 없었던 일로 치부하려고 했던 것일까?

여기에는 남인들 내부의 문제가 하나의 요인으로 작용하고 있었던 것으로 보인다. 앞의 숙종 초기 정치상황에서 전술하였듯이 숙종 5년 3월·4월 경은 남인들 간에 청남과 탁남으로 나뉘어 보이지 않는 대결이 심각하게 진행되고 있었던 시기이다. 이 괘서사건에 대한 처리과정에서도 이러한 대결양상은 어렵지 않게 발견되고 있다.

사건에 직접적으로 관련된 이환이라는 자는 出身으로서 청남의 중심세력인 윤휴와 친척관계에 있었고,62) 윤휴는 사건의 신속한 처리를 위해 직접 비밀리에 숙종에게 밀서를 올렸다. 이 밀서의 중요한 부분만을 적으면 다음과 같다.

> 「신이 삼가 들으니 어제 南橋街頭에 한 장의 괘서가 있었는데 이는 고변하는 글로서 이름을 숨긴 것이었습니다. 그 내용이 위험악독하고 … 인심이 의구하고 변란을 예측하기 어려워 사건이 종묘사직과 관계되고 시기가 급박하니 어찌 예사의 익명서로 보고 마음을 쓰지 않을 수 없겠습니까? 바라건대 성상께서는 즉시 삼공 및 중신들 중에 일을 도모할 이들을 부르시어 속히 대응할 방도를 의논하고 경비를 크게 정돈하여 호위를 설치하여 … 괘서에 말한 것도 전혀 허망한 데서 나왔다고만 할 수 없으므로 국문하는 일은 한시가 급합니다. … 무릇 방서중에 나온 여러 신하중 무사를 거느리는 관직에 있는 자들은 즉시 체직하시어 일이 종결되기를 기다려서 죄인을 가려내어 간사한 계책을 꺽는 바탕으로 삼으소서. … 선비의 종인 거창이라는 자는 이미 그런 사람이 있고 체포되었다고 했으니 비록 단서를 잡지 못했다고 하더라도 어찌 글에 이름이 있는 사람으로 하여금 그 사건을 맡아서 허실을 조사하겠습니까. … 지금 만약 고발하게 되면 그 자신에게 중한 상을 내리고 그 족속에게는 연좌시키지 않는다는 뜻을 都中에 榜示한다면 이 또한 국가가 충성심을 나타내

---

62) 註48) 참조.

고 간인을 적발하는 한가지 방법이 될 것입니다.」[63]

이 密書는 4월 7일에 올린 것으로 당시 승정원에서 보관하고 있었을 뿐 기록을 하지 않았던 것으로 밝혀졌다. 이러한 사실은 숙종이 밀서를 받았다는 사실을 먼저 말하여 밝혀지게 되었다.[64] 결국 사건이 발생한 후 좌의정 권대운이 조정에 보고하여 의논한 것은 4월 8일인데 윤휴는 이미 그 전날에 숙종에게 밀서를 올린 것이다. 이는 숙종에게 미리 내용을 알리기 위한 것도 있겠지만 밀서의 형식을 갖춘 보다 근본적인 이유는 숙종에게 긴박감을 조성하여 괘서의 내용을 사실로 받아들이게 함으로써 자신들이 의도했던 목적을 달성하고자 했던 것이 아닌가 생각된다. 이러한 사실은 그의 밀서 내용을 통해서도 충분히 감지할 수 있는 사안이다.

위의 윤휴가 올린 밀서의 내용은 다음 몇가지로 요약할 수 있다.

첫째 익명서의 내용이 종묘사직과 관계되고 시기가 급박하니 속히 방도를 마련하여 경비를 강화하라는 것. 둘째는 괘서에 거론된 신하들 중에 무사를 거느리는 관직에 있는 자는 즉시 체직시키라는 것. 셋째는 숙종이 직접 승정원에 명하여 괘서의 내용을 보고 사실 확인을 하라는 것. 넷째는 괘서의 내용에 반란이 일어난다고 했으므로 이에 관계된 내용을 고발하는 자에게는 상을 내리고 관련자에게는 연좌하지 않는다는 내용의 포고문을 내리라는 것이다. 이러한 밀서의 내용은 모두가 괘서 사건의 내용을 사실로 받아들여 그 내용에 거론된 서인들을 제거하고자 하는 목적을 분명하게 드러낸 것이라 할 수 있다. 그리고 윤휴는 적극적으로 괘서를 빌미로 삼아 이를 문제화 하고자 했음을 분명히 알 수 있다.

---

63) 『肅宗實錄』 卷9 肅宗 6年 5月 壬寅條.
64) 『肅宗實錄』 卷9 肅宗 6年 5月 癸卯條.

사건 발생 이후 이를 처리하는 과정에서 숙종은 여러 대신들을 모아놓고 의견을 청취하였다. 이 자리에서 윤휴와 같은 청남세력인 대사헌 吳挺緯는 다음과 같이 주장하였다.

「그 익명서 가운데 거론된 9인은 문제삼지 않을 수 없습니다. 애초에 보지 않았다면 모르거니와 대신이 이미 보았고 거창을 잡았으니 문제삼지 않을 수 없습니다.」[65]

또한 헌납 李壽慶도 "이름이 익명서에 들어간 자는 장수의 자리에 그냥 둘 수 없습니다."[66]라고 하여 괘서를 문제삼아 괘서에 거명된 인물들을 제거해야 한다고 주장하고 있다. 이들은 모두 허목・윤휴와 같이 비교적 과격한 淸南勢力들이며, 이 사건의 실질적인 행동자 이환이 최후진술에서 李台瑞가 실질적으로 사주하였고, 그의 아들도 참여하였다고 주장하였는데 이태서 역시 청남으로 분류되는 자이다.

이에 반하여 濁南의 예조판서 吳始壽는 숙종이 괘서에서 거론된 인물들이 누구누구인가를 묻자 "그 사람들을 전하께서 꼭 아실 필요는 없습니다"라고 하여[67] 그들을 보호하고자 하는 태도를 보였고, 탁남의 중심세력인 권대운도 "대신 이하 이름이 흉서 안에 들어 있는 자에게는 處分이 있어야 마땅합니다."라고 주장하여[68] 숙종이 괘서에 거론된 사람들을 위유하도록 함으로써 청남세력들과는 다른 태도를 분명히 하였다.[69] 이러한 의견 대립이 약 10일간 진행되다가 판의금 오시수가 중심이 되어 국가의 체면에 관계된 일이니 사건에 관련된 인물들에게 형을 가하지 말 것을 주장하였고, 이에 영의정 허적이 그의 의견에 동참함으

---

65) 『肅宗實錄』卷8 肅宗 5年 4月 壬申條.
66) 上同.
67) 上同.
68) 上同.
69) 上同

로써 숙종은 관련자들을 서울에 남아있으라는 단서를 달아 석방하였다.70)

결국 청남세력들은 사건의 확대와 아울러 이를 빌미로 조정에 남아있는 약간명의 서인들을 마저 제거하고자 하였고, 비교적 온건한 노선을 걷고 있고 정국을 실질적으로 주도하고 있는 허적을 중심으로한 탁남세력들은 이를 저지하고 나섰던 것이다.

이러한 사건 처리에 대한 견해차이에서 알 수 있는 것은 괘서사건을 일으킨 장본인들이 윤휴를 중심으로한 청남세력들임을 알 수 있게 한다.71) 그들은 스스로 이환이라는 자를 시켜 평소에 소송관계로 앙심을 품고있던 자의 노비를 끌어들여 그를 괘서사건의 희생양으로 삼아 서인세력을 제거하고자 했던 것이다. 나아가 이것이 성공할 경우 **환란을** 미연에 방비하였다는 명목을 등에 업고 정국의 주도권을 갖고자 **했던** 것으로 보인다. 그리고 실패할 경우에도 괘서의 내용에서 탁남세력들의 이름을 거론하여 그들을 제거하고자 한 것이 아니기 때문에 큰 손해를 보지 않는다는 점과 사건 직후 윤휴의 행동에서 보듯이 그가 배후에서 비호할 수 있어 비교적 안심하고 일을 진행할 수 있다고 판단했던 것이 아닌가 생각한다. 나아가 이 사건 이후 후술하듯이 괘서의 이용이 더욱 확산되고 있음을 알 수 있다.

이상에서와 같이 숙종 5년의 파자교동에 걸린 괘서사건은 정치적 목적을 달성하기 위해 남인 정치세력들이 괘서를 이용하였음을 알 수 있

---

70) 『肅宗實錄』 卷8 肅宗 5年 4月 癸未條.
71) 이환은 그의 공초에서 끝가지 윤휴와의 공모사실을 시인하지 않았으며, 반대로 濁南의 영수격인 허적의 집에서 일을 공모하였다고 진술하고 있다. 그러나 사건 처리과정에서 윤휴가 보다 적극적으로 괘서사건을 빌미로 활용하고자 주장하였고, 허적은 뚜렷한 행동이 없이 무마하고자 하였다. 이같은 정황으로 보건대 괘서사건에는 윤휴가 보다 깊이 관여되어 있었던 것으로 보인다. 다만 이환이 허적을 끌어들인 것은 이미 서인정권으로 넘어간 상태였기 때문에 그의 이름을 빌렸거나, 아니면 서인들이 남인들을 제거하기 위해 허적이라는 이름을 공초에 올리도록 유도했을 가능성 등을 생각할 수 있다.

다. 그들은 정권의 확보라는 정치적 목적을 달성하기 위하여 없는 사실을 있는 것처럼 위조하고, 이러한 내용을 괘서를 통해 나타냄으로서 자신들이 목적한 바의 근거로 삼고자 했던 것이다. 그러나 결국에는 이 괘서사건이 목적을 달성하지 못하고 이듬 해 庚申大黜陟의 換局과 함께 오히려 서인세력이 남인세력을 정치적으로 제거하는 직접적인 한 원인으로 작용하였다. 이는 괘서자체가 여론을 공론화할 수 있는 기능을 가지고 있었고, 이러한 기능을 정치세력들이 교묘하게 이용하고 있었음을 보여주는 사례이다. 나아가 이 사건 이후 후술하듯이 괘서의 이용이 더욱 확산되고 있음을 알 수 있다.

2. 1711년 迎恩門 掛書事件과 誣告事件

1) 事件의 展開

숙종 37년(1711) 영은문 괘서사건은 崇明排淸의 내용을 기본골격으로 4월 30일 영은문에 괘서한 사건이다.[72] 이 사건은 범인이 끝내 잡히지 않아 『推案及鞫案』에 공초기록이 없고 다만 『肅宗實錄』과 『承政院日記』『備邊司謄錄』에만 기록이 남아 있다.

본 항목에서는 현존하는 史料를 근간으로 하여 괘서의 내용을 살펴보고자 한다. 또한 이 사건을 빌미로 誣告事件을 일으켜 求生之計로 삼고자 했던 「張千連事件」과 「徐宗哲事件」[73]을 분석하여 괘서가 지니는 그 파급효과가 어느 정도였는가도 아울러 살펴보고자 한다.

숙종 37년 4월 30일 영은문에 부착된 괘서는 다음날 判尹 黃欽에 의

---

72) 『肅宗實錄』에는 괘서의 부착 장소가 延恩門으로 기록되어 있으나 『備邊司謄錄』에는 迎恩門으로 기록되어 있다. 여기에서는 영은문으로 통일하였음을 밝혀 둔다.
73) 迎恩門掛書事件의 주모자가 체포되지 않는 상황에서 張千連과 徐宗哲이 관련이 없는 인물을 사건의 주모자라고 무고하여 자신의 목적을 달성하고자 도모한 사건이다. 이 사건들에 관하여는 뒤에 상세하게 서술하였다.

해 郎廳을 거쳐 承政院에 전달되었으며, 승정원에서 이를 그대로 숙종에게 고하였다. 일반적으로 조선후기 괘서사건의 경우 괘서의 내용을 있는 그대로 실록에 옮기는 경우가 없으며, 대개는 '不道之說'로서 일축하고 있는 것이 다반사이다. 그러나 본 괘서사건의 경우는 그 내용이 『肅宗實錄』에 그대로 기록되어 있어 다소 장황하지만 내용의 이해를 돕기 위해 그대로 적으면 다음과 같다.

「대개 듣건대 오랑캐를 물리치고 惡人을 제거하는 것은 임금의 큰 책무로 사양할 수 없으며, 먼저 알린 연후에 군사를 일으키는 것이 왕이 된 자의 성대한 절차이니 소홀히 할 수 없는 것이다. 오랑캐(淸)의 운명은 백년의 오랜 궁함을 만났고, 天子가 천하를 다스리는 근본이 다시 창성할 운세이니 비유하면 日月이 사라졌다가 다시 밝아지고 節氣가 다시 돌아 오는 것과 같다. 지금 오랑캐(淸)가 일시적으로 牛·羊의 힘을 빌어 百代를 이어온 문물의 나라를 침범하여 우리의 宗廟를 짓밟고 皇統을 빼앗았다. 하늘은 악덕을 미워하는지라 彗星이 五紀(歲·月·日·星辰·曆數)의 謠言을 예언하였고, 운수는 眞人을 이끄는지라 黃河가 천년의 상서로운 기운을 고하였다. 아직도 감히 눈앞의 안일만을 탐하고 中原을 고유의 것으로 보아 四海의 재물을 모아서 그 巢穴(住居의 賤稱)을 채우는 것이 뇌물을 받는 어리석음과 같다. 萬乘(天子 또는 大國을 가르킴)의 부를 가지고서도 계산이 닭과 돼지에까지 미치는 것은 이익을 독점하는 천박함 보다 심함이 있다. 호걸이 봉기하는 데도 미친 개처럼 오히려 멋대로 행동하고, 父子가 암컷을 함께하고도 음란하고 잔학함을 고치지 않으니 이 어찌 수달이 물고기를 몰면서 암무지개(霓)가 돌아갈 곳이 있기를 바라고, 하늘이 혼백을 빼앗으니 귀신의 죽임이 장차 이르는 것이 아니겠는가. 생각하건대 우리 聖上의 뛰어난 무용은 진실로 타고난 성품이며, 후계자를 서로 帝室에서 이어 받으셨도다. 혁혁한 빛이 四海를 고르게하니 軒后(軒轅帝)의 무지개빛 상서로움을 만나고, 신령스런 거북이 九疇74)를 계도하니 聖祖가 伽藍(寺刹)의 점친 것에 부합하다. 義로운 군대를 처음 일으키니 해외의 12국이 表文을 받들어 臣이라 일컫고, 天子의 兵士들이이 잠깐 臨하니 江左의 수천리가 격문을 따라 귀순하였다. 대장 휘하의 謀士는 수레에 곡식을 실을 만큼 많았으며, 猛將도 안개가 가득하고 구름이 모인것과 같다. 鄭軍師의 기략은 지난날의 管仲·諸葛亮이요, 張元帥의 전략은 오늘의 韓信·彭越이다. 劉督府는 눈 앞에서 견고한 城을 잃게 되었고, 耿鴻樞의 계산으로도 다른 계책이 없었다. 呂先生의 소매 속에는 天地를 뒤집는 造化의 중요한 점을 劉伯溫에게 사양하지 않으며, 鄭祖師의 흉중에는 바람을 불러 일으키고 바닷물을 줄이는 法界의 기묘함이 실상 姚廣孝를 뛰어 넘으니 이는 모두 周나라의 十亂[75]이며 漢나라의 三傑(蕭何·張良·韓信)이다. 이들이 정벌하면 어떤 적인들 꺾지 못하겠으며, 어루만져 편안하게 하면 어떤 먼 곳인들 복종하지 않겠는가. 바야흐로 三軍을 거느리고 속국을 규합하여 백년토록 오래된 도망간 적들을 소탕하고 一統의 옛터전을 회복하리라. 돌아보건대 조선은 본시 예의지국으로 일컬었고, 대대로 忠貞을 돈독히 하였다. 어진 임금 6~7인이 나라의 바탕을 이룩한 이래로 福이 삼백년에 이르도록 천자에게 의지하였고, 제후의 법도를 정성껏 힘써서 잘못이 없었다. 돌아보건대 이 藩邦(朝鮮-筆者)을 皇朝(明-筆者)에서 예로써 대함이 박하지 않았고, 생각하건대 우리 萬曆皇帝(명나라 神宗)께서 명하여 궁중의 재화를 가지고 이 東方에 혜택을 베풀게 하였으니 그 은택이 망극한 지라 그대 三韓의 군신은 뼈에 새기고 마음속에 새겨 후손에 이르기까지 감사하고 떠받들기를 끝이 없게 함이 마땅할 것인데, 어찌하여 凶奴의 庭에 무릎을 꿇고 臣妾의 욕됨을 달게 여긴단 말인가. 만약 강한 자가 약한 자의 살코기를 삼키는 법이어서 부득이 항복하여 의지하였다고 말한다면 혹 그럴 수도 있겠지만 天朝(明-筆者)를 공격하는 것을 돕는데 이르러서는 차마 이런 흉악한 짓을 하다니 그대는 편안하던가. 또 오랑캐에게 항복한 元帥는 그 죄가 李陵(前漢의 武人)보다 큰 데도 죽음을 면하였고, 임금을 판 신하

---

74) 천하를 다스리는 아홉가지 큰 법으로서 五行·五事·八政·五紀·皇極·三德·稽疑·庶徵·五福을 이르는 말.
75) 중국 周나라 武王 때 잘 다스린 신하 10인을 이르는 말. 周公旦·召公奭·太公望·畢公·榮公·太顚·閎夭·散宜生·南宮适·文母(太任)을 말함

는 그 간악함이 秦檜(南宋의 宰相)보다 지나쳤는데도 도리어 은총을 내렸으니 악한 사람을 징계하는데 절연함이 있다고 말하더라도 討罪하는데 엄중하지 못함을 볼 수 있는 것이다. 아! 손가락을 꼽아 그 죄를 헤아린다면 마땅히 王은 죽음으로 복종하여야 하며, 눈을 씻고서 그 정사를 보면 하늘의 응징을 피할 길이 없을 것이다. 그러나 조상의 훈계가 아직도 남아있다면 감히 어찌 은덕을 잊겠으며, 대보단을 새로이 창건하였으니 尊周하는 평소의 정성을 믿을만하므로, 아직은 죄를 묻는 군사를 정지하고 먼저 諭意하는 격문을 날려 보내노라. 생각컨대 오랑캐의 二京보다도 지름길로는 빠르나 蠻海의 諸國과 道里는 균일하다. 한없이 넓은 바다는 온전히 鶂首(뱃머리에 鶂이라는 물새의 형상을 그린 배) 바람에 의지하고 三枝의 깃발은 바야흐로 조선의 길을 빌려 성낸 범과 같은 장병을 길러 오랑캐의 거주지를 탐색하고 금도끼와 白旄(소의 꼬리를 깃대에 단 기)로 더러운 물건을 천하에서 소탕하고는 바다에 닻줄을 놓으니, 劒氣에 충돌되어 旄頭가 떨어지고 桂水에 돛을 열었으니, 창고를 다 열어 戰士에게 음식을 주어 위로하리로다. 이에 出戰할 기일을 다시 가리니 날짜가 길하고 때가 좋으며, 제왕의 군사가 온전하니 명분이 바르고 말이 사리에 順하도다. 귀국은 편안하게 쉰지가 이미 오래되었으니 어찌 일전할 마음이 없겠는가. 국토는 비록 작더라도 천리의 땅을 가지고서 두려워 한다는 말을 들어보지 못하였도다. 창과 방패를 닦고 갑옷을 수선하여 이끌 군사를 정비하여 단속하고, 말 먹이를 쌓고 군량을 마련하여 일찍 犒秣(犒軍과 秣粟)할 기구를 판비하며, 돈독한 예를 크게 닦고 알리는 使令을 급히 위촉해야 할 것이다. 아! 혹은 이 나루를 건너 경계를 지나는 날에 보내는 儀節을 어기지 않는다면, 뒤에 分封하고 공훈을 정할 때에 어찌 折衝한 효험이 없으랴. 만일에 혹 다른 생각을 망령되게 일으켜서 스스로 그 허물을 부르게 되면 비록 궁지에 몰린 胡에게 의지하더라도 그 이로움을 보지 못할 것이다. 三韓이 大呂(周나라 큰 鍾의 이름으로써 周室의 보물이다.)보다 중할 때가 두번 다시 오지 않을 것이며, 9세의 깊은 원수를 보복할 기회가 이 한 번의 거사에 있으리니 아직도 남아있는 방패와 말을 가지고 있으면서 使者가 來朝하기를 기다리겠노라. 後洪武 3年

2月 日 天朝大元帥檄」76)

이에서 볼 때, 괘서의 내용이 조선의 대청 외교정책을 격렬히 비난하면서 의리를 중요시 여기는 조선은 하루 빨리 청을 공격하여 明의 再造之恩에 보답해야 한다는 것을 중심내용으로 하고 있음을 쉽게 알 수 있다.

그러면 17~18세기 명·청 교체기에 따른 조선의 국내외 상황과 對中國觀은 어떠한 변화를 가져왔는가.

16세기 말 조선은 임진왜란에 휘말려 강경책과 회유책으로 견제했던 여진족에 대한 정책이 약화되었고, 이 틈을 타고 누르하치(奴兒哈赤)가 나타나 후금을 세웠다. 그 후 후금은 거대한 세력으로 성장하여 중원으로 진출하기 위해 명을 공격하게 되었고, 조선에 대해서는 중립을 지킬 것을 강력하게 요구하여 왔다.77) 그러나 조선과 명은 건국 이래 事大·字小의 관계를 유지하여 오면서 문화적·외교적으로 우호관계를 유지하여 왔을 뿐 아니라78) 1592년 임진왜란이 일어났을 때에는 실질적으로 명나라의 도움을 받았기 때문에 의리상 후금의 요청을 허락할 수 없는 입장이었다. 이러한 상황에서 명나라가 원군을 요청해 오자 조선의 광해군은 도원수 강홍립을 보내어 명의 요구를 들어주는 한편 후금에 대해서는 조선의 파병이 부득이한 일이었음을 알리고 강홍립에게 형세를 보아 후금과 화평할 것을 명하였다.79)

그러나 광해군의 실리적·현실적 외교정책도 仁祖反正으로 인해 무

---

76) 『肅宗實錄』 卷50 肅宗 37年 4月 戊子條. 『承政院日記』 康熙 50年 4月 30日條. 『備邊司謄錄』 62冊 肅宗 37年 5月 1日條.
77) 李鉉淙,「16世紀 後半期 東亞의 政勢」『한국사』 12, 국사편찬위원회, 1978. 267~271쪽.
78) 白鍾基,「事大交隣外交의 地政學的 및 歷史的 考察」『人文學研究』 10, 成均館大, 1981.
79) 全海宗,「女眞族의 侵寇」『한국사』 12, 국사편찬위원회, 1978. 328쪽.

산되어 조선의 외교노선은 다시 친명정책을 분명히 표방하게 되었다. 이는 결국 丁卯·丙子胡亂을 불러 일으키는 커다란 요인이 되었다. 결국 전쟁에서 패한 조선은 三田渡에서 굴욕적인 외교관계를 맺게 되었다. 이후 청은 조선에 대해 臣下國으로서 事大의 禮를 갖출 것을 강요하였으며, 이를 쉽게 받아 들일 수 없었던 조선에서는 계속하여 北伐論의 강경책이 제기되었고, 이를 실천하기 위해 노력을 기울이기도 하였다.80) 더욱이 호란으로 인해 피폐해진 농촌생활은 民들의 생활고를 더욱 가중시켰고, 각종 인적·물적 약탈행위는 그들의 排淸思想을 가속화시키기에 충분했다.

이러한 排淸思想은 조선이 건국된 이래 우호관계를 유지하여 오던 明에 대한 외교인식에 변화를 가져다 주었다. 즉 종래의 명에 대한 조선의 모화사상 및 현실주의적이며 상황주의적인 사대관념의 대외인식에 변화를 가져다 주기에 충분하였다. 결국 이러한 사상은 17세기 이후 慕華思想에 입각한 中華的 世界秩序觀이 조선의 관료들이나 유학자들에게 小中華觀念으로 정착하게 되었다.81) 小中華論이란 명나라가 멸망한 후에 조선을 중화문명의 담당자·계승자로 인식하여 조선을 작은 중화로 생각하는 것이다. 이는 尤菴 宋時烈에 이르러 도덕론에 입각한 중화적 세계인식과 崇明反淸論이 결합되면서 정착되었다. 이것은 모든 나라를 멸시하는 논리로 발전되어 자기 폐쇄적인 고립주의로 빠져들게 되었으며, 19세기 후반의 衛正斥邪思想으로 계승되어 조선후기 사상사의 커다란 한 줄기를 형성하였다.82)

이같이 爲政者와 儒學者들에게 소중화론이 뿌리를 쉽게 내릴 수 있

---

80) 趙鍾業,「北伐과 春秋大義」『百濟研究』 10, 1979.
　　李離和,「北伐論의 思想史的 檢討」『創作과 批評』 10-4, 1975.
81) 孫承喆,「北學의 中華的 世界觀 克服」『江原大論文集』 15, 1981. 408~410쪽.
82) 大同文化研究院,『韓國思想史大系』 Ⅲ, 1979. 269~302쪽.
　　姜在彦 著, 鄭昌烈 譯,『韓國의 開化思想』 比峰出版社, 1981. 79~84쪽.

었던 것은 당시 民들에게 공통적으로 인식되어 對淸觀과도 관련이 있는 것으로 보인다. 즉 청나라와의 전쟁 이후 民들의 對淸 적개심은 더욱 팽배되어 갔으며, 이러한 인식은 反淸이라는 점에서 소중화론과 맥을 같이하고 있는 것이다. 물론 당시 대다수 民들이 중화적 세계질서관이나 도덕론에 대해 깊은 식견은 가지고 있지 않았다 할지라도 조선을 황폐화시키고 人馬를 살상한 청에 대한 증오심은 모두가 일치했던 것이다.

위의 1711년 영은문괘서의 내용이 숭명배청의 논리에 입각해서 부착된 점은 지금까지 논술한 국내외 상황하에서 民의 사상적 흐름속에 반청감정이 내재하여 있었음을 입증하는 것이다. 이와 같은 民들의 반청태도는 18세기 이후에 대두되는 실학자들의 현실적·선진적 대외인식의 실현에 장애요소가 되었으며, 조선후기 衛正斥邪思想이 뿌리를 깊게 내리게 되는 하나의 요인으로도 작용했던 것이다.

한편 괘서의 형태는 어떠했는가. 『肅宗實錄』에는 다음과 같이 기록되어 있다.

「글의 마지막 부분에 '後洪武 3년 2월 일에 天朝大元帥는 檄한다' 고 쓰였으며, 종이는 唐紙를 사용했고, 글자체는 洪武正韻體를 썼으며, 붉은 색으로 '天下大元帥章'이란 여섯 글자의 전인을 어지럽게 찍었다.」[83]

여기에서 洪武正韻體라 함은 중국 韻書의 하나로 명나라 태조 때 편찬된 『洪武正韻』의 字體를 의미하는 것이다.[84] 또한 '洪武 3년 2월에

---

83) 『肅宗實錄』 卷50 肅宗 37年 4月 戊子條. 「末端書後洪武三年二月日 天朝大元帥 檄 紙用唐紙 字用洪武正韻體 以眞紅亂踏天下大元帥章 六字篆印矣」
84) 『洪武正韻』은 중국 梁나라 沈約의 제정으로부터 800여년간 사용되어 온 四聲의 체계를 일체 北京 음운을 표준으로 하여 고쳐 정한 것으로 우리의 『훈민정음』과 『동국정운』의 제작에 참고자료가 되었다.

천하대원수가 檄한다'고 했는데 홍무는 명나라 태조가 1368년부터 1398 년까지 30년간 쓰던 연호로서 홍무 3년이라 함은 1370년에 해당한다. 결국 글의 하단부에 적힌 날짜와 실제 사건이 발생한 날짜와의 시간적 격차가 너무 많이 나타나고 있음을 알 수 있다. 즉 실제 사건이 발생한 시기는 1711년으로 약 350여년의 오차가 발생하고 있다. 다만 홍무 3년 앞에 '後'字가 있어 이를 어떻게 해석할 것인가가 주목된다. 이는 다음 두가지 측면에서 해석할 수 있을 것이다. 첫째는 명나라가 청에 의해 완전히 멸망한 직후에 부흥세력들이 명을 다시 세운다는 명목으로 태조의 연호를 사용하였을 가능성이다. 그러나 이럴 경우에도 문제점은 남아 있다. 명나라가 완전히 멸망한 시기는 1662년으로 이후 곧바로 부흥세력들이 '後洪武'라는 연호를 사용하였다고 하더라도 후홍무 3년이면 1665년에 해당되어 실제 사건이 발생한 연대와 약 50여년의 오차가 나기 때문이다. 둘째는 괘서의 주체자들이 단순하게 명나라 태조의 연호를 도용하는 과정에서 생긴 오류일 가능성이다. 현실적으로 본다면 전자보다는 후자가 더 신빙성이 있을 것으로 보인다.

위의 기록으로 볼 때 괘서의 주체자는 중국의 역사에 능통하고 있었을 뿐만 아니라 『洪武正韻』의 글자체까지도 완벽하게 알고 있었던 상당한 지적 소유자였음을 입증해 주고 있다. 그리고 괘서의 종이는 唐紙를 사용하여 품질이 좋았다. 이에 조정에서는 그 종이의 所從來를 파악하기 위해 일부를 떼어 역관들을 대상으로 탐문수사를 벌이기도 하였다.[85]

그러나 괘서의 주모자가 상당한 지적 소유자인 것은 확실하지만 끝까지 체포되지 않아 그의 신분을 알 수는 없다. 다만 괘서의 내용으로 보아 그 주모자의 국적이 조선인이 아닌 중국인 즉 명나라의 후손일 가능성도 배제할 수 없다.

---

85) 『肅宗實錄』 卷50 肅宗 37年 9月 辛卯條.

明이 멸망한 이후 명나라 文武高官들의 후손과 士族들이 대거 조선으로 유망하여 전국에 산재하고 있었다. 그들은 조선의 여자와 재혼하였고, 여기에서 낳은 자식들의 신분은 어머니 계통을 따라 결정되었다. 이러한 사실은 한 때 명나라 提督이었던 李如松의 손자가 郡守로 善治하였다는 기록이나, 그의 상관이던 명나라 兵部尙書 石星의 손자가 吏屬이 되었다는 기록을 통해서 알 수 있다.86) 또한 隴西李氏, 鐵嶺李氏 등은 명나라에서 귀화한 사람들의 후손임이 명백하며, 그 이외에도 17세기 말과 18세기 중엽 사이에 문과급제자를 始祖로 하는 姓貫이 상당히 많은데 이들 중 상당수가 歸化外來人의 후손일 가능성이 많다는 사실은 이미 밝혀진 바 있다.87) 이와 같이 명의 후손이 여러 계층의 신분을 형성하면서 조선 각처에 거주하였던 것은 조선후기 당시의 시대적 상황이었다.

이러한 상황하에서 조선 조정의 관료들은 괘서의 범인이 조선인일 것이라는 점에 주안점을 두고 있었다. 특히 領議政 徐宗泰는 범인이 중국인이 아니라고 단정하고 있다.

「글자의 형태나 문체가 중원인의 소행은 아닙니다. 명의 후예가 과연 이같이 강대하다면 마땅히 서남해변을 경유하여 정당하게 통해야 하는데 어찌 몰래 괘서를 택하였겠습니까.」88)

이에 대하여 숙종 자신도 괘서의 주모자가 조선의 국내사정에 정통한 점과 명의 후손이라면 밤에 몰래 괘서를 택하지 않았을 것이라는 점

---
86) 李鍾日,「朝鮮後期 社會階層考-支配的身分層을 中心으로-」『玄岩申國柱博士華甲記念韓國學論叢』東國大 出版部, 1985. 291~293쪽.
87) 李鍾日, 윗 글, 294~298쪽.
88)『肅宗實錄』卷50 肅宗 37年 4月 戊子條.
「字樣文體 似非中原人所爲 皇明子孫强大果如是 則當由西南海邊 明正相通 何必潛縱掛書乎」

을 이유로 들면서 이는 민심을 혼란시키려는 국내인의 계책이라고 단정하고 있다.[89] 반면에 명이 멸망한지 이미 50여년이 지난 시점에 이르러 조선으로 하여금 청을 공격하도록 종용한 것은 그만한 세력을 보유하지 못한 명의 후예가 정식으로 相通할 수 없었기 때문에 괘서를 이용했을 가능성도 완전히 배제할 수는 없다. 그러나 전술한 시대상황하에서 백성의 고조된 반청감정의 소산일 가능성이 보다 더 높다. 따라서 당시 조선 조정의 판단이 보다 더 정확한 것으로 생각한다.

그러면 1711년 영은문괘서사건에 대한 조정의 대응책 및 반응은 어떠했는가. 그해 5월 1일 승정원을 거쳐 올라온 괘서를 본 숙종은 특명으로 時任, 原任大臣을 불러 대책을 의논한 후 천냥의 은을 상금으로 걸어 놓고 捕盜廳과 三軍門에 기찰을 엄히 하도록 하는 한편 빠른 시일 내에 죄인을 체포하도록 명령하였다.[90] 그리고 5월 6일에는 괘서죄인을 아직 체포하지 못한 죄목으로 左·右捕盜大將들을 엄히 推考하도록 명령하였다.[91] 또한 5월 25일에는 도제조 李頤命이 죄인이 계속 잡히지 않고 있음을 논하면서 다음과 같이 건의하고 있다.

> 「청컨데 영은문 괘서죄인을 체포하는 자에게는 상금을 내린다는 명령 가운데 公私賤으로서 발고하는 자는 특별히 면천시키고 상금을 지급한다는 내용을 첨가하여 반포하십시요.」[92]

이 건의를 숙종이 받아 들여 公私賤 가운데 죄인을 발고하는 자에게까지 혜택이 돌아가도록 조치하고, 다시 한차례 그간 죄인을 체포하지

---

89) 上同.『備邊司謄錄』62冊 肅宗 37年 5月 1日條.
90) 上同.
91)『肅宗實錄』卷50 肅宗 37年 5月 甲午條.『承政院日記』康熙 50年 5月 6日條.
92)『肅宗實錄』卷50 肅宗 37年 5月 癸丑條.『承政院日記』康熙 50年 5月 25日條.
　「請於迎恩門掛書罪人購捕賞令中 公私賤發告者 特許免賤 仍給其賞之意 添入頒布」

못한 左·右捕盜大將을 곧 추고하고, 종사관은 파면토록 조치하였다.93) 6월에 이르러서는 副提調 金演이 노비들 가운데 그 주인을 발고하는 자도 상금을 주자고 건의하였으나 提調 金宇杭이 윤리와 의리에 어긋나는 일이므로 불가하다고 반대하여 채택되지는 않았다.94) 또한 掌令 金始慶은 '비록 수천금의 비용이나 勳秩의 賞이라도 어찌 아낄 것이겠습니까.'라고 疏를 올렸으나 '勳秩은 過重하여 가벼이 시행해서는 안된다'는 숙종의 말로 시행되지 못하였다.95) 나아가 숙종은 6월에도 또 한 차례 포도대장들을 추고하였다.96)

이와 같이 조정에서는 괘서죄인의 주모자를 밀고하는 자에게는 신분을 가리지 않고 상금을 지급한다는 포고문을 내렸고, 나아가 조선시대에 綱常罪에 해당하는 노비가 주인을 고발하는 사태를 용인하자는 제안까지 나오는 등 매우 적극적으로 죄인을 체포하기 위해 안간힘을 썼음을 알 수 있다. 더욱이 죄인체포의 직접적인 책임을 지고 있는 포도대장들이 세차례에 걸쳐 推考를 받는 등 매우 민감한 문제로 대두되었음을 알 수 있다.

결국 그해 7월 5일 포도대장들의 인사조치가 단행되었다. 즉 좌우포도대장들은 죄인을 잡지 못한 관계로 인해 엄히 국문을 받았으며, 그들에 대신하여 좌포도대장에 李基夏, 우포도대장에 金重器를 각각 임명하여 죄인을 빠른 시일내에 잡도록 특별히 명하였다.97) 이러한 와중에도

---

93) 『肅宗實錄』 卷50 肅宗 37年 5月 癸丑條.
「上許之 仍命捕廳兩大將更爲推考 從事官汰去 別嚴勅 期於必捕」
94) 『肅宗實錄』 卷50 肅宗 37年 6月 丁卯條.
95) 『肅宗實錄』 卷50 肅宗 37年 9月 辛卯條.
96) 『肅宗實錄』 卷50 肅宗 37年 6月 丁卯條. 『承政院日記』 康熙 50年 6月 9日, 11日 條.
『備邊司謄錄』 62冊 肅宗 37年 6月 10日條.
97) 『肅宗實錄』 卷50 肅宗 37年 7月 壬辰條. 『承政院日記』 康熙 50年 7月 5日條.
「引見大臣備局諸臣 論良役變通 ··· 上以掛書罪人 尙未譏捕 命掌問左右捕盜大將 及從事官 以李基夏爲左大將 金重器爲右大將」

대신들의 죄인체포 독촉은 계속 이어지고 있었다.98)

이상에서와 같이 조정에서 취한 일련의 조치와 대신들의 끊임없는 독촉은 포도청으로 하여금 위기감을 느끼게 하였고, 하루 빨리 죄인을 체포해야 한다는 강박감에 사로잡히게 만들기에 충분했다. 결국 7월 9일에 이르러서는 捕盜大將 尹就商과 종사관이 옥중에 갇히게 되었고, 이러한 와중에서 權喬事件이 발생하였다. 즉 포도대장에서 하루아침에 죄인을 체포하지 못한다는 죄목으로 옥에 갇히게 된 尹就商은 재직시에 괘서사건의 주모자로 혐의를 두고 암암리에 정탐을 하고 있던 권설에 관하여 발설을 하게 되었다. 윤취상이 大臣에게 글을 보내 진술한 내용은 다음과 같다.

> 「前 縣監 李振海가 일전에 扈衛軍官 徐重選으로 인하여 捕盜軍官 白壽海를 맞이하여 보고 이르기를 '듣건대 그대가 기포의 임무를 맡았다고 하는데 어떤 사람에게 의심을 두고 어느 곳을 뒤따라 찾았는가? 괘서한 일은 바로 權喬·南徽의 소행이다'라고 말하였고, 이를 들은 백수해가 '어떻게 알았는가'하고 물으니 이진해가 이르기를 '권설은 학문이 없으며, 남휘는 문사에 능한 까닭으로 남휘가 제술하고 권설이 걸은 것이다'고 하였습니다. … 」99)

위의 내용에 의하면 포도군관 백수해와 이진해가 사사로이 주고받은 말이지만 괘서사건과 관련이 있는지라 쉽게 지나칠 수는 없었다. 그러나 사건에 대한 구체적인 증거가 없고 단지 심증만을 가지고 이진해가 발설한 것이기 때문에 신빙성이 없어 백수해는 이러한 사실을 윤취상에게 보고하였다. 이후 사건의 전말을 파악하기 위해 정탐을 시도하였

---

98) 『肅宗實錄』卷50 肅宗 37年 7月 丙申, 10月 癸未條.『肅宗實錄』卷51 肅宗 38年 3月 己丑, 6月 戊寅, 11月 己丑條. 『承政院日記』康熙 50年 7月 9日, 10月 28日 條.
99) 『肅宗實錄』卷50 肅宗 37年 7月 丙申條.

으나 뚜렷한 단서를 잡지 못하고 있던 차에 윤취상이 감옥에 갇히게 되자 이러한 사실을 대신에게 발설하여 숙종에게 보고되었다. 그 결과 의금부의 조사를 거쳐 이진해는 비록 정식으로 관에 呈狀을 내어 권설을 무고하지는 않았지만 그 죄상이 인정되어 유배형을 당하였고,100) 권설은 석방되었다. 이러한 사건은 바로 정부의 민감성을 보여주는 일단이라 할 수 있다. 후술하겠지만 이 후에도 직접적인 무고사건이 계속해서 발생하고 있다.

한편 괘서의 내용이 청나라와 관계된 것으로 외교적인 문제로 비화할 소지도 갖고 있었다. 당시 조선과 청나라는 외교상 백두산 지역의 변경 설정문제로 민감하게 대립을 하고 있던 상태였다. 조선과 청나라는 사신이 왕래할 때나 犯越事件101)이 발생하여 외교적 마찰을 빚을 때마다 수시로 백두산을 중심으로 한 압록강, 두만강 상류지역의 사정을 조사하고 경계를 정하는 문제를 추진하곤 하였다. 결국에는 괘서사건이 발생한 이듬해인 1712년(숙종 38) 淸帝의 명에 의해 파견된 鳥喇總管 穆克登은「朝鮮과 淸은 압록강과 土門江을 경계로 한다」는 내용의 定界碑를 백두산에 세워 최초로 국경에 대한 명문화된 규정을 표기하였다.102) 이와 같은 외교적 문제에 직면해 있었던 조선으로서는 괘서죄인을 빨리 체포하여 사건을 무마함으로써 외교적인 문제로의 비화를 막고자 했던 것으로 보인다. 그리하여 보다 적극적인 강경책을 구사하게 되었고, 그 일환으로 나타난 것이 치안을 담당하고 있던 포도대장을 국

---

100) 『肅宗實錄』 卷50 肅宗 37年 7月 壬寅條.
101) 17세기 말부터 두만강과 압록강 중상류 지역이 개발되고 주민의 수가 늘어나면서 백두산 일대 및 兩江地帶에서 조선인과 청인이 충돌하는 사건이 증가하였다. 조선후기 犯越問題에 관하여는 金慧子,「朝鮮後期 北邊犯越問題 硏究」『梨大史苑』 18·19합집, 1982. 참조.
102) 定界碑의 양국 경계 설정은 청의 穆克登 단독으로 정한 것이며, 조선측의 접반사였던 朴權은 이에 동의하지 않았다. 정계비 설정과정에 관하여는 姜錫和,「1712년의 朝·淸 定界와 18세기 朝鮮의 北方經營」『震檀學報』 79, 1995. 참조.

문하고 새로운 인물로 교체한 것이었다.

영은문괘서사건은 다음 몇가지 점에서 주목할 만하다. 첫째는 괘서의 주모자가 국내외 정세를 훤히 알고 있는 지식인의 소행이라는 점이다. 이는 당시의 정치상이나 사회상을 알고 있었다는 것 이외에도 괘서의 내용에 중국의 古事를 인용하고 있고, 중국과의 외교관계상을 비교적 소상하게 알고 있는 점으로 보아도 알 수 있는 사실이다. 둘째는 괘서의 내용이 對明義理論에 입각하여 조선의 對淸關係를 비난하고 있고 나아가 전쟁을 일으킬 것을 종용하고 있다는 점이다. 즉 임진왜란 당시 조선에 은혜를 베풀어 준 명나라의 멸망을 도외시하고 오랑캐인 청나라와 외교관계를 수립하고 있는 조선의 외교자세를 비판한 것으로서 이 괘서를 통해서 당시 민의 대외인식에 대한 현상의 一端을 살펴볼 수 있다. 셋째는 괘서의 내용으로 보아 주모자가 단순한 개인적 원한관계에서 자신의 목적을 달성하기 위해 한 행동은 아니라는 점이다. 이는 일반적으로 괘서의 속성이 개인적 원한관계에서 출발하고 있다는 논리에 반하는 것으로서 주목된다고 할 수 있다. 즉 공적인 입장에서 정부에 대한 합법적인 비판을 할 수 없는 처지에 있는 사람들이 괘서라는 매개체를 이용하여 당시의 국정에 대해 비판하고 있다는 것이다. 이러한 관점에서 볼 때 괘서는 전근대사회의 커뮤니케이션으로서의 역할도 담당하고 있었으며 오늘날의 언론적 성격도 가지고 있음을 알 수 있다.103)

한편 이 사건의 영향으로 세개의 커다란 무고사건이 발생하여 옥사가 일어났다. 이것은 괘서사건이 일반 백성들 사이에 얼마나 빨리 전파되고 있는 가를 단적으로 보여주는 하나의 예이다. 당시 조정에서는 괘

---

103) 조선후기 민중들의 커뮤니케이션의 유형들은 민중의 잠재적인 정신세계의 대사회적 저항의 형태를 띄고 있으며, 개인적인 면에서의 수단으로 익명서를 사용하고 있다.(金光玉,「朝鮮朝 對抗 커뮤니케이션으로서의 讖謠考」『朝鮮時代 커뮤니케이션 硏究』韓國精神文化硏究院, 1995. 137쪽)

서의 내용이 전파되는 것을 막기 위하여 법으로 제정하여 내용의 전파
를 금하고 있었지만 실생활속에서는 사람들의 입과 입을 통해서 의외
로 빨리 전파되고 있었다. 그 구체적인 실상을 살펴보기 위해 간략하게
사건별로 개요를 기술하기로 한다.

2) 誣告事件으로의 확산

① 張千連 誣告事件

이 사건은 1711년 10월 御寶를 위조한 죄인 張千連과 도장을 위조한
죄인 尹震興이 같은 감옥에 수감되어 있으면서 공모하여 李盛蕃을 무
고한 사건이다. 그 개요는 다음과 같다.

> 「조금 전 捕盜大將 李基夏가 빈청으로 봉서를 하나 보내왔는데
> 바로 전옥에 갇혀 있는 죄수 尹震興의 呈狀이었습니다. 그 정장에
> 이르기를 '함께 갇혀 있는 죄수 張千連이 스스로 掛書한 일은 자기
> 와 밖의 사람이 상의하여 하였다고 하였습니다.'했는데 尹震興은 바
> 로 印을 위조한 죄인이고 張千連은 바로 御寶를 위조한 죄인으로 모
> 두 오래동안 갇혀 있는 죄수입니다. 그 말의 사실여부는 알 수 없으
> 나 이미 고한 바가 있으니, 포도청으로 하여금 究問하여 그 단서를
> 보아 鞫廳을 설치하는 것이 마땅할 듯합니다.」[104]

즉 옥에 갇혀 있는 죄수가 괘서사건의 주모자라는 내용의 呈狀을 계
기로 표면화된 사건이다. 이에 숙종은 포도청에 推問할 것을 명하였다
가 司諫 金時煥이 '의금부에서 사건을 다루고 그 결과를 보아가며 국청

---

104) 『肅宗實錄』 卷50 肅宗 37年 9月 辛卯條. 『承政院日記』 康熙 50年 9月 5日條.
「捕盜大將李基夏 送一封書于賓廳 卽典獄罪囚尹震興呈狀也 其狀以爲 同囚張千
連 自言掛書事 吾與外人相議爲之云 震興是印僞造罪人 千連卽御寶僞造罪人 而
皆久囚也 其言之虛實不可知 而旣有所告 使捕廳究問見其端緒 而設鞫似宜」

을 설치해야 한다'105)고 하여 그의 말을 따라 의금부에서 조사하기로 하고 10월 12일에 이르러 開坐되었다.

장천련은 그의 공초에서 최후로 다음과 같이 실토하고 있다.

「내가 감히 요행히 죽음을 면하여 살아나기 위한 계책으로 이와 같은 일을 했습니다. … 바야흐로 괘서의 일로 인해 조정에서 상을 걸고 범인을 체포하고자 하는데 죽을죄를 지은 죄인이라도 이를 발고하면 죽음을 면할 수 있다고 하였기에 이는 필시 盛蕃과 같이 문장에 능한 자의 소행이라 그를 발고하면 혹시 죽음을 면할 수 있을 것 같아 이같이 했습니다.」106)

결국 장천련은 어보를 위조한 죄로 옥에 갇혀 죽음을 기다리는 입장에서 정부가 괘서사건의 범인을 상금을 걸고 체포한다는 소리를 듣고 평소 문장력을 가지고 있던 李盛蕃이라는 자를 무고하였던 것이다. 그리하여 만일 그가 범인으로 몰릴 경우 자신은 살아날지도 모른다는 일말의 희망을 가지고 고변을 했던 것이다. 李盛蕃은 장천련과 함께 옥에 갇혀 있다가 풀려난 자로서 그의 아들 方億을 사건의 주모자로 끌어들였고, 실제적으로 방억이 그의 아버지의 사주를 받아 영은문에 괘서하였다고 모함하였다.107)

한편 이를 직접 발고한 윤진흥은 자신의 입장을 다음과 같이 진술하고 있다.

---

105) 『肅宗實錄』 卷50 肅宗 37年 9月 辛卯條.
106) 『推案及鞫案』 卷13 123冊 辛卯 「誣告罪人張千連等白等推案」 10月 13日 張千連白等條.
「矣身敢生僥倖免死之計爲此白地 … 方以掛書之事 朝家有購捕之擧 而死囚之發告者 亦許貸死云 此必如盛蕃能文者所爲也 乘此發告 或可免死云」
107) 『推案及鞫案』 卷13 123冊 辛卯 誣告罪人張千連等白等推案 10月 13日 張千連白等條.
「矣身 … 迎恩掛榜之事 出於方億之手」

「나는 지난 해 12월 장천련과 함께 같은 옥에 갇히게 되었습니다. 지난 6월경 천련이 은밀히 나에게 일러 말하기를 '나는 먼 지방의 사람으로 사고무친인데 모름지기 영은문괘서의 일을 알고는 있으나 발고할 길이 없으니 네가 이를 발고하여라'라고 했습니다.」108)

「죽음에서 살아날 마음으로 움직이지 않을 수 없었기 때문에 과연 고발을 허락하였고, 수표를 받은 것은 일이 이루어지면 賞을 받을 수 있고, 허사가 되더라도 죽음을 면할 수 있는 증거가 되기 때문에 그 標文을 받고 呈狀한 것입니다.」109)

결국 윤진홍은 장천련의 제의를 받아들여 이를 직접 행동으로 옮긴 인물이다. 그는 사실상 장천련의 말을 완전히 믿지는 않았지만 죽음을 면해 보고자 하는 생각을 가지고 있었다. 그리고 일이 잘못되어 설혹 무고죄를 당한다고 하더라도 자신은 제외될 수 있도록 장천련으로부터 언문으로 된 手標를 받아 놓았기 때문에 보다 안심하고 포도청에 呈狀할 수 있었던 것이다.110)

이와 같이 장천련이나 윤진홍이 모두 괘서사건을 이용하여 이성번을 무고한 직접적인 목적은 자신들의 목숨을 요행히 건져보고자 하는데 있었음을 알 수 있다. 여기에서 더 나아가 성공할 경우 상금을 탈 수 있다는 것도 사건을 일으키게 된 하나의 요인으로 작용하였다. 장천련

---

108) 『推案及鞫案』 卷13 123冊 辛卯 「誣告罪人張千連等白等推案」 10月 13日 罪人尹震興白等條.
「矣身上年十二月 被囚與張千連 同在獄中是白如乎 去六月分千連密謂矣身日 吾以遐方之人 四顧無親 雖知迎恩門掛榜之事 而無路發告 汝須以此發告云」
109) 『肅宗實錄』 卷50 肅宗 37年 10月 戊辰條.
「震興結案 亦以爲死中求生之心 不能無動 故果許發告 而若受手標 則事成可以受賞 歸虛亦足爲免死之證 以此受其標文而呈狀」
110) 『推案及鞫案』 卷13 123冊 辛卯 「誣告罪人張千連等推案」 10月 15日 罪人尹震興結案條.

은 경상도 昌寧 출신의 양인이며,111) 윤진흥은 서울에서 태어나 자란 사람으로 그의 신분 역시 良人이다.112) 이성번은 壯義洞에 살고 있던 선비로 谷山田稅防納의 일로 투옥되었다가 죽은 사람이다.113) 사건의 결과 장천련과 윤진흥은 이성번을 무고한 죄명으로 斬刑을 받았다.114)

이 무고사건에서 하나 주목할 것은 장천련이 御寶를 위조한 자라는 사실이다. 일반적으로 다른 사람의 도장을 위조하여 사용했다는 것은 있을 수 있는 일이지만, 적어도 전근대사회에서 조정의 대신들도 함부로 사용할 수 없는 御寶를 일개 양인이 위조하여 사용했다는 점은 당시의 사회상과 치안의 난맥상을 보여주고 있는 것이다. 그리고 다른 하나는 괘서사건이 발생할 경우 그 괘서의 내용과 사건 자체가 널리 전파되는 것을 방지하기 위해 법으로 금지해 놓고 있음에도 불구하고 옥에 갇혀있는 죄수까지 사건을 인식하고 있었다는 것은 사건의 발생과 그 내용이 실제적으로 백성들 사이에 급속하게 전파되었음을 입증하는 것이다. 적어도 바깥사회의 동정에 어두운 죄수들이 사건의 진상을 감지하고 있었다는 사실은115) 일반 백성들도 널리 인지하고 있었음을 반증해 주는 것이라 하겠다.

---

111) 上同.
112) 『推案及鞫案』 卷13 123冊 辛卯 「誣告罪人張千連等推案」 12月 15日 罪人尹震興 結案條.
113) 李盛蕃은 谷山地域의 田稅를 防納한 일로 인하여 숙종 27년(1701)과 숙종 30년(1704)에 각각 두차례 투옥되었다. 그후 숙종 31년에 풀려났으나 4년 뒤에 화적의 손에 의해 피살된 인물이다. 그는 옥에서 풀려난 직후 이름을 李後蕃으로 개명하였으며, 선비의 신분이었으나 실제로는 火賊과 연관을 가지고 생활하다가 살해당하였다.(『肅宗實錄』 卷50 肅宗 37年 10月 戊辰條)
114) 『肅宗實錄』 卷50 肅宗 37年 10月 戊辰條.『承政院日記』 康熙 50年 10月 12·13·16日條.
115) 장천련 이외에 江華府에 갇혀 있던 죄수들도 迎恩門掛書事件에 대하여 들어서 알고 있었다. 이는 이곳에 갇혀있던 鄭濂이라는 자가 당시 사회의 騷擾와 괘서에 관한 일을 呈狀한 것에서 알 수 있다. 이 사건으로 정염은 무고죄에 해당하여 不待時斬刑을 당하였다.(『肅宗實錄』 卷51 肅宗 38年 1月 戊子條)

② 徐宗哲 誣告事件

1712년 10월에 발생한 이 사건은 徐宗哲이 尹梅를 협박하여 함께 평소 사이가 좋지 않았던 兪彦任을 전년도에 발생한 迎恩門掛書事件에 연루되었다고 誣告한 사건이다. 윤매가 올린 밀서에 다음과 같은 내용이 있다.

「나와 언임은 절친한 사이로 늘 왕래하였습니다. 지난 신묘년 4월 21일 식사 후에 언임의 집에 가니 그가 홀로 앉아 있어 서로 인사하였습니다. 이때 언임이 말하기를 '너는 영은문의 괘서사건에 대하여 아느냐'고 묻기에 듣지 못하였다고 하니 언임이 그 글의 의미를 이야기 하고 말하기를 '이 글을 걸은 것은 인심을 요란하게 하기 위한 것인데 權尙이 일전에 3~4일 후에 괴이한 글이 나타나 나라가 크게 어지럽고 인심이 동요한다고 말했었는데 과연 권설은 智者이며 능히 미래를 볼줄 아는 大才이다'고 말하였습니다.」116)

위의 내용을 근거로 볼 때 유언임이 괘서사건의 내용을 면밀하게 파악하고 있으며, 사건이 발생하기 3~4일 전에 이미 사건이 발생하리라는 것을 감지하고 있었다는 사실이 주요 핵심사항이다.

이에 관하여 포도청에서 중점적으로 심문을 진행한 결과 윤매로부터 '서종철에게 협박당하여 이와 같이 무고하였다'는 자백을 받아내고, 이어서 서종철과 윤매의 대질심문을 실시하여 서종철에게서 恐喝之狀을 자백받았다.117) 결국 이 사건은 서종철이 윤매를 협박하여 함께 유언임

---

116) 『推案及鞫案』 卷13 123冊 「壬辰徐宗哲推案」 11月 12日 內下上變人尹梅密書條.
「矣身與兪彦任 切親之人也 而恒常往來矣 去辛卯年 四月二十一日 食後往于彦任之家 則獨坐厥家 而彼此人事後 彦任曰 汝聞迎恩門掛書事乎 矣身答曰 未聞也 彦任誦於其書之意曰 掛於此書 人心搖亂矣 彦任又曰 權尙之前言 未滿三四日後 出於怪書 則國憂有大人心搖動云云矣 果爲權尙智者也 能知將來事 此可爲大才也云」

을 무고한 것으로 결론이 났다.

그러면 서종철이 윤매를 협박하면서까지 유언임을 무고한 이유는 어디에 있는가. 그 이유는 대략 다음 두가지로 압축된다. 첫째는 서종철과 유언임 양자간의 개인적인 불화이다. 당초에 서종철은 윤매를 통하여 선비의 신분이었던 유언임과 처음으로 접촉하게 되었다. 그런데 이 자리에서 서종철이 스스로를 '徐政丞(徐宗泰를 지칭하는 듯함)과 同姓 6寸이다.'118) 혹은 '40세 이후에 과거에 급제할 것이다.119)'는 등의 말을 하자 유언임은 그를 말이 많고 생각이 망녕된 사람이라고 비판하면서 노골적으로 멀리하였다.120) 이로 인해 두 사람 사이의 관계는 처음부터 좋지 않았던 것으로 보인다.

둘째는 상금을 노린 것이다. 당시 정부에서는 영은문괘서사건의 주모자를 체포하기 위해 발고자에게 천금의 상을 준다는 포고문을 내린 상태였다. 이에 유언임을 괘서사건의 주모자로 발고하여 성공할 경우 상금을 타서 부를 획득할 수 있는 좋은 기회이자,121) 개인적인 불화도 청산할 수 있다는 계산에서 이같은 행동을 취하였던 것으로 보인다.

이 사건의 결과 유언임을 무고한 서종철은 법률에 의거하여 斬刑을 받았다.122) 그리고 윤매는 자신의 의사와는 상반되게 협박에 의하여 행

---

117) 『肅宗實錄』 卷52 肅宗 38年 11月 甲午條. 『承政院日記』 康熙 51年 11月 15日 條. 「梅曰 … 而密書則吾與彦任皆不自爲 但被劫於宗哲 而謂之自書云 卽請宗哲於尹梅所坐處責之 則宗哲果自服其恐喝之狀
118) 『推案及鞫案』 卷13 125冊 壬辰 「徐宗哲推案」 11月 12日 罪人兪彦任白等條. 「宗哲曰 吾與徐政丞 爲同姓六寸矣」
119) 『推案及鞫案』 卷13 125冊 壬辰 「徐宗哲推案」 11月 12日 罪人兪彦任白等條. 「四十後當爲科擧云云是白去乙」
120) 『推案及鞫案』 卷13 125冊 壬辰 「徐宗哲推案」 11月 12日 罪人兪彦任白等條. 「言語煩多浮雜常慮其妄…故不復往見矣」
121) 『推案及鞫案』 卷13 125冊 壬辰 「徐宗哲推案」 11月 14日 罪人丁武赫白等條. 「… 矣身因言汝以兩班 貧窮至此 若捕得掛書罪人 則可得重賞矣 宗哲曰 吾亦有此意 吾當訪汝于京中云云矣 …」
122) 『經國大典』 卷5 刑典 推斷條에는 「誣告者反坐 知而不告者 各減一等」이라 되

한 것이고, 국청과정에서 순순히 자백하였을 뿐 아니라 집안의 2대 독자라는 점 등이 작용하여 정상을 참작하여 유배형을 당하였다.[123]

앞의 張千連 誣告事件이 옥중에 갇혀 있는 죄수의 입장에서 괘서사건을 이용하여 생명을 구하고자 한데 반하여 서종철 무고사건은 개인적 불화관계의 청산과 상금을 타서 부를 획득하고자 하는 목적에서 괘서를 이용한 점이 각각 다르다고 하겠다. 비록 그 목적은 다르다고 하더라도 괘서사건과 직접적으로 관계가 없는 자들이 이 사건을 이용하여 각기 다른 목적에 사용하고 있음을 알 수 있다. 이는 괘서사건의 용도의 다양성을 말해 주는 것이다.

③ 李橒 誣告事件

1712년 8월 1일에 발생한 이 사건은 李橒이 그의 외조카사위인 白尙福 형제를 무고한 사건이다. 이운은 백상복형제를 무고하는 내용의 글을 적어 당시 포도청의 右邊捕盜大將이었던 李基夏를 만나 직접 전달하였다. 이 글의 내용은 『鞠廳日記』에 그대로 적혀 있어 그 형태를 파악할 수 있는데 한문과 언문을 섞어서 쓰고 있으나 대체적으로 언문이 많다. 글의 구성은 중반부까지는 백상복 형제들의 비행과 그들이 정부를 비방한 내용을 적고, 후반부에는 이러한 말을 하는 그들을 이운이 훈계하는 내용으로 되어 있다.[124] 이를 본 李基夏는 그 내용이 지극히 不道하고 왕실과 관련되어 있을 뿐 아니라 괘서사건과도 일단의 관계를 가지고 있어 즉시 승정원을 통해 숙종에게 보고함으로써 표면화 되

어 있고, 『續大典』 卷5 刑典推斷條와 『大典會通』 卷5 刑典推斷條에는 「誣告逆謀者 不待時斬」이라고 기록되어 있어 조선후기에 오면서 誣告罪人에 대한 처벌이 더욱 강화되어 역모와 동일하게 취급하였음을 알 수 있다.
123) 『肅宗實錄』 卷52 肅宗 38年 11月 甲午條. 『承政院日記』 康熙 51年 11月 15日 條.
124) 『鞠廳日記』 第10冊, 國史編纂委員會刊, 1994. 343~345쪽.

어 관련된 인물들을 모두 잡아들여 設鞫하였다. 먼저 실록에 있는 내용을 보면 다음과 같다.

> 「같은 고을에 사는 白尙福이 항시 赤帝라 자칭하고 그의 아우 白尙祿은 白帝라고 자칭하여 그들의 두 아들 이름을 神龍·東龍이라 이름하였습니다. 또 龍의 종자라 자칭하며 그의 집을 가리켜 大闕이라 하고 자기의 옷을 가리켜 袞龍袍라 하였습니다. 항시 '王侯將相이 어찌 씨가 따로 있겠는가'라는 말을 외며 매번 밥을 지어 하늘에 빌었습니다. 또 '양주와 積城에서 동쪽으로 淮陽에 이르기까지, 남쪽으로 永川·延日까지의 장꾼(場軍)들이 모두 麾下다'고 했습니다. 白神龍과 白東龍은 '우리나라가 얼마나 오래 가겠는가'하고 '易水와 長城이 大王의 소유가 아니다'는 어구를 암송하였고, 백상록은 항시 '내가 天子의 기상을 지녔다'고 하였으며, '延恩門에 榜을 내건 것은 곧 세상을 놀려본 것이다'고 했습니다.」[125]

이것 이외에 글의 내용이 왕실이나 조정의 정책을 불손한 문구로서 표현한 것은 실록에 기록하지 않고 있으나,[126] 다행히도 『鞫廳日記』에는 그대로 기록되어 있다. 이를 통하여 그 내용을 살펴보면 '孝宗大王 昭顯世子을 죽여시니'라든가 '世子宮妖氣는 네 福이 되거냐'는 등이 그 것이다.[127]

이상의 내용을 검토해 볼 때 왕실을 근본적으로 부정하는 용어들을

---

[125] 『肅宗實錄』 卷52 肅宗 38年 8月 戊午條.
「榮曰 同鄕居白尙福 常自稱赤帝 其弟尙祿 亦稱白帝 名其二子曰 神龍東龍 又自稱龍種 而指其家爲大闕 指其衣爲袞袍 常誦王侯將相寧有種之言 而每炊飯祝天 又言楊州積城 東至淮陽 南至永川延日場軍 皆爲麾下 神龍東龍曰 我國幾何久乎 又誦易水長城非大王之有 尙祿常言 我有天子氣象 又言延恩門卦榜 乃弄時也」

[126] 『推案及鞫案』 卷13 126冊 壬辰「罪人李檍推案」8月 2日 罪人李檍白等條.
「李檍所告 誣罔危駭之言 有不忍聞者 故不敢謄諸文書」

[127] 『鞫廳日記』 第10冊, 國史編纂委員會刊, 1994. 345~346쪽.

사용하고 있음을 엿볼 수 있다. 즉 赤帝・白帝・龍種・袞龍袍・白姓王 등이나 고려 賤民의 亂 때 대두 되었던 '王侯將相 寧有種乎'라는 문구 및 '易水長成非大王之有' 등의 문구를 사용한 것은 그 자체가 이미 민란의 단계로서 역모에 해당하는 것이다. 물론 이들이 민란의 한 형태로 집단을 형성하여 반기를 든 것은 아니지만 일반적으로 쓸 수 있는 용어는 아니라는 점이다.

위의 글 내용 가운데 효종대왕이 그의 형인 소현세자를 죽였다는 것은 의미심장하다. 즉 소현세자는 청나라에 볼모로 잡혀있다가 돌아와 의문의 죽음을 당하였다. 실제로 發病한지 3일만에 갑자기 죽었는데 그의 죽음에 대한 진상이 정확하게 밝혀지지 않았다. 이러한 일이 李櫶의 상변서에 적혀있는 것은 시일이 많이 지났음에도 불구하고 백성들 사이에 소현세자에 관한 일이 각인되어 있음을 알게 한다. 물론 소현세자가 효종에 의해 죽은 것은 아니지만 소현세자가 누군가에 의해 독살당했다는 사실은 인지하고 있었던 것으로 보인다.[128]

뿐만 아니라 내용상의 전개로 보아 조선의 국정에 대하여 확연하게 알고 진술하고 있다는 것이다. 즉 1636년 병자호란으로 국치를 겪은 조선은 그 이래 仁祖 23년(1645) 昭顯世子가 의문의 죽음을 당하고, 姜嬪의 獄事와 辛生의 獄이 일어났으며,[129] 숙종대에 들어서 己巳換局・甲戌換局 등 일련의 정치적 소용돌이가 일어난 사실을 확연하게 인지하고 있었음을 알 수 있다. 더우기 世子宮에 요기가 들었다고 표현한 것은 숙종대 오랜 기간 조정을 혼란하게 했던 장희빈사건을 의미하는 것으로 보인다.

---

128) 소현세자의 죽음에 대해 金龍德은 仁祖의 비호 아래 趙昭容과 醫官 李馨益이 공모하여 독살한 것으로 주장하고 있다.(金龍德,「昭顯世子硏究」『朝鮮後期思想史硏究』1977. 425~434쪽)
129) 金龍德,「昭顯世子硏究」『朝鮮後期思想史硏究』1977. 425~446쪽.
吳洙彰,「仁祖代 政治勢力의 動向」『韓國史論』13, 1985. 112쪽.

李檓의 집안은 楊州에 근거를 두고 있으며, 그의 할아버지는 종4품인 副護軍을 지냈고, 그의 아비는 정3품인 府使를 역임하였을 뿐 아니라 外祖父도 종6품인 副司果를 지낸 것으로 보아 武班 집안이었음을 알 수 있다.130) 그리고 그의 아버지인 李克和는 효종이 청나라 심양에 볼모로 갈 때 배종했던 인물이기도 하다.131) 그러나 이운에 이르러서는 家勢가 기울면서 경제적으로 몰락하였다. 이에 반하여 白尙福은 본래 양반의 자손이었으나 경제적으로 완전히 몰락하여 그의 자식들도 땔나무를 팔고, 품삯을 받아 살아가는 지경이었다.132) 즉 신분은 양반일지라도 이미 가세가 몰락하여 상업과 임금노동자로 근근히 연명해 가는 상태로서 良人과 다를바 없는 존재였다.

그런데 이들은 서로가 혼인 관계로 연결되어 있어 백상복이 이운의 조카사위가 된다.133) 그 후 백상복의 장인이 죽으면서 자신의 토지를 사위에게 물려 주었고, 백상복은 이를 이운에게 주어 장인의 제사를 모시도록 하였다. 그러나 이운이 제사를 지내지 않자 다시 그 토지를 빼앗았는데 이 과정에서 둘 사이에 감정이 발생하여 이운이 백상복을 무고하는 사태로 발전하였던 것이다.

이운이 백상복을 터무니 없는 말로써 무고할 수 있었던 것은 당시의 사회적 혼란이 이를 가능하게 해 주었던 것으로 보인다. 즉 당시는 포도청이 영은문괘서사건 발생 이후 죄인을 잡지 못하여 혈안이 된 상태였고, 이로 인해 포도대장이 투옥될 뿐만 아니라 괘서사건을 빌미로 한

---

130) 『推案及鞫案』 卷13, 126冊 壬辰「罪人李檓推案」 8月 7日 罪人李檓結案條.
「矣身根脚段 父府使克和故 父矣父副護軍俫故 母淑夫人南氏故 母矣父副司果昶故白良乎 父母以胎生於楊州牧縣內」
131) 『鞫廳日記』 第10冊, 國史編纂委員會刊, 1994. 342쪽.「其父李克和 曾陪從孝宗大王於瀋陽」
132) 『推案及鞫案』 卷13 126冊 壬辰「罪人李檓推案」 8月 3日 罪人白尙福白等條.
「矣本以兩班之子孫 不文無識 又是病人家甚貧窮 只有同生弟一人 而與之同居 以貿藿轉販於場市爲業爲白有如乎」
133) 위의 책, 罪人白尙福白等條.「李檓卽矣身妻三寸」

무고사건이 여러 차례 발생하는 등 어수선한 상태였다. 이러한 때에 조정과 왕실을 비방하면서 한편으로는 영은문패서사건과 연루시켜 백상복을 무고하면 성공할 가능성이 더욱 컸기 때문이다.

이상에서와 같이 영은문 패서사건과 이에 관련되어 파생된 무고사건 가운데 대표적으로 3개의 사례를 들어 살펴보았다. 만일에 패서사건의 주모자가 일찍이 체포되었다면 위와 같은 무고사건은 발생하지 않았을 것이다. 그러나 끝까지 패서의 주모자가 잡히지 않음으로 인해서 그 여파가 이후 숙종대의 모든 패서사건에 영향을 미치고 있다. 그리고 이들 무고사건의 경향을 보건대 대부분 그 방법이나 내용에 있어서 유사할 뿐만 아니라 목적도 큰 범주를 벗어나지 못하고 있다. 이는 단순히 이미 발생한 패서사건을 이용하여 타인을 패서사건의 주모자로 무고하는 과정에서 이용되었다는 공통점을 가지고 있기 때문이다.

결국 이들 무고사건의 발생은 패서사건이 발생한 직후 조정에서 모든 行政網과 法網을 동원하여 전파를 금지하였지만 실제적으로는 별 효과가 없어 패서의 파급효과가 크게 작용하였음을 극명하게 보여주는 사례이다. 그리고 대중매체가 없었던 전근대사회에서 주로 사람의 입과 입을 통해서 전파되는 패서는 그 파급효과면에서 매우 신속하게 타인에게 또는 다른지역으로 전달되고 있음을 보여주고 있다.

3. 1715년 敦化門 掛書事件과 政府의 對應策

1) 事件의 展開

돈화문패서사건은 肅宗 41년(1715) 10월 30일 밤에 闕門(敦化門)에 글이 걸린 사건으로서 발생 다음날인 11월 1일에 조정에 보고되었다. 이 사건에 관한 내용을 먼저 『肅宗實錄』을 통해서 살펴보면 다음과 같다.

「어떤사람이 궐문에 괘서하여 尹趾仁·崔錫恒·尹德駿·吳命駿·李墍·宋正明·李天根·李箕佐 등을 흉역모반으로 무고했는데 守門軍卒이 서로 전하여 그것을 궐내로 들여오라는 명이 내려졌다. 당시에 윤지인이 바야흐로 병조판서를 맡고 있었으므로 도성 밖에 나가 陳疏하여 待罪하고, 최석항 등 여러 사람들도 모두 진소하였다. 이에 임금이 慰諭하고 포도청에 각별히 명하여 괘서죄인을 체포하라고 하였다. 이 뒤에 掌令 崔慶湜이 논계하여 수문장의 파직을 청하고, 좌우포장은 임금이 명령을 내렸는데도 아직 체포한 흔적이 없어 推考하기를 청하니 그대로 따랐다.」134)

위의 기록을 토대로 볼 때 괘서의 내용이 당시의 고위 관리들을 비판하고 있음을 알 수 있다. 즉 당시 내직의 고위관료로서 兵曹判書 尹趾仁, 行議政府左參贊 崔錫恒, 刑曹判書 尹德駿, 禮曹判書 吳命駿, 禮曹參判 李墍, 承旨 宋正明 등과 京畿監司 李天根, 果川縣監 李箕佐 등 외직의 고위 관리들이 역모를 꾸민다는 내용으로 궐문에 게시하였던 것이다. 이와 같이 괘서에 관리들의 이름을 구체적으로 기입하여 다른 장소도 아닌 궐문에 부착하였다는 점은 매우 주목할 만 하다. 또한 괘서에 거론된 사람들이 모두 현직의 고위관리라는 점도 주목된다. 이러한 사실은 괘서의 정치적 성격을 잘 나타내 주는 것으로서 괘서의 부착 장소나 비판의 대상이 정하여져 있지 않음을 보여주고 있다.

이 사건은 다른 사건과는 달리 당시의 고위관리들이 관련되어 있어 즉시 죄인의 체포령이 내려진다. 그리고 그해 11월 11일에는 숙종이

---

134) 『肅宗實錄』 卷56 肅宗 41年 11月 癸巳條. 『承政院日記』 康熙 54年 11月 2日, 3日條.
 『備邊司謄錄』 68冊 肅宗 41年 11月 8日條.
 「有人掛書闕文 誣告尹趾仁崔錫恒尹德駿吳命駿李墍宋正明李天根李箕佐等 兇逆謀叛 守門軍卒相傳 有內入之命 時趾仁方任兵判 出城陳疏待罪 錫恒等諸人亦皆陳疏 上皆慰諭 命捕廳 各別窺捕掛書人 是後 掌令崔慶湜 論啓請守門將罷職 左右捕將 成命之下 尙無捕捉之擧 請推考 從之」

「괘서의 흉인을 오래도록 체포하지 못하니 捕盜兩大將을 파직하고 從事官은 掌問토록 하라」135)고 명하고 다음날 좌·우포도대장의 前望單子를 보고 새로이 尹就商과 鄭履祥을 각각 좌·우포도대장으로 임명하였다.136) 새로이 임명된 포도대장 가운데 윤취상은 앞서 영은문괘서사건이 발생하였을 때 포도대장으로 재직하다가 주모자를 잡지 못한다하여 한 때 투옥되기까지 했던 인물이다. 이는 숙종이 본 괘서사건에 대하여 매우 민감한 반응을 보이면서 보다 적극적인 대응책을 표명하고 있음을 알 수 있다. 즉 사건이 발생한 것은 10월 30일이고, 이것이 조정에 보고된 것은 11월 1일인데 11월 11일에 죄인을 잡지 못한다고 하여 사건 발생 10일만에 포도청의 兩大將을 파직하고 종사관을 잡아들이도록 한 것이 이를 반영해 준다 하겠다. 이에 대해 領議政 徐宗泰와 左議政 金昌集은 포도대장들이 태만해서 죄인을 못 잡는 것이 아니라고 하면서 숙종에게 마음을 누그러 뜨리고 잠시 쉬라고 건의하고 있다.137)

한편 괘서에 거론되었던 인물들은 모두 괘서의 주모자를 잡기 전에는 근무할 수 없다는 입장을 표명하기에 이른다. 즉 이는 당시 노론의 都提調 李頤命이 다음과 같이 건의한 내용을 통해서 알 수 있다.

「대궐문에 괘서한 적을 잡기 전에는 명을 기다리는 諸臣들이 모두 行公할 뜻이 없다고 합니다. 병조판서 뿐만 아니라 宰臣 및 監司·兵使·守令도 모두 자리를 떠나 명을 기다리고 있으니, 성상께서

---

135) 『肅宗實錄』 卷56 肅宗 41年 11月 癸卯條. 『承政院日記』 康熙 54年 11月 11日條.
『備邊司謄錄』 68冊 肅宗 41年 11月 11日條.
「上以闕門掛書凶人 久未捕得 命捕盜兩大將罷職 從事官掌問」
136) 『肅宗實錄』 卷56 肅宗 41年 11月 甲辰條.
「命入左右捕盜大將前望單子 以尹就商鄭履祥爲之」
137) 『肅宗實錄』 卷56 肅宗 41年 11月 癸卯條.

는 마땅히 특별한 전교를 내리셔야 하겠습니다」138)

즉 자신들의 무고혐의가 확실히 밝혀져야만 업무를 수행하겠다고 하는 관리들의 강경한 태도에 대해 숙종은 괘서의 주모자를 꼭 잡아야 한다고 주장하고 있다. 그리고 그 이유는 괘서안에 거명된 사람들의 역모사실을 확인하고자 하는 것이 아니라 사람을 무고한 죄를 바로 잡고자 하는데 있다고 역설하면서 모든 宰臣은 편안하게 行公하고 監司·守令들도 職任을 보살피라고 명하고 있다.139)

이어서 正言 金在魯는 주모자 체포에 보다 적극적이면서 공개적인 방법으로 상을 걸고 체포하자고 주장하였다.140) 숙종도 이를 긍정적으로 생각하면서 다음과 같은 입장을 표명하고 있다.

「대궐문에 글을 달아 맨 것은 私家에 투서하는 바에 비길 것이 아니니, 방자하게도 흉악하고 참혹함이 어찌 이와 같은가. 延恩門에 괘서한 적도 아직 잡지 못했는데 지금 또 이 도적을 잡지 못한다면 이 같은 변괴가 반드시 이에서 그치지 않을 것이다」141)

위에서 볼 때 숙종은 전술하였듯이 숙종 37년(1711)의 영은문괘서사건, 3년 후의 숭례문괘서사건, 그 다음해의 돈화문괘서사건 등 일련의 괘서사건에 대해 범인을 체포하지 못한 상태에서 연속적으로 괘서가

---

138) 『肅宗實錄』 卷56 肅宗 41年 11月 己酉條.
「藥房入診 都提調李頥命奏言 闕門懸書之賊 未捕之前 待命諸臣 皆無行公之意 云 不但兵判而已 有宰臣及監司兵使守令焉 皆離次待命 自上宜有別樣傳敎」
139) 上同.
140) 『肅宗實錄』 卷56 肅宗 41年 11月 戊申條.
141) 『肅宗實錄』 卷56 肅宗 41年 11月 己酉條. 『備邊司謄錄』 68冊 肅宗 41年 11月 17日條.
「上曰 懸書闕門 非比投諸私家 放恣凶慘 寧有如許者乎 延恩門掛書之賊 尙未斯 得今又未捕 則如許之變 必不止於此」

출현하자 주모자 체포에 대해 더욱 강한 의지를 갖게 되었던 것으로 보인다. 그리하여 備邊司에서 주모자를 고발하거나 체포하는 자에게 銀 1천냥과 嘉善의 품계를 더해 준다는 내용으로 중외에 반포하고 포도청의 관리들도 이러한 혜택을 받을 수 있도록 하자고 주장하자[142] 숙종도 이를 그대로 시행하고 있다.

이러한 상황속에서 고위관리들은 백성들의 사상적 변화가 일어나고 있는데 대하여 심한 우려를 표명하고 있다. 사헌부에서는 「闕門에 괘서가 나타난 일은 前古에 없었던 일이다」[143]고 의견을 표명하고 있고, 이 사건에 대하여 후에 평가한 史臣도 다음과 같이 時勢를 개탄하고 있다.

「궐문이 얼마나 깊고 엄한 곳인데, 이곳에 글을 달아매어 사람을 무고하는 변괴가 일어나기까지 하니 나라의 기강과 인심이 이미 말할 수 없는 상태이다. 그리고 흉서를 궐내에 들여 보내라는 명령은 민중의 인심을 진정하여 안심시키는 도리를 크게 상실한 것으로서 심히 염려스럽고 개탄할 만한 일이다」[144]

이에 대해 윤지인은 「인심이 날로 위태롭고 패악해져 번번히 흉패한 말을 宮門에 매달고 있으니 차후에는 비록 지극히 흉악한 글이라도 사람들 사이에 감히 전파되지 못하도록 하여야 합니다」[145]라는 말로써 그 대책을 제시하고 있다. 이들의 기록을 볼 때 당시의 사회상으로 인

---

142) 『肅宗實錄』 卷56 肅宗 41年 11月 乙卯條. 『承政院日記』 康熙 54年 11月 23日條.
143) 『肅宗實錄』 卷56 肅宗 41年 12月 壬申條. 『承政院日記』 康熙 54年 11月 11日條.
  「憲府論闕門掛書 實是前古所無」
144) 『肅宗實錄』 卷56 肅宗 41年 11月 癸巳條.
  「史臣曰 闕門何等深嚴 而乃有懸書 誣人之變 國綱人心已無可言 而凶書內入之命 殊失鎭 安衆心之道 深可憂慨也」
145) 『肅宗實錄』 卷56 肅宗 41年 11月 癸丑條. 『備邊司謄錄』 68冊 肅宗 41年 11月 17日條.

심이 흉흉했으며, 이에 대한 국가의 대책이 효율적이지 못할 뿐만 아니라 국가의 기강 자체도 흔들리고 있음을 보여 주고 있다. 그리고 그에 대한 대책으로서 백성들 사이에 흉서의 내용이 전파되는 것을 막자는 제안은 실질적인 해결책이 되지 못하는 것이며, 실제로 이는 효과를 거두지 못하고 있다.

한편 숙종이 계속적으로 주모자를 빠른 시일 내에 체포하도록 독촉하는 가운데 그해 12월 6일 李世卿이 형조에 告變하는 사건이 발생했고, 그 내용에 敦化門掛書事件에 관한 사항이 있어 官의 관심을 끌었다.

2) 李世卿의 告變과 政府의 立場

이세경이 고변한 내용 전체를 파악하기는 어려우나 그 대략적인 것은 『肅宗實錄』에 기록되어 있다. 이를 보면 다음과 같다.

> 「果川에 李世卿이라는 자가 있는데 평소에 흉악하고 악행을 저질러 고을 사람들이 모두 세경의 소행으로 의심하고(돈화문괘서사건의 주모자로) 자못 그를 지목하였습니다. 이에 세경이 마침내 先發之計로서 '누구누구 등이 장차 나를 괘서사건의 범인으로 무고하려 한다'고 형조에 알려 왔습니다. 이에 형조에서 그 까닭을 물어보니 가히 의심스러워 포도청으로 보내고, 포도청에서는 다시 의금부로 보내어 設鞫하였습니다. 괘서의 일을 신문해 보니 과연 그가 스스로 한 것이며, 이를 함께 도모한 자가 李起徵이고, 옆에서 알고 있던 자가 李重明·李希登 입니다」146)

---

146) 『肅宗實錄』 卷56 肅宗 41年 12月 丙戌條. 『承政院日記』 康熙 54年 11月 26日 條.
「果川有李世卿者 素凶悖樂禍 其鄕人皆疑世卿之所爲 頗指目焉 世卿遂爲先發之計呈訴刑曹曰 某某等 將誣我以掛書 刑曹詰其由 情節可疑 遂送捕廳 捕廳啓請 移義禁府設鞫訊之 掛書果其自爲者 而所與同事者 李起徵 接置而與知者 李重明李希登也」

위의 기록을 토대로 볼 때 과천에 살고 있는 사람들이 돈화문괘서사건의 범인으로 자신을 지목하고 있어, 先發之計로써 刑曹에 고변한 것으로 되어 있다. 이에 관하여 보다 구체적으로『推案及鞫案』의 공초기록을 보면 이세경은 과천에 살고 있는 閔玖·閔琓·閔瑄·閔元錫·李廷台·李枝春과 叛奴 永伊 등이 평소에 자기와는 원수지간으로 지내왔는데 자신의 가문을 훼손하고 고향에서 쫓아 내고자 함께 모여 한양에서 일어난 괘서사건의 범인으로 관가에 고발하고자 했다고 진술하고 있다.147) 그러나 결론은 그가 오히려 괘서사건의 주모자로 지목되었고, 나아가 공모자들의 이름까지 밝혀지게 되었다.

결국 이세경이라는 자는 과천의 토호세력이었으나 地域民들과 원활한 관계를 유지하지 못하고 鄕權의 주도권 다툼에서 실패한 인물로 보인다. 이러한 과정에서 괘서사건이 발생하였고, 더욱이 그 괘서의 내용 가운데 과천현감의 이름과 경기감사의 이름이 들어가 있으므로 서로 상대방의 소행이라 주장하게 되었던 것이다.

그러나 이세경이 지목한 자들을 모두 공초하고, 그들과 일일이 대질신문을 벌인 결과 조정의 관리들은 오히려 그를 괘서사건의 주모자라고 단정하였고, 공모자로서 李起徵과 李重明·李希登 등을 지목하였다. 그럼에도 불구하고 실질적으로 이세경 자신은 총 16차례의 신문을 받았으나 끝까지 자신의 소행임을 부인하다가 物故되었다.148)

이들의 공초과정을『推案及鞫案』의 기록을 토대로 살펴보겠다. 먼저 이중명은 이세경과의 관계를 다음과 같이 진술하고 있다.

「이세경은 나의 同姓 9촌 조카로 지난해 2월경 前承旨 尹弘卨의 조카와 송사가 있었는데 윤가가 과천의 관가에 소장을 내자 관에서

---

147)『推案及鞫案』卷13 118冊 乙未「罪人李世卿等推案」12月 7日 罪人李世卿白等條.
148)『推案及鞫案』卷13 118冊 乙未「罪人李世卿等推案」12月 22日條.
「二十二日寅時 罪人李世卿物故」

는 세경을 잡아들이려 하였습니다. 이에 그는 나의 집으로 피신하여
왔습니다.」[149]

그의 진술을 통해서 이세경은 지역민들과의 불화 뿐만 아니라 소송
관계로 官廳으로부터 쫓기는 입장에 있었고,[150] 이로 인해 자신의 근거
지인 과천에서 이탈하여 도망다니던 중 자신과 인척관계이며 한성부에
거주하고 있던 이중명의 집에 은거하고 있음을 알 수 있다.

그런데 조정에서 이세경을 범인으로 지목하게 된 것은 柳夢弼과 李
起徵의 진술을 토대로 하고 있다. 즉 유몽필은

「10월 28~29일경 나는 이중명의 사랑방에서 이기징과 함께 문
안쪽에 누워 있었고, 이세경은 중앙에, 李世文(이중명의 아들)은 구
석에 누워 있었습니다. 그런데 罷漏 때에 세경과 기징이 일어나 함
께 집밖으로 나가 한동안 말을 나누다가 잠시 후 기징은 돌아왔으나
세경은 어디에 갔는지 모릅니다.」[151]

라고 진술하고 있고, 이기징은

「이세경이 말하기를 '겨우 궐문 밖으로 갔는데 군졸들이 체포하
려고 했다' 하여 내가 '왜 궐문 밖으로 갔는가'를 물으니 세경이 말하
기를 '丹鳳門에 내가 붙인 것이 있고, 또 敦化門에도 붙이고자 하였는

---

149) 『推案及鞫案』 卷13 118冊 乙未 「罪人李世卿等推案」 12月 12日 罪人李重明白等
條.
「李世卿則矣身同性九寸姪也 上年二月分 與前承旨尹弘高姪 有相訟事 尹哥呈于
果川官 自官推捉世卿 則世卿逃避來到于矣家」
150) 이세경은 쫓기는 와중에서도 擊錚을 통해 자신의 입장을 밝히고자 계획하기도
하였다.(위의 책, 같은 조. 「將欲擊錚故成出文字 而如許奔走是白如可果」)
151) 『推案及鞫案』 卷13 118冊 「罪人李世卿等推案」 12月 15日 罪人柳夢弼白等條.
「十月二十八九日間夜 矣身於李重明舍廊一間房 與李起徵交足以臥於門內 李世卿
則臥於中央 李世文則臥於奧處矣 罷漏時 世卿與起徵起坐同出戶外 有所經語 移
時起徵則還爲入房 世卿則不知去處」

데 군졸들이 체포하려고 해서 간신히 돌아왔다'고 하였습니다.」152)

라고 진술하고 있다. 결국 이들의 공초에 의하면 돈화문에 괘서가 걸리기 2~3일 전인 10월 28~29일 사이에 李世卿·李起徵·柳夢弼·李希登·李世文 등이 함께 이중명의 집에 머무르고 있을 때 이세경과 이기징 두사람이 밤에 은밀하게 밖으로 나갔고, 그 가운데 이세경은 대궐의 문에 무엇인가를 붙이고 군졸에 쫓겨 돌아왔다는 것이다. 바로 이 진술을 토대로 이세경을 돈화문괘서사건의 주모자로 단정하고 계속된 공초를 진행하였다. 그 결과 이기징으로부터 이세경이 괘서를 하였다는 진술과,153) 경기감사를 비난하였다는 진술을 받아 내었고,154) 이중명으로부터는 이세경이 10월 29일 밤에 밖으로 나갔다가 들어 왔다는 진술을 받아내었다.155)

그리하여 의금부에서는 돈화문에 무엇인가를 걸었다고 하는 것에 촛점을 맞추어 계속 추궁하고 있으나 이세경은 물론 이기징도 그 내용에 대하여는 구체적인 진술을 하고 있지 않다. 이는 『肅宗實錄』의 다음과 같은 기록을 통해 알 수 있다.

> 「…증거가 모두 갖추어지고 문안이 매우 분명하였으나 이세경과 이기징은 성품이 모질고도 사나와서 형장을 참고 여러 차례 자복하지 않다가 마침내 형장 아래서 죽기에 이른 것입니다…」156)

---

152) 『推案及鞫案』 卷13 118冊 「罪人李世卿等推案」 12月 23日 罪人李起徵白等條.
「世卿遵入附耳語 矣身曰縂往闕門外 幾爲軍卒所捉矣 矣身問曰 何爲往闕外乎 世卿答曰丹鳳門吾有所付之物 又欲付於敦化門是如可 幾爲軍士所執葷葷免歸是如爲去乙」
153) 『推案及鞫案』 卷13 118冊 「罪人李世卿等推案」 12月 23日 罪人李起徵白等條.
154) 『推案及鞫案』 卷13 118冊 「罪人李世卿等推案」 12月 13日 罪人李起徵更推白等條.
155) 『推案及鞫案』 卷13 118冊 「罪人李世卿等推案」 12月 15日 罪人李重明更推白等條.
156) 『肅宗實錄』 卷56 肅宗 41年 12月 丙戌條.

결국 이세경이 자신이 주모자 임을 자백하지 않고 죽었기 때문에 돈화문괘서사건의 범인이 이세경이라고 단언할 수는 없다. 그럼에도 조정에서는 이세경을 16차례에 걸쳐 신문을 계속하였고, 끝내는 그를 괘서사건의 진범으로 단정하고 사건을 종결지었다.

이상 돈화문 괘서사건과 이세경 고변사건과의 관계에서 다음 두가지의 추론이 가능하다. 첫째는 그가 주모자일 가능성이다. 즉 당시 사건의 정황으로 볼 때 이세경은 과천의 토호세력이긴 했지만 이미 지역사회의 사람들로부터 인심을 잃고 있었고, 더욱이 과천의 관으로부터 쫓기는 입장에 있었기 때문에 위급한 상황에 몰린 나머지 괘서를 함으로써 민심을 혼란시키고, 포도청으로 하여금 괘서의 주모자를 잡기에 혈안이 되게끔 만들어 놓은 다음, 이 틈에 자신을 체포하고자 하는 과천의 체포망으로부터 벗나고자 하였는지도 모른다. 그러나 이러한 상황분석은 괘서를 행하는 이유로서 적합하지 않다. 왜냐하면 괘서사건에 관한한 체포될 경우에는 곧 죽음으로 이를 수 밖에 없다는 사실을 이미 알고 있었을 텐데 단순히 과천의 관으로부터 체포의 예봉을 피하기 위해서 본인이 직접 괘서했을 가능성은 약간 설득력을 잃어버린다. 또한 계속된 訊問으로 죽음에 이르면서까지 자신의 결백을 주장한 것도 그가 주모자가 아닐 것이라는 사실을 반영해 준다고 하겠다. 그러나 이세경이 괘서를 했고, 경기감사와 과천현감을 비난했다는 이기징의 진술과 10월 29일 밤에 집을 나갔었다는 이중명의 진술은 그를 주모자의 혐의에서 완전히 벗어날 수 없게 하고 있다.

둘째로 의금부와 포도청에서 괘서의 주모자로 조작했을 가능성이다. 이는 당시 시대상황과 관련지어 볼 때 5년 동안 계속해서 한성부를 중심으로 괘서사건이 빈발하고 있었던 점과 관련된다. 즉 숙종 37년(1711)의 영은문괘서사건과 숙종 40년(1714)의 숭례문괘서사건이 발생하였을

「…證左皆具 文案甚明 世卿起懲 獰悍忍杖 累次不服 終至杖斃…」

때 범인을 체포하기 위해 상금을 걸면서까지 노력하였으나 끝내 실효를 거두지 못하였다. 이러한 상황에서 또 다시 궐문인 돈화문에 괘서사건이 발생하여 괘서에 열록된 관리들이 강경한 태도를 보이자 숙종도 민감하게 반응을 보이면서 주모자를 체포하겠다는 의지를 천명하였고, 이에 포도청에 명령을 내려 죄인체포를 독촉하였다. 그 후 약 10여일이 지난 후에도 반응이 없자 포청의 兩大將을 파직하고 종사관을 掌問하는 등 수차례에 걸쳐 인사이동을 단행하면서 강경하게 관리들을 다그치고 있었다. 결국 숙종의 괘서에 대한 민감한 반응, 괘서의 내용에 자신의 이름이 거명된 현직관리들의 빠른 범인체포의 요구 및 이들의 요구에 부응하지 못한 포도청의 난처한 입장, 한 때 迎恩門掛書罪人을 잡지 못했다는 이유로 투옥되었다가 敦化門掛書事件 이후 다시 좌포도대장에 임명된 尹就商의 개인적인 입장 등등이 종합적으로 작용하고 있는 정황에서 때마침 이세경의 고변사건이 터지자 그를 돈화문괘서사건의 범인으로 몰아 갔을 가능성도 간과할 수는 없다.

그러나 결국 李世卿은 16차에 걸친 신문 끝에 12월 22일 物故를 당하였고, 李起徵 역시 이틀 후인 12월 24일에 물고를 당하였다.157) 그리고 李希登은 알고도 고변하지 않았다는 죄목으로 杖一百에 三千里의 流配刑을 받았으며158) 李重明은 범인을 은닉한 죄로 遠地定配刑을 선고 받고159) 그 이외의 모든 사람은 放送하였다.

한편 이 사건에 관련된 인물들의 사회적 위치는 어떠한가. 이것은 당시 신분사회의 현상을 파악하는데 일조가 될 뿐만 아니라 그들 신분층의 사회적 변화 및 사상의 일단을 살필 수 있다.

---

157) 『推案及鞫案』 卷13 118冊 「罪人李世卿等推案」 12月 22日 寅時條, 12月 24日 卯時條.
「二十二日寅時罪人李世卿物故」「二十四日卯時罪人李起徵物故」
158) 『推案及鞫案』 卷13 118冊 「罪人李世卿等推案」 12月 24日 巳時開坐條.
「李希登只出於起徵之招… 知而不告 自有當律 請令禁府杖一百流三千里」
159) 上同. 「李重明則接置世卿奸惡之徒… 請遠地定配」

李世卿事件의 공초기록 가운데 麻音先은

> 「나는 본래 李進士 世卿의 奴로서 어렸을 때 이세경의 누이동생에게 分屬되었었다. 그 후 누이동생이 과부가 되어 나는 다시 이진사와 함께 살았다」160)

고 진술하고 있다. 이를 통해서 볼 때 이세경은 과천을 근거로 한 양반세력으로써 私奴婢를 거느리고 있었을 정도로 부유한 계층일 뿐만 아니라 進士에 오를 정도의 지식을 가지고 있었던 識者階層이었음을 알게 한다. 그리고 그와 친척관계에 있었던 이중명은 한성부 麻田洞에 살고 있던 李時中의 아들로서 그의 아버지는 종6품의 郎官 벼슬인 主簿에 재직하였던 인물이다.161) 이들 역시 愛生·小祥·次禮 등의 사노비를 거느리고 있었던 것으로 보아 경제적 여유가 있었으며, 정치적 위상도 어느정도 가지고 있었던 것으로 보인다.

그리고 이기징은 沔川에 살다가 溫陽으로 옮겨 살았고, 叛奴를 推尋하는 일로 인해 서울을 왕래하면서 이중명의 집에 한두차례 기거였던 인물이다.162) 그는 이세경의 처가집 근처에 살고 있었던 관계로 평소 이세경과 잘 아는 사이였고, 이러한 관계로 이중명의 집에 기거할 수 있었다.163) 그리고 공초하는 가운데 生員으로 호칭되고 있는 점으로 미루어 識者階層이었으나 경제적으로는 몰락한 계층으로 파악된다.164)

이 사건은 다음 세가지 점에서 주목된다. 첫째는 괘서의 내용에 당시

---

160) 『推案及鞫案』 卷13 118冊 「罪人李世卿等推案」 12月 9日 罪人麻音先白等條.
「矣身本以李進士世卿奴子 幼時分屬於其妹矣 其妹寡居後 與李進士同居之」
161) 『推案及鞫案』 卷13 118冊 「罪人李世卿等推案」 12月 9日 罪人麻音先白等條.
「李世卿於楊州李生員 會於麻田洞李主簿家 … 主簿李時重 其子名重明」
162) 『推案及鞫案』 卷13 118冊 「罪人李世卿等推案」 12月 12日 罪人李起徵白等條.
163) 『推案及鞫案』 卷13 118冊 「罪人李世卿等推案」 12月 12日 罪人李重明白等條.
164) 『推案及鞫案』 卷13 118冊 「罪人李世卿等推案」 12月 9日 罪人李世卿更推白等條.

현직 고위관리들의 이름을 구체적으로 거명하여 비판하고 있다는 점이다. 조선후기 양반봉건사회에서 일반적으로 양반관료들은 관리를 탄핵할 수 있었으며, 비록 관료는 아니라 할지라도 유생들은 상소를 통하여 관리의 비리를 탄핵할 수 있었으나 일반 백성들에게는 고위 관리나 정부 정책에 대한 비판의 길이 없었다. 이러한 상황에서 괘서를 통해 다소간이나마 관리의 비리나 국가의 실정을 비판하였던 점은 조정의 관료들에게 충격을 주기에 충분하였다.

둘째 괘서에 대한 정부의 대응책이 강경하게 나타나고 있다는 점이다. 다른 지역도 아닌 궐문에 괘서를 한 것 자체도 충격을 주기에 충분하였는데 거기에 현직관리의 이름을 거론하였으니 괘서의 효과는 배가 증가한 셈이다. 여기에 더하여 숙종 연간에 집중적으로 발생한 괘서사건의 범인을 체포하는데 실패한 정부에서는 이 사건마저 범인체포에 실패할 경우 많은 정치적 부담과 심적 부담을 가질 수밖에 없었다. 따라서 다른 사건과 비교하여 볼 때 범인체포에 보다 강한 의지를 표명하기에 이르렀던 것이다.

셋째 괘서사건의 범인이 진범인지가 불확실하다는 점이다. 정부의 대응이 종래의 양상보다 너무나 강하게 이루어 졌기 때문에 공초과정에서 이세경이 괘서를 하게 된 적합한 이유나 과정을 정확히 캐내지 못하고 그를 주모자로 지목해 버리는 오점을 남기게 되었다. 이러한 사건의 처리는 애매한 사람을 사건과 연관시켜 고문에 의해 범인으로 몰아버리고, 여의치 않을 경우에는 物故를 내어 입을 막아 버림으로써 진실을 은폐하는 경우도 생길 수 있음을 암시하고 있다.

제3절 肅宗朝 掛書事件의 性格과 特徵

앞서 정리한 숙종조 괘서사건 발생현황과 사례분석을 기반으로하여 숙종조 패서사건들에 대한 성격별 구분과 그 특징을 정리해 보면 다음과 같다. 먼저 괘서에 기록되어 있는 내용적 성격과 그 사건이 지향하고 있는 목적에 따라 정치적·사회적·경제적 성격으로 분리하고 이들에 포함되지 않거나 혹은 개인적인 誣告를 포함하고 있는 것들을 기타로 분류하여 유형별로 구분하면 아래의 <표 2-2>와 같다.

숙종조 패서사건의 성격구분

<표 2-2>

번호	년대	사 건 명	범인 신분	괘서 내용의 성격				사건의 특징
				정치적	사회적	경제적	기 타	
1	1679	漢城把子橋洞掛書	出身	○	·	·	·	南人이 西人을 제거하기 위한 목적
2	1679	漢城官衙掛書	·	○	·	·	·	동시다발적으로 발생, 관리 비판
3	1711	漢城迎恩門 掛書	·	○	·	·	○	정부의 對中外交를 비판
4	1714	漢城崇禮門 掛書	·	·	·	·	·	不道之言(기록없음)
5	1714	漢城敦義門 掛書	幼學	○	·	·	○	왕의 快癒를 비는 내용
6	1715	漢城敦化門 掛書	·	○	·	·	·	현직의 고위관리를 거명하여 비판함

위의 <표 2-2>를 통해서 볼 때 숙종대의 패서사건은 그 내용이나 목적에서 모두가 정치적 성격을 갖고 있음을 알 수 있다. 특히 숙종 초기 南人과 西人사이의 정치적 주도권 장악을 위한 소용돌이 속에서 남인들이 패서를 통해 서인을 모함하는 글을 작성하여 게시한 것은 패서가 정치적 목적의 한 수단으로 이용되었음을 극단적으로 보여주고 있는 것이다. 그 결과 이 패서사건은 남인들이 의도했던 것과는 반대로 오히려 그들이 숙청되는 庚申大黜陟의 換局이 일어났고, 남인의 거두이

자 원로인 尹鑴와 許積이 賜死되는 한 원인으로 작용하였다. 뿐만 아니라 敦化門掛書事件의 경우도 현직 고위관리들의 이름을 구체적으로 명시하여 비판하고 있다. 이들은 주로 소론계열의 인물들로서 당시 정권의 주도세력이었음을 생각할 때 괘서사건이 政爭에 이용되고 있었다는 또 하나의 實例이다. 그리고 비록 직접적인 인과관계는 찾아 볼 수 없다 할 지라도 그 다음해 이른바 丙申處分으로 정국의 주도권이 소론에서 노론으로 이양되고 있는 점을 생각할 때 괘서의 정치적 성격의 일단을 살펴볼 수는 있을 것이다.

결국 숙종초의 괘서사건은 그 내용이나 목적 및 처리결과에서 볼 때 주로 정치적인 관점에서 다루어 졌으며, 사회적으로 民들에게 널리 유통되는 단계는 아니었던 것으로 보인다. 따라서 괘서의 이용층도 대부분 지식인 층이었으며, 이용 대상 부류 가운데 파자교동 괘서사건의 李煥과 같은 정치지향적 성향을 가진 인물들이 있었던 것도 주목된다.

이러한 괘서의 정치적 성격 이외에 숙종조 괘서사건의 특징으로는 다음과 같은 몇가지의 사항을 알 수 있다.

첫째는 괘서의 발생장소가 모두 서울에 국한되어 있다는 점이다. 즉 총 6건 가운데 4건이 한성부의 각종 문에 게시되고 있고, 나머지 두건도 한성부의 관청 담벽이나 일반 民家가 밀집해 있는 곳에 내 걸리고 있다. 이후의 괘서사건이 전국 각지에서 빈발하고 있는 것과는 대조적인 현상으로 차후에 점차 서울에서 지방으로 괘서의 발생빈도가 확산되어 갔음을 알 수 있게 한다.

둘째는 괘서를 이용한 주도세력이 지식인들이라는 점이다. 숙종조 괘서사건의 내용이나 형식을 검토할 때 정치적으로 이용하는 경우가 많고, 모두가 한문으로 씌어 있으며, 정치적 힘의 역학관계를 잘 알고 있는 자들의 소행임을 알 수 있다. 사건의 주모자들이 모두 검거되지 않아 자세한 신분층이나 직역은 알 수 없으나 적어도 지식인층이 주도하고 있다는 사실만은 분명하다. 주모자가 체포된 두 건의 경우에도 그들의 신분이 出身과 幼學으로 나타나고 있는 점도 이러한 사실을 뒷받침해 준다고 할 수 있다. 이것 역시 19세기에 이르면 괘서 주모자의 신분층이 다양하게 나타나고 있는 현상과 구별되는 사안이다.

셋째는 괘서 주모자의 검거율이 낮다는 점이다. 검거율이 낮은 이유는 괘서 자체가 익명으로 되어 있어 체포가 용이하지 않았을 뿐만 아니라 정부에서 괘서사건의 주모자 체포에 힘을 기울이지도 않았기 때문이다. 또한 괘서의 발생 장소가 인구가 밀집해 있는 서울에 집중되어 있어 수사가 용이하지 않았던 것도 하나의 요인으로 작용하였던 것이다. 숙종이 괘서사건의 주모자 체포에 적극적인 힘을 기울이지 않았음은 범인의 효율적인 체포여부 보다는 내용의 전파방지에 더욱 힘을 기울여 그 일환으로 「匿名書定罪事目」을 만들어 괘서 내용의 전파자에 대한 법적 처벌근거를 다시금 확립하였던 점과, 다른 왕조에 비하여 괘서의 내용이 왕조실록에 그대로 기록되어 있었던 점 등을 통해서 알 수 있다.165) 여기에 더하여 수사대상과 지역이 광범위 하였던 것도 하나의 요인으로 작용하였을 것이다. 물론 숙종조의 마지막 사건인 敦化門掛書事件이 발생하였을 당시에는 숙종이 포도청의 관리들을 推考하는 등 강경한 대책을 강구하여 주모자의 체포를 독려하고 있지만 효과적인 결과를 얻지는 못하였다. 결국 숙종과 조정의 괘서에 대한 반응은 초기의 온건한 방법을 택하다가 연속적으로 괘서사건 발생하면서 민심이 혼란해지고, 괘서의 내용이 현직 관리들을 정면으로 거론하여 비판하자 사태의 심각성을 깨닫고 뒤늦게 강경한 자세로 전환하였던 것이다.

넷째는 괘서의 내용에 관리들의 이름이 자주 거론되고 있다는 점이

---

165) 영조대 이후의 괘서사건은 그 내용이 관찬사료에 구체적으로 기록되지 않고 다만 '不道之言' 혹은 '不忍之文' 등의 형태로 기록되고 있다. 심지어 영조는 괘서의 내용을 기록하지 말 것을 史官에게 명령하기도 하였다.

다. 이는 괘서의 성격이 정치적 성향을 갖고 있는 점과도 관련이 있는 것이며, 18세기 이후의 괘서사건이 각종 비기와 연결되어 사회혼란을 유도하였다는 점과 구별되는 사항이다. 즉 괘서의 내용과 그 목적이 정치성을 가지고 있어 관리들에 대한 비판이 주를 이루었던 것으로 보인다.

다섯째는 민란과 같은 민들의 집단적 행동과는 무관하다는 점이다. 이 시기의 괘서사건 대다수가 민들의 저항세력과는 일정한 거리를 두고 행해지고 있었는데 이는 개인적인 동기나 정치적인 목적에 의해 지식인들에 의해 주도되었기 때문으로 생각된다. 즉 당시 시대적 상황이 아직은 지식인들과 대다수 민들과의 유기적인 저항세력을 형성하기 어려운 여건이었기 때문이 아닌가 생각된다.

여섯째는 괘서사건이 여러 건의 무고사건으로 확산되었다는 점이다. 괘서사건의 주모자가 체포되지 않아 이를 이용한 각종 무고사건이 빈발한 것은 괘서의 전파성 입증과 그 효과의 일면을 살펴볼 수 있게 한다.

제3장 英祖의 蕩平策과 老論政權의 確立

제1절 老·少論의 葛藤과 掛書事件

1. 蕩平策의 推進과 老·少의 葛藤

숙종 43년(1717) 왕과 노론의 李頤命 사이에 이루어진 소위 丁酉獨對와 그 이후 세자대리의 下命은 종래 斯文是非 위주의 老·少 대립을 왕위계승에 따른 충역의 시비로 변질시켰다. 왕위계승과 관련된 충역의 시비는 결국 당시 성리학적인 왕도정치의 이념과 군주전제정치 체제하에서 노·소론 사이에 당론의 핵심이 되었음은 물론, 각각의 사활이 걸린 정치투쟁으로 비화하여 경종과 영조조의 가장 큰 정치적 쟁점이었다.

경종이 즉위한지 1년이 지나 노론은 金昌集·李頤命·李健命·趙泰采 등이 중심이 되어 延礽君을 世弟로 책봉하고[1] 곧이어 世弟의 代理聽政을 추진하였다. 그러나 이것이 소론의 강력한 반발을 불러 일으켜 실패로 돌아가게 되자 노론이 역적으로 몰려 정계에서 대거 실각한 이

---

1) 『景宗實錄』 卷4 景宗 1年 8月 戊寅條.

른바 辛丑・壬寅獄(辛壬獄事)이 일어났다.

辛丑獄은 경종 1년(1721) 12월 金一鏡의 疏로부터 시작되었다. 소론 중에서도 급진적 성향을 가진 金一鏡・李眞儒・尹聖時・朴弼夢・徐宗厦・鄭楷・李明誼 등 7인이 聯疏로서 노론이 주장한 세제의 대리 청정을 역적의 소행으로 간주하여 처벌할 것을 주장하였다.[2] 이에 노론의 4대신을 원방에 圍籬安置 시키고 세제의 대리청정을 처음 상소한 趙聖復,[3] 경종의 생모인 장희빈의 閔妃弑逆罪를 肅宗誌文에 명기하지 않았다고 탄핵의 상소를 올린 尹志述[4]을 처형하였다. 그리하여 趙泰耉・崔錫恒 등을 중심으로한 소론정국이 형성되었다.

다음해 3월에 南人인 睦虎龍의 告變으로 壬寅獄이 발생하였다. 그의 고변은 三手, 즉 大急手・小急手・平地手[5]의 세가지 방법을 동원하여 노론의 金龍澤・李天紀・沈相吉・金省行・李器之・李喜之 등이 경종을 제거하고 왕위를 찬탈하려 한다는 내용이다.[6] 김성행은 김창집의 손자이고 이희지는 이이명의 아들이며 김용택(이이명의 사위)・이천기는 이이명의 천거에 의해 정계에 들어간 인물이다. 이러한 고변이 있자 소론의 大司諫 李師尙, 持平 朴弼夢 등은 이 사건의 근본적인 원인이 노론의 4대신(金昌集・李頤命・李健命・趙泰采)에게 있다고 주장하며 엄히 치죄할 것을 요청하였다.[7] 결국 노론의 4대신을 비롯하여 60여명의 문초를 당한 자 대부분이 물고를 당하거나 賜死・正刑에 처하여져 정국은 완전히 소론을 중심으로 전개되어 갔다.

---

2) 『景宗實錄』 卷5 景宗 1年 12月 壬戌條.
3) 『景宗實錄』 卷5 景宗 1年 10月 丁卯條.
4) 『景宗實錄』 卷2 景宗 卽位年 9月 辛未條.
5) 大急手는 용사가 몰래 칼을 품고 궁중에 들어가 경종을 시해하려는 것이고, 小急手는 독약을 궁녀에게 주어 독살하는 것이며, 平地手는 숙종의 傳敎를 위조하여 경종을 폐출시킨다는 것을 의미한다.
6) 『景宗實錄』 卷6 景宗 2年 3月 壬子條.
7) 『景宗實錄』 卷6 景宗 2年 4月 辛未條.

이같은 과정을 거쳐 정권을 장악한 소론 중심의 정국도 경종이 재위 4년이라는 짧은 기간으로 끝나고 왕위가 세제인 연잉군(영조)에게 넘어가자 그의 세제책봉 및 대리청정에 반대한 소론들로서는 점차 위기의식을 느끼기 시작했다. 반대로 경종대의 신임옥사로 많은 목숨을 잃은 노론은 영조의 즉위로 새로운 돌파구를 마련하고자 했고, 영조 또한 장기간에 걸친 왕위계승 문제로 노·소론 사이에서 자신의 지위를 유지하기 위해 많은 곤경을 겪었던 터이라 자신의 왕위계승에 부정적인 태도를 취한 소론에 대해 원한이 없었다고는 할 수 없다. 都承旨 南就明, 右承旨 李重述 등의 반대에도 불구하고 1724년에 즉위한 영조는 10월 3일 領議政에 李光佐, 左議政에 柳鳳輝, 右議政에 趙泰億을 임명하여8) 소론일색의 정국을 유지하면서, 다른 한편으로는 10월 8일 노론의 중심인물인 閔鎭遠을 特放하여9) 노론 진출의 발판을 마련하여 주었다. 영조의 이러한 배려에 힘을 얻은 노론은 11월 6일 幼學 李義淵이 應旨上疏를 올려 김일경을 탄핵함은 물론 신임옥사의 반역론은 논리에 맞지 않는 말이며 당시 세제책봉과 대리청정은 경종이 병이 있었을 뿐아니라 숙종의 顧命을 받은 군신들이 金大妃의 교지를 받아 이루어진 것이기 때문에 오히려 忠義에 해당한다는 의미의 상소를 올렸다.10)

이러한 이의연의 상소는 즉각 소론인물인 校理 李巨源, 李明誼 등에 의해 論駁되었고,11) 다음날인 7일 영의정 이광좌 역시 이의연의 죄를 청하여12) 8일 이의연을 絶島에 유배시켰다.13) 그러나 9일 또다시 노론의 東學訓導 李鳳鳴이 趙泰耆·柳鳳輝·金一鏡 등 소론제신의 죄를 논

---

8) 『英祖實錄』 卷1 英祖 卽位年 10月 癸酉條.
9) 『英祖實錄』 卷1 英祖 卽位年 10月 戊寅條.
10) 『英祖實錄』 卷2 英祖 卽位年 11月 丙午條.
11) 『英祖實錄』 卷2 英祖 卽位年 11月 丙午條.
12) 『英祖實錄』 卷2 英祖 卽位年 11月 丁未條.
13) 『英祖實錄』 卷2 英祖 卽位年 11月 戊申條.

하자 영조는 붕당을 파한다는 명목으로 김일경의 직을 파하고14) 11일 절도에 안치시켰다.15) 그후 幼生 宋載厚・前正郞 林柱國・幼生 崔補 등이 상소를 올려 계속 소론의 의리론과 김일경의 불충을 규탄하였으며, 11월 19일에는 영조가 김일경의 파직 이후 지금의 廷臣이나 先朝(경종)의 신하들이 한마디 말도 없다 하여 在京 三司의 신료들을 모두 파직시키기도 했다.16) 결국 12월에 이르러 영조의 親鞫이 있은 후 김일경을 목호룡과 함께 唐古介에서 처형하고,17) 그 이듬해 정월 2일 辛丑疏에 金一鏡과 같이 聯名한 李眞儒・朴弼夢・李明誼・鄭楷・尹聖時・徐宗厦 등을 모두 削黜하여18) 12일 각각 유배시켰다.19) 또한 11일에는 삼사 신료들의 직을 파하고20) 13일에는 峻少 李師尙・李明彦을 유배시키고 이광좌・유봉휘도 모두 파직시킴21)과 아울러 閔鎭遠・鄭澔・金在魯 등 노론의 신료들을 불러들여 조정의 요직을 담당하게 하였다.

　이같은 과정을 거쳐 정국을 장악한 노론은 신임옥사로 인해 禍를 당한 노론4대신의 伸寃과 壬寅獄의 번안을 위해 조정에 남아있는 소론과 영조를 상대로 논쟁하기에 이르렀다. 한편 영조는 궁국적으로 자신의 즉위가 노론의 적극적인 투쟁으로 이루어진 것이기 때문에 그들의 명분을 세워 주어야할 처지에 있었으며, 다른 한편으로는 자신의 즉위가 찬탈이 아닌 정상적인 왕위계승으로서의 명분을 확보해야 한다는 두가지 목적에서 결국 右議政 鄭澔의 상소를 받아 들여 노론4대신을 신원하여 복관시키고,22) 임인옥에 관련되었던 자도 모두 신원하였다.23) 결

---

14) 『英祖實錄』 卷2 英祖 卽位年 11月 己酉條.
15) 『英祖實錄』 卷2 英祖 卽位年 11月 辛亥條.
16) 『英祖實錄』 卷2 英祖 卽位年 11月 己未條.
17) 『英祖實錄』 卷2 英祖 卽位年 11月 丁丑條.
18) 『英祖實錄』 卷3 英祖 1年 1月 辛丑條.
19) 『英祖實錄』 卷3 英祖 1年 1月 辛亥條.
20) 『英祖實錄』 卷3 英祖 1年 1月 庚戌條.
21) 『英祖實錄』 卷3 英祖 1年 1月 壬子條.

국 충역의 시비문제에서 노론의 승리를 인정하는 결과를 가져왔는데 이를 소위 乙巳處分이라 한다.

영조 즉위 이후 노론이 정계에 진출하여 을사처분을 단행하기까지 노·소의 대립은 극에 달하였다. 더욱이 을사처분 이후 정당성을 장악한 노론 대신들이 신임옥사 때 소론에게 당한 보복을 하리라는 것은 명약관화한 일이었기 때문에 영조로서는 이러한 노론의 공격을 막고 소론의 반발을 줄이면서 궁극적으로 자신의 정치기반, 즉 왕권을 확립하기 위한 방법을 모색하게 되었다. 그의 산물이 영조가 즉위초부터 생각해 왔던 탕평책이었다.24) 영조의 탕평책은 소론의 온건론자를 중심으로 형성되어 兩治兩解(老少扶抑), 是非不分(忠逆解消), 蕩平收用(老少倂用)을 목적으로 시도되었으나 영조 초기에는 노론의 강력한 정치공세에 부딪쳐 제대로 실효를 거두지 못하였다.25)

결국 노론의 계속된 정치공세에 못이겨 영조는 영조 3년(1727, 丁未) 7월 1일 왕권의 강화와 정국의 안정을 위해 노론에서 소론 중심으로의 정치적 환국을 단행하였다. 그리하여 노론의 온건한 洪致中을 제외한

---

22) 『英祖實錄』 卷4 英祖 1年 3月 庚子條.
23) 『英祖實錄』 卷4 英祖 1年 3月 癸亥條.
24) 탕평책에 관한 연구업적으로는
   李載浩,「蕩平政策의 本質考」(上)『釜山大學校論文集』 1, 1981.
   _____,「蕩平政策의 本質考」(中)『釜山史學』 6, 1982.
   _____,「蕩平政策의 本質考」(下)『釜山大人文論集』 24, 1983.
   崔完基,「英祖朝 蕩平策의 贊反論 檢討」『震檀學報』 56, 1983.
   朴光用,「蕩平論의 展開와 政局의 變化」『韓國史論』 10, 1984.
   鄭萬祚,「英祖代初半의 政局과 蕩平派의 推進」『朝鮮時代 政治史의 再照明』, 汎潮社, 1985.
   _____,「英祖代 中半의 政局과 蕩平策의 再定立 -少論蕩平에서 老論蕩平으로의 轉換-」『歷史學報』 111, 1986.
   李銀順,『朝鮮後期黨爭史硏究』一潮閣, 1988. 등이 있다.
25) 鄭萬祚,「英祖代初半의 政局과 蕩平派의 推進」『朝鮮時代 政治史의 再照明』, 1985. 251~252쪽.

三司 및 諸臣들 100여명을 파직하고 소론의 이광좌를 영의정, 조태억을 좌의정, 李台佐·尹淳·李㙫·徐命均·吳命恒을 판서로 임명하여 소론 정국을 형성하였다.26) 곧이어 柳鳳輝·趙泰億·崔錫恒 등 소론 중심인물들의 관작을 회복시킴27)과 아울러 유배되어 있던 대소신료들이 모두 석방 등용되는 조치가 뒤따랐으며, 반대로 신원되었던 노론의 4대신이 다시 죄안에 들고 壬寅獄에 관련되었던 金龍澤·李天紀 등이 다시 원래대로 역적으로 환원되었다.28) 이는 사실상 단순한 인적교체만이 아닌 충역의 시비에 따른 명분도 완전히 반전된 것을 의미한다. 이러한 丁未換局의 긴급한 단행은 영조 스스로가 노론의 격렬한 정치공세에 의해 그가 구상해 온 정치형태인 탕평책을 시행할 수 없음을 느낀 나머지 왕권의 확립에도 유리하지 못하다고 판단하여 취해진 최후의 조치이다.29)

정미환국으로 인해 표면상 소론 정국이 탄생하였으나 이들은 모두가 緩少계열 인물들로서 峻少 계열은 사실상 정계에서 몰려나게 되었다. 이러한 정치상황에서 정미환국이 단행된 이듬해인 영조 4년(1728) 3월 李麟佐의 亂이 일어났다. 이인좌 란은 전국적인 규모로 전개되었는데 준소의 朴弼顯·沈維賢·李有翼 등이 배후에서 조종하고 李麟佐·鄭希亮·權瑞鳳 등이 주동하여 영조와 노론의 경종살해에 대한 불충을 내세워 昭顯世子의 증손인 密豊君 坦을 추대하고자 한 사건이다.30)

---

26) 『英祖實錄』 卷12 英祖 3年 7月 乙卯·己未條.
27) 『英祖實錄』 卷12 英祖 3年 7月 丁巳條.
28) 『英祖實錄』 卷13 英祖 3年 9月 辛未·戊子條.
29) 鄭萬祚, 앞의 글. 262쪽.
30) 戊申亂에 관한 연구 논문으로는
  李相玉,「英祖戊申亂의 硏究」『右石史學』 2집, 1969.
  李源均,「英祖戊申亂에 대하여」『釜大史學』 2집, 1971.
  吳甲均,「英祖戊申亂에 關한 考察」『歷史敎育』 21집, 1977.
  李鍾範,「1728年 戊申亂의 性格」『朝鮮時代 政治史의 再照明』, 汎潮社, 1985.
  鄭奭鍾,「朝鮮後期 理想鄕 追求傾向과 三峰島 -燕巖 許生傳의 邊山群盜와 無人

이 난의 발생원인을 정치사적인 입장에서 찾는다면 을사처분 이후 정계에서 축출된 준소계열과 서인에게 몰려나 장기간 정계에 나가지 못한 일부 남인 세력들이 경종조 이후 붕당간의 충역시비를 이용하여 정권을 탈취한다는 공동 목적하에 취해진 것으로 볼 수 있다. 이는 결국 환국 이후 정국을 주도해온 緩少論者들에게는 치명적인 약점이 되었으며 반대로 노론에게는 소론을 공격할 수 있는 명분을 제공해 주는 결과를 가져와 명분을 앞세운 노론은 공격적으로, 소론은 수세적이며 타협적인 자세로 정국이 운영되어 갔다. 그러나 비록 노론이 명분을 장악하기는 했지만 소론에 대해 적극적인 공격의 자세를 취할 수는 없었다. 이는 난이 진압된 이후 영조가 난의 발생원인을 붕당의 대립으로 규정하였을 뿐만 아니라31) 이를 계기로 영조 스스로가 하나의 붕당에 의한 독점적인 정국의 구성을 회피하고 있었기 때문이다. 그리하여 결국 영조의 지원하에 소론의 온건론자를 중심으로 이른바 탕평파에 의한 정국의 운영이 성립하였다.

이들 소론중심의 탕평파들은 우선적으로 노론의 인물들을 정계로 끌어 들이기 위해 노력하였고, 그 결과 영조 5년(1729) 8월 13일 영조에 의해 己酉處分이 내려졌다. 이는 노론4대신의 무죄를 인정하여 모두 신원시키면서도 그에 따른 소론의 반발을 우려하여 悖子逆孫의 논리에 따라 반은 그대로 罪案에 남겨 둔다는, 즉 李健命·趙泰采는 신원시키되 李頣命·金昌集은 그 자손이 임인옥에 관련되었기 때문에 연좌의 율을 적용하여 죄안에 그대로 남겨 둔다는 것이다.32) 이같은 영조의 정

島의 實在性 여부와 관련하여-」『碧史李佑成敎授停年退職紀念論叢』하, 1990. 등이 있다. 특히 정석종은 이 논문에서 무신란의 중심세력을 변산의 노비도적으로 보고 있으며, 난이 실패하게 된 동기를 노비도적이 아닌 소론계열의 이인좌가 난의 주도권을 행사하였기 때문으로 파악하고 있다.
31) 『英祖實錄』卷16 英祖 4年 6月 庚申條.
32) 鄭萬祚, 앞의 글. 284~288쪽.

책으로 노론의 洪致中·金在魯·金取魯·趙尙絅 등이 관로에 나와 외관상으로 영조 15년(1739)까지는 老·少聯政의 형태를 수립하였다. 그러나 老·少聯政이 수립되었다고 해서 기본적으로 왕위계승에 따른 忠逆의 논쟁이 완전히 사라진 것은 아니었다. 노론중에서 준론계열은 계속하여 4대신의 완전한 신원을 요구하였으며, 아울러 기유처분은 하늘의 이치를 어기는 것이라 하여 영조의 탕평책에 근본적으로 반대하였다.33) 또한 영조의 탕평책에 동조하기는 하지만 명분에 입각한 의리를 중요시하고, 시비를 분명히 가려야 한다고 주장하는 자들도 있었는데 대표적으로 李天輔·兪拓基 등을 들 수 있다. 이러한 상황에서 영조 15년 8월 30일 탕평파의 중심인물이었던 宋寅明이 우의정에서 물러나고 그 자리에 유척기가 특채로 임명되었으며,34) 다음날인 9월 1일에는 김재로가 좌의정에 임명되어35) 노론을 중심으로한 정국이 형성되었다. 우의정에 오른 유척기는 그해 11월 23일 노론대신 김창집과 이이명의 신원을 요구하는 상소를 올려36) 마침내 영조 16년 1월 1일 두사람이 신원되어 관작이 복구되었다.37) 이것이 이른바 庚申處分으로 노론의 명분론을 합당화 시켜주는 결과를 가져왔다. 이에 대해 1월 11일 소론의 영의정 이광좌가 부당함을 논했으나 역부족이었다.38)

경신처분 이후 탕평파는 점차 규모가 확대되면서 정국을 주도하게 되었고, 양적인 팽창과 함께 그 폐단도 드러나기 시작하였다. 이러한 사실은 탕평파의 영수격인 소론의 좌의정 宋寅明이 '탕평을 논하는 자들이 스스로 一黨을 삼고 있으며 그 폐단이 자못 심합니다39)'라고 하

---

33) 朴光用, 앞의 글. 316~317쪽.
34) 『英祖實錄』 卷50 英祖 15年 8月 甲辰條.
35) 『英祖實錄』 卷50 英祖 15年 9月 乙巳條.
36) 『英祖實錄』 卷50 英祖 15年 11月 丙寅條.
37) 『英祖實錄』 卷51 英祖 16年 1月 壬子條.
38) 『英祖實錄』 卷51 英祖 16年 1月 癸丑條. 『承政院日記』 乾隆5年 正月 11日條.
39) 『英祖實錄』 卷63 英祖 22年 正月 己卯條. 『承政院日記』 乾隆 11年 正月 12日條.

는 말에서 잘 나타난다. 이후 송인명은 영조에게 노·소간에 준론계열의 등용도 허용하자는 의견을 조심스럽게 제시하였다.40) 그러나 영조는 다음날 경연중에 송인명의 의견을 부정적인 입장에서 대신들에게 설명하였고, 이에 대해 승지 趙載浩는 '지금 만약 완론을 펴는 것은 含默과 苟容으로 몰고, 피차간에 준론만을 쓴다면 그 길이 도리어 좁아져서 반드시 일진일퇴할 것이다.'41) 라고 하여 완론계열의 탕평을 계속 지지하였다.

그러나 영조 17년(1741) 영조의 辛酉大訓으로 경종조 이후 가장 큰 정치적 쟁점이었던 왕위계승에 관한 문제가 노론의 승리로 귀결되자 기존에 추구해 오던 老·少 調劑保合의 탕평정치에서 노론은 명분적 우위권을 가지게 되었다. 그리하여 다음해 영조가 泮水橋에 탕평비를 세워(현재 성균관대 정문 안에 있음) 자신의 의지를 대외적으로 표명하지만42) 실제적인 정국의 운영은 탕평파 내부에서도 노론의 탕평파 대신들이 주도권을 장악하기 시작하였다.

즉 영조 22년(1746) 5월 노론의 이조판서 朴弼周는 신유대훈에 景宗이 질환을 앓고 있었다는 사실을 첨삭하자고 상소하였다가 소론의 우의정 趙顯命과 靈城君 朴文秀에 의해 탄핵을 받고 물러났다.43) 이를 다시 노론의 지중추부사 尹陽來가 搢紳 60여인과 함께 연명으로 상소를 올려 박필주를 옹호하고 박문수를 공격하는 등44) 명분적으로 우위에

「… 見世之爲蕩平之論者 自成一黨 其弊滋甚 …」
40) 『英祖實錄』 卷64 英祖 22年 7月 乙巳條. 『承政院日記』 乾隆 11年 7月 11日條.
41) 『英祖實錄』 卷64 英祖 22年 7月 丙午條. 『承政院日記』 乾隆 11年 7月 12日條.
「承旨趙載浩曰 … 今若以緩者 歸之含默苟容 只用彼此中峻論 則其道反狹 必至於一進一退矣」
42) 『英祖實錄』 卷55 英祖 18年 3月 乙酉條. 4月 己亥條.
『承政院日記』 乾隆 7年 3月 26日條.
43) 『英祖實錄』 卷63 英祖 22年 5月 己未條, 甲子條, 6月 丁卯條.
『承政院日記』 乾隆 11年 5月 24日, 6月 1日, 4日條.
44) 『英祖實錄』 卷63 英祖 22年 6月 丁卯條. 『承政院日記』 乾隆 11年 6月 4日條.

서있는 노론의 소론에 대한 공격이 계속되었다. 또한 그해 6월에는 노론대신 元景夏의 의견에 따라 노론4대신의 致祭를 명하였고,45) 나아가 9월 2일에는 三司에서 합계하여 소론4대신과 李光佐·權益寬의 추탈관작을 청하였다.46) 영조는 이를 소론의 약방 도제조 趙顯命과 노론의 약방제조 元景夏 및 영의정 金在魯에게 물어47) 조태구와 최석항에게만 삭탈관직을 명하였다.48)

결국 이와 같은 일련의 상황은 老·少論의 온건론자를 중심으로한 이른바 탕평파 내에서도 실질적인 정국의 주도권은 노론계열에 있었음을 알 수 있게 한다. 이러한 현상은 1746년 8월 11일 탕평파의 거두였던 소론의 宋寅明이 죽자49) 더욱 용이하게 되었다.

이와 같이 탕평파내에서의 노론의 주도는 같은해 11월 都堂錄會圈을 시행하는 자리에서도 나타난다.50) 즉 노론의 영의정 김재로는 인재를 고루 등용한다는 명분을 내세워 인재가 없는 소론보다는 노론계열을 보다 많이 천거하고자 하였고, 반대로 소론의 우의정 鄭錫五는 노론의 일당독재를 은근히 비판하면서 노론과 소론간의 비율을 맞추어 도당록을 작성하여야 한다고 맞서고 있다.51) 결국에는 타협을 보지 못하고 영조에게 결과를 보고하였으며, 이를 들은 영조는 "내가 調劑하기로 마음 먹었었는데 이제는 분규를 푸는 것을 일삼아야 하겠다. 卿들이 3백년이래 없었던 일을 벌이고 있으니 동료들간에 어찌 난처하지 않겠는가"52)

---

45) 『英祖實錄』 卷63 英祖 22年 6月 己巳條. 『承政院日記』 乾隆 11年 6月 5日條.
46) 『英祖實錄』 卷64 英祖 22年 9月 乙未條. 『承政院日記』 乾隆 11年 9月 2日條.
47) 『英祖實錄』 卷64 英祖 22年 9月 丙申條. 『承政院日記』 乾隆 11年 9月 3日條.
48) 『英祖實錄』 卷64 英祖 22年 9月 丁酉條. 『承政院日記』 乾隆 11年 9月 4日條.
49) 『英祖實錄』 卷64 英祖 22年 8月 甲戌條. 『承政院日記』 乾隆 11年 8月 11日條.
50) 『英祖實錄』 卷64 英祖 22年 11月 戊戌條.
51) 『英祖實錄』 卷64 英祖 22年 11月 己亥條.
52) 『英祖實錄』 卷64 英祖 22年 11月 庚子條.
「上曰 予以調劑爲心 而今則又以解紛爲事矣 卿等爲三百年所無之事 僚席之間豈不難處乎」

라고 하면서 재차 공정하게 도당록을 작성하도록 명하였다. 또한 노론 계열에서는 宋時烈과 宋浚吉의 문묘배향도 적극 주장하면서53) 정치적 입지를 더욱 공고히 추진하고 있다.

한편 영조는 탕평파가 정국을 주도하는 가운데서도 왕권의 강화와 관리의 위계질서를 세우기 위해 일련의 제도적 조치를 강구하였다. 그 하나가 각 당간에 심한 분쟁을 일으키고 있는 淸要職의 혁파를 추진한 것이고, 다른 하나는 均役法의 실시이다. 즉 吏郞과 翰林의 천거방법이 변화되었고, 엄격한 선발원칙으로 존중되어 왔던 校書館兼校理를 혁파하였으며,54) 軍門을 키우기 위한 목적에서 안정된 세입의 확보를 위해 良役變通을 계속 주장하여 결국은 균역법의 시행을 보게 되었다. 이러한 일련의 제도적 개혁은 왕권과 재상권의 강화를 바탕으로 위계질서를 회복하였고, 지방행정에 대한 중앙정부의 통제권을 강화시킴으로써 왕권을 신장시키는 결과를 가져왔다.55) 왕권과 재상권의 강화 및 위계질서의 확립은 곧 탕평파들의 입지를 더욱 강화시켜 주었으며, 이들은 자신들의 권력을 신장시키기 위해 영조의 위와 같은 일련의 제도적 개혁을 적극적으로 지지하였다.

결국 영조 17년(1741) 9월 25일 壬寅誣案을 소각하고56) 10월 1일 辛酉大訓을 반포하여57) 노론의 승리를 명분화 시켜준 이후 노론을 중심으로한 탕평파에 의해 정국이 주도되었다. 더 나아가 이들 탕평파는 왕권과 재상권의 신장을 통해 관리의 위계질서를 확립해 가면서 자신들

---

53) 『英祖實錄』 卷64 英祖 22年 11月 辛丑條. 『英祖實錄』 卷77 英祖 28年 8月 甲午條. 등 수차례에 걸쳐 노론에 의해 상소가 계속된다. 이들의 문묘배향은 1755년 을해역옥 이후에 이루어진다. (李相培, 「英祖朝 沈鼎衍試劵事件과 乙亥逆獄」, 『人文學硏究』 30輯, 江原大論文集. 1992. 232쪽)
54) 『英祖實錄』 卷71 英祖 26年 7月 辛亥條. 『承政院日記』 乾隆 15年 7月 11日條.
55) 朴光用, 앞의 글. 347~354쪽.
56) 『英祖實錄』 卷54 英祖 17年 9月 丁亥條. 『承政院日記』 乾隆 6年 9月 25日條.
57) 『英祖實錄』 卷54 英祖 17年 10月 壬辰條. 『承政院日記』 乾隆 6年 10月 1日條.

의 정치적 입지를 확고히 하고자 노력하고 있었음을 알 수 있다. 이로 인해 준론계열은 정계로의 복귀가 점차로 더욱 어려워지는 형편이 되었고, 준론 중에서도 峻少는 더욱 더 심각하게 되었다.

그런데 비교적 노론에 대해 적대적 감정을 가지고 있었다고 하는 사도세자가[58] 영조 25년(1749) 정월 대리청정의 명을 받아[59] 형식적이나마 정국을 주도해가자 소론계열의 인사들은 재등용의 기회를 엿볼 수 있는 기대감을 가지게 되었을 것이다. 더우기 영조 중반 이후부터 탕평파 내부에서도 계층별 분화가 서서히 대두되면서 나타난 주목할 만한 사항은 척신계열의 활동이다. 즉 趙文命・鄭羽良・金興慶・申晩・洪鳳漢 등 영조와 친인척 간에 있는 이들 척신이 중요요직을 차지하고 있으면서 정국 주도의 한면을 담당하였으며 노론의 金在魯・金尙魯・徐志修 등의 비척신계열들은 정치적 견제세력으로 존재하고 있었다.[60]

이상에서와 같이 영조대 중반 이후 정치상황은 탕평파를 중심으로 정국이 운영되어 왔으며, 궁극적으로 이들 탕평파는 노・소론의 온건론자들을 중심으로 한 조제보합을 견지하여 왔으나 실질적인 주도권은 노론측에 있었음을 알 수 있다. 또한 이들 노론내에서도 영조의 친인척 세력들이 조정의 주요 요직을 장악하고 있었음도 주목할 만한 현상이다.

영조조의 이러한 정국변화 과정속에서 政界에서 이탈된 소론계열, 특히 급진적 성향을 가진 峻少는 자신들의 정계복귀를 위해 끊임없는 방향을 모색하였다. 그 과정속에서 괘서는 힘없는 몰락정치인들에 의해 여론을 형성하기 위한 하나의 매개체로서 선택되어졌고,[61] 이같은 괘서

---

58) 李銀順, 앞의 책, 1988. 123~124쪽 참조.
59) 『英祖實錄』 卷69 英祖 25年 正月 丙子條.
60) 崔鳳永, 앞의 글. 270쪽.
61) 영조 4년에 발생한 李麟佐의 亂도 결국에는 정계에서 소외된 소론계열들에 의해 주도된 것이며, 이 난의 진행과정 속에서 괘서가 자주 이용되어지고, 그 내용을 民이 필사하여 두었다가 후에 다시 괘서를 이용할 때 사용하는 양상을 볼 수 있다.

의 이용가치가 일반 民에게도 인식되면서 보다 광범위한 지역적·계층적 확산과 함께 초기의 정치적 성격을 갖던 것에서 사회적문제로까지 확산되어 갔다. 이와 같은 시대적 배경을 인식한 상태에서 괘서사건에 대한 성격과 의미는 보다 분명하게 파악될 수 있다.

2. 掛書事件의 發生現況

 영조의 재위기간 동안에 발생한 괘서사건은 아래의 <표 3-1>에서 보듯이 모두 15건이며, 이 회수는 史料에 기록된 것으로서 적어도 이보다는 더 많은 사건이 있었음을 알 수 있다. 여기서는 영조조의 15개 괘서사건 가운데 뒤에 분석한 영조 4년(1728)을 전후한 일련의 사건들과 영조 31년(1755)의 나주괘서사건을 제외한 나머지 사건들의 개요를 정리하여 영조조 전체 괘서사건의 성격과 그 양상을 살피고자 한다.
 영조 9년(1733) 4월 전라도 南原 百福寺의 괘서사건은 統制使 朴纘新이 부임 행차 하는 중에 나그네로부터 괘서사건이 발생한 것을 듣고, 다음날 雲峰縣에 裨將을 보내 그 사실을 알렸다. 이에 운봉현감이 이를 수거하여 全羅道觀察使 李聖龍에게 보고하였고, 다시 이를 李聖龍이 조정에 보고함으로써 표면화 되었다. 사건이 발생한 직후 박찬신은 즉시 괘서를 거두고 조치를 취하지 않았다 하여 從重推考 당했으며, 雲峰縣監이 朴俊慶에서 柳經章으로 교체 임명하였고,[62] 전라도 관찰사도 조현명으로 교체 임명하는[63] 등의 인사조치가 취해졌다. 이어 捕盜大將 張鵬翼에게 '賊徒를 붙잡는 자에게는 千金을 상주고 두 資級을 뛰어 實職을 제수한다'고 하교하였다.[64] 이러한 조치는 다소 파격적인 대응으로서 하루빨리 죄인을 체포하라는 의미가 담겨 있었다.

---

62) 『英祖實錄』卷34 英祖 9年 4月 丁卯條.
63) 『英祖實錄』卷34 英祖 9年 4月 辛未條.
64) 『英祖實錄』卷34 英祖 9年 4月 丁卯條.「又下敎捕廳 捕賊者賞千金 超二資除實職」

英祖朝 掛書事件의 發生件數

<표 3-1>

	發生年度	發生場所	主要內容	犯人	典據
1	영조 3년 (1727)12월	전라도 全州 場市	무신란과 관련되며 왕과 조정을 비난하는 내용	○	實,承,備,推
2	영조 3년 (1727)12월	전라도 南原 場市	〃	○	實,承,備,推
3	영조 4년 (1728) 1월	한성부 西小門	〃	○	實,承,備,推
4	영조 4년 (1728) 2월	한성부 鐘街	〃	○	實,承,備,推
5	영조 4년 (1728) 3월	전라도 沃溝·臨陂	〃	?	實,承,備
6	영조 9년 (1733) 4월	전라도 南原 百福寺	왕을 비난하고 곧이어 난이 일어날 것이라는 내용	○	實,承,推,備, 鞫,
7	영조 9년 (1733) 7월	전라도 南原 城邊	무신란의 괘서내용과 유사하게 조정을 비판한 내용	○	實,承,備
8	영조 10년 (1734) 1월	경상도 大邱 鎭營門	지방관리들의 부정부패를 비난하는 내용	○	實,承,備,日,
9	영조 14년 (1738) 3월	한성부 景福宮門	조정의 관리들을 거명하여 비판하는 내용	×	實
10	영조 17년 (1741)10월	한성부 闕門 밖 紅馬木	趙顯命 朴文秀 등의 관리를 비난하는 내용	×	實
11	영조 24년 (1748) 5월	충청도 淸州·文義	비기를 이용하고, 왜구들이 쳐들어 온다는 내용	?	實
12	영조 31년 (1755) 2월	전라도 羅州牧 客舍	조정의 대신과 국가의 정책을 비난한 내용	○	實,承,備
13	영조 38년 (1762) 2월	한성부 闕門	讖書와 秘記를 이용하여 민심혼란을 획책하는 내용, 미수사건	○	實
14	영조 38년 (1762)12월	한성부 興化門	지방의 수령의 탐학을 비난하는 내용	○	實
15	영조 47년 (1771)	한성부 迎恩門	내용 없음	?	實

* 實은 『英祖實錄』, 備는 『備邊司謄錄』, 承은 『承政院日記』, 推는 『推案及鞫案』, 鞫은 『鞫廳日記』, 日은 『推鞫日記』 이다.
* 犯人에서 ×는 주모자가 체포되지 않은 것이고, ○는 주모자가 체포된 것이며, ?는 주모자로 체포되기는 했으나 진범인지가 불확실한 경우이다.

이 사건의 주모자는 李葳·崔斗徵이며, 이에 가담한 자는 金潤龜·李 預·吉喜徵 등이다. 이들이 체포된 후 5월 19일 서울로 압송되어 당일 에 영조의 親鞫이 이루어졌으며, 이 친국은 5월 28일까지 지속되었 고,65) 이후의 나머지 국청은 6월 16일까지 계속되었다.66) 괘서의 글을 짓고 쓴 자는 이위이고, 이 글을 걸은 자는 최두징이다.67) 이들이 괘서 를 한 목적은 정확하지 않다. 다만 최두징의 형 崔斗挺이 살옥사건으로 인하여 투옥되어 있었고, 恩津에 사는 進士 李葳는 최두징으로부터 돈 을 받기로 하고 글을 지어 주었으며, 이를 최두징이 백복사에 걸어 놓 아 이곳을 통과하는 통제사 박찬신으로 하여금 자연스럽게 알도록 한 것이다. 그리고 만일 일이 발각될 경우 괘서의 주모자로 李麟佐 亂에 연루되어 동생을 잃은 崔廖에게 모든 것을 뒤집어 씌우고자 계획하였 다.

그리하여 이위는 괘서의 내용을 이인좌 란 때의 괘서사건과 대체적 으로 유사한 것으로서 작성하였다. 즉 괘서의 끝 부분에 '湖西와 嶺南 에서 군사 수만 명이 곧 날짜를 정하여 거사하겠다. 嶺南大元帥 鄭懷 忠'이라 적었고, '국왕을 무함하는 흉악한 말들로 한결같이 戊申年의 凶 檄같았다.'는 대신들의 말에서 뚜렷이 알 수 있다.68)

결국 이 괘서사건은 발생 계기가 비록 단순한 개인적인 문제에 국한 되어 있었으나, 주모자들은 이인좌 란 이후 영조조의 정치적·사회적 시대상황을 교묘하게 이용하고자 했던 점에 주목해야 한다. 당시 조정 에서는 이 사건이 이인좌 란으로 인해 피해를 당한 소론계열들의 행위 가 아닌가에 더욱 촛점을 맞추어 대처하였으며, 실제적으로 이 사건과 관련하여 亡命賊 黃鎭紀 一家가 별도의 국문을 당하기도 하였다.69) 이

---

65) 『鞫廳日記』 第15冊, 國史編纂委員會 刊, 1994. 486~506쪽.
66) 『推案及鞫案』 卷19 162冊 癸丑推案及鞫案 307~454쪽.
67) 『英祖實錄』 卷34 英祖 9年 5月 己亥條.
68) 『英祖實錄』 卷34 英祖 9年 4月 丙寅條.

사건은 당시 조선의 국내적 사회상 가운데 이인좌 란의 후유증이 계속 잔존해 있었을 뿐 아니라 많은 民들이 이인좌 란의 실상과 정치적 소용 돌이를 인식하고 있으면서 자신들의 목적에 이러한 혼란상을 교묘하게 이용하고 있음을 보여주는 사례이다. 나아가 이 사건을 통해 民이 가지고 있었던 정치의식의 한 단면을 볼 수 있다.

한편 같은 해 7월 南原 城邊에 걸린 괘서는 金永建과 그의 아들 金元八·金元河·金元澤 등이 평소 원한을 가지고 있던 李汝梅·李汝榛 형제들을 모함하기 위하여 조정을 비난하고, 정부의 관리를 비판하는 내용의 글을 적고 그 하단부에 이여매 형제의 이름을 기록한 사건이다.70) 사건이 발생한 후 前監司 李聖龍이 이여매 형제를 체포하여 가두고 보고하였으나 영조의 명에 의해 풀어주었다. 이후 南原縣監 趙虎臣이 고을을 염탐하여 평민인 金永建 父子의 집에서 이인좌 란이 발생했을 때 흉서의 내용을 필사해 둔 종이를 발견하고 그들을 체포하였다.

김원팔 등은 자신과 같은 筆墨契員인 崔鳳禧의 집에서 흉서를 필사하여 돌려 보았으며, 최봉희는 鎭安 八空菴에 머물고 있던 邊山 月出菴의 승려 太眞이 소장하고 있던 秘記『南師古秘記』를 베껴다가 자신의 집에 보관하고 있었다.71) 이들이 비기에 연루되어 사건의 공초를 받는 과정에서 남원 성변의 괘서주모자라는 사실이 밝혀지게 되었고, 모두 正刑에 처해졌다.

이 사건 역시 비록 발생요인은 개인적인 원한관계에서 비롯되었으나 戊申年(1728) 이후의 정세를 이용하였다는 점에서는 앞서 발생한 백복

---

69) 선전관 황진기는 무신난에 관여되었던 자로서 천문·지리·검술 등에 재주가 있으며, 무신난 이후 망명하여 종적을 감춘 인물이다. 이후 국가의 變亂事件이 있을 경우 그를 종종 사건의 배후인물로 지목하기도 하였다.(高成勳,『朝鮮後期 變亂硏究』東國大博士學位論文 1993 97쪽.)
70)『英祖實錄』卷35 英祖 9年 7月 戊申條.
71) 八空菴凶書에 관해서는 高成勳,『朝鮮後期變亂硏究』東國大博士學位論文, 96~112쪽에 자세히 정리되어 있다.

사 괘서사건과 그 맥락을 같이하고 있다. 또한 이인좌 란 때 이용되었던 각종 비기나 괘서의 내용이 이후 발생하는 괘서사건에 그대로 이용되었고, 나아가 당시의 괘서내용을 필사해 두었던 사람들도 상당 수가 있었던 것을 알 수 있다. 이는 괘서의 내용전파에 대한 실상을 알 수 있는 좋은 사료이다.

이어서 영조 10년(1734) 1월 大邱掛書事件은 大邱府 鎭營門 앞에 있던 帿柱의 위에 괘서한 사건이다. 慶尙監司 金始炯의 馳啓에 의하면 다음과 같다.

> 「괘서의 내용에 있는 몇 개의 轉語들은 매우 흉악스럽고 패려스러운 것이었습니다. 그 밑에 또 權裨와 軍器라는 말이 있었는데 이른바 권비라는 것은 신의 幕裨인 權順性을 가리키는 것 같습니다. 권순성을 모해하기 위해 흉악하고 패려스러운 말을 하면서 감히 말할 수 없는 자리에까지 이르렀으므로, 이에 감히 흉서를 굳게 봉하여 軍官으로 하여금 직접 廟堂에 바치게 하는 한편 죄인은 지금 譏捕하고 있습니다.」72)

위의 내용을 볼 때 괘서의 주요 내용은 권순성이라고 하는 하부관리의 비리를 비판하는 것과, 조정을 비난하는 것임을 알 수 있다. 이것이 단순히 하부관리를 비난하는 내용만을 담고 있었다면 중앙에까지 보고되지 않았을 것인데, 비난의 대상이 왕에게까지 미쳤고 民亂과 관계되는 軍器라는 용어가 있었던 점 등 때문에 급히 군관을 파견하여 보고했던 것이다. 또한 경상감사 김시형은 자신이 데리고 있는 권순성의 비리를 적어 놓은 것을 인정하면서도 일면으로는 그를 모해하기 위한 것이

---

72) 『英祖實錄』卷37 英祖 10年 正月 己卯條.
「監事金始炯馳啓曰 掛書中數轉語 極其凶悖 其下又有權裨軍器等語 所謂權裨 似指臣幕裨權順性 而欲害順性凶悖之說 至及於不敢言之地 玆敢堅封凶書 使軍官親納于廟堂 罪人方譏捕云」

라고 하여 관리를 옹호하고 있음도 엿보인다.

　승정원을 통해서 영조에게 보고된 이 괘서는 증거를 보존한다는 명분하에 불태우지 않고 보관하여 두었다. 이러한 조치는 죄인이 체포되었을 경우 필체를 대조하는 등 진범여부를 가리기 위한 조처였다.[73]

　그후 경상감사 김시형은 대구에 살고 있으면서 평소에 요언과 익명서를 잘 짓고, 한때 營神 權順性에게 곤장을 맞은 적이 있는 徐武弼이란 자를 체포하여 자복을 받고,[74] 의금부로 압송하여 1월 7일 仁政門에서 親鞫이 이루어졌다. 그리고 이 사건에 관련된 인물로 申斗炳·金遠聲 등도 모두 압송되었다.

　친국과정에서 서무필은 여러차례 자신의 범행을 부인하다가 결국에는 괘서사실을 시인하였고,[75] 나아가 공초하는 과정에서 무신년의 역적들을 충성스럽다고까지 하여[76] 왕을 무함한 죄로 극형에 처하고 그의 처자들은 모두 連坐시켜 형을 집행하였으며 가산을 몰수하였다. 그리고 이에 관련되었다는 명목으로 체포된 신두병과 김원성은 모두 방면하였으나, 이후 김원성은 국청과정에서의 訊杖으로 인해 죽음을 당하였다. 이로 인하여 영조는 그의 처자를 구휼하도록 하고 차후로는 刑訊을 삼가하라는 명령을 전국에 하달하였다.[77]

　이 사건의 주모자 徐武弼은 선조때부터 大邱 南山里에 살고 있던 자로서 그의 할아버지 徐命達은 향교의 校生이었고, 아버지 徐信甲은 別將이었으며, 외할아버지는 出身으로서 한미한 집안이었다.[78] 그러나 그

---

73) 上同. 법적으로는 발견 즉시 불살라야 하며 그렇지 않을 경우 처벌을 받게 되어 있으나 실제적으로는 엄격하게 지켜지지 않았다.
74) 『英祖實錄』 卷37 英祖 10年 1月 丙戌條.
75) 『推鞫日記』 第5冊 雍正 12年(英祖 10年) 甲寅 正月 初9日 巳時.
「武弼承服白等 直爲所如中 嶺南凶書矣身作之 掛書於帳柱 的實是白乎旀」
76) 윗 책. 「上曰掛書中以戊申逆賊 謂是耶非耶 問之可也. 罪人所供內 謂是矣 上曰謂忠臣耶. 罪人所供內謂忠臣矣」
77) 『英祖實錄』 卷37 英祖 10年 1月 戊子條.

는 평소에 匿名書를 잘 지었다는 것으로 보아 글을 아는 자이기는 했으나 지식인의 범주에까지는 미치지 못했던 것으로 보인다. 그러한 그가 무신년의 少論을 忠臣이라고 진술하였다는 기록은 다양한 해석을 할 수 있을 것이다. 하나는 그가 老·少論 사이의 政爭過程을 확연하게 알고 있었기 때문에 자기의 소신에 바탕을 둔 진술이었거나, 또는 당시 흘러다니던 풍문을 듣고 아무 생각없이 헛소리를 하였거나 둘 중의 하나일 것이다. 그런데 그의 진술가운데 '흉언의 내용은 崔台望이라는 자가 戊申年 이전에 邊山을 왕래하였고, 張后相으로부터 전해 들은 것을 다시 전해들었다'79)고 하는 것으로 보아 전자보다는 후자가 보다 설득력이 있다고 생각한다. 이렇게 볼 때 영조초에 발생한 李麟佐 亂이 民들의 머리속에 깊이 각인되어 있으며, 이에 관한 사회적 유언비어도 다양하게 존속되어 있었음을 알 수 있다.80)

영조 14년(1738) 3월 한성부 景福宮門에 걸린 괘서사건은 당시의 고위관리인 영의정과 수어사 趙顯命·병조판서 朴文秀·총융사 朴纘新·경기감사 李宗城·金洸·李匡德 등의 이름이 구체적으로 언급되어 있다는 것81) 외에는 구체적인 내용을 알 수가 없다. 그 내용의 기록에 대하여 영조 스스로가 기록하지 말라고 명령하고 있고, 주모자도 체포되지 않아 더욱 더 구체적인 내용을 파악하기가 어렵다. 다만 고위관리들

---

78) 『推鞫日記』 第5冊 雍正 12年(英祖 10年) 甲寅 正月 初9日 巳時 罪人武弼結案條.
「罪人武弼結案白等 矣身根脚段 父別將信甲故 父矣父校生命達故 母良人崔哥名不知故 母矣父出身以屹故白良乎 父母以胎生于大邱南山里 入籍居生于同里是白如乎」

79) 『英祖實錄』 卷37 英祖 10年 正月 丙戌條.
이러한 그의 진술은 후에 崔台望을 誣告한 것으로 밝혀져 사실이 아님이 입증되었으나, 적어도 戊申年의 역적을 忠臣이라 진술한 것이 자신의 所信에 바탕을 두고 있는 것이 아님을 반증하기에는 충분하다.

80) 실제로 정치적인 면에 있어서는 무신란이 영조 재위기간 전반에 많은 영향을 끼치고 있음은 이미 다양하게 밝혀져 있다.

81) 『英祖實錄』 卷47 英祖 14年 3月 甲戌條.

의 이름이 들어가 있고, 이들 대부분이 소론계열이라는 점에서 정치적인 색채를 짙게 나타내고 있음을 알 수 있다. 더욱이 당시의 정치적 상황이 앞서 살펴 보았듯이 老·少聯政의 형태로 유지되고 있었음을 감안할 때 이 괘서사건은 정치적 목적에서 이행되어진 것으로 보아야 할 것이다.

이 사건이 발생한 이후 괘서에 이름이 적힌 사람들은 모두 待罪하였고, 이에 대해 영조는 관대한 입장을 표하면서 '불측한 무리들이 장수와 재상들을 모함하는 글을 舊闕에 걸어 놓았으니 포도청으로 하여금 3일 이내에 기필코 잡아 내도록 하라'82)는 명령만을 내렸다. 다만 이 괘서의 내용이 전파되는 것을 막기 위하여 '이 뒤에는 익명서를 전하는 사람이 있으면 마땅히 율에 의해 反坐한다는 것을 五部와 제도에 효유하도록 하라'83)고 하교하고, 이를 판윤 金始炯이 『受敎輯錄』의 내용에 첨가하여 반포할 것을 주장하여 허락을 받았다.84)

영조 17년(1741) 10월 한성의 궐문 밖 紅馬木에 걸린 괘서사건은 익명으로 우의정 趙顯命과 朴文秀를 비난하는 내용이었다. 즉 '글 가운데 趙顯命과 朴文秀의 일을 논하였다'고 되어 있는 것으로 보아 비록 구체적인 실상을 알 수는 없지만 정치적 목적을 가지고 있었던 것은 분명한 사실이다. 당시 조현명은 비록 본색은 소론이지만 趙文命·宋寅明 등과 함께 일찍부터 老·少 양쪽 모두에게 문제가 있다는 兩是兩非論을 펼쳤던 少論淸流의 인물이었으며, 영조의 탕평정책에 적극적으로 참여하여 탕평파의 핵심인물로써 활동하였던 인물이다.85) 또한 소론계열의 李

---

82) 上同.
83) 上同.
84) 『英祖實錄』 卷47 英祖 14年 3月 乙亥條. 내용의 전파자에게 反坐한다는 내용을 첨가하여 반포한다고는 하였으나 『受敎輯錄』 이후에 편찬된 『新受敎輯錄』에는 기록되어 있지 않다.
85) 鄭萬祚, 앞의 논문. 286쪽.

麟佐 등이 戊申亂을 일으켰을 때 討逆에 따르는 제반사를 처리하는 한편 직접 적을 토벌하는데 임하는 등 대단한 活躍을 보였던 인물이기도 하다. 그리하여 당시 峻少系列의 인물들로부터 비난의 대상이 되기도 했던 점을 볼 때 이 괘서는 정치적 색채를 띄고 있음을 알 수 있다.

또한 이 괘서가 붙은 날은 生員·進士의 榜을 내거는 날이었다.86) 결국 과거시험의 합격여부를 보러 오는 많은 사람들에게 괘서의 내용을 인식시키기 위해서 이 날을 선택한 것임을 알 수 있다. 사건이 발생한 후 포도청에 죄인체포를 명하였으나 끝내 체포하지 못하여 자세한 내용은 알 수가 없다. 그리고 괘서를 홍마목에 걸 때까지 발견하지 못한 三軍門의 大將과 捕將을 모두 推考하였다.

영조 24년(1748) 5월 충청도 淸州와 文義 사이에서 발생한 괘서사건은 『道詵秘記』의 내용을 인용하였고, 왜구가 쳐들어 온다는 내용으로 약 5~6행의 문구가 적혀있었다. 이 사건의 범인으로 李之曙가 체포되었는데, 그는 양반의 자손으로 그의 4촌인 李之時가 戊申亂의 역당으로 처형되었다.87)

이지서는 문의괘서가 자신과 아들이 함께한 것이라고 하면서 그 목적을 다음과 같이 진술하고 있다.

「문의의 괘서는 내가 아들 李恒延과 함께 했으며, 그 글은 내가 읽었고 이항연이 썼으므로 다른 사람은 실로 동참한 자가 없습니다. 그런 계획을 세운 것은 하나는 나라를 원망하는 마음에서 나라에 해를 끼치게 하기 위해서였고, 둘째는 인심을 동요시켜 피난하게 되면 부자들의 곡식을 가난한 사람들이 얻어 먹을 수 있기 때문입니다.」88)

---

86) 『英祖實錄』 卷54 英祖 17年 10月 辛亥條.
87) 李之曙는 증조부가 黃海監事를 지냈고, 고조부가 平安監事를 지냈으나 할아버지 때부터 관직에 나가지 못했다고 진술하고 있다. (『推案及鞫案』 卷21 184冊 戊辰 罪人之曙 推案 5月 23日 推考次罪人之曙白等條)
88) 『英祖實錄』 卷67 英祖 24年 5月 戊申條.

이같은 진술을 통해 볼 때 이지서는 그의 집안이 역적으로 몰린 이래 한미한 가문으로 전락하였으며, 경제적으로도 몰락하여 향촌사회에서의 영향력을 발휘할 수 없는 지경에 이르자 정부에 대한 반감의식을 갖게 되었던 것으로 보인다. 그리하여 정부를 비방하게 되었고, 사회현실의 모순을 직시하면서 掛書로서 저항하였던 것이다.

이 사건이 발생하기 직전에 도성에는 익명의 투서사건이 발생하였고,[89] 청주에서는 '왜구가 곧 쳐들어 온다'는 訛言이 나돌면서 인심이 흉흉한 상황이었다.[90] 그리하여 문의패서사건이 발생하자 실제로 근거지를 버리고 피난하는 사람이 많아 고을이 텅텅 비기도 하였다. 결국 패서사건이 사회적으로 미친 영향이 여론의 형성이었고, 실제적인 사실이 아님에도 불구하고 일반 民들은 그대로 믿고 피난을 준비하는 등의 행위로 나타나게 되었음을 알 수 있다.

영조 38년(1762) 2월 한성부 闕門掛書事件은 다른 사건과는 달리 미수에 그쳤다. 즉 尙州에 살고 있는 裵胤玄이가 궐문에 패서하려다가 한성부의 下隷들에게 체포되었는데 영조는 곧바로 親鞫을 명하여 국문하였다. 패서의 내용은 雜術이 주류를 이루고 있으며, 성공하지 못했기 때문에 극형에 처해지지 않고 大靜縣에 정배되었다.[91] 이 사건은 패서의 목적이나 경위 등 자세한 내용을 살필 수 있는 기록이 없으나 대체적으로 볼 때 讖書와 秘記를 이용하였던 점으로 보아 민심의 혼란을 획책했던 것으로 정치적 성격보다는 사회적 성격이 강했음을 알 수 있다.

「之曙供 文義掛書 臣與子恒延爲之 而其文臣구* 恒延書之 他人則實無同參者 其所設計 一則以怨國之心 欲害於國 二則搖動人心 使之避難 則富者之穀 貧者可得以食故也」

89) 『英祖實錄』 卷67 英祖 24年 3月 壬寅條.
90) 『英祖實錄』 卷67 英祖 24年 4月 癸酉條.
91) 『英祖實錄』 卷99 英祖 38年 3月 壬辰條.

한편 같은 해 12월 한성부 興化門에 걸린 괘서는 利川에 사는 李得龍이 수령에게 원한을 품고 익명으로 홍화문 기둥에 괘서하였다.92) 그는 포도청에 체포되어 신문을 당하고 흑산도에 정배되었다. 이 사건 역시 구체적인 실상을 알 수 있는 기록이 없다. 그러나 '수령에게 원망을 품고 괘서하였다'는 것으로 보아 수령이 탐학스러워 民이 그의 탐학을 조정에 알리기 위한 방편으로 괘서를 택하였거나, 수령에게 당한 개인적인 원한을 보복하기 위한 수단으로서 괘서하였을 가능성이 크다. 그리고 그 내용은 수령의 비리를 적은 것이 주류였을 것으로 보인다. 결국 당시 民들이 합법적인 방법인 소송에 의해 억울함을 해소할 수 없음을 알고 괘서의 방법을 택하였던 것이다.

영조 47년(1771)에 한성부 迎恩門에 걸린 괘서사건에 관한 기록은 남아 있는 것이 없다. 따라서 불행하게도 그 내용이나 사건의 전말을 알 수가 없다.

이상으로 영조대에 발생한 괘서사건의 대체적인 추이를 살펴보았다. 이들 괘서사건의 공통점과 주요 특징은 다음 몇가지로 요약될 수 있다. 첫째로 대부분의 괘서사건이 정치적 성향이 강하며, 특히 영조 10년 경까지는 괘서의 내용이 영조 4년에 발생한 李麟佐 亂과 직·간접적으로 연결되어 있음이 주목된다. 둘째로 괘서의 내용에 秘記가 일부 이용되고 있음이 보인다. 이는 純祖代에 나타나는 괘서사건의 대부분이 『鄭鑑錄』이나 『關西秘記』 등 秘記와 밀접하게 연관되어 있는 것을 볼 때 조선후기에 만연되었던 사회사상의 하나가 18세기부터 점차 괘서에도 나타나고 있음을 보여주고 있는 것이다. 셋째는 괘서사건이 발생하여 주모자가 체포되었을 경우 대부분 親鞫이 행해졌다는 점이다. 이는 괘서에 대한 영조의 적극적인 대처방법의 일단을 엿볼 수 있게 한다. 넷째는 숙종대에 비하여 괘서 발생지역이 지방의 대도시로 확산되어 가고

---

92) 『英祖實錄』 卷100 英祖 38年 12月 丁未條.

있다는 점을 발견할 수가 있다.

이와 같은 영조조 괘서사건에 대한 성격과 특징을 보다 분명하게 살펴보기 위해 다음 두가지 괘서사건의 사례 분석을 시도하였다.

제2절 少論의 掛書抵抗과 老論政權의 確立

1. 1728년 西小門 掛書事件과 李麟佐亂

영조 4년(1728) 1월 한성부에서 발생한 西小門掛書事件은 李麟佐 亂과 연계되어 있다는 점에서 주목되는 사건이다. 그리고 이 사건을 전후로하여 남원과 전주 등지에서 괘서사건이 연속적으로 발생하고 있다. 이같이 연속된 괘서사건의 발생사실은 영조 4년(1728) 1월 17일 知經筵事 金東弼이 영조에게 서소문괘서사건에 관하여 언급하는 과정에서 나왔다.

> 「금월 11일에 西部의 관원이 와서 말하기를 '西小門에 괘서의 변고가 있으니 어떻게 조처합니까' 하므로 신이 불사르도록 하였더니 部官이 部吏를 보내어 수문하는 자의 입회하에 불살랐습니다. 후에 들으니 흉서의 내용이 全州의 괘서와 일반이라고 하였습니다. 호남 사람으로서 목격하지 않은 자가 없어 전하는 말이 이와 같은데 대저 전주에서 일이 생기더니 또 南原의 시장에 흉서가 걸렸고, 도성의 문에 또 이러한 변고가 있었습니다. 이제 만약 범인을 잡지 않는다면 이런 변괴가 장차 계속 일어날 것이니 상금을 걸어 잡게 하는 것이 마땅합니다.」[93]

---

93) 『英祖實錄』 卷15 英祖 4年 1月 戊辰條. 『承政院日記』 雍正 6年 正月 17日條.
「今十一日 西部官來言 西小門有掛書之變 何以措處 臣使之付火 則部官送部吏 眼同 守門者燒火 而追聞兇書措語 與全州掛書一般 湖南人不無目見者 傳說如此 大抵全州事出 而又掛於南原場市 都門又有此變 今若不捕 則此等變怪 將接跡而

이에 대하여 영조는 전주와 남원에서의 괘서사건이 서소문괘서사건과 동일한 선상에서 일어난 사건임을 다음과 같이 밝히고 있다.

「전주의 괘서는 지난 12월 12일에 있었고, 남원의 변고는 그달 14일에 있었는데 이제 또 都城의 門에 흉서를 걸었으니 그 程道의 날짜를 계산해 보건대 한 사람의 소행인듯 하다. 그렇지 않다면 흉당이 서울과 외방에 숨어 있다가 출몰하며 이런 짓을 하는 것이다……」94)

결국 全州場市 괘서사건은 영조 3년(1727) 12월 12일에 발생하였고, 그로부터 2일 후인 14일에 南原場市에 괘서가 걸렸으며 이후 약 한달 뒤에 도성의 서소문에 괘서가 걸렸다. 그리고 知經筵事 金東弼이 주달한 내용과 영조의 말을 종합해 볼 때 일련에 발생한 세가지 괘서의 내용이 일치하고 있음을 알 수 있고, 이는 곧 주모자가 동일인 이거나 혹은 동일 집단의 소행일 가능성이 매우 높음을 미루어 알 수 있다. 주모자에 관한 부분에 있어서는 당시 조정에서도 같은 인식을 하고 있었으며, 이는 영조의 말을 통해서도 구체적으로 입증되고 있다.

한편 이들 괘서사건이 발생하기를 전후하여 한성부에는 갖가지 사건과 訛言이 계속 발생하였다. 즉 한성부 지역에 邊山의 도적이 쳐들어 온다는 소문과 함께 彰義門 밖에 적병이 일어난다는 訛言이 떠돌아 한성부 인근 지역의 民들 뿐만 아니라 남산 아래의 사대부들도 가족을 이끌고 앞을 다투어 피난하는 사태가 벌어져 나루터의 길이 막히고, 경기도 일대의 陽城·龍仁 등은 모두 피난하여 마을이 텅빌 지경이었다.95)

起 宜令購捕 故已與大臣相議矣」
94) 上同.
「上曰 全州掛書 在於去臘十二日 南原之變 在於其月十四日 今又掛之都門 計其程道日子似是一人之事 不然則兇黨 隱伏於京外 出沒而作此擧措…」
95) 『勘亂錄』 卷1 3月 甲子條.

이에 영조는 만일의 사태에 대비하기 위하여 경기도 일대의 **陽城·振威·安城·龍仁** 등 4읍의 수령을 급히 무신들로 교체하여 임명하였다.96) 또한 **吏曹參判 趙文命**의 집에는 '심히 흉패하고 나라에 대한 **不道한**' 말과 조문명 개인에 대해 공갈·협박하는 내용의 익명서가 날아 들기도 하였다.97)

이같은 상황에서 영조는 패서사건의 주모자 체포에 대해 다음과 같은 입장을 밝히고 있다.

> 「옛날 **先朝** 때에 **延恩門**에 흉서가 걸렸었는데 여러 해를 두고 잡으려 했으나 끝내 정범을 찾아 내지 못했으니 이제 잡지 말라는 하교는 뜻한 바가 있어서이다. 혹시라도 사소한 원한을 갚으려고 誣告한다면 장차 애매하게 걸려들 걱정이 있으니 잡지 않는 것만 못하다.」98)

위의 기록에서 영조는 과거의 패서사건이 주모자를 체포하지 못하고 억울한 사람만 무고한 결과를 초래한 점을 지적하면서 조정의 체면을 손상할 우려가 있다는 점과, 무고사건으로 인해 무지한 民만이 괴로움을 당할 수 있다는 이유로 주모자의 체포에 소극적인 입장을 표명하고 있다. 여기서 **先朝** 때의 연은문패서사건이라 함은 숙종 37년(1711) 4월 30일에 발생한 것으로 그 내용이 '숭명배청'을 골각으로 하고 있어 당시 民들의 **反淸感情**을 패서를 통해 표현한 사건이다.99)

「先是丁未秋冬間 京外騷屑 云邊山有賊 至正月初 都人訛言 … 京城士大夫多挈家奔避南山一帶 又尤畿內陽城龍仁之間 村閭皆空」
96) 上同.「命遞陽城振威安城龍仁四邑守令 悉擇武臣差遣」
97) 『英祖實錄』卷16 英祖 4年 3月 甲子條.
98) 『英祖實錄』卷15 英祖 4年 正月 戊辰條.
「昔在先朝 延恩門掛書 多年設捕 終未得正犯 今此勿捕之敎 意有所在 或以睚眦報復而誣告 則將有橫羅之患 不如不捕之爲愈」
99) 李相培,「肅宗朝 掛書에 관한 硏究」『江原史學』5집, 江原史學會, 1989. 39~51쪽.

이러한 영조의 견해에 대하여 조정 대신들의 의견은 둘로 갈라진다. 하나는 判尹 金東弼, 刑曹參判 李森, 李光佐 등이 중심이 되어 상금을 내 걸고서라도 포도청에 명하여 죄인을 체포하자는 강경론이고,[100] 다른 하나는 戶曹參判 權以鎭, 正言 鄭羽良, 掌令 朴埈 등이 중심이 되어 만약 주모자를 잡지 못하면 나라의 체통만 손상하게 되니 신중을 기하자[101]는 온건론이다. 이에 대해 영조는 계속 온건론을 지지하면서 다른 한편으로는 領議政 李光佐의 의견을 받아 들여 은밀히 체포하도록 명하고 있다.[102] 즉 상금을 걸고 공개적으로 범인체포를 시도할 경우 숙종 때의 전례와 같이 주모자를 잡지 못하면 조정의 체면이 깎인다는 생각 때문에 공개적인 방법이 아닌 은밀한 방법으로 주모자를 체포하도록 하였던 것이다.

그 후 약 20여일이 지나도록 포도청에서 주모자 체포에 진전이 없자 趙泰億이 좌우포장을 推考할 것을 진언하였고 영조는 이를 받아 들였다.[103] 좌우포장이 추고 된지 2일 후에 한성부의 鍾街에서 또 한차례의 괘서사건이 발생하였다.[104] 영의정 이광좌는 鍾街掛書事件이 발생하자 주모자 체포에 더 이상 신중함 만을 가질 수는 없다고 하면서 상을 걸고 주모자의 체포를 공개화할 것을 적극 주장하였다.[105] 영조도 이에 대해 동의를 표하고, 2월 19일 일련의 괘서사건에 대한 자신의 입장을 다음과 같이 밝히고 있다.

「아! 世道가 날로 떨어지고 인심의 함닉됨이 어찌 오늘과 같은 적이 있었는가. 호남괘서의 변에 이르러서는 극단에 달하였으니 참으

---

100) 『英祖實錄』 卷15 英祖 4年 1月 戊辰條, 辛未條.
101) 『英祖實錄』 卷15 英祖 4年 1月 辛未條. 『承政院日記』 雍正 6年 正月 20日條.
102) 上同.
103) 『英祖實錄』 卷15 英祖 4年 2月 丙申條. 『承政院日記』 雍正 6年 2月 15日條.
104) 『英祖實錄』 卷15 英祖 4年 1月 戊戌條. 『承政院日記』 雍正 6年 2月 17日條.
105) 上同.

> 로 분통한 일이다. 어떤 요망한 사람이 이 倫紀가 없는 요악한 말을 지어 내어 민중을 미혹시킬 계획을 하는지 이는 不道할 뿐만 아니라 곧 亂民이니 追捕하여 典刑을 밝게 보여야만 한다. 말이 비록 놀랍고 분통하나 요망한 데에 지나지 않고 일이 익명에 관계되므로 두 차례 올린 것을 모두 불사르고 購捕하는데 절목을 거론하지 못하게 함은 대개 무고한 사람이 뜻밖에 재앙을 당할까 염려한 때문이었다. 내가 비록 박덕하여 인심을 감화시키고 간계를 근절시키지는 못하나 감히 제멋대로 지척의 都門에 또 흉서를 걸었으니 이는 각 사람의 솜씨가 아니라 한 사람이 저지른 일이다. … 中略 … 잡아서 알리는 자는 先朝의 전례에 의하여 천금의 상을 내리고 2품의 자급을 줄 것이다. … 」106)

위의 기록을 통해서 다음과 같은 몇가지 중요한 사항을 지적할 수 있다.

첫째, 괘서사건이 계속 발생하자 영조는 이를 곧 亂民으로 규정하고 있다는 점이다. 이는 괘서의 성격을 극명하게 나타내 주는 것으로서 국왕 이하 정부의 관리들은 괘서를 이미 반정부적 성격을 가진 저항형태의 하나로 인식하고 있을 뿐만 아니라 보다 더 큰 규모인 민란의 형태로까지 파악하고 있음을 보여준다.

둘째, 南原·全州·西小門·鍾街에서 발생한 모든 괘서가 익명으로 되어 있다는 점이다. 이는 괘서사건의 주모자가 개인이든 집단이든 간에 자신의 신분을 숨김으로서 정부의 체포망을 벗어나고자 하였기 때문이다. 또한 익명이 아닌 실명으로 괘서하여 쉽게 체포가 된다면 기본적으로 민심의 혼란을 유도한다는 괘서의 목적을 달성하기가 힘들었을 것이다.107)

셋째, 남원과 전주 그리고 한성 등지에서 발생한 괘서사건들의 내용

---

106) 『英祖實錄』卷15 英祖 4年 2月 庚子條.『承政院日記』雍正 6年 2月 19日條.
107) 19세기에 가면 實名의 괘서사건이 나타나고 있다. 이 책 제4장을 참조.

이 모두 유사하다는 점이다. 이는 적어도 괘서의 주체자가 소정의 뚜렷한 목적을 가지고 개인 또는 한 집단에 의해 행하여졌음을 반증하는 것이다. 즉 처음에 남원과 전주에서 괘서를 행하였는데도 뚜렷한 반응이 없자 수도인 漢城府로 올라와 서소문에 괘서를 한 것이며, 이후에도 본격적인 기찰의 기미가 없자 다시 한차례 鍾街에 괘서를 행함으로서 더욱 민심을 선동하고자 했던 것이다.

넷째, 지방에서 먼저 괘서한 후에 조선의 수도인 한성으로 올라와 성문과 종가에 괘서하였다는 점이다. 이는 지방에서의 괘서가 중앙정부와 관리들에게 타격을 주지 못하자 관리들이 집중적으로 거주하고 있고, 정치·경제·행정·문화 등 모든 분야의 실질적인 중심지인 漢城府에서도 城門에 괘서함으로서 본래의 목적을 보다 확실하게 정부와 관리들에게 알리고자 하였던 것이다.

다섯째, 부착장소로 성문 이외에 場市 등 인구가 운집하는 곳이 많이 이용되었다는 점이다. 조선후기 장시의 기능은 경제적 물물교역 이외에도 정보의 교환·수집과 홍보의 장소, 민중의 놀이마당 제공 등 지역주민의 오락·유희의 장소, 民人募聚 및 安集의 장소 등으로 이용되어져 왔다.108) 따라서 괘서의 주모자들은 서소문에 괘서한 이후에도 정부의 구체적인 반응이 없자 사람들이 많이 운집해 있는 鍾街를 선택하여 괘서함으로서 민심의 혼란을 유도하고 정부와 관리들을 불안하게 하고자 한 것으로 파악된다. 당시 종가는 물건을 팔고 사는 사람들이 구름같이 모였다가 저녁이면 구름이 흩어지듯 제각기 되돌아 간다는 의미에서 일명 '雲從街'라고도 불리었듯이 六矣廛商街, 배오개장, 각종 특산품 상가 등이 운집해 있는 상업의 중심지였다.109)

여섯째, 발고자는 전례에 따라 천금의 상을 내리고 2품의 자급을 내

---

108) 金大吉,『朝鮮後期 場市硏究』, 國學資料院, 1997.
109) 서울特別市史編纂委員會,『洞名沿革攷』(I), 第2版, 鐘路區篇, 1992. 19쪽.

린다는 것이다. 이는 영조가 왕위에 오른 후 짧은 간격으로 연속해서 괘서사건이 발생하자 결국 정부에서도 공개적이고 적극적인 방법으로 범인 체포의 의지를 천명한 것이다. 여기서 전례라 함은 숙종 37(1711)년의 迎恩門掛書事件과 숙종 41(1715)년 敦化門掛書事件의 경우를 의미하는 것이다.

이와 같은 영조의 하교가 있은 후 3월 15일에 李麟佐 亂이 발생하였다.110) 이 난은 전국적인 규모로 전개되었는데 峻少의 朴弼顯·沈維賢·李有翼 등이 배후에서 조종하고 李麟佐·鄭希亮·權瑞鳳 등이 주동하여 영조와 노론의 경종살해에 대한 불충을 내세워 昭顯世子의 증손인 密豊君 坦을 추대하고자 한 사건이었다. 이 난은 3월 15일 이인좌가 청주성을 함락하면서 시작되어111) 3월 20일에는 영남에서 정희량이 호응하여 안음과 거창을 점령하였다. 그리고 이에 동조한 사람으로는 京中에서 李河·梁命夏·尹德裕 등이 있고, 지방에서는 羅萬致·趙德奎·任瑞虎·鄭世胤·李昕·閔元普·申天永·金弘壽·李日佐 등과 평안병사 李思晟·금군별장 南泰徵 등이 가담하였다. 이 난의 성격을 정치사적인 입장에서 찾는다면 乙巳處分 이후 정계에서 축출된 峻少系列과 서인에게 몰려나 오래도록 정계에 나가지 못한 일부 남인세력들이 경종대 이후 붕당간의 忠逆是非를 이용하여 정권을 탈취한다는 공동 목적하에 추진된 것으로 볼 수 있다.112)

난이 발생하자 조정에서는 병조판서 吳命恒을 四路都巡撫使로, 朴纘新을 都巡撫中軍으로, 朴文秀를 從事官으로 삼아 난을 토벌하도록 명하

---

110) 『英祖實錄』 卷16 英祖 4年 3月 乙丑條. 『承政院日記』 雍正 6年 3月 15日條.
111) 上同.
112) 鄭奭鍾은 기본적으로 이인좌 란의 주체를 邊山의 노비도적으로 파악하고, 이인좌를 비롯한 양반군이 후에 가담하여 난의 주도권을 행사하였기 때문에 난이 실패하게 되었다고 보고 있다.(鄭奭鍾, 「朝鮮後期 理想鄕 追求傾向과 三峰島 -燕巖許生傳의 邊山群盜와 無人島의 實在性 여부와 관련하여-」 『碧史李佑成敎授停年退職紀念論叢』 下 1990. 56~58쪽.

였다.113) 이들 관군은 3월 24일 반군을 소탕하고 李麟佐·權瑞鳳 등을 체포하여 4월 19일 서울로 개선하였다.114) 그런데 이들 이인좌 란의 관계자들을 국문하는 과정에서 괘서사건의 주모자가 밝혀지게 되었다. 먼저 3월 26일 이인좌의 공초에서 그는 다음과 같이 진술하고 있다.

「…괘서의 일은 李河가 전라도에 가서 들으니 羅氏姓을 가진 사람과 山陰에 사는 鄭哥가 했다고 합니다. 羅哥에게 물으면 알 수 있는데 羅哥는 바로 羅崇大의 7촌숙 羅晚致입니다…」115)

또한 그 전날인 3월 25일 李有翼은 그의 結案에서 다음과 같이 진술하고 있다.

「나의 아비는 命世이고 ···· 山陰에 사는 鄭哥가 전라도에 괘서하였으며 李瑞雨의 妾子가 괘서하였다는 말은 觀孝에게서 들었다···· 瑞雨의 妾子 이름은 아래 字가 觀이며 중간 字는 모르겠다····瑞雨의 妾子가 괘서한 곳은 곧 西小門의 괘서를 말하는 것이다····」116)

여기에서 瑞雨의 妾子는 곧 李翼觀을 말하는데 그는 처음의 공초에서 서소문에 괘서한 것은 모두 자신의 동생인 順觀의 소행이라고 진술하다가 결국에 가서는 자신이 글을 짓고 동생이 글을 썼다고 실토하고

---

113) 『英祖實錄』 卷16 英祖 4年 3月 丁卯條. 『承政院日記』 雍正 6年 3月 17日條.
114) 『英祖實錄』 卷17 英祖 4年 4月 己亥條. 『承政院日記』 雍正 6年 4月 19日條.
115) 『英祖實錄』 卷16 英祖 4年 3月 丙子條.
「···掛書事 李河往全羅道聞之 則羅姓人及山陰鄭哥爲之 若問於羅哥 則可知 羅哥乃羅崇大七寸叔晚致···」
116) 『推案及鞫案』 卷14 138冊 「戊申逆獄推案」2, 3月 25日 罪人李有翼結案條 561~562쪽.
「罪人李有翼結案白等 矣身根脚段 矣父命世 ··· 山陰鄭哥掛書於全羅道者也 李瑞雨妾子掛書之說 聞之於觀孝矣 卽觀孝之妻妳也 ··· 瑞雨妾子之名 下字觀 而中字不知 ··· 瑞雨妾子掛書 乃西小門掛書云矣···」

있다.117)

이러한 사실은 이인좌 란이 진압된 이후인 6월 1일 의정부에서 中外에 통고한 글에 잘 정리되어 있다.

> 「아 역적 金一鏡과 睦虎龍이 안팎으로 화응하여 危亂을 꾀하는 것이 감히 말할 수 없는 지경이었으나 …… 역적 李有翼의 공초에 '京中에 괘서한 적은 곧 李瑞雨의 妾子이고 閔觀孝의 처남인데 이는 바로 李順觀·李翼觀이며 호남에서 괘서한 적은 곧 山陰 사는 鄭哥인데 이는 바로 鄭倬입니다.' 하였다. 역적 이익관의 공초에 '당초 흉악한 말을 한 자는 李有翼·朴弼顯이고 閔觀孝가 李翼觀에게 괘서하는 일을 시키며 그대들이 이일을 하면 좋은 일이 있을 것이라고 말하였다. 이익관이 글을 짓고 이순관이 썼으며, 2월 22일 날이 밝기 전에 성에 들어가 서소문에 글을 걸었다. 이순관이 그 글을 민관효에게 보이고 민관효가 이유익에게 말하였는데, 이순관은 곧 역적 愼光遠의 매부입니다' 하고 또 말하기를……」118)

위의 기록들을 토대로 볼 때 한성부의 서소문과 종가에 괘서한 범인은 李翼觀과 李順觀형제가 閔觀孝의 사주를 받아서 행한 것이며, 전라도의 남원과 전주장시에서 발생한 괘서사건은 鄭倬의 소행임을 알 수 있다.

이인좌 란 당시 宋賀·朴弼顯·鄭倬 등은 그들의 두목이었던 金總角에게서 중앙으로부터의 공격에 혼란을 불러 일으키기 위해 괘서를 시

---

117) 『推案及鞫案』 卷14 138冊 「戊申逆獄推案」2, 3月 28日 罪人李翼觀結案白等條 613쪽.
118) 『英祖實錄』 卷18 英祖 4年 6月 庚辰條.
「噫 逆賊一鏡 與虎龍 表裏和應 圖危不敢言之地 … 逆賊有翼之招曰 京中掛書之賊 卽李瑞雨妾子 而觀孝之妻姙也 此乃順觀翼觀也 湖南掛書之賊 卽山陰鄭哥 此乃倬也 逆賊翼觀之招曰 當初爲凶言者 有翼弼顯也 觀孝使翼觀 爲掛書事曰 君背爲此事 卽當得好官 翼觀作之 順觀書之 二月二十二日天未明入城 而掛之於 西小門 順觀以其書示觀孝 觀孝言於有翼 而順觀乃逆賊光遠之妹夫也 又曰…」

행하였다는 말을 들었다고 진술하고 있다. 즉

「지금 우리의 수가 적은데 각 영의 기포는 날로 심해지고 있다. 이때 만약 京中과 全州에 패서하면 각 영은 반드시 우리의 무리가 많다고 의심하여 畏㤼한 나머지 기포하려 하지 않을 것이다」119)

라는 진술에서 괘서목적의 일단을 살펴볼 수 있다.

그러면 과연 이들이 주도한 괘서의 내용은 무엇이었을까? 당시의 기록들은 그 내용이 不道하다고 하여 구체적으로 실록에 서술하지 않고 다만 '不道之言'으로 일축하고 있으며, 심지어 왕이 史官에게 내용을 기록하지 말라고 특별히 지시하기까지 하였다.120) 그리하여 직접적으로 그 내용을 정확하게 파악할 수는 없다. 그러나 이 괘서사건의 목적이 이인좌 란을 일으키기 위한 사전준비 조치로서 민심의 호응과 동요를 얻는데 있었기 때문에 적어도 그 내용은 이를 달성할 수 있는 정당한 명분과 이유를 제공해야만 한다.

결국 이인좌 란을 주도하는 세력들이 그들의 목적을 달성하기 위해서는 반정부적 입장에서 정권을 장악하고 있는 노론들을 비판하고, 景宗과 英祖사이의 왕위계승 과정에서 노론에 의한 경종의 독살설을 퍼뜨리면서 영조의 왕위계승은 부당한 것이었음을 역설하는 것이었다. 그리하여 그들은 왕위계승에 적통을 이을 만한 새로운 왕으로서 昭顯世子의 曾孫인 密豊君 坦을 추대하고자 하였던 것이다. 이러한 관점에서 본다면 괘서의 내용은 적어도 경종의 독살설과 관련되어 있다고 보여진다. 이러한 사실을 더욱 확실하게 입증해 주는 자료로서 '李公胤의 環翠亭凶言을 沈維賢이 李有翼에게 전하여 天海의 발설로 인심을 기만하여 의혹하게 하였고 끝내는 괘서사건으로 확대되어 갔다'는 『大事編

---

119) 『戊申別謄錄』 1冊 3月 15日 全羅兵使趙儆狀啓.
120) 『英祖實錄』 卷16 英祖 4年 3月 壬戌條.

年』의 기록이 있다.121) 이러한 경종의 死因에 관한 의혹은 사람들의 입과 괘서를 통하여 유포되어 갔으며,122) 결국 이인좌 란이 일어나 영조대의 정치적 소용돌이를 몰고 오게 되었다.

이상과 같이 영조초에 발생된 서소문괘서사건을 비롯한 일련의 괘서사건은 모두가 이인좌 란과 밀접한 관련을 갖고 있으며, 기본적으로 정치적 목적을 달성하고자 하는 집단적 주도세력에 의해 이용되어 졌음을 알 수 있다. 결국 이인좌 란을 주도한 주도세력들이 전국적으로 군사를 일으켜 정권을 장악하고자 하는 목적달성을 위한 하나의 방편으로 자신들에게 유리한 여론을 형성하기 위해 괘서를 이용하였던 것이다. 즉 주도층 스스로의 역량이나 세력의 미비를 보안하기 위해서는 사회적 혼란을 야기시킬 필요성을 절감하였다. 그리고 이러한 목적을 달성하는 방법으로는 괘서가 가장 적절했기 때문에 먼저 전라도 全州와 南原의 場市에 괘서를 하였던 것이며, 그 후 보다 큰 파급효과를 노리기 위하여 한성부의 성문과 鍾街에서 거듭 괘서를 행하였던 것이다. 이러한 의미에서 영조대의 괘서사건은 정치적·사회적 성격을 동시에 강하게 갖고 있음을 엿볼 수 있다. 나아가 집단세력인 민란과 연계되어 주체세력들이 민심의 혼란과 연계하여 괘서를 이용한 점도 주목할 사항이다.

2. 1755년 羅州 掛書事件과 老論政權의 確立

1) 事件의 發生

羅州掛書事件은 영조 31년(1755) 2월 4일 전라감사 趙雲逵의 보고로 인해서 표면화 되었다. 『英祖實錄』의 기록을 통해 괘서가 발생될 당시

---

121) 『大事編年』 卷28 英祖朝 3 麟佐希亮擧兵反條.
　　吳甲均,「英祖朝 戊申亂에 관한 考察」,『歷史敎育』 21, 1977, 67~71쪽 참조.
122) 吳甲均, 위의 글. 71쪽.

의 상황을 보면 다음과 같다.

「全羅監司 趙雲逵가 전라도 羅州 객사에 괘서의 변이 있음을 조정에 馳達하였다. 英祖는 즉시 포도청의 좌우포장과 전라감사에게 기한 내에 죄인을 체포하도록 명하였다. 당시는 辛壬의 잔당과 戊申의 서얼들이 남아 있어 나라를 원망하고 유언비어가 날로 일어나 식자들은 그것을 염려했으나 상하가 편안함을 좋아하여 이를 근심하지 않았는데 이에 괘서의 변이 일어남에 이르렀다. 글 가운데는 '조정에 간신이 가득 차서 民이 도탄에 빠졌다'는 등의 말이 있다. 英祖가 左議政 金尙魯, 右參贊 洪鳳漢, 刑曹參判 李成中 등을 불러 보이고 狀達케하니 비웃으며 말하기를 '이는 黃巾의 類로서 필시 戊申의 餘孼입니다. 그러나 저는 戊申年 崔奎瑞의 고변이 있었을 때를 미루어 움직임이 없으리라 생각했습니다' 하니 吳光運 洪景輔 또한 앞을 다투어 나갔다. 尙魯가 말하기를 '어찌 마음이 움직이는가. 이는 오로지 인심을 동요시키고 그 동정을 살피기 위한 계책이다' 하였다. 英祖가 말하기를 '흉서의 자획이 마치 印을 사용한 것 같은데 그 연유가 무엇인가' 하니 承旨 金致仁이 '본래의 필적을 숨기기 위함입니다' 하였다. 이에 곧 좌변포도대장 具善行, 우변포도대장 李章吾를 입시케하여 그 흉서의 자획을 보여 주고 기한내에 체포하도록 명하였다.」123)

위의 기록을 통해서 다음과 같은 몇가지 사항을 알 수 있다.

---

123)『英祖實錄』卷83 英祖 31年 2月 戊申條.『承政院日記』乾隆20年 2月 4日條.
「全羅監司趙雲逵馳達 羅州客舍掛凶書之變 上命左右捕將及本道監司 刻期譏捕 時辛壬餘黨 及戊申遺孽 寔繁有徒 怨國日深 浮言日起 識者憂之 而上下恬憘 不以爲慮 至是有掛書之變 書中有奸臣滿朝 民陷塗炭等語 上召左議政金尙魯右參贊洪鳳漢刑曹參判李成中等 示以狀達 笑曰 此黃巾之類 而必是戊申餘孽也 然戊申崔奎瑞告變時 予猶不動 吳光運洪景輔 亦以爲泄泄矣 尙魯曰 何必動心乎 此專出於搖動人心 以觀動靜之計也 上曰 凶書字劃 如印出者然 其故何也 承旨 金致仁曰 欲掩其本筆而然也 命左邊捕盜大將具善行 右邊捕盜大將李章吾入侍 示其凶書字劃 使刻期譏捕」

첫째로 괘서의 내용 가운데 '有奸臣滿朝 民陷塗炭'이라는 글자가 기록되어 있다는 점이다. 이는 괘서를 붙인 자의 목적이 조정과 관리들을 비방함으로서 무엇인가를 얻고자 했다는 것을 시사한다. 또한 조정의 정책이나 관료들에 대해 불만이 많았음도 아울러 살필 수 있다.

둘째로 '辛壬의 잔당과 戊申의 서얼이 남아 나라를 원망하고'라는 기록을 통해 볼 때 이 괘서사건의 범인이 신임옥사 또는 이인좌 란과 관계가 있는 자의 소행일 가능성이 높다는 점이다. 이는 앞의 제1절에서 서술하였듯이 신임옥사나 이인좌 란이 英祖代에 있어서 정치적 비중을 많이 차지하고 있음을 상기할 때 괘서사건의 범인이 정치적 흐름과 깊이 연관되어 있거나 아니면 정치의식을 소유하고 있는 자임을 엿볼 수 있게 한다.

셋째로 괘서의 글자형태가 손으로 직접 쓴 것이 아니고 도장을 사용한 듯 하다는 점이다. 이는 범인이 자신의 필적을 감추고자 했다는 사실을 증명하며, 보다 중요한 것은 일시적인 충동감에 의한 행위가 아니라 적어도 소정의 목적을 가지고 계획적으로 시도하였음을 알 수 있게 한다.

넷째로 괘서의 발생장소가 전라도 나주라는 점이다. 이는 숙종대의 괘서 발생지역이 서울에 집중되었던 것과 다른 점이며, 더욱이 이 사건이 발생하기 전에 전주 장시, 남원 장시, 서울 서소문 등지에서 괘서가 나타난 것과 함께 견주어 볼 때 괘서의 발생지역이 서울에만 한정되어 있지 않고 전국적으로 전파되어 갔음을 알 수 있다. 또한 이인좌 란의 참가자들이 전국에 걸쳐 있었고, 이전에 발생한 괘서가 이인좌 란과 밀접하게 관련되어 있음을 볼 때 괘서의 발생지역이 점차 전국으로 확대됨은 이인좌 란이 계기가 되었다고도 볼 수 있다.

위의 내용을 『英祖實錄』과 『推案及鞫案』을 통해 보다 상세하게 검토해 보면 다음과 같다.

먼저 이글을 붙인 장본인은 누구인가. 尹志의 奴인 介封은 포도청에서의 공초에서 다음과 같이 진술하고 있다.

「上典(尹志) 父子가 글을 주면서 객사에 붙이라고 해서 이것이 무슨 글이냐고 물은 즉 괘서라 했다. 그것을 붙이면 本州(필자:羅州)에 반드시 큰 일이 일어날 것이며 나는 곧 위로 올라갈 것이라고 하는 까닭에 이 괘서를 객사와 주변의 두번째 기둥에 붙였다. 그리고 다른 사람이 볼까 두려워 심야에 너무 급히 서둘러 그 이후는 자세히 알지 못하겠다.」124)

또한 윤지의 처남인 禿同은 영조의 친국에서 다음과 같이 자신이 괘서를 붙였다고 진술하고 있다.

「신이 방을 나주 객사의 대문에 붙였는데 종이는 半張이 채 못되고 3분의 1이 되었을 것이며 너비는 자못 넓지만 行은 3행이었다. 글자의 크고 작음은 엽전보다는 작고 바둑돌 보다는 크다. 꼭두 새벽에 붙였는데 날자는 정월 22일인 듯하였으며, 윤지가 그의 종 개봉을 시켜 신을 부르기에 이튿날 새벽에 나아가니 윤지가 등불을 밝혀 놓고 신에게 흥서를 걸도록 하였습니다. 그 당시 이효식 이제춘과 송포에 살고 있는 임가, 이정도 함께 있었는데 윤지가 말하기를 '오래도록 귀양지에 있었으므로 귀양에서 풀려 나려고 방을 걸게 한다'고 하였으며, 또 말하기를 '이는 중대하여 반드시 죽을 각오로 해야 할 일이니 말이 누설되지 않도록 하라. 죽게 되면 내가 죽을 것이고, 결단코 너에게 미루거나 핑계대지 않을 것이다'고 하기에 신이 이미 붙인 뒤에 윤지에게 가서 말하기를 '한 사람도 보는 이가 없었습니다'고 하였더니 윤지가 매우 잘 하였다고 여겼으며, 또 말하기를

---

124) 『推案及鞫案』 卷21 191冊 「捕盜廳推案」 2月 25日 介封更招白等條.
「上典父子 在於舍廊房 以厚紙所書出給 要使矣身 付之於客舍亦爲白乎等 以矣身言于上典曰 此何書耶爲白乎 則以爲此乃掛書言也 付之則本州必出大事 吾則自當有上去之道是如云 故矣身同掛書付之於客舍並邊第二柱 而恐人現露 深夜蒼黃之中 未能詳知是白乎」

'네가 반드시 말을 누설하지 않을 것이기 때문에 너를 시켰다'고 하였습니다.」[125]

위에서 보듯이 윤지의 奴인 介奉과 처남인 禿同 두 사람은 각기 자신들이 직접 괘서를 걸었다고 주장하고 있다. 그런데 개봉의 진술은 포도청의 신문과정에서 나온 것이고, 독동의 진술은 영조의 친국과정에서 진술한 내용이라는 차이점이 있다. 또한 개봉은 윤지의 奴이고 독동은 양인이라는 신분적인 차이점도 있다. 결국 개봉이 上典에 관한 범죄사실을 진술했다고 하더라도 증거능력을 충분히 가질 수 없었던 것이 당시의 현실이고, 포도청에서의 고문에 의한 억지 진술일 가능성도 배제할 수 없는 입장이다.

또한 李萬江도 그의 공초에서 "윤지와 함께 역모를 도모한 것은 사실이나 괘서는 윤지가 한 일이며 나는 하지 않았다."라고 진술하고 있고,[126] 林天大도 괘서를 작성한 것은 윤지이며 역모는 윤광철 이하 여러명이 계를 만들어 도모하고자 했다고 말하고 있다.[127] 이들의 진술을 종합해 볼 때 괘서를 직접 작성한 자는 윤지이고, 그의 아들은 이에 동조한 것으로 보인다.[128] 그리고 괘서를 직접 망화루에 건 사람은 윤지

---

125) 『英祖實錄』 卷83 英祖 31年 2月 甲子條.
「禿同供 臣付榜於羅州客舍大門 紙不及半張 可爲三折之一 而廣則頗廣 行則當爲三行 字大小 小於錢葉 而大於碁子 曉頭付之 而日子似是正月二十二日矣 志使其奴介奉 招臣 翌曉進去 則志明燈而使臣掛書 其時李孝植李齊春松浦居林哥李鼎夏同在志日 久在謫所 欲爲解謫而懸榜矣 又曰 此是重大必死之事 勿爲洩言 死則吾死矣決不推諉於汝矣 臣旣付之後 往言于志曰 無一人見之云 則志以爲極善云 又曰 汝必不洩言 故使汝矣」

126) 『推案及鞫案』 卷21 192冊 「逆賊尹志等推案」 3月 12日 李萬江更招白等條.
「與志同爲謀逆之實矣 掛書則志之所爲 而非矣身之所爲矣」

127) 『推案及鞫案』 卷21 192冊 「逆賊尹志等推案」 3月 1日 林天大更招白等條.

128) 李建昌, 『黨議通略』 96쪽에는 괘서의 범인을 윤지의 아들인 윤광철로 기록하고 있다. 이는 介封이 上典父子가 글을 주었다고 진술한 내용과, 임천대 등의 진술 내용을 종합적으로 검토해 볼 때 둘이 공모하였다는 사실을 알 수 있게

의 처남인 독동일 확율이 높다. 이 괘서를 처음 발견한 자는 林天大로서 그는 괘서를 座首인 柳頤泰에게 전달하고 다른 한편으로 李孝植에게 전갈했으며,129) 座首가 監司에게 보고한듯 하다.

당시 망화루에 걸린 괘서의 형태는 위의 독동의 진술을 통해서 그 형태를 잘 알 수 있다. 또한 英祖의 친국에서 나주목의 下吏인 林天大는 "정월 20일 장시에서 돌아오는 길에 객사 望華樓 동쪽 두번째 기둥에 걸려 있는 괘서를 보았다"고 했으며,130) 나주목의 下吏인 李孝植은 "정월에 尹志의 집에 갔을 때 그가 홀로 앉아서 글을 쓰고 있다가 나를 보고 손으로 꽉 접었는데 그때 '奸臣' 두 글자를 보았다"131)고 하면서 당시에는 무엇인지 몰랐으나 괘서가 발생한 후 그 내용을 임천대로부터 듣고는 윤지의 소행으로 생각했다고 진술하고 있다. 그리고 林國薰은 尹志가 감영에 압송되기 직전에 가지고 있던 책자들을 종을 시켜 자신에게 보내와 이것을 모두 감영에 납부했다고 진술하였고,132) 그 이외의 책자는 尹志의 外居婢인 丹春의 집에 두었다가 尹志 父子가 잡혀가자 즉시 尹志의 奴인 濟漢이 문서의 일부를 불살랐다.133) 한편 李萬江이 가지고 있던 서책의 글자체가 괘서에 적힌 글자체와 같다고 하여 尹志의 奴 介封과 李萬江을 면질시키자 介封은 李萬江이가 東人冊 1권을 尹志에게 건네 주었던 것으로 진술하고 李萬江은 이를 부인하고 있다.134)

한다.
또한 丁若鏞의 『牧民心書』에서도 『國朝寶鑑』의 내용을 인용하면서 윤지와 그의 아들 윤광철이가 함께 반역을 도모한 것으로 기록하고 있다.(丁若鏞, 『牧民心書』 卷8, 兵典, 應變條.)
129) 『英祖實錄』 卷83 英祖 31年 2月 甲子條.
130) 『英祖實錄』 卷83 英祖 31年 2月 甲子條.
「正月二十日場市歸路 見客舍望華樓東邊第二柱 有掛書一張」
131) 上同. 「孝植供 正月念間 往志家 則志獨在寫書 見臣至握於手中之際 見奸臣二字」
132) 上同. 「志曾有禊案冊 而不入籠中 臣無一拔出者 旣見之後 更爲縛閉 納于監營」
133) 『推案及鞫案』 卷21 191冊 「捕盜廳推案」 3月 15日 丹春白等條.

이상과 같은 전체적인 흐름속에서 볼 때 괘서에 기록되어 있는 글자는 尹志가 가지고 있던 여러 종류의 책자 중에서 글자를 뽑아 필사한 것으로 생각된다. 이로 인해 글자의 크기가 각각 달랐고, 英祖가 마치 도장을 사용한 듯 하다고 말한 것도 책자 속에 있는 글자를 필사했기 때문으로 생각한다. 결국 尹志는 소정의 목적을 달성하기 위하여 치밀한 계획을 세우고 여러 책자를 이용하여 글자를 하나하나 필사해 갔던 것이다.

그러면 윤지가 괘서를 행한 목적은 어디에 있는가. 1755년 2월 25일 英祖의 친국이 행해지는 과정에서 林天大는 다음과 같이 진술하였다.

> 「신이 윤지와 稧를 같이 하였는데 22일 밤에 尹志가 그의 內房에 있으면서 신을 불러 들어 오게 하고 말하기를 '내가 훈련대장의 아들로 20여년간 귀양살이를 하고 있으면서 석방되지 못하고 있으니 죽은 것과 마찬가지다. 괘서를 하고자 하는 것은 인심을 동요시키기 위한 것이며, 인심이 동요된 연후라야 바야흐로 가히 할 수 있을 것이다'고 하였습니다.」135)

이러한 진술 외에도 林國薰의 공초에 의하면 尹志가 "시세가 점차로 그릇되고 피차가 상합하고 있는데 나는 먼 지방에 있어서 다른 도리가 없다"고 말했으며,136) 李宗茂의 공초에도 "尹志가 귀양간 뒤에 조정을 원망하는 일이 많았고 자신을 귀양 보낸 무리들이 아직까지 조정에 자리잡고 있어 이들을 모두 제거해야만 자신이 다시 조정에 나갈 수 있

---

134) 『推案及鞫案』 卷21 191冊 「捕盜廳推案」 3月 8日 介封李萬江面質條.
135) 『英祖實錄』 卷83 英祖 31年 2月 乙丑條. 『承政院日記』 乾隆 20年 2月 21日條.
   『推案及鞫案』 卷21 191冊 「捕盜廳推案」 3月 1日 罪人林天大更招白等條.
   「臣與志同稧 二十二日夜 志在其內房 招臣入而語之曰 吾以訓練大將之子 二十年在謫 不得蒙放 等是死耳 欲爲掛書 動搖人心 人心動搖 然後方可有爲矣」
136) 『英祖實錄』 卷83 英祖 31年 3月 庚辰條.
   「志又以爲時勢漸非 彼此相合 吾則永塞之外 無他道云」

다"137)고 말했다고 진술하고 있다. 그리고 위의 독동의 진술에서도 윤지가 귀양지에서 풀려나기 위해 괘서를 한다고 말하였음을 진술하였고, 사건을 매듭짓는 가운데 영조도 "먼저 괘서의 변을 행한 것은 민중을 속일 계제를 삼기 위해서였고, 전쟁이 일어난다는 불안한 말을 전파하여 스스로 소란을 피웠고, 마을이 흩어지는 날을 기다려 장차 협박하여 따르게 하고자 하였다"고 밝히고 있다.138)

앞의 제1절에서 논술하였듯이 여기서 尹志를 귀양 보낸 무리들은 당시 정권을 장악하고 있던 老論들을 의미하며, 피차가 相合하고 있다는 것은 英祖의 탕평책에 의해 다수 노론의 온건론자들과 일부 소론의 온건론자들로 구성된 탕평파에 의해 정국이 운용되고 있음을 표현한 것이다. 결국 尹志는 경종 이후의 정쟁의 소용돌이 속에서 희생된 자로서 조정의 흐름이 점차 자신의 정계복귀와는 거리가 멀어지자 이에 위기의식을 느낀 나머지 역모를 위한 사전 포석단계로서 사회적으로 민심의 혼란을 유도하기 위해 괘서를 행한 것으로 파악할 수 있다.139)

마지막으로 이러한 그의 목적, 즉 괘서를 함으로써 민심의 혼란을 유도하고 이를 亂으로 발전시켜 일차적으로는 자신의 정계복귀, 나아가서

---

137) 『推案及鞫案』 卷21 192冊 「逆賊尹志等推案」 二, 3月 6日 李宗茂更招白等條.
「志之怨國之說 則志初旣放歸田里還爲被謫 久不得放 多有怨朝廷之言 以爲此輩在朝廷 故我不得歸 此輩當盡去之云云矣」
138) 『英祖實錄』 卷84 英祖 31年 4月 丙辰條.
「先行掛書之變 要爲惑衆之階 播兵戈危 疑之言 自作騷屑 俟村閭離散之日 將欲脅從」
139) 이 괘서사건 자체를 노론이 소론을 제거하기 위해서 스스로 사건을 일으키고 나서 귀양가 있는 윤지 등에게 죄를 뒤집어 씌웠다는 주장도 있을 수 있다. 그러나 이러한 정치적 공작은 아니었던 것으로 판단된다. 그 이유로는 첫째 윤지 자신이 20여년간 귀양에 묶여 정계에 대한 원한이 누구보다 강했으며, 둘째 윤지는 이 해 2월 경부터 춘천지역의 윤혜·심정연 등과 상호 연관관계를 가지면서 거병을 계획하고 있었다는 점, 셋째 비록 귀양가 있는 신세였으나 나주지역의 下吏들과 친밀하게 지내면서 세력을 확보하고 있었던 점 등으로 보아 윤지의 소행이었을 가능성이 높다.

는 소론정권의 장악을 달성하기 위하여 어떠한 구체적인 방법을 준비하고 있었는가를 살펴보자.

尹志는 나주지역의 下吏들을 중심으로 契를 만들어 이를 통한 인적자원을 확보하고 있었고, 이를 이용하여 거사를 계획하고 있었다. 林天大의 공초에 의하면 "경오년(영조 26, 1750)에 金沆, 尹光哲, 李孝植, 林國薰이 계를 만들어 筆契라 이름을 짖고 1인당 3냥씩 돈을 냈다"140)고 진술하고 있다. 그후 계의 구성원은 약 30여명으로 늘어난 것으로 추산되며, 尹志와 그의 아들인 光哲·希哲兄弟, 金沆兄弟, 林國薰 父子, 李齊春, 林天大, 羅貴永, 奇彦杓, 李宗茂, 李孝植, 吳時大父子 등이 중심이 되어 있었다.141) 그리고 이들을 통해서 벼슬을 시켜 준다는 구실로 동조자를 규합하여 인원을 늘리는 방법을 취했던 것이다.142)

그들의 자금 조달 방법은 각자가 가지고 있는 전답을 팔거나 곗돈을 모아서 충당하며,143) 식량은 지방에서 세금을 거두어 배를 이용해 서울로 수송하는 稅船을 공격하여 확보하도록 계획을 수립하였다.144) 또한 무기조달은 창고를 습격하여 갖추고,145) 공격방법은 진도를 거점으로 하여 직접 강화도를 습격146)하는 한편 호남의 초적들과 연계를 맺고 서울에서는 내응한다147)는 계획을 세우고 있었다. 이러한 사실은 아버지

---

140) 『推案及鞫案』 卷21 192冊 「逆賊尹志等推案」 3月 1日 罪人林天大更招白等條.
「庚午年 金沆尹光哲李孝植林國薰設禊 名爲筆契 各出錢三兩」
141) 『英祖實錄』 卷83 英祖 31年 2月 乙丑條.
142) 『英祖實錄』 卷83 英祖 31年 2月 乙丑條.
『推案及鞫案』 卷21 192冊 「逆賊 尹志等推案」 3月 1日 林天大更招白等條.
143) 『英祖實錄』 卷83 英祖 31年 3月 丁亥條.
144) 『英祖實錄』 卷83 英祖 31年 3月 癸未條.
145) 『英祖實錄』 卷83 英祖 31年 2月 乙丑條.
146) 『英祖實錄』 卷83 英祖 31年 3月 癸未條.
이만강은 제주도를 먼저 치고 다음에 흑산도와 진도를 점령한 다음 강화도에 이르는 것을 상책으로 삼았다고 진술하고 있다.(『推案及鞫案』 卷21 192冊 逆賊尹志等推案 3月 10日 罪人萬江更招白等條. 「先打濟州 次黑山島珍島 及於江華 此是上策」)

가 戊申逆獄에 포함되어 죽은 奉敎 尹尙白의 공초에도 나타나고 있는데 그는 다음과 같이 진술하고 있다.

「신은 광철과 더불어 서로 친하게 왕래하였는데 윤지 부자가 逆을 도모하고자 많은 鄕人을 모았습니다. 윤광철이 서울을 왕래하면서 함께 도모한 사람은 統制使 金潤・前全羅左水使羅州營將과 朴纘新・趙東夏・閔厚基・閔孝達・金柱天・李時熙・李明祚가 바로 그들입니다. 광철이 말하기를 이들은 모두 같이 도모한 자로 병사와 식량을 모으거나 혹은 軍器를 수집하고 있으며 대강의 배치가 이와같다.」148)

또한 훈련도감의 中軍이었던 趙東鼎이 "北兵使 趙東夏는 나의 친척이고, 통제사 김윤은 나의 친구로서 남과 북에서 이들이 서울로 오면 내가 내응할 것이다"149)라고 진술한 기록을 통해서 구체적인 계획을 세우고 있었던 것으로 보인다. 그들이 해로를 이용하여 江華를 공격한다는 것은 과거 李麟佐 亂의 실패 원인이 陸地만을 이용했기 때문이라고 하는데서 기인하는 것이다.150)

2) 親鞫過程과 結果

사건 발생이 조정에 보고된 것은 2월 4일이고 尹志를 체포한 것은

---

147) 『英祖實錄』 卷83 英祖 31年 3月 丁亥條.
148) 『闡議昭鑑』 卷4 810~811쪽.
「尙白供 臣果與光哲 往來相親 志之父子謀逆多聚鄕人 以爲腹心光哲 往來京中 亦多締結之人 統制使金潤 及上年秋間 全羅左水使羅州營將及朴纘新趙東夏閔厚基閔孝達金柱天李時熙李明祚是也 光哲言此 皆與渠同謀者 或求兵糧 或求軍器 大網排置如此云矣
149) 『闡議昭鑑』 卷4 814쪽.
「東鼎又曰 北兵使趙東夏 是吾至親 統制使金潤 是吾親友 各在南北 一自南來 一自北來 吾又內應 則可以成事 汝當差中軍云矣 以知情不告遲晚」
150) 『英祖實錄』 卷83 英祖 31年 3月 癸未條.

일주일 후인 2월 11일이다. 그 후 죄인이 서울로 압송되어 2월 20일부터 英祖의 親鞫이 이루어져 3월 30일에 끝났다. 일별로 친국을 당한자의 명단은 다음의 <표 3-2>와 같다.

<표 3-2>에서 보듯이 40일 간에 걸쳐 약 60여명이 친국을 당하였으며,151) 같은 시기에 捕盜廳에서도 계속 鞫問이 이루어 졌다. 더욱이 이들 국문대상자들 가운데는 尹志・李夏徵・李修敬・李修範・李匡師와 같이 경종년간의 신임옥사에 관련된 자의 자손들이 포함되어 있을 뿐아니라 朴纘新과 같은 功臣도 있었기 때문에 정치문제화 되기에 충분한 요소를 갖추고 있었다.

<표 3-2>   나주괘서사건 친국현황

월 일	친 국 대 상 자
2월 20일	尹志 奇彦杓 李孝植 林天大 林國薰 尹光哲 禿同 介封 林徵遠
2월 21일	李夏徵 林天大 尹志 李孝植
2월 22일	李孝植 林國薰 李夏徵 尹光哲 尹希哲 李時熙 金浚
2월 23일	李夏徵 李時熙 尹志 林國薰 李孝植
2월 24일	金沆 尹志 林天大 奇彦杓 介封 金浚 朴贊新 柳顯章 李明祚
2월 25일	林徵遠 李廷夏 金沆 李齊春 尹光哲 尹希哲
2월 26일	林徵遠 李時熙
2월 27일	奇彦杓 李齊春 金浚
2월 28일	金浚
2월 29일	羅貴永 朴東亮 金昌人 吳永瑾 林柱岳 李宗茂 林天大 林徵遠
3월 1일	羅沈 林天大 林柱岳 吳永瑾 羅貴永 李宗茂 金昌大 沈撲 介封
3월 2일	羅沈 林柱岳
3월 3일	羅沈 李齊春 李宗茂 林柱岳 李孝植 羅貴永
3월 5일	李世熙 羅沈 林龜夏 柳漢秀 林柱岳 戒剛

---

151) 『經國大典』 卷5, 刑典, 決獄日限條에 보면 형사재판의 日數가 大事인 경우 30일로 한정되어 있다.

3월 6일	李匡師 尹尙白 羅沈 林柱岳 李宗茂 羅貴永 尹光哲 權侑 尹希哲
3월 7일	林柱岳 林國薰 林慶鎭 李修敬 林龜夏 尹得三 尹光哲 尹應振 羅沈
3월 8일	李匡師 尹尙白 李萬江 尹得三 李修敬 李夏宗 德娘
3월 10일	李修敬 尹得三 尹得九 李萬江 林國薰 林龜夏 尹希哲 李孝植 李齊春 羅貴永 白尙圭 白尙文 林大人
3월 11일	李萬江 李孝植 洪雄太 金斗行 白尙圭 林大人 羅廷秀 羅廷禼
3월 12일	李萬江 李修敬 金斗行 白尙圭 林龜夏 尹希哲 李孝植 尹得三 羅貴永 林國薰 李齊春
3월 13일	鄭守憲 尹希哲 李修敬 羅貴永 林龜夏 李孝植 白尙文 林世茂 洪益源
3월 14일	金柱大
3월 15일	尹尙白 朴纘新 趙東鼎 申致雲
3월 16일	申致雲
3월 17일	尹尙白
3월 18일	趙東鼎 趙東夏 朴纘新 申景勳
3월 19일	趙東夏 申致雲
3월 20일	朴纘新
3월 21일	趙東夏
3월 23일	朴泰新 朴載河
3월 25일	李修範
3월 26일	金振雄 台燁 申尙潤
3월 27일	金潤 李明祚
3월 30일	閔厚基

*이 표는 英祖實錄과 推案及鞫案의 「逆賊尹志等推案」二를 근거로 작성 한 것이다.

 이러한 과정을 거쳐 이 괘서 사건의 鞫廳이 1755년 3월 30일 마무리를 맺기까지 형을 받은 자의 집행일 및 형벌의 종류와 아울러 피고인의 신분 및 관계를 도표로 표시하면 다음의 <표 3-3>과 같다.

<표 3-3>　　　나주괘서사건의 결과

성 명	집행일	형벌	비 고
尹 志	2월 25일	物 故	尹就商의 아들, 峻少, 前持平
金 浚	2월 28일	物 故	
李夏徵	2월 29일	物 故	李明浚의 아들, 준소, 나주목사
林徵遠	2월 29일	物 故	
柳漢秀	3월 5일	定 配	都事, 옥중의 일을 누설한 죄
禿 同	3월 6일	物 故	尹志 妾의 오빠
李宗茂	3월 7일	物 故	나주의 아전, 尹志와 친밀
羅 沈	3월 7일	物 故	掌令 羅良佐의 서자
尹光哲	3월 8일	斬	尹志의 아들
林柱岳	3월 8일	物 故	進士, 林柱國의 10촌
金 沆	3월 8일	物 故	尹志와 동모죄
柳 綎	3월 10일	官爵追奪	참판, 尹志와 교류
尹 湉	3월 10일	斬	尹聖時의 아들
尹 溏	3월 10일	斬	尹聖時의 아들
徐命常	3월 10일	斬	徐宗厦의 아들
趙顯彬	3월 10일	斬	趙泰喬의 아들
趙晩彬	3월 10일	斬	趙泰喬의 아들
吳永瑾	3월 11일	物 故	나주의 이방, 吳時大의 아들
李萬江	3월 12일	物 故	尹志와 친밀
尹希哲	3월 13일	物 故	尹志의 아들
李修敬	3월 13일	物 故	李師尙의 손자
羅貴永	3월 13일	物 故	나주의 아전, 尹志에게 受學
白尙圭	3월 13일	物 故	훈련도감 敎鍊官, 尹志에게 受學
丁守憲	3월 14일	梟 示	잡술인, 正言 尹克仁의 자손
李普昱	3월 14일	官爵追奪	承旨
金斗行	3월 16일	伏 誅	金相玉의 아들, 광산김씨
尹尙白	3월 17일	物 故	奉敎, 옥에서 독살당함
李夏寬	3월 17일	斬	준소 李明彦의 아들
趙東鼎	3월 18일	物 故	훈련도감의 중군
李孝植	3월 19일	伏 誅	나주의 아전, 尹志에게 수학
朴纘新	3월 20일	梟 示	李麟佐 亂시 훈무 2등공신

제3장 英祖의 蕩平策과 老論政權의 確立 145

金柱天	3월 21일	伏 誅	준소 金浩의 아들, 광철과 교류
李挺夏	3월 21일	伏 誅	광철의 친구
林國薰	3월 21일	伏 誅	생원, 林柱岳의 아들
朴赫初	3월 21일	伏 誅	術士
朴載河	3월 23일	定 配	全羅左水使
李修範	3월 25일	物 故	李師尙의 손자
金振雄	3월 26일	物 故	朴贊新의 奴, 尹尙白 독살죄
朴台燁	3월 26일	物 故	朴贊新의 아들
林天大	3월 30일	定 配	나주의 下吏
奇彦杓	3월 30일	定 配	나주의 아전, 尹志에게 수학
李陽祚	3월 30일	定 配	
尹得九	3월 30일	定 配	尹聖時의 손자, 光哲과 친교
尹得貞	3월 30일	該府依本律	尹得九와 8촌
尹得明	3월 30일	該府依本律	
李匡師	3월 30일	定 配	李眞儒의 조카
李載夏	3월 30일	定 配	進士 偉之의 아들
閔孝達	3월 30일	定 配	
閔厚基	3월 30일	物 故	興德縣監
金孝溫	3월 30일	定 配	
柳漢箕	3월 30일	定 配	柳綎의 자질
閔孝述	3월 30일	定 配	
朴 源	3월 30일	定 配	
金 潤	4월 5일	物 故	統制使, 趙東鼎의 친구
李世熙	4월 17일	物 故	李弘模의 아들
趙東夏	4월 18일	物 故	北兵使
許 珹	4월 18일	物 故	나주의 營將
吳時大	3월	自 決	나주의 將校
金柱泰	4월 18일	定 配	윤상백의 공초에 나옴
李明祚	4월 18일	定 配	윤희철의 처남
李昌翼	4월 18일	定 配	윤희철과 친밀
金鳳壽	4월 18일	定 配	
李聖望	4월 18일	定 配	영장, 윤지와 친밀
鄭錫敎	4월 18일	定 配	수령, 허위보고죄
朴致厚	4월 18일	定 配	가도사, 검찰불능

* 이 표는 『英祖實錄』과 『推案及鞫案』을 근거로 하여 작성한 것이다.

결과적으로 이 사건으로 인해 죽은 자가 41명, 유배를 당한 자가 20

명, 관직을 추탈당한 자가 2명, 해당 부서에서 형을 받은 자가 2명으로 모두 65명이 형을 받았다. 이는 국문을 받는 도중에 수차례 장형을 받고 풀려난 자와 李明彦·金浩 등 추시역률을 받은 자를 제외한 수치로서 하나의 괘서사건으로 인해 가장 많은 인명이 살상된 사건이다. 이와 같이 형이 집행된 이후에도 계속 유배자의 국청을 청하는 상소가 뒤따랐음은 물론이다. 더 나아가 이번 羅州掛書事件의 국청을 무신년의 이인좌란 때 난을 진압한 것과 같은 측면에서 취급하여 宗廟에 고할 것을 주장하여 4월 13일 영조가 친행하여 徵討之事를 종묘에 고하기에 이르렀다.152)

한편 위의 도표를 통해서 다음 몇가지 사항을 알 수 있다.

첫째로 峻少의 자손들이 대거 살륙되었다는 점이다. 경종이 즉위한 후 정국을 장악한 소론중에서 세제책봉과 대리청정 문제로 노론을 치죄함에 있어 준엄하게 다스려야 한다고 주장한 준소계열의 윤성시, 서종하, 이진유, 이사상, 이명언, 이명준, 윤취상 등의 자손들과 소론4대신 중에 한 사람인 조태구의 후손들이 모두 처형되었다. 이들은 앞에서 논술하였듯이 모두가 김일경과 같은 계열로서 신임옥 이후 이인좌 란을 거치면서 그 후손들이 영조조 전반에 걸쳐 실세한 정치적 위상을 만회하기 위해 노론과 그 후의 노론을 중심으로한 탕평파들에 대항하여 왔던 것이다. 이러한 관점에서 이 사건 역시 윤취상의 아들인 윤지를 중심으로 준소계열의 정권탈취를 위한 과정의 하나로 사전 준비 단계로서 괘서사건을 유발시켰음을 알 수 있다.

둘째로 전라도 나주지역의 하리들이 다수 관련되어 있다는 점이다. 이종무, 나귀영, 임천대 등은 모두가 羅州牧에서 아전을 지내면서 당시 그곳에 유배되어 있던 윤지에게서 학문을 배우는 등 윤지와 그의 아들을 구심점으로 한 공동체적인 모임을 구성하였으며, 이것이 전술한 계

---

152) 『英祖實錄』 卷84 英祖 31年 4月 丙辰條.

모임의 형태로 발전하였던 것이다. 윤지로서는 유배지에서 이들 하리를 포섭함으로써 자신의 세력을 확보하는 잇점과 함께 활동의 편리함, 각종 정보의 제공을 받았을 것이며, 반대로 하리들은 윤지가 비록 유배생활을 하고는 있지만 前 持平을 지냈던 인물이고 또한 나주목사와 같은 고위관리와도 안면이 있던 터이라 그에게서 학문을 배우는 등 교류를 하는 것이 자신들에게 손해가 되는 것은 아니었다.

셋째로 통계중에서 사망자 41명중 物故者가 25명으로 60%를 점유하고 있다는 점이다. 이는 영조가 "이번의 죄수들이 형신을 받은 것이 수삼차에 불과한데 차례로 물고되었으니 참으로 의심스럽고 괴이하다."153)하고 한성부의 해당 郞廳을 잡아 들여 하옥한 사실을 볼 때 정국을 실질적으로 주도한 실무관료들이 이 사건을 일찍 매듭짓기 위한 소산이 아닌가 생각한다.154) 더욱이 이 사건에서 중요한 열쇠를 쥐고 있던 인물중의 한 사람인 尹尙白이 옥에서 독살당한 것도 이러한 사실을 입증하는 한 사례이다. 즉 朴纘新의 奴인 金振雄은 1728년 이인좌란을 진압한 공으로 奮武 2등공신에 등록된 박찬신155)이 이 사건에 연루되어 掌鞫되자 그의 아들 台燁이 자신에게 돈을 100냥 주고 羅將을 매수하여 윤상백이 입을 열기 전에 옥에서 독살하도록 시켰다고 진술하고 있다.156)

결국 이 사건이 윤취상의 아들인 윤지에 의해 이루어 졌기 때문에 그와 관련을 맺고 있는 각계 각층의 인물들이 국청을 당하게 되었고,

---

153) 『英祖實錄』 卷83 英祖 31年 2月 癸酉條.
「敎曰 今番罪囚受刑 不過數三次 而次第物故 誠爲疑怪」
154) 태형의 집행은 규정에 의해 행해져야 하는데 종종 집행관의 분노를 해소 하는 도구로 삼을 경우 물고자가 많이 나왔다고 함. (金淇春,『朝鮮時代刑典 - 經國大典 刑典을 中心으로-』三英社, 1990, 153~155쪽.
155) 吳甲均,「奮武功臣에 대한 分析的 硏究」『淸州敎育大學論文集』 21, 1985, 303쪽.
156) 『推案及鞫案』 卷21 191冊 捕盜廳推案 3月 27日 金振雄 金象九更招白等條.

더욱이 그의 정치적 입장이 峻少論에 근거를 두고 있었기 때문에 정치적 탄압의 명분을 쥔 노론 중심의 탕평파들에 의해 준소계열의 후손들이 화를 입는 결과를 가져오게 된 것이다.

3) 掛書事件에 대한 朝廷의 反應

나주괘서사건의 발생은 조정에 중대한 정치적 문제로 대두하였다. 이는 괘서사건의 주모자로 지목된 尹志가 자신이 가지고 있던 책자와 문서들을 관에 들킬 염려가 있어 같은 稧員이었던 林國薰에게 모두 맡겼는데 이를 임국훈이 관에 바치면서 표면화 되었다. 이에 대하여 임국훈은 다음과 같이 진술하고 있다.

> 「감사가 나주에 들어왔을 때에 尹志의 종이 籠을 지고 신의 집에 왔었습니다. 윤지에게는 일찍이 稧案冊이 있었는데 농속에 들어 있지 않았으며, 신이 한 가지도 꺼낸 것이 없고 본 뒤에는 다시 두껑을 닫아서 감영에 바쳤습니다. 압송될 당시 公州 객사에 이르러 윤지가 쪽지로 책자를 보여 달라고 하기에 관가에 납부했다고 말한즉 尹志가 크게 놀라며 말하기를 '그 속에 時象을 말한 것으로 죄를 얻을 만한 것이 많이 있다'고 하므로 신이 모두 남김 없이 바쳤다고 하였는데도 윤지는 오히려 신이 혹시라도 빼낸 것이 있을까를 의심하였습니다.」157)

그런데 임국훈이 관에 바친 문서들 속에서 나주목사를 지낸 소론의 李夏徵과 尹志 사이에 주고 받은 서찰이 가장 많이 발견되면서 정치쟁점화 되어 갔다.158) 이하징은 峻少 이명준의 아들로 辛丑年(경종 원년)

---

157) 『英祖實錄』 卷83 英祖 31年 2月 甲子條.
「監司入羅州時 志奴負籠來臣家 志曾有稧案冊 而不入籠中 臣無一拔出者 旣見之後 更爲縛閉 納于監營 被拿時 到公州客舍 志書示冊字 臣答以盡納官家 則志大驚曰 其中多有得罪時象之語 臣旣曰無遺盡納云 志則猶疑臣之或有所拔矣」
158) 李建昌, 『黨議通略』 英宗朝 96쪽.

김일경과 함께 노론 4대신을 탄핵한 尹聖時의 손자를 사위로 삼은 인물이었기 때문에 그의 서찰이 다량으로 발견된 것은 당시의 정치적 여건하에서 집권세력인 노론에게 호재로 작용하기에 충분하였다.159) 바로 이러한 점 때문에 윤지는 미쳐 이 문서를 불사르지 못하자 같은 계원인 임국훈에게 보내어 이하징을 보호하고 나아가 당시의 時勢를 비판한 글들을 없애고자 하였던 것이다. 더욱이 하징은 영조의 친국과정에서 다음과 같이 말하고 있다.

「영조가 묻기를 '어찌 역적 윤취상의 자손과 통교하였는가' 하니 하징이 말하기를 '윤취상이 어찌 역적입니까' 하였다. 또 묻기를 '김일경은 어떠한가' 하니 '일경 또한 역적이 아닙니다. 일경이 있은 후에야 신하의 절개가 있습니다' 하였다. 또 스스로 말하기를 이는 나의 마음만이 그러한 것이 아니라 소론인의 마음은 다 그러하다」160)

이러한 그의 진술은 영조를 크게 노하게 함은 물론 소론에 대한 직접적 탄압의 실마리를 제공하여 주었으며, 결국 소론 탄핵의 疏가 줄을 이었다. 먼저 소론 朴文秀의 만류에도 불구하고 같은 소론인 李益炡과 趙載洪이 趙泰耉 등을 토역할 것을 상소하였고161) 뒤를 이어 司直 李春躋, 韓師得, 刑曹參議 權一衡 등이 계속 상소를 올렸으며, 이에 대해 영조는 처분을 기다리라고 하면서 진정시키고 있다.162) 여기서 주목할 것

---
159) 『英祖實錄』 卷83 英祖 31年 2月 丁卯條.
160) 李離和 編,『蒼岦』朝鮮黨爭關係資料集 30, 1988. 490쪽.
   李建昌,『黨議通略』英宗朝 96쪽.
161) 李離和 編,『蒼岦』朝鮮黨爭關係資料集 30, 1988. 491쪽.
   「於是少論之緩者李益炡趙載洪等 始上疏 請討泰耉等…」
162) 上同. 491쪽.
   「司直李春躋韓師得刑曹參議權一衡等疏 伏願極賜處分云云 答曰深嘉其忱將處分以俟下敎」

은 이익정 등이 비록 완소계열이기는 하지만 그래도 같은 계열인 소론의 영수 조태구·유봉휘 등에 대해 노론의 대신들보다 먼저 탄핵의 소를 올린 점이다. 이는 두가지 관점에서 분석할 수 있는데 첫째로는 이미 몰락한 준소계열의 尹志와 하징으로 인해 자신들에게까지 그 여파가 미칠 것을 미연에 방지하기 위한 방책이라는 측면이고, 둘째는 소론의 세가 다하고 노론을 중심으로한 영조의 탕평파가 정권을 장악하고 있었기 때문에 더 이상 준소계열을 옹호할 명분이 없어졌다는 측면에서 疏를 올린 것으로 이해된다.

그러는 가운데 2월 27일 노론인 左議政 金尙魯는 英祖가 內司僕에서 親鞫하는 자리에서 다음과 같이 말하였다.

「국가의 역적을 다스리는데 엄격하지 않으면 天網이 넓어 泰耉·鳳輝·師尙·就商과 一鏡疏下의 諸賊 같은 자들이 오히려 형벌을 받지 않게 되니 흉역의 무리들이 이것을 구실로 삼아 夏徵과 尹志의 무리에까지 이르게 되고, 그 맥락이 서로 관통하여 징계하고 두려워하는 바가 없습니다. 이른바 臣節者라는 것도 이것에서 유래되었으니 실로 反側者를 안심하게 할 가망이 없습니다. 신은 아울러 大逆律을 추가하여 적용함이 마땅하다고 여깁니다.」163)

이 말은 尹志에 의한 괘서가 사실상 少論의 거두들과 통하고 있음을 주장하는 것이다. 이로부터 이 사건은 본격적인 정치적 쟁점으로 부각되기 시작하였다. 앞서 2월 23일에는 尹志가 가지고 있던 문서중에서 발견된 왕복서찰에서 김상로에 관한 이야기가 적혀있어 그가 영조에게 待罪한 일이 있었다.164) 영조가 이를 불문에 붙이기는 했지만 金尙魯

---

163) 『英祖實錄』 卷83 英祖 31年 2月 辛未條. 『承政院日記』 乾隆 20年 2月 27日條.
「左議政金尙魯白上曰 國家治逆不嚴 天網大恢 如泰耉鳳輝師尙就商及一鏡疏下諸賊尙未施當律 凶逆之徒 以此藉口 至於徵志輩 脉絡相貫 無所懲畏 其所謂有臣節者 亦由於此 實無安反側之望 臣謂宜亚追施大逆律」

제3장 英祖의 蕩平策과 老論政權의 確立 151

자신은 그 사실이 마음에 걸렸던 것은 자명한 사실이며, 위와 같은 발언을 한 것도 이를 무마하기 위한 하나의 수단이었을 것이다.

그 후 2월 29일 좌의정 김상로는 소론의 사주를 받아 壬寅獄을 일으킨 장본인인 南人 睦虎龍의 두아들로서 奴로 전락된 德福과 德成이 호남의 육지에서 편안하게 있다고 하면서 이들을 大靜縣으로 옮길 것을 상주하였고,165) 다음날인 3월 1일에는 固城縣의 奴로 있던 峻少 金一鏡의 아들 允興도 濟州牧으로 移配할 것을 상계하여 영조가 이를 허락하고 있다.166) 이는 소론의 자제들에 대한 처벌을 더욱 강화한 것이며, 결국 조정의 여론을 점차 소론의 완전한 제거로 유도하기 위한 사전 준비 단계로 취해진 조치로 이해된다.

이와 같은 상황변화가 구체화된 것은 3월 2일이다. 이날 掌令 李吉輔, 正言 宋文載, 敎理 南泰會, 洪名漢, 修撰 蔡濟恭 등이 다음과 같이 상계하였다.

> 「역적을 다스리는 법은 마땅히 그 괴수를 엄히 벌해야 하며, 간사함을 끊어 버리는 방법은 뿌리를 잘라 버리는 것보다 우선하는 것이 없습니다. 오늘날 李夏徵과 尹志의 凶逆은 곧 神人이 모두 共憤하는 바 진실로 그 근본을 究明하니 실로 辛壬諸賊에 있습니다. 역적 金一鏡의 疏가 夏徵의 凶言의 싹이 되었고, 師尙과 就商이 역적 尹志가 꾸민 음모의 근저이며 鳳輝·泰耈 등의 무리들이 前後諸賊의 소굴입니다.」167)

---

164) 『英祖實錄』 卷83 英祖 31年 2月 丁卯條. 『承政院日記』 乾隆 20年 2月 23日條.
165) 『英祖實錄』 卷83 英祖 31年 2月 癸酉條. 『承政院日記』 乾隆 20年 2月 29日條.
166) 『英祖實錄』 卷83 英祖 31年 3月 甲戌條. 『承政院日記』 乾隆 20年 3月 1日條.
167) 『英祖實錄』 卷83 英祖 31年 3月 乙亥條. 『承政院日記』 乾隆 20年 3月 2日條.
「掌令李吉輔正言宋文載敎理南泰會洪名漢修撰蔡濟恭等啓 治逆之法 宜嚴於誅魁 折姦之方 莫先於鋤根 今者徵志之凶逆 卽是神人之所共憤者 而苟究其本 實源於辛壬諸賊 盖賊鏡疏下 爲逆徵凶言之前芽 師尙就商 爲逆志陰謀之根抵 而輝耈等 群凶 爲前後諸賊之窩窟」

위의 상소는 辛壬獄事 때의 인물들과 羅州掛書事件에 관련된 인물들을 연결시켜서 논하고 있다. 이는 이번에 발생한 괘서사건의 근본적인 원인을 신임옥사를 일으킨 소론에게서 찾음으로서 이를 계기로 소론의 잔당들에 대한 엄한 처분을 요청하고자 한 것이다.

이들의 상계가 있은 후에 곧이어 行禮曺判書 李益炡, 前監司 沈星鎭, 行副司直 鄭翬良, 行副司直 李昌壽, 前承旨 鄭弘淳, 吏曺參議 趙載洪 등이 또 상소를 올려 나주괘서사건이나 李麟佐 亂이 모두 신임옥사 때의 소론 인물들에 기반을 두고 있으니 소론의 영수인 趙泰耈와 柳鳳輝 등 諸賊을 追施逆律로 다스릴 것을 청함은 물론 李光佐와 崔錫恒에게도 벌을 줄 것을 청하면서 이 사건에 대해 영조가 처분을 분명히 내릴 것을 요구하였다.168) 이에 대해 영조는 대신들의 요구를 뿌리치지 못하고 당일에 尹就商·李師尙·李眞儒·李明誼·鄭楷·尹聖時·徐宗廈 등과 柳鳳輝·趙泰耈 등을 추시역률로 다스리고 李光佐는 그 牒을 환수하고 崔錫恒은 復官을 무효로 하도록 명하였으며, 금일의 처분에 대해 대소 신료들은 모두 의리가 바름을 알고 이 뜻을 중외에 반포하여 알리도록 하였다.169) 다음날인 3월 3일에는 峻少인 李明彦이 추가로 추시역률을 당하였으며,170) 소론에 대한 공격이 끊이지 않고 계속되었다.

또한 李裕身 등이 연명으로 다음과 같이 상소하였다.

「소론들은 평소 李光佐의 말을 師表로 삼아 아비는 전해 주고 자식은 받았는데 그러한 자들이 모두 겁을 내어 어쩔줄 모르고 편액을 함께 썼으며, 搢紳疏라 일컬은 것은 위로는 재상으로부터 通籍한 사람에 이르기까지 열록하지 않음이 없으며 …중략… 이광좌의 무리

---

168) 上同.
169) 上同.
170) 『英祖實錄』 卷83 英祖 31年 3月 丙子條.「命明彦 追施逆律」

제3장 英祖의 蕩平策과 老論政權의 確立 153

를 징계하고 토벌하라는 서류가 계속 쌓이고 있습니다.」171)

　이와 같이 조정의 상황을 설명하면서 간접적으로 소론의 이광좌를 탄핵하고 있다. 이에 대해 영조는 "오늘 이후로 이러한 疏는 받들지 말라"고 하교하고 있다.172)
　그리고 3월 5일에 이르러 영조는 太廟에 告由祭를 지내고 난 뒤 친히 明政殿에서 교문을 지어 반포함으로써 소론에 대한 자신의 입장을 분명히 밝히고 있다.

　　「모든 일에는 本末이 있는데 근본을 다스리지 않고 末을 다스린다는 것은 내가 일찌기 듣지 못했다. 아 亂逆이 어찌 없을 때가 있으며 戊申과 같은 것만 있겠는가. 그 근본인즉 泰耆의 箚와 鳳輝의 疏에 있다. ···中略··· 전일에 엄히 다스리지 않고 관용의 뜻을 베풀었는데 이로 인해 역심이 그치지 않아 역적 하징과 尹志에 이르러 극렬해졌다. 역적 하징이 尹志와 교류하였기 때문에 이를 엄히 국문하여 그 근본을 신문한 즉 역적 취상을 역적이 아니라고 하고, 일경·필몽을 신하의 절개가 있다고 하니 그 마음의 음흉함이 일경과 필몽에게서 비롯된 것이다. 역적 尹志는 나라를 원망하는 마음을 품고 고을의 무식한 사람들을 모아 당을 이루었다. 그리고 무신년의 난을 본받아 먼저 패서를 하여 인심을 동요시키고, 역적 麟·亮을 본받아 군사를 일으켜 궁궐을 침범하려고 했음이 분명하다. 차제에 모두 체포하여 불궤를 밝히니 陰慘함이 통분할 정도여서 비록 말로는 못할지라도 그 근본을 살핀 즉 한마디로 泰耆·鳳輝이다. 역적 하징과 尹志로 인해 國人이 모두 분개하여 징벌을 청함이 계속되는데 지금 이후에는 조선에 다시 천지가 회복되고 임금은 임금으로서, 신하는

---

171) 『英祖實錄』 卷83 英祖 31年 3月 丙子條.『承政院日記』乾隆 20年 3月 3日條.
　「···少論之平日 以李光佐言論 視爲師表 父傳子授者 皆怛惕遑遑 便液俱下 稱爲摺紳疏 上自卿宰 以至通籍者 無不列錄 ··· 稱以懲討光佐輩 自朝至暮 公車堆積」
172) 上同.

신하로서의 義가 바르게 될 것이다. 지금의 하교는 비단 이 일로 인해서가 아니라 오래 되었음을 알아야 하며 지금의 처분은 나의 뜻이 또한 담겨 있는 것이다. 지금 다시 생각하매 거의 매번의 난역이 너무 관전을 베풀어 그 근본을 다스리지 않고 지나 간데 연유한 것이니 古人이 이르기를 生道殺人이라 했거늘 나의 처분은 이 道에 反하는 것이다. 왜냐하면 甲辰年에 뒤를 이어 만약 그 근본을 징벌한 즉 어찌 麟·亮이 있었겠으며, 그때 그 근본을 징벌한 즉 또한 어찌 隆·昌이 있을 것이며, …中略… 그때 그 근본을 징벌한 즉 또한 어찌 徵·志가 있겠는가. 이러한 연고로써 1인을 아깝게 여겨 10인을 벌하였으니 이는 나의 과실이로다.」173)

즉 경종의 뒤를 이어 즉위한 이후에 발생한 일련의 사건들이 모두 소론에 그 근원을 두고 있다고 말하고 자신이 이들을 엄히 다스리지 못한 것을 후회하고 있다. 위에서 보듯이 영조는 李麟佐 亂의 주범인 李麟佐와 鄭希亮으로부터 1755년 나주괘서사건으로 체포된 李夏徵과 尹志에 이르기까지 모든 사건이 결국은 자신이 즉위한 후 자신의 즉위를 반대한 소론세력들을 완전히 제거하지 못한 데에 그 근본 원인이 있음을 분명하게 밝히고 있다. 아울러 이 敎文은 영조대의 정치적 쟁점이었던 충역시비의 논쟁이 노론의 승리로 끝났음을 표현하고 있는 것이다.

또한 교문을 반포한 후 영조는 왕세자를 불러 자신의 처분이 옳았음을 알려주고 이제는 是非의 문제가 끝났으니 만일 차후에 문제가 발생할 경우 이를 근거로 삼으라고 말하고 있다.174) 이같은 처분이 있은 연후 소론의 영수였던 李台佐의 아들 李宗城이 自訟을 올렸으며,175) 3월 10일에는 소론의 朴文秀가 당론에 빠져 국가의 큰 일을 생각지 못했다고 하면서 이번의 처분이 옳았다고 말하였고,176) 李喆輔는 지금의 처분

---

173) 『英祖實錄』 卷83 英祖 31年 3月 戊寅條.
174) 上同.
175) 上同.

을 大定하여 國是로 할 것을 주장하였다.177) 이와 같이 조정에 있던 소론의 靈城君 朴文秀·承旨 鄭弘淳·判書 李喆輔 등과 小北의 司直 南泰齊 등 100여명이 단독 혹은 연명으로 상소를 올려 그동안 잘못된 의리를 가졌다는 것을 悔改自訟하였다.178) 이어 13일에는 영조가 국청에 참가했던 여러 신하들에게 이미 처분을 내렸으니 이제는 탕평의 원기를 조화시켜 나갈 것을 당부하고 있다.179)

이러한 영조의 처분으로 인해 과거 辛壬獄事를 일으킨 소론의 인물들과 이인좌 란에 연루된 자들의 자손이 연좌에 의해 형벌이 내려짐은 물론 이들과 교분이 있는 자들까지도 탄핵의 대상이 되었다.180) 그리하여 정계에서 뿐만 아니라 정계에서 물러난 소론의 후예들까지도 그 여파가 미쳐 많은 사람들이 禍를 당하게 되었다.

이상에서 보듯이 羅州掛書事件에 대한 조정의 반응은 매우 민감하였을 뿐만 아니라 그 여파가 당론으로 비화되어 대신들은 영조 전반에 걸친 충역의 시비를 정리하여 영조가 태도를 분명하게 밝힐 것을 요구하였다. 그리하여 영조대에 계속 문제시 되었던 忠逆의 시비가 노론의 승리로 일단락되었고, 그 결과가 영조의 교문 반포로 나타나 상대적으로 소론의 몰락을 초래하였다.

한편 1755년 5월 2일 영조는 羅州掛書事件을 성공적으로 매듭지은 것을 축하하기 위해서 討逆庭試를 시행하였다. 이 때 이인좌 란에 연루되어 죽은 沈成衍의 아우 沈鼎衍이 庭試場에서 소위 '不道之言'의 내

---

176) 『英祖實錄』 卷83 英祖 31年 3月 癸未條.
177) 上同.
178) 李建昌, 『黨議通略』 英宗朝. 96~97쪽.
179) 『英祖實錄』 卷83 英祖 31年 3月 丙戌條.
180) 柳綎은 역적 윤취상의 초헌을 빌려탄 적이 있고 윤지와 친밀했다는 명목으로 관작을 추탈당하였고(『英祖實錄』 卷83 英祖 31年 3月 癸未條), 李普昱은 역적의 무리와 혼인을 맺어 상호 교류했다는 명목으로 탄핵을 받아 관작이 추탈되었다.(『英祖實錄』 卷83 英祖 31年 3月 丁亥條.)

용이 들은 試券을 올리고, 같은 장소에서 익명의 투서가 동시에 발견되는 사건이 발생하였다.181) 이 試券事件은 소론계열의 후손들과, 나주괘서사건의 주모자인 윤지의 동생 윤혜가 직접적으로 관련되어 있으며, 정부에 대한 소론계열의 저항이라는 맥락에서 나주괘서사건과 밀접한 관련을 갖고 있다. 나아가 나주괘서사건을 필두로하여 시권사건으로 이어지는 일련의 사건들은 결과적으로 소론계 인사 및 이들과 직·간접적으로 관련되어 있는 인물 등 근 500여명이 화를 입게 되는 큰 옥사로 발전되는 결과를 가져왔다. 이에 나주괘서사건과의 연결선상에서 시권사건과 익명의 투서사건에 관하여 상세히 그 진행과정과 결과를 서술하고자 한다. 이는 나주괘서사건의 보다 분명한 역사적 의미를 밝혀내는데 도움이 되기 때문이다.

4) 沈鼎衍試券事件과 老論政權의 確立

① 사건의 전개

1755년 5월 2일 나주괘서사건을 잘 매듭지은 것을 축하하기 위한 특별과거시험인 討逆慶科를 영조의 참석 하에 春塘臺에서 실시하였다. 이 자리에서 不道之言으로 가득찬 沈鼎衍182)의 試券과 익명의 투서가 나와 정국을 다시금 긴장시켰다. 당일의 기록을 『英祖實錄』을 통해서 보면 아래와 같다.

「임금이 春塘臺에서 討逆庭試를 열어 李時敏 등 10인을 뽑았다.

---

181) 『英祖實錄』 卷84 英祖 31年 5月 乙亥條. 『承政院日記』 乾隆 20年 5月 2日條.
182) 沈鼎衍: ?~1755(영조 31). 承旨를 지낸 沈仲良의 손자이며 受觀의 아들. 본관은 靑松. 1728년(영조 4)에 臺臣 權扶의 상소로 아비 수관, 형 成衍과 함께 유배되었다. 그해 형 성연이 숙부인 沈尙觀이 반역을 도모한다는 상변서를 올려 誣告罪로 처형되었고 역률을 받았다. (『英祖實錄』)

제3장 英祖의 蕩平策과 老論政權의 確立 157

임금이 친히 임하여 선비들을 시험하는 자리에서 하나의 試券이 나왔다. 서두는 製科의 賦와 같았고 그 아래 數幅이 파리 머리만한 작은 글씨로 써 있는데 亂言悖說이 아님이 없다. 그리하여 考官이 먼저 왕에게 陳狀하고 명하여 봉한 것을 뜯으니 바로 戊申年의 正法罪人 沈成衍의 아우 沈鼎衍이다. 곧 체포하여 대령하라 명하였다. 또 衛所의 下吏가 시권을 둘둘 말다가 과제를 적지 않은 하나의 종이를 발견하였다. 글 머리에 上變書라 하였으며 무기명으로 되어 있어 곧 部將에게 보고하고, 부장은 兵曹判書 洪象漢에게 전달하였다. 홍상한이 크게 놀라 곧 왕에게 달려가 보고하였다. 왕이 이를 미처 다 보지도 못하고 책상을 두드리며 눈물을 흘리니 대신들이 내용의 대강을 물었다. 왕이 말하기를 '종이에 음참하고 구측한 말이 장황하게 꽉들어 차 있을 뿐 아니라 차마 눈 뜨고 볼 수 없으며 심장이 내려 앉는 것 같다. 방자하게 諱를 쓰기까지 햇으니 어찌 족히 말할 수 있겠는가' 하였다. 이에 諸臣이 말을 듣고서야 絶悖窮凶한 말이 있음을 알고 분통하여 죽이고자 하였으나 익명으로 되어있어 쉽게 뜻을 얻지 못하였다. 왕이 洪象漢과 三軍門大將 金聖應·洪鳳漢·具善行에게 즉시 조사해 체포하게 하니 象漢 등이 鼎衍이 가히 의심스럽다고 말하였다. 왕이 말하기를 '그 흉서와 시권의 말단에 쓴것이 서로 語義가 같은 것이 많아 진실로 가히 의심스럽다' 하고 明日에 친국할 것을 명하였다.」183)

위의 기록에서 보듯이 심정연이 試券의 하단부에 자신의 불만을 토로한 글을 적어서 제출하였고, 동시에 과거시험 장소에서 익명의 투서

---

183) 『英祖實錄』 卷84 英祖 31年 5月 乙亥條.
「上御春塘臺 設討逆庭試 取李時敏等十人 上方親臨試士 有一試券 始若製科賦 而其下數幅 作蠅頭字 無非亂言悖說 考官前陳狀 上命坼封 卽戊申正法罪人沈成衍之弟鼎衍也 命卽搜捉以待 旣又衛所下吏試券作軸時 見一紙不作科題 首行云 上變書 而無其名 吏以給部將 部將納於兵曹判書洪象漢 象漢大駭之 亟趨告而上之 上覽未訖 拍案流涕 大臣請聞其略 上曰 滿紙張皇 陰慘區測 非但不忍正視 心若隕隊 肆然書諱 何足說也 諸臣承諭 知其有絶悖窮凶之說 咸憤痛欲死 而旣匿其名 未易斯得 上命象漢及三軍門大將金聖應洪鳳漢具善行 卽譏捕 象漢等筵陳鼎衍之可疑 上曰其凶書與試券末端所書 語義多相同 此誠可疑 卽命明日親鞫」

가 나와 이것도 함께 영조에게 보고되어 사건이 표면화 되었다.

영조는 당일에 兵曹判書 洪象漢, 訓練大將 金聖應, 御營大將 洪鳳漢, 捕盜大將 具善行을 그 책임을 물어 府處할 것을 명하였다.184) 그러나 다음날 승정원에서 이들 지휘자들을 모두 파면하였기 때문에 장병을 통솔할 사람이 없다고 말하자 도제조나 총융사로 하여금 겸무할 것을 명하였다가 친국하는 자리에서 모두를 사면하였다.185) 이어 5월 6일에 훈련대장에 홍봉한, 어영대장에 摠戎使 鄭纘述을 임명하고, 총융사는 統制使 李章吾를 임명하는 인사조치를 단행하였다.186) 그리고 김성응은 沔川郡에 中途府處를 명하였다가187) 5월 25일에 다시 훈련대장에 임명하였다.188) 이와같은 일은 이 사건에 대해 영조의 감정이 격앙되어 있었음을 단적으로 나타내 주는 것이다.

한편 심정연을 科場에서 체포하여 친국에 들어갔는데 그의 진술을 보면 다음과 같다.

「익명서는 나의 소행이며 그 가운데의 여러명은 곧 나의 원수이다. 나는 성연과 익연의 아우로서 나라를 원망하는 마음이 있는 고로 勳戚之人(훈신과 척신)과 眷遇之臣(왕의 대우를 받는 신하들)을 모두 미워하였으며 먼저 그들을 제거하고자 하여 이와 같은 음참한

---

184) 『備邊司謄錄』 128冊 英祖 31年 乙亥 5月 2日條.
「兵曹判書洪象漢訓練大將金聖應御營大將洪鳳漢捕盜大將具善行 爲先幷令該府處之」
185) 『備邊司謄錄』 128冊 英祖 31年 乙亥 5月 3日條.
186) 『備邊司謄錄』 128冊 英祖 31年 乙亥 5月 6日條.
「傳曰 訓將有闕代御營大將洪鳳漢除授, 御將有闕代摠戎使鄭纘述除授 摠戎使有闕代以統制使李章吾除授」
187) 『英祖實錄』 卷84 英祖 31年 5月 己卯條. 『備邊司謄錄』 128冊 英祖 31年 乙亥 5月 6日條.
「前訓將金聖應 令該府 沔川郡中途付處」
188) 『備邊司謄錄』 128冊 英祖 31年 乙亥 5月 25日條.
「傳曰訓將有闕代 行司直金聖應除授」

계획을 꾸몄다. 나는 역적 윤지의 族人인 惠와 함께 공모하였으며, 혜는 윤취상의 아우인 五商의 繼子로서 憼의 아우이며 春川人 柳明 斗의 사위이다. 김일경의 종손인 道成이 주모자이며 혜와 함께 이 글을 써서 나에게 주어 위에 올리게 하였다. 그리하여 나는 역모를 도모하고자 이미 익명서를 올렸으며, 다시 나의 이름을 적은 경륜을 올려 익명서의 자취를 감추고자 하였다.」189)

  그의 진술내용을 통해서 다음과 같은 몇가지 사실을 알 수 있다.
  첫째는 시권을 올린사람과 투서를 한 사람이 동일인물로서 그 목적은 조정의 혼란을 유도하는데 있었다는 점이다. 이는 곧 심정연이 홀로 科場에 들어가서 한편으로는 자신의 이름이 적혀 있는 試券을 올리고, 다른 한편으로는 익명의 上變書를 남 몰래 흘려두어 다른 사람이 이를 발견하여 영조에게 올리도록 하였던 것이다. 따라서 심정연이 科場에 참여한 근본적인 목적은 시권을 올려서 과거에 합격하는데 있는 것이 아니라 익명서를 공개적인 장소인 과장에서 흘림으로서 투서의 효과를 높이고 아울러 조정의 동요를 유발시키는데 있었던 것으로 생각한다. 이를 위해 심정연은 과거시험장에 들어가기 전에 이미 익명서를 작성하여 치밀한 준비를 하였던 것이다.190) 이러한 사실은 金道成의 공초에서 '흉서 가운데는 조정을 誣陷하는 말이 많이 있으며 그 초본은 신이 二橋項에 있는 旅客 주인집에서 정연을 만나서 보았고, 신이 흉서의 중

---

189) 『英祖實錄』 卷84 英祖 31年 5月 丁丑條. 『承政院日記』 乾隆 20年 5月 4日 條.
    『闡義昭鑑』 卷4 問鼎衍條 816쪽.
    「鼎衍供 匿名書臣果爲之 其中數人 卽臣之疑也 臣以成衍益衍之弟 有怨國心 故勳戚之人 眷遇之臣 幷嫉之 而欲先除去 爲此陰慘罔測之計矣 臣與逆志族惠同謀 惠卽就商弟五商繼子 憼之弟 而春川人柳明斗之女婿也 逆鏡之從孫道成 爲窩主 與惠書此文給臣使呈 而臣欲謀逆 旣呈匿名書 又以臣名書呈經綸 欲掩匿名之跡矣」
190) 『英祖實錄』 卷84 英祖 31年 5月 丙子條. 「此乃臣一生心草 故未入場已書之矣」 『英祖實錄』 卷84 英祖 31年 5月 丁丑條. 「科前作文書于桃洞」

간에 더 첨입하였다.'191) 라고 진술한 것을 통해서도 입증되고 있다.

둘째는 익명서의 내용이 조정의 인물들을 구체적으로 지적하여 비판하고 있으며 그 대상은 勳戚과 眷遇之臣이라는 점이다. 이들 가운데는 노론의 兪拓基와 소론인물인 李宗城의 이름도 들어가 있었으며192) 이외에 金尙魯·趙載浩 등이 待命하고 있었던 것으로 보아 이들의 이름도 들어 있었던 것으로 보인다. 또한 여기서 말하는 眷遇之臣은 당시 정국을 장악하고 있던 탕평파의 주류를 지칭하는 것으로 생각되며, 척신은 趙文命·金興慶·鄭羽良·申晩·洪鳳漢 등을 구체적으로 지적하고 있음을 알 수 있다. 이는 당시 정국의 주도계열이 척신계관료와 소수 영조의 신임을 받고 있는 노론계 탕평대신들 이었음을 감안할 때 익명서의 주도세력들은 당시 정국의 동향과 주체세력을 비교적 정확하게 파악하고 있음을 보여주는 것이다.

셋째는 공모자들이 尹志의 族人인 尹惠와 金一鏡의 從孫인 金道成이라는 점이다. 즉 이들은 모두 少論의 후예들로서 불과 두달전에 같은 소론의 윤지·이하징 등이 나주괘서사건과 연관되어 많은 인명이 살상당하는 옥사를 치르고 난 상황이었다. 이러한 정치·사회상 아래에서 다시금 이들의 族人과 後裔들인 윤혜와 김도성이 주모자로 떠오르자 영조와 노론대신들은 매우 당황해하였다.

한편 친국하는 과정에서 춘천지방을 중심으로 尹志의 族人인 尹惠와 김일경의 후예들이 擧兵을 계획하였다는 진술이 나왔다. 이에 대해 이건창의 『黨議通略』에는 다음과 같이 기록되어 있다.

---

191) 『英祖實錄』 卷84 英祖 31年 5月 甲申條. 『承政院日記』 乾隆 20年 5月 11日 條.
『闡義昭鑑』 卷4 刑訊金道成 817쪽.
「凶書中多誣陷朝廷之語 其草本 臣見之於二橋項鼎衍所寓旅客主人之家 臣有所添入於凶書中間矣」
192) 『蒼芛』 乙亥年 5月 4日條. 「判府兪拓基李宗城名入凶書」

「춘천지방에서 또 군사를 모아 반역을 도모하는 자가 있는데 尹
志의 아우 惠, 一鏡의 侄子인 寅濟·有濟·德濟·弘濟와 그 당인 宋
秀岳·李埈·呂光學 등으로 그들을 국문하는 가운데 致雲이 연결되어
있었다.」[193]

결국 김일경의 侄子들, 그와 外從間인 呂光學, 그리고 그의 후손인
寅濟를 양육하고 돌보아 준 李埈, 이준과 친밀하게 왕래한 宋秀岳 등
준소론의 후예들과 이들과 친인척 내지는 친밀하게 왕래한 자들이 중
심이 되어 대거 군사행동을 통한 모반계획을 꾸미고 있었다는 것을 알
수 있다. 이에 대한 보다 구체적인 사실은 송수악의 최후진술을 통해서
명확하게 살펴볼 수 있다.

「… 李埈과 寅濟 형제 및 김일경의 족속으로 풍양에 거주하는
자가 대여섯 집인데 일경의 외사촌 呂光學 등과 서로 어울려 함께
모의하였고 조윤 역시 함께 들어간 것이 확실합니다. 북도에서는 북
병사 趙東夏가 응하고, 춘천에서는 鼎衍과 夢協·夢相이 응하기로
하였습니다. 정연은 그의 형인 成衍·益衍의 일 때문에 항상 나라를
원망하여 불궤를 모의하였으며, 이들 무리와 거사한 즉 정연이 대장
이 되기로 하였습니다. 군병은 그 무리들이 奴僕을 합쳐 각자 군기
를 모으기로 하였습니다. 정연과 몽협은 鄕中 哨軍을 얻기를 도모하
여 대략 금년 8월간에 명화적 차림으로 밤을 틈타 먼저 春川府를 범
하여 군기를 탈취하고, 金化·狼川·鐵原을 거쳐 서울로 들어간다고
한 것을 신이 과연 이준의 집에 있는 화적에게서 들었습니다. 方言
과 冊題를 묘법으로 한 것은 신이 과연 목격하였는데 이준이 말하기
를 '이는 거사할 때에 軍號로 사용할 것이다' 라고 하였습니다.」[194]

---

193) 李建昌, 『黨議通略』 英宗朝. 97쪽.
「春川地方 又有聚軍謀逆者 得志之弟惠 一鏡之侄子寅濟有濟德濟弘濟及其黨宋
秀岳李埈呂光學等 鞫之辭連致雲」

이를 통해서 볼 때 1755년 8월 중에 춘천을 기점으로 내란을 일으켜 狼川(화천), 金化, 鐵原을 거쳐 서울로 입성하고자 하는 계획을 수립하여 놓고 있었음을 알 수 있다. 이와 같은 8월 거병설은 단지 송수악의 진술에서만 나타나는 것이 아니고 김일경의 從子인 김인제의 공초[195]와 김일경의 외사촌 강몽협의 공초[196] 및 춘천에 살았던 윤혜의 장인 柳明斗와,[197] 강몽협의 아버지와 이종사촌간인 柳鳳星의 진술[198] 등에서도 입증되고 있다.

더우기 유봉성은 그의 최후 진술에서 거병에 필요한 군량과 軍器 및 병사 동원계획에 관하여 구체적으로 진술하고 있다. 즉 군량은 서울에 살고 있는 강몽협의 매부 金商楫이 貿穀商을 경영하고 있어 이를 통해 구입하고, 軍士는 윤혜와 강몽협 등이 영동지방을 왕래하면서 영동 해변의 기민들을 구휼하고 그들을 모아 부족한 병력을 보충하며, 軍器는 각읍에서 탈취하고, 香徒服色을 하고 활동한다는 계획하에 일년 이내에 기치를 올린다고 주장하고 있다.[199] 또한 춘천지역에 있던 계조직인 教

---

194) 『英祖實錄』 卷84 英祖 31年 5月 甲午條.
  推案及鞠案 卷21 193冊 「逆賊沈鼎衍推案」 二, 5月 20日 罪人宋秀岳結案條.
  「… 垵寅濟兄弟及一鏡族屬居豊壤者五六家 一鏡外從呂光學等 相與綱繆同謀 趙 崙亦同入之實 北道則北兵使趙東夏應之 春川則鼎衍夢協夢相等應之云 而鼎衍則 以其兄成衍益衍之故 常怨國 爲此不軌之謀 渠輩擧事 則鼎衍當爲大將云 軍兵則 渠輩 幷奴屬 各自募聚 軍器則鼎衍夢協等 欲圖得於鄕中哨軍 約以今年八月間 以明火賊樣 乘夜先犯春川府 掠取軍器 又犯金化狼川鐵原 仍爲上京之說 臣果得 聞垵家有火賊 方言冊題以妙法者 臣果目覩 而垵以爲此則擧事時 當以軍號用之」
195) 『推案及鞠案』 卷21 193冊 「逆賊沈鼎衍等推案」 二, 5月 16日 罪人寅濟結案條.
  「同日罪人寅濟結案白等 … 矣身又與垵合謀 約以八月內擧兵犯闕是白如可」
196) 『英祖實錄』 卷84 英祖 31年 5月 辛巳條.
197) 上同.
198) 『推案及鞠案』 卷21 193冊 「逆賊沈鼎衍等推案」 二, 5月 22日 罪人柳鳳星結案條.
199) 『推案及鞠案』 卷21 193冊 「逆賊沈鼎衍等推案」 二, 5月 22日 罪人柳鳳星結案條.
  「同日罪人鳳星結案 … 鼎衍送夢協於京中 與其矣妹夫商楫經營貿穀 以爲鳩聚 軍糧之計是白乎旀 … 惠夢協則以爲渠等 本來往來於嶺東 而海邊流寓飢 之民

英楔를 통해서도 군사를 모집하고자 하였다. 결국 이들이 처음에 춘천에서 거병하고자 한 것은 자신들의 세력거점 지역이자 계가 조직되어 있어 인력을 쉽게 확보할 수 있는 장점이 있었기 때문이다. 그리하여 먼저 춘천부를 점령하고 이어 화천을 거쳐 김화·철원을 지나면서 세력을 확장, 서울로 진격하고자 하였던 것이다.

그리고 이러한 거병 계획은 당초 2월부터 계획하고 있었으며, 나주의 윤지와도 일정한 연락 관계가 유지되고 있었던 것으로 보인다. 즉 김일경의 종손인 김도성은 괘서나 시권 및 익명서를 행하기 이전인 그해 2월 영조가 대궐 밖으로 나갈 때를 틈타 일종의 합법적인 방법인 上言으로서 자신들의 억울함을 호소하고자 했으나 윤지가 나주에서 괘서사건을 먼저 일으켜 뜻을 이루지 못하였다고 진술하고 있다.[200] 또한 윤혜의 장인인 유명두는 다음과 같이 진술하고 있다.

> 「李夏徵이 남쪽 수령이 되어 尹志와 함께 군사를 이끌고 올라오고자 하였으며, 양식과 군기는 羅州에서 가져오기로 하였습니다. 이하징이 일찍이 춘천에 있었기 때문에 춘천사람들은 모르는 사람들이 없다고 하였습니다.」[201]

그리고 김일경의 후손인 金寅濟도 그의 최후진술에서 다음과 같이 말하고 있다.

> 「처음에는 李夏徵과 함께 일을 하고자 하였는데 이하징이 伏法되

甚多給粮救活 則可用之兵 … 軍器段 惠鼎衍欲臨時盜取於各邑 而各洞內香徒服色 亦欲收聚作爲旗幟 期以限一年擧事是白乎旀 …」
200) 『英祖實錄』 卷84 英祖 31年 5月 甲申條. 『承政院日記』 乾隆 20年 5月 21日條.
「凶書欲於二月動駕時 呈於上言中 曾尹志事急未果矣」
201) 『英祖實錄』 卷84 英祖 31年 5月 壬午條.
「明斗供 夏徵爲南中守令 欲與志 領軍上來 粮食軍器 取用於羅州 而夏徵曾在春川 故春川人 無不知之矣」

어 미처 계책을 이루지 못하였습니다」202)

　이와 같은 진술을 근거로 할 때 나주지역의 윤지·이하징을 거점으로
한 세력과 춘천지역의 윤혜·심정연 등을 중심으로한 세력들이 2월 경
부터 거병을 준비하면서 상호 연관관계를 가지고 있었던 것으로 보인
다. 그러나 서로의 의견이 조절되지 않아 나주지역에서 윤지가 먼저 괘
서를 함으로써 전체적인 계획의 수정을 요하게 되었던 것이다. 그리고
결과적으로 나주를 중심으로 한 소론계열들이 초토화된 후 정부에서
영조의 임석하에 討逆慶科를 실행하자 춘천을 중심으로 한 소론세력들
이 상의하여 심정연으로 하여금 科場에서 試券事件과 익명의 투서사건
을 동시에 일으키게 하여 조정의 혼란을 유도하고자 했던 것으로 보인
다. 이에 대하여는 영조도 윤지·이하징·박찬신·심정연 등의 무리가
마음이 서로 관통되었기 때문에 모의하여 지시하는 즈음에 맥락이 서
로 통하였다고 밝히고 있다.203)

　이들은 인력을 모집하는 방법으로서 계를 이용하고 있다는 공통점도
보여주고 있다. 즉 나주괘서사건 당시 윤지는 그의 아들과 나주의 하리
들을 중심으로 筆契를 조직하여 이를 통해 자금과 인력을 끌어 들였으
며, 춘천지역에서는 이른바 '敎英契'를 통해 같은 목적을 달성하고자 하
였던 것이다. 춘천에 살고 있던 吳命佑가 그의 공초에서 '敎英契는 본
래 곡식을 모아 學長을 세우고 자식을 가르치기 위한 것'204)이라고 진
술하였듯이 당초 교영계는 춘천지방의 가난한 民들이 중심이 되어 자
식의 교육을 위해 조직하였던 것이다. 그런데 이 조직에 점차 낙향한

---

202) 『英祖實錄』 卷84 英祖 31年 5月 己丑條.「始欲與夏徵同事 夏徵伏法 未及遂計」
203) 『英祖實錄』 卷84 英祖 31年 5月 丙戌條.
　　「盖與志徵纘鼎之徒 腸肚相貫 故其謀議指揮之際 脈絡互通」
204) 『推案及鞫案』 卷21 193冊「逆賊沈鼎衍等推案」二, 5月 23日 罪人吳命佑更招白
　　等條.
　　「敎英契本爲聚穀立學長敎子之地」

소론계열의 인물들이 참여하였고, 그들이 계의 구성원 속에서 세력을 확보하면서 본래의 성격이 차츰 변질되어 자신들의 목적달성을 위한 조직체로 이용하여 간 것이 아닌가 생각한다. 이는 심정연 사건이 터지자 學長으로서 계원들의 자식들을 교육시키고 있던 유봉성이 '이 冊이 존재하면 많은 사람이 연루되어 죽을 것이다'하고 급히 契冊을 吳命佑의 아들 吳重觀으로 하여금 불사르도록 한 것을 통해서도 가히 알 수 있다.205) 결국 나주괘서사건에 이어 심정연을 대표로하는 시권사건과 투서사건 및 소론계열들의 8월 거병설 등은 당초부터 계획되어진 것이었으나 윤지가 먼저 괘서사건을 일으키면서 계획에 차질을 빚게 되었고, 이는 주모자들의 목적을 달성하지 못하는 직접적인 원인이 되었던 것으로 보인다.

한편 이 사건은 조정과 재야에 남아있는 소론세력들을 대거 숙청하는 단계로 발전된다. 영조는 심정연의 자백을 받고 동궁과 함께 宣仁門에 나가 형을 집행한 후, 윤혜를 잡아 들였는데 그가 가지고 있던 문서 중에서 列聖의 御諱를 적어 놓은 글이 발견되었다. 이에 영조가 대노하여 국문을 하였는데 윤혜는 '자식들의 이름을 짓는데 그것을 참고하려고 하였다'고 말하였으며,206) 이에 영조가 진노하여 朱杖으로 마구 때려서 입이 터져 말을 못할 정도가 되었다. 그리하여 領府事 金在魯가 刑이 너무 급하여 일의 情節을 자세히 알 수 없다고 간하면서 천천히 국문할 것을 요구하였다. 그러나 영조는 숭례문 앞에 대신들을 차례대로 세우고 훈련대장 김성응에게 자신이 보는 자리에서 효수하여 머리를 바치도록 하는 등 당황하고 성급한 자세를 보여주고 있다.207) 이에

---

205) 『推案及鞫案』 卷21 193冊 「罪人沈鼎衍等推案」 二, 5月 23日 罪人吳重觀更招白 等條.
「… 敎英禊則結禊已久 而學長柳鳳星以爲此冊若存 則無辜人必多連累云 仍送于矣家使燒之 …」
206) 『英祖實錄』 卷84 英祖 31年 5月 己卯條. 「惠供 渠子作名時 考書之矣」

그 자리에서 判府事 李宗城이 '죄인에게 형을 가하는 것은 有司의 일인데 어찌하여 친히 임하여 이러한 일을 보십니까'라고 간하였다가 忠州牧으로 付處되었고 訓練大將 金聖應은 영조의 명이 떨어졌는데도 머뭇거리며 즉시 효수를 시행하지 않았다 하여 곤장을 맞고 沔川郡으로 付處되었다.208)

윤혜를 효시한 후 경종 1년(1721) 신축옥을 일으킨 준소론의 거두 金一鏡의 종손인 金道成을 국문하였는데 다음과 같이 진술하였다.

> 「…정연은 신이 역적의 가문인 까닭에 와서 말하였으며, 또한 신치운도 함께 일을 도모하였습니다. 대개 정연은 기개가 있기 때문에 그것을 주장하였고, 신치운은 비록 문장을 짓지는 않았지만 더불어 상의하였습니다. 신은 甲辰年 전부터 치운과 더불어 알고 지냈으며 윤혜 또한 흉서의 일을 다 알고 있습니다.」209)

여기에서 일찍이 승지를 지낸 소론의 申致雲210)이 사건에 관련되었

---

207) 『英祖實錄』 卷84 英祖 31年 5月 己卯條. 『承政院日記』 乾隆 20年 5月 6日條.
『闡義昭鑑』 卷4 刑訊尹惠條. 817쪽.
「命百官序立 使訓練大將金聖應 梟首獻馘」
영조는 윤혜의 목을 깃대에 매달아 백관에게 차례로 돌리게 하는 등 매우 격한 반응을 보여주고 있다. 이는 곧 잔존하고 있는 소론세력들에 대한 경고의 의미도 내포하고 있다고 할 것이다.
208) 『英祖實錄』 卷84 英祖 31年 5月 己卯條.
「判府事李宗城奏曰 罪人行刑 有司事耳 以至尊 豈可臨視此等事耶 上怒甚 拍案曰 李宗城以予爲監刑都事耶 命忠州牧付處 以不卽獻馘 拿棍訓練大將金聖應 付處沔川郡付」
209) 『英祖實錄』 卷84 英祖 31年 5月 甲申條. 『承政院日記』 乾隆 20年 5月 21日條.
「…鼎衍以臣是逆家人 故來言之 且與申致雲同參 盖鼎衍有氣力 故主張之 致雲雖不製文 而與之相議 臣則自甲辰前 與致雲相知 尹惠亦盡知凶書矣…」
210) 申致雲: 1700(숙종 26)~1755(영조 31) 본관은 平山, 字는 公望, 領議政欽의 5세손이며 아버지는 유이다. 1721년(경종 1) 증광문과에 병과로 급제하여 한림·설서·지평·문학 등을 역임하였다. 노론의 權尙夏·李喜朝 등을 탄핵하는데 앞장섰으며, 宋時烈을 공박하는 상소를 올렸다가 파직당하였다. 1727년(영조 3)

음을 시인한 것이 주목된다. 이전까지는 사건에 관련된 인물들 중에 적어도 관리를 지냈던 사람들이 표면화 되지 않았는데, 김도성의 공초에서 처음으로 관련사실을 자백함으로서 조정과 재야에 잔존하고 있는 소론세력들에 대한 탄압의 실마리를 제공하게 되었다. 더욱이 신치운은 노론의 권상하와 송시열을 탄핵·공박하는 등 일찍부터 노론의 표적이 되어 있었으나 영조가 내세운 탕평책의 이름 아래 근근히 보호받고 있었던 인물이다. 그러나 그의 관직은 노론의 집중적인 탄핵을 받아 승지 위로는 오르지 못하는 등 견제의 대상이 되었던 것도 사실이다.

한편 신치운은 자신의 관련사실을 처음에는 인정하지 않다가 결국 함께 모의한 것을 시인함과 동시에 다음과 같이 영조를 핍박하였다.

「신은 甲辰年 이후부터 게장을 먹지 않았으니 이것이 바로 신의 역심이며 심정연의 흉서 역시 신이 한 것입니다.」211)

위의 진술은 큰 문제가 안될 것 같이 보이나 사실상 영조의 가장 큰 약점을 건드린 것이다. 갑진년은 1724년으로 영조가 즉위한 해이며, 게장을 먹지 않는다는 것은 景宗의 死因과 직접적으로 관련이 있는 말이다. 즉 경종의 갑작스런 죽음에 대하여 소론계열들은 영조의 측근들이 경종이 좋아하는 게장에 독을 넣어 경종을 독살했다고 생각하고 있었기 때문에 신치운이 게장을 먹지 않는다는 진술은 곧 영조의 경종독살설을 굳게 믿고 있다는 의미인 것이다.212) 이와 같은 그의 진술은 삽시

복직되어 수찬·교리·응교·승지 등을 지냈다. 1735년(영조 11) 대사간에 임명되었으나 노론대신들의 줄기찬 탄핵으로 삭탈관직 당했으며 1755년(영조 31) 沈鼎衍 試劵事件에 연루되어 처형당하였다. (『景宗實錄』,『英祖實錄』,『國朝榜目』,『민족문화대백과사전』)
211) 『英祖實錄』卷84 英祖 31年 5月 癸巳條.
「臣自甲辰後 不喫蟹醬 此乃臣之逆心 鼎衍凶書 亦臣所爲也」
212) 경종은 실제로 게장을 매우 좋아 했었고, 게장을 먹은 후 5일이 지나서 갑작

간에 영조와 노론들의 불같은 저항을 불러 일으켜 소론계열의 대대적인 숙청빌미를 제공하기에 충분하였다.

이어서 그는 자신과 같이 일을 모의한 사람으로서 朴師緝, 李巨源을 들고 있다.213) 이들 중 박사집은 경종 1년(1721) 12월 김일경과 함께 노론의 世弟代理聽政을 역적의 소행으로 간주, 처벌할 것을 주장하여 辛丑獄을 일으킨 朴弼夢의 조카이다.214) 더우기 박필몽과 朴弼顯은 戊申의 亂 때 주모자로서 처형된 자들이기 때문에215) 그의 관련여부는 매우 중요한 의미를 지니고 있다.

박사집은 공초과정에서 신치운과의 친밀한 관계를 인정하면서 '李夏徵·李巨源·沈錐·柳壽垣·尹尙白·金渻은 모두 신의 黨으로서 一鏡의 충성심과 李光佐의 절개를 오래도록 가지고 있다.'216)고 진술하고 있다. 또한 그는 결안에서도 다음과 같이 실토하고 있다.

「나의 아비는 弼休, 할아버지는 泰淳, 어머니는 南召史, 외할아버지는 磐이다. 부모는 서울 남부 芋洞에서 태어났고 부모와 함께 살았다. 나는 致雲과 어려서 부터 친밀하였는데 치운이 항상 김일경의 흉언을 道라고 칭하였으며, 金一鏡·朴弼夢·趙泰耉·柳鳳輝와 疏下諸賊은 李夏徵이 말한 바와 같다고 하였으며, 나도 옳다고 하였다.」217)

스럽게 죽었기 때문에 독살설이 주장되었던 것이다.
213) 『英祖實錄』 卷84 英祖31年 5月 甲午條. 李建昌, 『黨議通略』 英宗朝 97쪽.
『推案及鞫案』 卷21 193冊 「逆賊沈鼎衍等推案」二, 5月 21日 罪人致雲更招白等條. 등의 기록 가운데 『黨議通略』에는 朴師緝의 이름만이 있고 다른 곳에는 두사람 다 기록되어 있다.
214) 『景宗實錄』 卷5 景宗 1年 12月 壬戌條.
215) 李鍾範, 「1728년 戊申亂의 性格」 『朝鮮時代 政治史의 再照明』, 汎潮社, 1985.
216) 李建昌, 『黨議通略』 英宗朝. 97쪽.
「申致雲李夏徵李巨源沈錐柳壽垣尹尙白金渻 皆臣黨也 相與稱一鏡之忠 李光佐之節者久矣」
217) 『推案及鞫案』 卷21 193冊 「逆賊沈鼎衍等推案」二, 5月 22日 罪人朴師緝結案條.
「矣身根脚段 父弼休 父矣父泰淳 並只故 母南召史 母矣父磐 並之故白良乎 父

위의 기록에서와 같이 박사집은 신치운과 함께 김일경으로 대표되는 준소론계의 주장을 옳다고 하였고, 이하징이 나주괘서사건에 관련되어 공초받는 과정에서 영조에게 말한 '김일경이 있은 이후에 비로소 臣節이 있다'218)는 말도 옳다고 하였다. 이와 같은 박사집의 진술은 신치운의 진술에 이어 가일층 소론탄압의 빌미와 명분을 제공하여 주었다.

뿐만 아니라 이들의 진술에서 당시 준소론자인 심악219) 유수원220) 이거원221) 등의 이름이 동모자로 거론되자 이들에 대한 審問이 이어졌

母以胎生於京中南部芧洞 隨父母長養仍爲入籍居生是白乎旀 矣身與致雲 自少親密 而致雲機拾逆鏡罔測之凶言常時稱道 鏡夢耆輝及疏下諸賊 如徵賊之言 矣身亦曰誠是矣」

218) 『英祖實錄』 卷83 英祖 31年 2月 丁卯條. 李建昌, 『黨議通略』 英宗朝. 96쪽.
「… 有一鏡然後 有臣節…」
219) 심　악 : 1702년(숙종 28)~1755(영조 31), 字는 彦魯, 영의정을 지낸 壽賢의 아들이다. 본관은 靑松, 1731년(영조 7) 정시문과에 장원급제하여 玉堂의 직을 두루 역임하고 正言에 올랐다. 1736년 노론의 趙泰采·李健命을 탄핵하는 상소를 올렸다가 체직당하였고, 1738년(영조 14) 부교리로 다시 관직에 나가 1747년(영조 23) 승지에 올랐다. 이듬해 공조참판을 거쳐 대사간에 임명되었다가 곧이어 강화유수로 발령받아 외지에 있을 때 탄핵을 받아 체직당하였다. 그 후 1751년(영조 27) 형조참판에 올랐다가 체직당한 후 1755년(영조 31) 심정연 시권사건과 연루되어 처형되었다.(『國朝榜目』, 『英祖實錄』)
220) 柳壽垣 : 1694(숙종 20)~1755(영조 31). 字는 南老, 鳳廷의 아들이자 소론 柳鳳輝의 조카이다. 本은 文化. 1718년(숙종 44) 정시문과에 병과로 급제하여 掌令을 지냄. 1723년(경종 3) 正言으로 노론의 영의정 趙泰耆를 탄핵하는 상소를 올렸다가 파직되었다. 이듬해 狼川縣監에 임명되어 외직에 나간 이후 서용되지 못하였다. 1741년(영조 17)에는 자신의 저술인 『官制序陞圖說』을 영조에게 올려 당쟁의 폐단이 관제에서 유래된다고 논하면서 관리의 승진제도와 청요직의 선출방법을 개선할 것을 건의하여 영조의 호응을 받기도 하였다.(『肅宗實錄』, 『景宗實錄』, 『英祖實錄』, 『國朝榜目』)
221) 李巨源 : 1685(숙종 11)~1755(영조31). 字는 而準, 본관은 韓山. 鳳年의 아들로 1717년(숙종 43) 정시문과에 장원으로 합격하여 校理·文學·持平·副修撰 등을 두루 역임함. 1722년(경종 2) 지평으로 노론의 李頤命·金昌集을 탄핵하는 상소를 올리는 등 소론계의 인물로서 활약함. 1755년 심정연 시권사건에 연루되어 軍門에서 효시당함. (『肅宗實錄』, 『景宗實錄』, 『英祖實錄』, 『國朝榜目』)

다. 이들 중 柳壽垣은 소론의 4대신 중에 한사람인 柳鳳輝의 至親으로, 그는 結案에서 다음과 같이 진술하고 있다.

> 「나의 아비는 鳳廷, 할아버지는 尙載이고 … 나는 致雲·師緝과 함께 친밀하게 지냈으며 침체된 바가 치운과 다름이 없는데, 이러한 것은 모두 調劑之致에서 연유한 것입니다. 故로 위로는 왕을 비방하고 아래로는 調劑한 諸臣을 욕하였으며 怨國之心을 쌓아왔습니다. 그리고 매번 만날 때마다 흉칙하고 광패한 말을 많이 하였는데 金鏡, 朴弼夢과 같을 때도 있고 그 보다 심할 때도 있었는데 신도 거기에 난만하게 수작하여 참여하였습니다. 대개 나는 여러 역적 가운데 비단 흉적을 알 뿐만 아니라, 이는 실로 黨峻한 마음에서 유래되어 나라를 원망함에 이르렀고, 나라를 원망함이 평상시에 흉측하고 광패한 말을 함에 이르렀다.」222)

위에서 보듯이 유수원은 영조대 중반 이후 취해온 노·소론의 완론계열을 중심으로한 '調劑之致'의 탕평정책을 비난하고 있다. 그리고 이들 탕평파의 정국장악으로 인해 개인의 능력이 있더라도 사실상 정계진출이 막혀 있었고, 이같은 환경은 곧 그를 반정부적인 인물로 만들었다고 진술하고 있다. 이러한 실정은 박사집이나 심악 및 신치운의 경우도 동일하였다. 그리하여 이들은 같은 소론의 입장에서 당시의 정치적 동향을 바라보는 시각도 공통점이 많아 서로 긴밀히 왕래하면서 영조의 탕평책에 동조한 신하들을 비난하고 나아가 영조까지 비방하였음을 알

---

222) 『推案及鞫案』 卷21 194冊 「逆賊沈鼎衍等推案」 三, 5月 25日 罪人柳壽垣結案條.
「矣身根脚段 矣父鳳廷 父矣父尙載並之故 … 矣身與致雲師緝等交結親密 其所沈滯 與致雲無異者 此專由於調劑之致 故上訕于上 下辱調劑諸臣 陰畜怨國之心 每於相對時 多發凶言悖說 如鏡夢之爲時 或有加於鏡夢 而矣身輒與之爛漫酬酌 矣身等於諸賊非徒不以凶賊知之 實由於以黨峻之心 至於怨國 以怨國之心 至於常道 罔測之悖說是白置 大逆不道의 實遲晚的只是白乎事」

수 있다. 이로인해 그는 대역부도죄인으로 처형되었다.
그러나 심악의 경우는 끝까지 자신의 역모 관련여부를 부인하고 있으며, 단지 유수원과는 친밀하게 지냈음을 시인하고 있다. 그는 결안에서 다음과 같이 진술하고 있다.

> 「… 致雲과는 안면이 있고 壽垣과는 친숙한 사이이지만 역심은 알지 못하며 그 외의 諸賊도 모른다. 수원은 문장에 능하고 경륜이 있으며 국가에 충성함이 있는데 그의 逆節이 무었인지 모르겠다. 내가 수원과 서로 친하게 지냈으니 죽음을 청합니다. … 역적 李夏徵은 李明彦·李明誼의 지친으로 역심이 있음은 괴이하지 않다. 나는 壽垣의 正刑이 흉언에 연유한 것으로 알고 있으며, 大逆不道로 정형된 것으로 알지는 않는다. 내가 수원의 역절을 감히 나라를 위한 정성이 있음이라고 말하였고, 수원의 흉언을 대역이 아니라고 하여 역적을 옹호하였다.」223)

이러한 그의 진술에서 보듯이 유수원과는 친밀한 사이 임을 알 수 있으나, 그와 함께 역모를 도모한 여부에 대하여는 극구 부인하고 있다. 또한 앞서 나주괘서사건으로 인해 처형을 당한 李夏徵은 역심이 있었음을 인정한 반면에, 유수원의 경우에는 그의 결안을 듣고도 역모가 아닌 단순한 흉언에 의해 형을 받았다고 말하고 있다. 더우기 영조가 유수원의 사람 됨됨이를 물었을 때 '나라를 향한 진실한 마음을 가진 자입니다'라고 진술하여 유수원을 충신이라고 말하기까지 하였다.224) 그

---

223) 『推案及鞫案』卷21 194冊「逆賊沈鼎衍等推案」三, 5月 26日 罪人沈鑰更招白等條.
「… 致雲則知之 壽垣則親熟 而其逆心則實不知 其外諸賊 盖不知矣 壽垣則能文 而有經綸 且有忠誠於國矣 壽垣之逆節 未知其如何 而矣身則以相親壽垣請死矣 … 徵賊則以明彦明誼之至親 其有逆心無怪異矣 矣身則以壽垣之正刑 知其由於凶言 而不知以大逆不道正法矣 矣身以壽垣之逆節 敢謂之向國而有精誠 以壽垣之凶言 謂之非大逆 此爲護逆矣相考處置敎事」
224) 李建昌, 『黨議通略』英宗朝. 97쪽.「上親問壽垣何如人 鑰對曰 向國有誠者也」

리하여 심악은 대역부도죄인으로서가 아니라 역적을 옹호하였다는 죄목으로 처형을 당하였다.

결국 심정연이 과장에서 자신의 죽음을 무릎쓰고 시권과 투서를 올린 것은 그 효과를 보다 극대화 시키기 위한 하나의 극단적인 방법이었다. 즉, 과장에서 자신의 이름을 적은 시권을 이용한 것은 영조에게 자신들의 의견을 직접적으로 전달하여 충격을 주자는 의도였고, 동시에 비슷한 내용의 익명의 투서를 흘린 것은 과장에 참석하고 있는 유생들과 그 이외의 많은 사람들에게 사실을 알리고자 하는 마음에서 이루어진 것으로 생각한다.

이 시권과 익명의 투서내용은 사전에 소론의 柳壽垣·申致雲·金道成 등과 토의하여 문건을 만들었고, 그 중심내용은 영조가 취하고 있는 탕평정치에 대한 비판과 당시 정국을 장악하고 있던 척신계 및 탕평파 대신들에 대한 비판의 소리였다. 또한 나주괘서사건으로 인해 영조의 대처분이 내려지고, 이에 따른 준소론계의 정치적 입지가 더욱 좁아졌음은 물론 개인 신상에도 이롭지 못하여 불만을 갖고 있던 차에 자신들의 계열을 성공리에 축출한 것을 축하하기 위한 討逆庭試가 열린다고 하자 준소계열은 큰 자극을 받았던 것이다. 이에 나주괘서사건 이후 정계의 대응에 대한 불만을 표명하고, 나아가 경종조 이후 계속되는 소론의 탄압에 대한 불만의 표시로서 그들은 시권사건과 익명의 투서를 행하였던 것이다. 그리고 경종의 의문의 죽음에 대해 소론계열들은 끊임없이 게장에 의한 독살설을 믿고 있었으며, 영조대 전반에 걸친 그들의 저항속에는 이 논리가 깊게 자리잡고 있었던 것을 알 수 있다.

② 사건의 결과와 노론정권의 확립

5월 2일에 발생한 심정연의 시권사건과 상변서사건은 약 3개월간에 걸친 국청 끝에 다음의 <표 3-4>와 같은 결과를 가져왔다.

沈鼎衍試券事件의 親鞫結果

<표 3-4>

성 명	집행일	형벌	비 고
沈鼎衍	5월 4일	梟示	沈成衍의 아우, 承旨 沈仲良의 손자
尹 惠	5월 6일	梟示	前持平으로 羅州掛書事件의 주범 尹志의 아우
尹 憓	6월 5일	物故	윤혜의 형
尹 懃	5월 6일	物故	윤혜의 형
尹 愻	5월 27일	物故	윤취상의 庶從子, 윤지의 4촌
柳明斗	5월 13일	物故	윤혜의 장인
柳鳳麟	5월 12일	斬	유명두의 아들
金寅濟	5월 16일	斬	김요경의 아들이며 呂善餘의 처남
金有濟	5월 13일	物故	준소 김일경의 侄子이며 김요경의 아들
金德濟	5월 11일	物故	김일경의 질자
金弘濟	5월 12일	物故	김일경의 질자
金大再	5월 18일	物故	김일경의 從子
金佑海	5월 18일	物故	김일경의 종자
金天柱	5월 16일	物故	김일경의 종손, 의원
金耀采	5월 6일	梟示	김일경의 종손
金耀白	5월 6일	梟示	김일경의 종손
金耀德	5월 18일	物故	김일경의 종손
金耀玉	5월 18일	物故	김일경의 종손
金道成	5월 11일	物故	김일경의 종손
金暢奎	5월 20일	斬	김일경의 종자, 일명 팽로, 승
申致雲	5월 21일	梟示	대사간을 지냄
申致恒	5월 21일	斬	신치운의 아우
申致興	5월 29일	斬	신치운의 아우
申 遵	5월 21일	斬	신치운의 아들
李巨源	7월 9일	梟示	옥당을 지냄
李運和	7월 10일	斬	이거원의 아들
李宇和	5월 26일	物故	이거원의 아들
李世和	6월 5일	物故	이거원의 아들
金弘錫	5월 29일	대역률	박세당의 사위, 15년전에 죽음
金正履	7월 12일	斬	김홍석의 손자
金正觀	5월 28일	斬	김홍석의 손자

金光秀	5월 29일	斬	김홍석의 아들
姜夢協	5월 8일	斬	심정연과 동모죄, 김일경의 외종
姜 堅	5월 9일	斬	강몽협의 아버지
姜夢相	5월 9일	斬	강몽협의 사촌
姜鶴壽	5월 14일	物故	강몽협의 아들
金商楫	5월 21일	正刑	몽협의 매부
柳鳳星	5월 22일	斬	몽협, 정연과 동모죄인, 견과 이종
宋秀岳	5월 21일	斬	이준과 친밀
李 垓	5월 16일	斬	선혜청랑청을 지낸 楳의 아들, 진사
李 佺	5월 16일	斬	學長을 지냄
李大運	5월 17일	絞	이준의 아들
柳壽垣	5월 25일	梟示	유봉휘의 당질, 헌납·정언 등을 역임
柳東暉	5월 27일	斬	유수원의 아들로 연좌당함
朴師緝	5월 22일	梟示	박필현의 5촌 조카, 弼休의 아들
朴活源	5월 25일	絞	朴師緝의 아들
朴師集	5월 24일	斬	師緝의 형, 知情不告罪
沈 鏽	5월 26일	梟示	영의정 심수현의 아들, 대사간에 오름
金 浩	5월 25일	斬	소론으로 정언 장령을 지낸 金浩의 4촌
李 墡	5월 22일	物故	이준의 4촌
李世鉉	5월 21일	正刑	아들이 신치운에게 수학함
李公胤	5월 21일	斬	
李命顯	5월 24일	絞	李公胤의 아들
鄭 權	5월 19일	物故	鄭楷의 6寸, 有翼의 매부, 이준과 사돈
呂光學	5월 19일	物故	金一鏡의 外從
呂善餘	5월 21일	斬	여광학의 아들
呂善初	5월 24일	斬	여선여의 형
呂善命	5월 24일	絞	呂光學의 아들
呂善亨	5월 25일	流配	泰仁으로 감
趙 榆	5월 20일	斬	이준과 교류
吳命佑	5월 24일	流配	金海府, 농부
吳重觀	5월 24일	流配	雄川縣, 명우의 조카, 농부
李夏集	5월 28일	物故	이하징의 族弟
李址垣	6월 2일	物故	이하징의 從子
趙榮恒	5월 6일	流配	學長, 李佺의 아들을 가르침
李 堪	5월 25일	流配	李垓의 4촌

제3장 英祖의 蕩平策과 老論政權의 確立 175

趙 榮	5월 27일	物 故	조륜의 4촌
許 構	5월 24일	流 配	淮陽府, 이준의 사돈
趙載敏	5월 29일	流 配	거제부, 승지를 지냄, 소론
尹尙益	6월 1일	物 故	윤상백의 從弟
尹尙浩	6월 2일	物 故	윤상백의 從弟
柳鳳星	5월 22일	斬	강몽협과 姨從間
李 㙫	6월 2일	斬	驪川君 增의 아우; 종친
尹鳳煥	7월 10일	斬	李澍와 秘記를 운운한 죄
李 澍	7월 10일	斬	약국을 경영함, 秘記를 운운
李 洞	7월 17일	流 配	李澍의 아우, 연좌로 北邊에 감
李明祚	7월 23일	斬	李普昱의 아들
李在敬	8월 23일	斬	이명조의 아들
丁極星	7월 24일	梟 示	잡술인, 윤봉환·윤지와 체결
金延壽	7월 17일	流 配	흑산도로 감
金錫泰	7월 19일	物 故	李澍 형제와 秘記 문제로 추국당함
朴命球	5월 8일	流 配	四館의 관원
趙 璘	5월 16일	流 配	耽羅, 점술인
趙文福	5월 13일	流 配	심정연과 친밀
金彭命	5월 18일	物 故	金浩의 장인
卞瑞五	5월 21일	正 刑	帳殿투서죄인
沈壽增	5월 21일	物 故	이준과 교류
沈奎賢	5월 23일	物 故	世代仕宦家, 심유현의 족속
朴弘儁	5월 26일	流 配	巨濟道, 직접적 관련은 없음
金績熙	6월 2일	流 配	南海縣, 解墨罪人
太 守	6월 9일	物 故	
全孝舜	5월 4일	流 配	湖南公海, 정연과 친밀
全孝曾	5월 4일	流 配	湖西定配
崔守仁	5월 10일	流 配	端川府, 代寫罪
崔基晋	5월 10일	流 配	金道成에게 受學한 죄
沈聖泗	5월 12일	流 配	巨濟府
趙文福	5월 12일	流 配	臨陂縣, 趙東星의 아들
趙東星	5월 12일	流 配	智島
洪啓文	5월 14일	流 配	姜夢協의 공초에 나옴
姜德俊	5월 14일	流 配	姜夢協의 공초에 나옴
朴慶應	5월 14일	流 配	姜夢協의 공초에 나옴
沈來復	5월 14일	流 配	旌義縣, 심정연의 조카

李光臣	5월 14일	流 配	鍾城府, 學長, 道成의 집에 왕래
徐哲修	5월 16일	流 配	士人, 道成과 친밀
魚錫耉	5월 16일	流 配	도성과 친밀
趙 璘	5월 16일	流 配	耽羅, 점술인
鄭聖麟	5월 16일	流 配	洪川人으로 道成을 양육한 죄
黃潤龜	5월 16일	流 配	耽羅, 점술인
李聖述	5월 4일	斬	역적을 보호한 죄
尹光纘	5월 4일	流 配	巨濟府

*이 표는 『英祖實錄』과 『推案及鞫案』『闡義昭鑑』을 근거로 하여 작성한 것이다.

즉 <표 3-4>에서 보듯이 형을 당한 자는 모두 110명에 이르고 이중 죽은 자의 수만도 77명이며, 유배자가 32명, 대역률로 추시당한 자가 1명이다. 적어도 이렇게 많은 사상자를 낸 사건은 조선후기 정치사에서 그리 많지 않다. 더우기 국청과정에서 핵심인물과 관련된 대다수의 인물이 연루되어 죽음을 당하였다. 특히 峻少論의 대표격인 金一鏡의 후손들은 물론 尹志·申致雲·李巨原·柳壽垣·朴師緝·沈鏽 등 소론인물들과 그 후손들도 모두 형을 받은 것이 주목된다. 이는 준소론의 근저를 뿌리 뽑겠다는 영조와 당시 노론 대신들의 의지가 반영된 것이며, 이를 계기로 차후에는 그 후손들이 다시는 반역을 모의하지 못하게 하기 위한 강력한 조치의 일환이었다. 더 나아가서는 김일경과 맥을 같이 하는 조정의 대신들을 제거하여 노론이 전권을 장악하고자 하는 속셈도 엿볼 수 있을 것이다.

또한 이러한 국청의 운영이 나주괘서사건 이후 노론의 완전승리를 안겨주기 위한 『闡義昭鑑』 편찬과 궤를 같이하면서 이루어 졌다는 점도 주목할 필요가 있다. 『闡義昭鑑』은 영조 31년(1755) 5월 29일 執義 徐命膺·持平 元仁孫의 발의에 의해 이루어 졌으며,[225] 6월 1일에 都提調와 편집당상 및 랑청을 임명하였다.[226] 도제조는 領府事 金在魯, 領

---

225) 『英祖實錄』 卷84 英祖 31年 5月 壬寅條.
226) 『英祖實錄』 卷85 英祖 31年 6月 癸卯條.

敦寧 李天輔, 右議政 趙載浩 3명이 임명되었고, 편집당상은 徐宗伋·趙榮國·李成中·趙明履·鄭翬良·南有容 으로 모두 6명이, 편집랑청은 李亮天·洪名漢·徐命膺·黃仁儉·李最中·宋文載·李吉輔·洪麟漢·洪景海·南泰著·元仁孫·李星慶으로 12명이 임명되어 편찬에 들어갔다. 그러나 그해 9월 21일에는 영조가 당색으로 인한 상소가 계속 일어나자 갑자기 책을 편찬하는 찬수청을 罷하라는 명령을 내렸다가 노론 대신들이 일제히 연명 또는 개인적으로 그 부당함을 논하는 상소를 올려227) 다음날 다시 찬수청을 설치하고, 도제조에 金在魯, 편집당상에 申晩·徐命膺·李鼎輔·南泰齊를 새로 임명하는 우여곡절을 겪기도 하였다228). 그리하여 같은 해 11월 26일 완성되었으며, 영조는 5곳의 史庫에 각각 1권씩을 소장하도록 명령하고 책을 만드는데 참여한 사람들에게 상을 지급하여 주었다.229) 이 책은 경종조 이후 영조 31년(1755) 까지의 모든 정쟁의 과정을 기록함은 물론 忠逆의 義理를 기록으로 명시하여 차후 다시는 이 문제에 대한 반론이 없게하고, 나아가 영조의 세제책봉과 대리청정은 천하만세의 의리라는 정당성을 천명한 것이다.230)

　　결국 영조는 나주괘서사건으로 한차례 옥사를 치르고 난 이후 또 다시 소론계열의 인물들이 試券事件을 일으키고 나아가 경종의 독살설에 대해 언급하자 격분하여 차후 다시는 왕위계승에 따른 시비를 정치적 쟁점으로 만들지 않기 위해 노론의 정당성을 서면으로 인정하는 책자를 만들 것을 명령하고 동시에 사건에 관련된 사람들에게 국청을 가하였던 것이다.

---

227) 『英祖實錄』 卷85 英祖 31年 9月 壬辰條. 『承政院日記』 乾隆 20年 9月 21日條.
228) 『英祖實錄』 卷85 英祖 31年 9月 癸巳條. 『承政院日記』 乾隆 20年 9月 22日條.
229) 『英祖實錄』 卷86 英祖 31年 11月 乙未條. 『承政院日記』 乾隆 20年 11月 26日條.
230) 『闡義昭鑑』 凡例條.에 책을 서술하는 목적과 방법 및 시기적 제한을 밝히고 있다.

이는 정치적 면에서 볼 때 국청의 운영에서 소론의 탄압으로 몰고갈 수 있는 중요한 변수로 작용하였을 것이다. 만일 영조가 소론계열의 처지를 측은히 여겼더라면 이와 같은 대옥사는 일어나지 않았을 것으로 보인다. 결국 반대로 볼 때 영조가 정치적 쟁점에 대한 분명한 의지를 표명함으로써 이번 기회를 통해 완전히 소론계열을 제거하고자 했던 것으로 보인다. 이는 좌의정 김상로와의 대화에서도 알 수 있다. 김상로는 영조에게 이 사건은 반드시 배후가 있을 것이라고 하여 소론제거의 방향으로 영조를 유도하였고, 영조 또한 이에 동조하면서 '반드시 완전하게 제거한 후에야 잠을 편히 잘 수 있을 것이다'[231)]라고 하면서 이인좌 란 이후 준소론계의 계속된 저항을 뿌리 뽑겠다는 의지를 보이고 있다. 따라서 이 사건은 발생초부터 소론계열에 대한 강력한 탄압을 예고했다. 이와 같이 나주괘서사건 이후 시권사건과 상변서사건으로 일어난 옥사는 국청의 진행과정에서 영조의 왕권 안정과 노론 대신들의 소론의 완전한 제거라는 이해관계가 서로 일치하면서 나타난 결과이다.

그리하여 나주괘서사건과 심정연의 시권사건을 치루고 난 이후 정국의 장악은 완전히 노론의 손으로 넘어가 노론정권의 확립을 보게 되었다. 1755년 11월 26일『闡義昭鑑』이 편찬된 이후 노론의 元景夏는 영조에게 "『闡義昭鑑』에 景廟의 誠孝를 실었으니 마땅히 故 判書 閔鎭厚, 故 奉朝賀 閔鎭遠 형제를 致祭하여야 한다'고 주장하여[232)] 노론의 정국장악을 본격적으로 표면에 드러내기 시작하였다. 이듬해 정월 17일에는 관학유생 兪漢師 등이 宋時烈・宋浚吉의 문묘제향과 노론의 4대신 故 相臣 金昌集, 李頤命, 趙泰采, 李健命의 旌閭獎忠을 청하는 상소가 있었고, 이를 당시 대리청정을 맡고 있던 사도세자가 허락하였다.[233)]

---

231)『英祖實錄』卷84 英祖 31年 5月 己丑條.
232)『英祖實錄』卷86 英祖 31年 11月 乙未條.『承政院日記』乾隆 20年 11月 26日 條.
233)『英祖實錄』卷87 英祖 32年 正月 乙酉條.『承政院日記』乾隆 21年 正月 17日條.

그러나 같은달 29일 영조는 관학유생들이 노론의 4대신을 旌閭하라고 한 것은 지나친 일이며 또한 관학유생들이 청할 일의 성격이 아니라고 말하고, 다만 송시열과 송준길의 문묘제향은 긍정적인 반응을 보여234) 다음달 1일에 문묘배향을 허락하고235) 15일에 문묘종사를 頒敎하였다.236)

또한 이 사건을 계기로 차후 정국의 구도는 노론이 완전히 장악하게 되었으나 노론 내부에서도 서서히 틈이 벌어지기 시작하였다. 즉 李天輔·南有容·朴志源·李亨逵·洪鳳漢 등의 東黨系列과 洪啓禧·洪述海·金尙魯·金取魯·趙榮順 등의 南黨系列 및 中黨으로 갈라져서 대립하게 되었으며,237) 그 후 임오지변이 발생하면서 정국은 새로운 국면을 맞이하게 되었다.

이 점에서 나주괘서사건으로부터 야기된 이 해의 옥사는 노론집권의 정치적 명분을 결정지었다는 점에서 중요한 사건이 아닐 수 없으며, 차후 사도세자가 죽음을 당하는 임오지변을 미리 예견케하는 정치적 사건이었다. 즉 적어도 노론에 대해 회의적 반응을 보였던 사도세자의 태도는 노론집권의 시대가 되면서 노론들의 주요 견제대상이 되었을 것은 자명한 사실이다.238) 문제는 사도세자가 어떠한 과정을 거치면서 구

---

234) 『英祖實錄』 卷87 英祖 32年 正月 丁酉條. 『承政院日記』 乾隆 21年 正月 29日條.
235) 『英祖實錄』 卷87 英祖 32年 2月 己亥條. 『承政院日記』 乾隆 21年 2月 2日, 3日條.
236) 『英祖實錄』 卷87 英祖 32年 2月 癸丑條. 『承政院日記』 乾隆 21年 2月 15日條.
237) 朴光用, 앞의논문 322쪽.
238) 사도세자의 죽음에 있어서 그 원인 문제는 크게 두가지로 대별되고 있다.
　　하나는 정치적으로 비교적 사도세자가 노론에 대해 비판적이었기 때문에 당쟁의 결과로 희생되었다고 보는 관점이고, 둘째는 사도세자의 비행과 영조의 과격하고도 다혈질적인 성격에 따른 갈등속에서 희생되었다고 보는 견해이다. 전자는 李銀順의 『朝鮮後期黨爭史硏究』(一潮閣, 1988 106쪽), 成樂熏의 『韓國黨爭史』 등이 있고, 후자는 金用淑의 『閑中錄硏究』(韓國硏究叢書 49집, 韓國硏究院, 1983), 崔鳳永의 「壬午禍變과 英祖末·正祖初의 政治勢力」(『朝鮮後期黨爭의 綜合的 檢討』 韓國精神文化硏究院, 1992)등이 있다.

체적으로 노론과 정책의 대결을 펼쳐가는가를 고구해야 할 것이다.

　이상에서와 같이 소론계열에 의해 주도된 나주괘서사건 이후 심정연의 시권사건에 이르기까지 약 6개월 사이에 170여명에 달하는 사람들이 형을 받았으며, 그 가운데 120여명에 달하는 사람이 처형되었다. 나주괘서사건이 비록 정치적 성격을 가지고 있었다 할지라도 조선후기의 괘서사건들 가운데 이같은 대 옥사는 없었다. 따라서 이 해의 대대적인 소론 숙청을 '乙亥獄事' 혹은 '乙亥逆獄'이라고 명명하고 있는 것이다. 이 사건은 괘서사건으로 인한 결과가 어느정도에까지 이르렀는가를 극명하게 보여주는 한 사례라 할 것이다.

제3절 英祖朝 掛書事件의 性格과 特徵

　영조가 52년간 재위하는 동안 조정에 보고된 15건의 괘서사건을 앞에서 개관하고 대표적인 사건을 분석하였다. 이를 토대로하여 유형별로 그 성격을 구분하면 다음의 <표 3-5>와 같다.

　이 <표 3-5>를 바탕으로 살펴볼 때 영조조의 괘서사건이 갖는 성격을 다음과 같이 요약할 수 있다. 먼저 영조조의 괘서사건은 정치적성격과 사회적 성격을 동시에 내포하고 있다는 점이 주목할만하다. 즉 숙종조의 괘서사건이 대부분 정치적 성격을 갖고 있으며, 순조 이후의 괘서사건은 사회적 성격이 농후하게 나타나고 있는 것과 연결선상에서 파악할 수 있다. 따라서 영조조의 괘서사건이 정치적·사회적 성격을 동시에 갖고 있는 것은 조선후기 괘서사건의 성격이 시대에 따라 어떻게 변화하고 있는지를 극명하게 보여 준다고 할 수 있다. 당초 정치적 이슈와 정권장악의 한 방편으로서 이용되던 것이 영조 때에 오면서 정치적으로 실세한 세력들이 정권의 만회와 아울러 민란을 유도하기 위한 민심혼란을 목적으로 괘서를 이용하였던 것이다. 이에 따라 괘서가 정치적인 이해관계에 이용되어 지식인들에 의해 주도되던 것이 사회적 성격을 갖게 되는 것과 동시에 그 이용층도 점차 다양화되기 시작하였음을 보여주고 있다.

英祖朝 掛書事件의 性格區分

<표 3-5>

번호	년대	사 건 명	범인의 성향	정치적	사회적	경제적	기 타	사건의 특징
1	1727	全州場市掛書		○	○	·	·	무신란과 연계됨
2	1727	南原場市掛書		○	○	·	·	〃
3	1728	漢城 西小門掛書		○	○	·	·	〃
4	1728	漢城 鐘街掛書						〃
5	1728	沃溝·臨陂掛書		○	○	·	·	〃
6	1733	南原 百福寺掛書	進士	·	·	·	○	무신난 때의 괘서 내용답습, 왕과 관리를 비판
7	1733	南原 城邊掛書	平民	·	○	·	○	무신란 때의 괘서 내용을 사용, 秘記 이용, 관리비판
8	1734	大邱 鎭營掛書	몰락 지식인	○	·	·	○	지방관리의 비리를 비판, 조정 비방
9	1738	漢城 景福宮掛書		○	·	·	·	영의정과 중앙관리를 비판
10	1741	漢城 闕文掛書		○	·	·	·	소론의 趙顯命과 朴文秀를 비판
11	1748	淸州·文義掛書	몰락양반	○	○	·	·	정부비판, 富者의 곡식탈취가 목적
12	1755	羅州客舍掛書	前 持平을 지냄	○	·	·	·	관리비판, 소론몰락의 원인이 됨.
13	1762	漢城 闕文掛書	幼學	·	·	·	·	참서와 비기를 이용, 미수에 그침
14	1762	漢城興化門掛書		·	○	·	○	지방 수령의 비리 폭로
15	1771	漢城迎恩門掛書		·	·	·	·	내용을 알 수 없음

다음으로 영조조 괘서사건의 특징으로는, 첫째, 괘서가 집단화된 저항조직에 의해 민심교란용으로 이용되기 시작하였다는 점이다. 이전의 괘서사건이 대다수 개인 또는 소수집단의 필요에 의해 이용되던 것이 이인좌 란의 발생과 궤를 같이하여 대단위 저항집단, 즉 민란과 같은 저항조직에서 민심혼란을 위한 용도로 괘서를 사용하였고 실제로 많은 효과를 거두고 있다. 또한 순조조의 평안도 농민항쟁이 발생하였을 때도 괘서사건으로 민심의 혼란을 유도하고 있는 사례도 있다.

둘째, 대다수 괘서사건이 이인좌 란과 직·간접적으로 연관성을 가지고 있는 것이 눈에 띄는 현상이다. 물론 초기의 괘서사건은 이인좌 란에 직접적으로 이용되었지만, 그 이후 괘서사건의 경우 이인좌 란 때의 괘서내용을 필사해 두었다가 이를 다시 이용하는 사례가 빈번하게 발생하고 있다. 결국 영조의 재위 초기에 발생한 李麟佐 亂은 영조대 전반에 걸쳐 영조를 중심으로한 위정자들에게 커다란 정치적 부담으로 남아 있었고, 사회적으로는 民들이 이인좌 란의 괘서내용을 필사해 사용하고 있었던 점으로 보아 민심의 이반에 일정한 영향을 미치기에 충분했으며, 나아가 그들의 批判意識의 高揚에도 일조하였던 것으로 보인다. 이는 이후 괘서사건의 비판양상이 정부와 관리들에게 집중되어 나타나고 있는 현상에서도 알 수 있다.

셋째, 괘서발생 이후 주모자가 체포되었을 때 대부분이 親鞫을 행하였다는 점이다. 지방에서 괘서사건이 발생하였을 경우 순조대 이후로는 地方 監司의 全權下에 처리되는 例가 많았으며, 친국의 경우는 거의 없는 편이었다. 이에 비하여 영조는 직접 죄인의 심문을 담당하여 처리하는 등 적극적인 대응책을 폈던 것이다.

영조가 이와 같이 사건의 처리에 적극적으로 가담한 것에는 정치적으로 그의 왕권안정과도 관련이 있기 때문으로 보인다. 즉 영조의 왕위계승 과정에서 노론과 소론 및 남인 사이에 많은 불협화음을 초래하였으며, 급기야는 경종의 독살설로 발전되어 영조의 정치적 입지를 난처하게 만들었다. 나아가 이같은 영조의 난처한 점을 빌미로 삼아 이인좌란을 일으켰던 급진계열의 소론세력들에 있어서 영조는 강경하게 대처할 수밖에 없었으며, 여기서 파생되었던 괘서의 내용 또한 영조에게 이로운 점은 아니었기에 적극적으로 대처했던' 것으로 생각한다. 더우기 괘서의 내용전파가 법적으로 금지되어 있기는 하지만 실제적으로 볼 때 그 내용의 급속한 전파가 이루어 지고 있었기 때문에 더욱 더 적극적인 대응책을 강구하지 않을 수 없었던 것이다.

넷째, 괘서의 발생장소가 전국적으로 확산되고 있다는 점이다. 숙종조의 괘서사건이 한성부에 집중되어 발생한 것과 비교할 때 괘서가 영조대 이후부터 각지에서 많이 이용되고 있음을 알 수 있다. 이는 숙종조의 괘서가 정치적 성격이 강하여 주로 중앙에서 발생했던 것이라고 생각할 때 영조조에는 정치·사회적 성격을 동시에 가지고 있어 각 지방의 대도시에서도 사건이 발생할 수 있는 요건을 가지고 있었던 것이다. 그리고 이후 괘서사건은 실제로 전국의 다양한 장소에서 발생하고 있어 장소의 불특정 현상이 나타나고 있음을 보여준다.

다섯째, 괘서의 주모자가 다양화되고 있다는 점이다. 앞의 도표에서 보듯이 괘서 이용자들의 성향은 중앙의 관직을 지낸 자에서부터 양반 및 일반 평민에 이르기까지 다양하게 나타나고 있다. 위의 표에서 몰락양반은 신분은 양반이나 정치적·경제적 요인에 의해 몰락하여 한미한 집안으로 전락한 자를 의미한다. 괘서의 주모자들 이외에 사건에 직·간접적으로 동조한 다른 인물들을 포함할 때 괘서에 가담한 인물의 구성은 신분이나 계층에 관계없이 모두가 그 대상이 되었던 것이다. 예를 들면 羅州掛書事件에 관련된 지방 官衙의 下吏들이나 노비들, 沈鼎衍試券事件에 관련된 일반 평민들, 한성부 궐문과 홍화문 괘서사건에 관련된 평민들이 그것이다. 이와 같은 괘서 이용자의 불특정, 장소 및 지역의 불특정 등은 괘서의 이용이 보다 광범위하게 퍼져 나가고 있는 현상을 대변하는 것이며, 전국적인 경향으로의 발전이나 괘서주모자의 확대라는 측면에서 볼 때 민의 정치의식이나 사회의식이 상대적으로 높아가고 있다는 점도 엿볼 수 있다.

여섯째, 괘서의 내용에 秘記와 讖書의 내용들이 일부 이용되고 있다는 점이다. 비기와 참서는 그 속성상 일반 민들에게 널리 퍼져 있던 사회사상의 하나이다. 『鄭鑑錄』과 같은 秘記가 조선후기 전반에 걸쳐 민의 생활속에 널리 자리잡고 있었던 것은 이미 주지하고 있는 사실이나, 이러한 내용이 영조대부터 괘서에 등장하기 시작하고 있고, 이후 19세기에 이르면 그 빈도가 점점 높아지고 있는 현상이 나타나고 있다.

일곱째, 나주괘서사건의 경우 정치 주도세력 형성에 결정적인 계기를 제공했다는 점이다. 을해년의 대 옥사를 일으키면서까지 영조대 전반기에 걸쳐 문제시되었던 노·소론 간의 갈등을 완전한 노론정권의 확립으로 결론짓게 된 동기제공이 바로 나주에서의 괘서사건이었던 것이다.

제4장 純祖朝 民의 動向과 掛書

제1절 秘記의 流行과 掛書利用層의 擴大

1. 各種 圖讖書의 流行

 圖讖 또는 讖緯說은 국가나 인간의 길흉화복을 예언하는 것으로 여러 秘記類를 총칭하는 것이라고 할 수 있다. 중국과는 달리 보다 민중적 성격을 지니고 있는 우리나라의 도참은 풍수지리설과 연결되어 있을 뿐만 아니라 풍수지리설을 원용한 사상체계를 갖추고 있으며, 전래의 巫俗이나 道敎·佛敎的 요소도 내포하고 있다.[1]

 圖讖書 가운데는 『鄭鑑錄』을 비롯하여 『國祚編年』『眞淨秘訣』『乘門衍義』『經驗錄』『神韜經』『金龜書』『關西秘記』등 여러 종류의 책이 있다. 이들 책은 정조 6년과 정조 9년 정감록을 가지고 난을 도모했던 사

---

1) 중국의 도참은 經에 대한 秘記로서의 성격이 강하며, 우리나라의 도참은 부패한 상황속에서 발생한 민중신앙적 요소가 두드러지게 나타난 특징을 지녔다고 하였다.(梁銀容,「鄭鑑錄信仰의 再照明」『傳統思想의 現代的 意味』韓國精神文化硏究院, 1990)

건에 연루된 자들의 진술에서 나오고 있다. 즉 정조 6년(1782) 11월 文仁邦·白天湜·李京來 등이 비기를 이용하여 역모를 도모하다가 체포되었을 때 문인방은

「신이 얻은 요술의 책 중 하나는 승문연의이고 하나는 경험록이고 하나는 신도경이고 하나는 금귀서입니다 … 정감록 가운데 여섯 자의 흉악한 말도 지어내어 모함하려는 계교였는데 이 흉악한 말은 일찍이 臣의 책자 중 經驗錄에도 나타나 있습니다.」[2]

라고 진술하였다. 그리고 정조 9년(1785) 3월 文光謙·洪福榮·李瑮을 국청하는 장소에서 문광겸은 '진정비결과 정감록은 서로 맞아 떨어진다 …국조편년이라는 것은 바로 정감록과 같은 여러 가지 책들을 가리킨 것입니다'[3] 라고 진술하였고, 이율은 다음과 같이 공초하였다.

「이른바 編年이라는 것은 鄭鑑錄이나 眞淨秘訣에 불과한 것이고, 그 전부터 전해 내려오는 책이기 때문에 과연 보관하여 두었던 것입니다.」[4]

이러한 秘記類 중에서 조선후기에 가장 유행했던 것은 『鄭鑑錄』이다. 『정감록』의 구체적 출현 시기는 정확하게 알 수 없으나 정조 6년 문인방은 자신의 진술에서

「나는 어렸을 때 諺書로 되어 있는 정감록을 보았으며, 그 基端은 고려왕조로부터 출발하고 있다는 말을 들었다.」[5]

---

2) 『正祖實錄』 卷14 正祖 6年 11月 癸丑條.
3) 『正祖實錄』 卷19 正祖 9年 3月 乙丑條.
4) 上同.
5) 『推案及鞫案』 卷24 235冊 「逆賊仁邦京來等推案」 11月 19日 罪人瑞集白等條. 169쪽.

라고 말하고 있어 적어도 고려시대 이래 民間에서 이 책이 전래되어 왔으며, 조선후기 18세기 중반경에는 이미 諺書로 되어 대중화의 길을 걷고 있었음을 확인할 수 있다. 이 기록 이외에 최남선의『朝鮮常識問答』에는 '정감록이란 선조 이후부터 정조조에 이르는 어느 시기에 혁명운동상 필요로서의 자료를 민간신앙 방면에서 취하여 未來國土의 희망적 표상으로 만들어 낸 듯하다'고 하여 임진왜란과 병자호란 이후에 정감록이 만들어진 것이라고 기술하고 있다.6) 또한 기록상『鄭鑑錄』이라는 명칭이 영조 15년에 처음 나타나고 있는 점도 주목할 필요가 있다.7) 이러한 사실을 종합해 볼 때 적어도 17세기경에『정감록』이 만들어 졌고, 민에게 대중화되는 시기는 18세기 중반기로 파악하는데 무리가 없을 것으로 생각한다.

조선후기 괘서사건의 내용 가운데서 비기를 처음 이용한 사건은 영조 24년(1748) 충청도 淸州와 文義 掛書事件이다. 이 후 영조 38년(1762)에 궐문에서 발생한 괘서사건에서도 비기가 이용되는 등 영조 연간 15개의 괘서사건 가운데 2개의 사건에서 비기를 이용하고 있음을 알 수 있다. 그 후 정조조에는 괘서사건이 기록된 것이 없어 자세한 사항을 알 수는 없으나 19세기 순조조에 발생한 12개의 괘서사건 가운데 비기를 이용한 사건은 모두 7개로서 약 60%를 점유하고 있다. 이러한 사실

「矣身幼時見書諺書鄭鑑錄 而聞其端 則出自高麗王朝矣」
6) 崔南善,『朝鮮常識問答』上, 三省文化文庫 16, 1974. 159~161쪽.
7)『備邊司謄錄』第105冊, 英祖 15年 6月 15日條. 정감록의 공식 명칭은 이 때 나타나지만 정감록을 의미하는 鄭眞人에 관한 이야기는 숙종 23년에 이미 나타나고 있다.(肅宗實錄 권31 肅宗 23年 1月 壬戌條)
　高成勳,『朝鮮後期 變亂硏究』東國大博士學位論文, 1993. 27~29쪽. 고성훈은 이 논문에서 정감록 사상이 변란에 이용되는 정도에 따라 영조 4년 이인좌 란 이전까지를 1단계로, 영조 4년 이후 정조 4년(1728)까지를 2단계로, 정조 4년 이후를 3단계로 분류하고 있다.

을 근거로 볼 때 18세기 중반 이후 각종 秘記類의 책들이 민에게 널리 유포되고 있음을 확인할 수 있으며, 순조조에 나타나는 괘서사건의 한 특징적 요소로서 각종 비기류의 책들이 이용되고 있음도 알 수 있다.

이같은 讖書는 민심의 동요를 일으키기 위한 방편으로 주로 이용되었고, 유언비어 같이 빠른 확산을 보이고 있다. 民으로의 전파상황은 헌종 2년 좌의정 洪奭周가 대왕대비에게 사회의 습속을 다음과 같이 언급하는 과정에서 잘 나타나고 있다.

> 「妖言을 금하는 것은 전부터 지극히 엄하였습니다. 삼가 律文을 살펴 보건대 이르기를 '무릇 讖緯·妖書·妖言을 짓거나 그것들을 전파하여 백성을 미혹시킨 자는 모두 참한다' 하였습니다. 그러나 習俗이 이상한 것을 좋아하고 백성들의 마음과 뜻이 안정되지 못하여 妖誕하고 不經한 말들을 서로 전파하여 스스로 大禁을 범하는 것을 모르고 있으며, 혼란을 야기하기 좋아하고 재앙을 빗기 좋아하는 무리들이 잇따라 흉언을 지어 내어 선동하고 미혹하는 바탕으로 삼고 있습니다.」8)

이와 같이 일종의 민간사상으로서 현실인식의 비판적 내용을 담고 있는 이들 비기류의 유행은 조선후기의 사상적 특질가운데 하나이며, 당시 유언비어의 주된 흐름을 담당하고 있었다. 물론 이러한 비기류의 서적유통에 대해 정부에서는 백성들을 현혹시킨다는 이유로 금지시켰다.9)

---

8) 『憲宗實錄』 卷3 憲宗 2年 4月 壬申條.
「奭周又啓言 妖言之禁 自來至嚴 謹稽律文 有曰凡造讖緯妖書妖言及傳用惑衆者 皆斬 而習俗好異 民志靡定 往往以妖誕不經之說 相與傳播 不知自干於大禁 好亂樂禍之徒又徒以做出凶言 以爲煽動訛惑之資」
9) 『正祖實錄』 卷14 正祖 6年 12月 壬申條.

2. 掛書事件의 發生現況

純祖가 재위하고 있을 당시에 나타난 괘서사건은 아래의 <표 4-1>에서 보듯이 총 12건에 달한다. 純祖朝 괘서사건의 특징과 성격을 이해하는데 도움을 주기 위해 <표 4-1>에 나타난 여러사건 가운데 뒤에서 분석한 1804년 四大門掛書事件과 1826년 淸州掛書事件을 제외한 나머지 사건에 관하여 개괄적으로 살펴보도록 하겠다.

순조 1년(1801) 경상도의 河東 斗峙場, 宜寧, 昌原 등지에서 연속적으로 발생한 괘서사건은 민란을 선동하는 내용을 담고 있다.[10] 하동괘서의 내용은 다음과 같다.

> 「문장력이나·무예·힘이 있으면서 하는 일이 없고 失農한 사람들은 나의 북소리와 나의 倡義를 따르라. 재상이 될 만한 자는 재상을 시키고, 장수가 될 만한 자는 장수를 시키며, 지혜로운 자는 부림을 얻을 것이며, 꾀있는 자는 가까이 할 것이며, 가난한 자는 풍요로움을 얻을 것이며, 두려워하는 자는 숨겨줄 것이다.」[11]

위에서 보듯이 지식계층에서부터 일반농민들로 뚜렷한 일이 없이 떠돌아다니는 무뢰배들에 이르기까지 모두를 포용하면서 이들에게 자신을 따라 올 것을 선동하고 있다. 이것 이외에 破字를 이용한 '十爭一口'

---

10) 河東掛書事件의 顚末에 대해서는 韓明基,「19세기 전반 괘서사건의 추이와 그 특성 -1901년 하동·의령 괘서사건을 중심으로-」『國史館論叢』第43輯, 國史編纂委員會, 1993에 자세히 정리되어 있다.

11) 『承政院日記』嘉慶 6年 辛酉 12月 26日條.
「有文筆武藝氣力 無形勢所業失農者 應我鼓吹 從我倡義 相者相之 將者將之 智者使之 謀者近之 賓者豊之 畏者隱之」

순조조 괘서사건 발생건수

<표 4-1>

	發生年度	發生場所	主要 內容	犯人	典據
1	순조 1년 (1801) 6월	경상도 하동 두치장	참서를 이용하여 민심의 혼란을 유도하는 내용	×	實,承,推
2	순조 1년 (1801) 7월	경상도 의령	〃	○	實,推
3	순조 1년 (1801) 8월	경상도 창원	〃	○	實,推,備承
4	순조 4년 (1804) 3월	한성부 사대문	참서를 이용하여 서울의 4대문에 모두 괘서하려다 실패함	○	實,推
5	순조 7년 (1807) 1월	한성부 문희묘 남장	현직 고위관료 17명의 이름을 列書하여 비난하는 내용	○	實,推
6	순조 11년 (1811) 6월	한성부 포도청	내용이 기록되어 있지 않음	○	實,備,承,推,
7	순조 12년 (1812) 2월	한성부 남문 석주	홍경래난과 관련되어 서울에서 민심혼란을 유도하는 내용	○	實,推
8	순조 12년 (1812) 2월	한성부 구장 영대문	〃	○	實,推
9	순조 19년 (1819) 5월	경기도 수원	난을 일으킨다는 내용으로 민심 혼란 유도	○	實,捕,日
10	순조 26년 (1826) 4월	충청도 청주 성문	實名으로 난이 일어날 것이라는 내용으로 괘서함	○	實,推
11	순조 26년 (1826)10월	충청도 청주 성문	참서를 이용하여 민란을 선동한 사건으로 앞의 사건과 관련됨	○	實,推
12	순조 28년 (1828) 1월	전라도 공주	내용 없음. 실제 발생년도는 1827년 가을임	○	實,推

* 實은 『純祖實錄』, 備는 『備邊司謄錄』, 承은 『承政院日記』, 推는 『推案及鞠案』, 日은 『推鞠日記』, 捕는 『捕盜廳謄錄』이다.
* 犯人: ×는 주모자가 체포되지 않은 것이고, ○는 주모자가 체포된 것이다.

등의 글자가 쓰여져 있었으며, 다른 봉투에는 '鐵物旗紬本官尙未受諾'이라는 글귀가 있었다. 그리고 한달여후 의령에서 발생한 괘서에는 '一人之口 二戈之卑 四頭之字 一目之烈 人勿思遠 三七可慮' 등의 破字와 함께 '힘있는 자는 뒤를 따르고, 힘없는 자는 산속으로 들어가라' 는 등의 내용이 적혀 있었다.12) 이들 파자는 일종의 수수께끼와 같은 것으로서 한자의 자획을 분리하거나 조합하여 자신이 은밀히 하고 싶은 주장을 할 때 주로 사용하는 방법이다.13)

이를 주도한 田志孝·李震化·裵縉慶·裵綸慶·鄭哲孫·李好春 등은 주로 농업에 종사하거나 유랑지식인들이었다. 전지효는 이진화와 배진경·배윤경에게 괘서를 부착하도록 종용하였고, 그의 사주를 받은 이진화와 배진경은 의령에서 괘서를 부착하였고 배윤경은 창원에서 괘서를 부착한 혐의로 모두 참형을 당하였다. 그리고 이 사건과 직접적인 관련은 없으나 요언을 퍼뜨려 인심을 흉흉하게 한 죄로 이호춘을 처형하였고, 정철손은 괘서의 내용을 각지에 전파한 죄로 유배를 당하였다. 이 사건으로 죽은 자는 6명이고, 유배당한 자가 6명으로 모두 12명이 형을 당하였다.

이 사건에서는 주도세력들이 주로 농업에 종사하였다는 점이 주목된다. 비록 신분적으로는 幼學으로 양반계층이었나 실질적인 면에서는 농업에 종사하면서 근근히 생계를 유지해가는 상황이었다. 이는 조선후기 신분제의 변동이라는 거대한 흐름의 한 현상으로 몰락양반들의 표본인 셈이다. 또 하나 괘서사건이 최초 발생한 이후에 광범위하게 그 내용이 전파되어 갔다는 점이다. 최초 발생지역이 하동의 장터로서 사람들이 많이 운집하는 곳이기도 했지만 이같은 괘서의 내용을 믿고 실제로 피난을 준비하는 사람들이 있었던 점으로 미루어 괘서의 내용 전파 및 민심유도에 실질적인 효과가 있었음을 보여주고 있다.

순조 7년(1807) 정월에 발생한 괘서사건은 金學成이 萬戶를 지낸 宋

---

12) 上同. 「若有力者隨後 無力者深入山谷…」
13) 고려시대의 李氏가 왕이 된다는 '十八子說'이나 조광조가 제거 당할 때의 '走肖爲王(趙씨가 왕이된다)' 등과 같은 것이 파자의 유형이다.

國仁의 사주를 받아 文禧廟 남쪽 담장에 괘서한 사건이다. 김학성의 공초에 의하면 송국인이 자신의 벼슬이 올라가지 않는 것에 대해 불만을 갖고 정부의 고관들이 다니는 길목에 현직 관리들의 이름을 거명하여 비판함으로써 조정에 대한 불만을 표출하고자 했다는 것이다.[14] 그리고 자신이 이 일에 가담한 것은 본래 죄를 짓고 유배되어 가다가 도중에 탈출하여 유리걸식하는 동안에 송국인을 만나 그의 은혜를 입었고, 이에 대한 보답으로서 그가 시키는 대로 따랐다고 진술하고 있다.[15] 그러나 송국인은 이같은 김학성의 공초 사실을 인정하지 않고 버티다가 결국 物故되고 말았으며, 사건의 중요한 열쇠를 쥐고 있던 송국인이 죽자 김학성은 타인에 의해 본의 아니게 가담하였다고 하여 전라도 康津縣 薪智島로 유배형을 당하고 송국인의 아들 宋杞一과 宋杞獻도 각각 강원도와 함경도로 유배형을 당하였다.[16]

이 사건은 내용적인 면에서 17명의 현직관리들의 이름을 구체적으로 지적하여 비판하고 있으면서 經典의 句語를 인용하는 등 지식인계층이 주도했음을 알 수 있다. 또한 다른 사건과는 달리 관에서 엄격하게 다루고 있지 않고 있음을 발견할 수 있다. 즉, 일반적으로 다른 괘서사건에 임하는 조정의 태도는 엄격하여 법률의 적용도 주모자에게는 연좌제를 적용, 직계는 살아남지 못하게 할 뿐만 아니라 공모한 자에 대하여도 극형으로 다스리고 있는데 반하여 이번 사건은 주모자가 일찍 죽었다는 이유 하나로 유배 도중 도망한 죄인 김학성이 직접 괘서를 부착하고도 유배형에 그친 것은 이채로운 일이다. 다만 김학성에게 괘서를 사주했다고 하는 송국인이 공초사실을 인정하지 않은 상태에서 物故를 당하였다는 점은 그가 직접적인 주모자가 아닐 가능성도 배제할 수 없

---

14) 『純祖實錄』 卷10 純祖 7年 4月 丁亥條.
15) 『純祖實錄』 卷10 純祖 7年 4月 丁亥條.
16) 『右捕盜廳謄錄』 第1冊 丁卯 正月 「付榜罪人宋國仁金學成等事」 保景文化社, 1985. 1~8쪽.

다.

순조 11년(1811) 6월 漢城府의 捕盜廳 밖에 괘서를 부착한 이 사건은 許倫에 의해 주도된 것이다. 그러나 이 괘서사건의 내용이 어떠한 것이었는지는 구체적으로 기록되어 있지 않아 전말을 자세히 알 수는 없다. 다만 『推案及鞫案』에 약간의 기록이 있는데 주모자 허륜은 6월 8일 포도청에서 의금부로 이송되어 재판을 받고 당일에 서소문 밖에서 凌遲處死刑을 당한다. 서울의 中部 鄕校洞에서 거주하고 있던 그는 최후 진술에서 '蟣虱之賤常 懷梟獍之心'이라고 변론하고 있는 것으로 보아 자신의 천한신분과 힘든 生活苦를 비관한 나머지 정부를 비방하는 내용의 괘서를 부착한 것으로 보인다17). 그리고 이 사건에서는 신속한 刑의 집행과 단독범행이 주목된다.

순조 12년(1812) 2월 한성부의 南門 기둥과 舊壯營大門에 부착된 괘서사건은 兪漢淳이 평안도 농민항쟁의 주역 가운데 한사람이었던 金士龍의 지시를 받고 서울지역의 민심을 혼란시킬 목적에서 일으킨 사건이다.18) 유한순은 뚜렷한 정착지가 없이 떠돌이 생활을 하면서 암행어사를 사칭하는 등19) 무뢰배 짓을 하다가 한 때 白翎鎭에 充軍되었던 자로서 석방된 이후에 서울에 살면서 정부에 대한 불만을 품고 있던 자이다.20) 그는 홍경래를 주축으로 1811년에 발생한 평안도 농민항쟁 세력과 긴밀한 연락을 취하면서 서울의 동정과 관군의 소식을 정탐하여 보고함은 물론 정부의 효과적인 반란군 진압을 방해하고 나아가 서울지역의 민심혼란을 유도하고자 괘서하였던 것이다. 실제로 난이 발생한 이후에 서울지역에 사는 양반들은 물론 일반 농민들도 피난을 준비하

---

17) 『推案及鞫案』 卷26 「大逆不道罪人倫推案」 6月 8日 罪人倫結案白等條, 886쪽.
18) 『純祖實錄』 卷15 純祖 12年 2月 甲子條.
19) 암행어사 사칭에 관하여는 李相培, 「1712년 李天裁假稱御史事件에 관한 硏究」, 『江原史學』 13·14合集, 1998. 249~267쪽 참조.
20) 『純祖實錄』 卷15 純祖 12年 2月 甲子條.

는 등 우왕좌왕한 모습을 보여 주었는데21) 괘서는 이러한 현상을 더욱 부채질하였던 것이다.

이 사건은 괘서가 대규모 조직적인 농민항쟁에서 민심혼란 유도로 인한 효과적인 목적달성의 차원에서 이용되었다는 점과, 항쟁의 초기단계에 이용된 것이 아니라 한창 진행중인 중간단계에서 발생했다는 점에서 주목된다. 일반적으로 집단과 연결된 괘서사건의 경우에는 집단적 항쟁의 이전단계에서 민심의 혼란을 유도하거나 동조자를 규합하고자 하는 목적에서 이용되었는데 반하여 이 사건은 민란의 초기단계가 아닌 중간단계에서 정부의 반란군 진압에 혼선을 유도하고 방해할 목적으로 시도되었던 것이다.

다음으로 순조 19년(1819) 5월에 경기도 수원에서 괘서사건이 발생하였다. 이 사건은 전라도 南平人인 金在默(58세)이 '金魯信을 都元帥로하여 諸將 80명과 10만의 병사들이 난을 일으킬 것이다'22)라는 내용으로 華城의 성문에 괘서한 사건이다.23) 김재묵은 진술과정에서 당시 정치적으로 실세해 있던 벽파계열의 金魯鼎, 金魯亨 등이 유배지에서 역모를 도모한 것처럼 끌어 들이기도 하였다. 南平의 官奴인 김재묵은 과부를 간음한 죄로 渭原에 유배되었다가 유배지에서 도망하여 특정한 거주지가 없이 떠돌아다니던 자이다.24) 그는 수원지역에 이르러 이곳에서 雇工 노릇을 하던 李哲(30세)에게 돈을 주어 괘서를 성문에 붙이도록 하였다. 본 거주지가 수원인 이철은 어려서 부모를 잃고 특정한 직업이 없이 날품팔이로 겨우 생을 영위해 나가던 자로서25) 김재묵이 돈을 주

---

21) 『純祖實錄』 卷15 純祖 12年 1月 己丑條. 持平 朴升鉉의 상소문에 당시 서울지역의 혼란스런 상황이 잘 묘사되어 있다.
22) 『純祖實錄』 卷22 純祖 19年 7月 戊寅條.
23) 『純祖實錄』 卷22 純祖 19年 6月 壬辰條.
24) 『推案及鞫案』 卷27 「罪人金在默等推案」 6月 2日 罪人金在默白等條. 399쪽.
25) 『推案及鞫案』 卷27 「罪人金在默等推案」 6月 2日 罪人李哲伊白等條. 393쪽.

고 괘서를 부착하도록 종용하자 이를 실행에 옮겼다. 괘서에 나오는 金魯信이라는 인물은 실재로 존재하는 인물이 아니며, 김재묵이 거짓으로 꾸며낸 가상의 인물이다.26) 이들은 수원에서 체포된 후 포도청에서 신문을 받고, 다시 의금부에서 6월 2일부터 7월 18일까지 鞫廳을 열어 계속 신문을 받고 다시 경기도로 이송되어 梟首되었다.

　이 사건은 관노에 의해서 주도되었다는 점에서 주목된다. 사회적으로 인간적 대우를 받지 못했던 하층신분이었던 김재묵은 유배지에서 과감히 탈출하여 수원에 이르러 난이 일어난다는 내용의 괘서를 주도하여 사회적 혼란을 유도하였던 것인데 실제적으로 난을 일으킬 만한 능력이나 준비는 없었던 것으로 보인다. 그러나 각지를 떠돌아 다니면서 얻어 들은 풍문과 경험으로 당시 조정의 상황이라든가 정치적 현안, 그리고 세상물정에 대하여 훤하게 꿰뚫고 있었기 때문에 정치적으로 실세하여 유배지에 가 있던 벽파인물들을 끌어 들였던 것이다. 결국 정부나 사회에 대해서 저항의식을 가지고 있던 그는 자기 스스로의 힘으로 이를 해결할 수 없음을 알고 괘서를 이용하여 의식을 표출하였던 것으로 생각된다. 이는 당시 하층민들이 저항의식을 가지고 있었음을 단적으로 보여주는 하나의 예이다.

　이상에서 보았듯이 과거 괘서의 내용과 목적에 있어서 정치적 성향을 가지고 있던 것이 순조대에 오면서 사회적성향으로 변화하는 모습을 살필 수 있었고, 그로인해 괘서가 민란과 같은 집단세력과 연계되는 양상도 볼 수 있었다. 또한 각종 圖讖書들이 전국적으로 확산되면서 이를 이용한 민심선동이 유행화되고 있었으며 나아가 괘서를 이용하는 계층이 종래 지식인층을 중심으로 이루어지던 양상에서 이 시기에 오면 현실사회에 불만을 가지고 있는 자, 품팔이하는 노동자, 심지어 유배를 간 官奴에 이르기까지 신분계층이 다양화 되고 있음을 발견할 수

---

26) 『純祖實錄』 卷22 純祖 19年 7月 戊寅條.

있다.

제2절 掛書事件을 통해 본 民의 動向

1. 1804년 四大門掛書事件과 關西秘記

이 事件은 純祖 4年(1804) 3월 4일 吳載榮과 李性世가 都城의 4대문(興仁門・敦義門・崇禮門・肅靖門)에 괘서하고, 혼란한 틈을 타 宮妃를 유인하여 궁궐 안의 재물을 훔쳐 내고자 몰래 창덕궁 인화문 안으로 잠입하였다가 체포된 사건이다. 주모자 중의 한 사람인 이성세가 禁軍에 의해 체포되면서 3월 4일 당일에 內兵曹에서 判中樞府事 李時秀, 右議政 金觀柱 등이 참석한 가운데 庭鞫이 설치, 사건의 공초가 이루어졌다. 이를 『純祖實錄』의 기록을 통해서 살펴보면 다음과 같다.

「새벽에 대궐이 소란스러웠다. 도적 둘이 비수를 끼고 들어와 仁和門(昌德宮 內) 밖에 숨어 있었는데 하나는 금군에 잡혔고 하나는 달아나 수색했으나 찾을 수가 없었다. 궁성의 호위를 명하고 時任・原任大臣과 閣臣・兵曹判書・政院・玉堂이 청대하여 품달한 것으로 인해 內兵曹에 庭鞫을 설치하였다. 그리고 판의금이 늙고 병들어 체직시키고 趙鎭寬으로 대신 하였다. 죄인 李性世・吳載榮을 신문하고, 또 죄수의 공초를 가지고 전 승지 尹益烈을 체포하여 핵실하였으나 무고하였기에 석방한 뒤 특별히 諫長에 임명하여 국문에 참여케 하였다. 정국에서 推鞫으로 옮긴 뒤 오재영은 大逆不道로 正法하고 9월에 이르러 국청을 거두었다. 이성세는 軍門으로 하여금 효수하게 하고 禁軍番將 李秀林은 형신한 뒤 사형을 감하여 島配하였다. 대개 오재영은 內三廳의 書員으로 몰래 이성세를 꾀어 角牌를 위조한 뒤 關西의 妖言에 나오는 李唐揆의 성명을 새겨 넣고, 복색을 바꾼 채 심엄한 곳에 몰래 숨어 들었다. 또 칼을 끼고 담장을 뛰어 넘었다는 말을 꾸며내고, 전대 안에 열거해 쓴 것이 모두 搢紳을 構誣하여 일망 타진하는 계책으로 삼은 것이다. 이성세는 오재영과 체결하여 관서의 비기를 사대문에 내거는 일을 난만하게 모의 했는데, 옷을 바꾸어 입고 느닷없이 들어와서 스스로 그 목을 찔러 교묘하게 의심스럽고 현란케 하는 자취를 꾸몄던 것이다. 이수림은 번장으로서 몰래 숨어 있는 도적을 잡지 못하였고, 또 황당한 말로 天聽을 경동케 하였으며, 체포한 뒤에는 난데없이 미친 헛소리를 지껄여 疑案을 만들어 냈다.」27)

결국 이 사건은 3월 4일 이성세가 금군에게 체포되어 정국이 설치된 이래 9월까지 약 7개월간이나 수사가 계속 진행된 비중있는 사건이었다. 또한 정부에서는 사건이 발생 하자마자 즉시 만일의 사태에 대비하기 위해 궁성의 호위를 명하고 모든 대신들을 병조로 불러 모아 곧바로 庭鞫에 임하는 등 이 사건에 대해 매우 신속한 대처를 보이고 있다. 조선시대에는 일반 民이 대궐을 멀리서 엿보기만 해도 죄인으로 취급하여 현상금을 걸고 체포하던 때였으므로28) 그들의 목적과 동기야 어떻든 간에 民이 궐안으로 침입 했다는 것 자체만도 당시로서는 대단한 충격을 주기에 충분하였다.

이와 유사한 대궐침입 사건으로는 조선후기에 들어와 나타난다. 즉

---

27) 『純祖實錄』 卷6 純祖 4年 3月 癸巳條.
「癸巳曉闕庭震驚 言有二盜 挾匕而入 伏於仁和門外 其一爲禁旅所捉 逸其一 索之不得 命 宮城護衛 因時原任大臣閣臣兵判政院玉堂 請對稟達 設庭鞫于內兵曹 遞判義禁老病人 以趙鎭寬代之 訊罪人李性世吳載榮 又以囚供 逮前承旨尹益烈 蕤之 乃誣也 旣放 特授諫長 使之參鞫 自庭鞫移推鞫 載榮以大逆不道正法 至九月撤鞫 性世令軍人梟首 禁軍番將李秀林 刑訊後減死島配 蓋載榮則以內三廳書員 密誘性世 僞造角牌 刻以關西妖言之李唐揆姓名 變服潛伏於深嚴之地 又粧出挾劍踰墻之說 而經佩中有列錄者 皆構誣搢紳 以爲綱打計也 性世則締結載榮 以關西秘記 揭榜四門事 爛漫謀議 而變服闖入 自刺其頸 巧作疑眩之跡也 秀林則以番將 不能捉潛伏之賊 又以謊說 驚動天聽 以逮捕之後 忽作狂譫 爲疑案也」
28) 『光海君日記』 卷47 光海君 3年 11月 乙卯, 丙辰條.

정조 원년(1777) 8월 都承旨 洪國榮과 正祖를 죽이기 위해 궁궐에 자객이 침입했다가 체포되어 親鞫이 열린 사건이 있다.29) 이 사건이 있은 후 정조는 "자객이 궁중에 침입한 일은 비록 지나간 역사를 고찰해 보더라도 豫讓 이후에는 다시 들어 볼 수 없었다"고 하면서 전혀 예기치 못했던 사건으로 놀람을 나타내고 있다.30) 일반적으로 조선의 중앙집권적 양반봉건사회 하에서의 궁궐은 국왕이 거처하고 있을 뿐아니라 왕실과 국가의 존엄을 표시하고 政令을 의결하는 장소로 雜人이 쉽게 근접하기 어려운 곳이었으며 民들도 이를 인식하고 있었다고 생각한다. 그러나 19세기에 이르러 이른바 '勢道政治'로 특정한 가문에 의해 정권이 유린 당하면서, 기존의 국왕을 정점으로한 중앙집권제는 그 기능을 점차 상실하게 되었다. 그리하여 국왕의 권위는 종래의 그것에 비해 상대적으로 실추되어 갔고, 일부 가문을 중심으로 한 관리들의 권위는 상승되어 갔다. 이러한 정치적 여건하에서 일반 民들은 국왕보다는 오히려 힘있는 가문을 보다 더 무서워하게 되었을 것이며, 이들 가문의 횡포를 제어하지 못하는 국왕의 존재는 이미 종래에 버금가는 권위를 상실한 존재로 인식되기에 충분하였던 것으로 생각한다. 결과적으로 국왕의 권위가 하락되자 국왕이 거주하는 궁궐에 대해 종래 民들이 가지고 있었던 경외심 내지는 상징적 이미지도 점차 사라지게 되었고, 이러한 시대적 가치관의 변화가 吳載榮·李性世와 같은 평민의 궁궐침입을 가능하게 하였던 것이 아닌가 생각된다.

한편 이 庭鞫은 이틀 후인 3월 6일에 추국으로 옮겨져 의금부에서 수사가 계속 진행되었다.31) 위의 기록에서 보듯이 이 사건의 주모자로

---

29) 『正祖實錄』 卷4 正祖 元年 8月 庚子, 甲辰條.
30) 『正祖實錄』 卷4 正祖 元年 8月 乙卯條. 여기서 '豫讓'이란 중국 戰國時代의 晋나라 사람으로 원수를 갚기 위해 거짓 죄인이 되어 비수를 품고 궁중에 들어 갔다가 뜻을 이루지 못하고 자살한 자이다. 「… 上曰刺客入宮之事 雖考往牒 而豫讓後更莫之聞矣 …」

서 오재영과 이성세는 모두 사형을 당하고 당시 궁궐 수비의 책임을 맡고 있던 금군의 번장 이수림은 유배형을 당하였다. 이 외에도 위의 기록에는 언급되어 있지 않지만 재영의 아비가 연좌에 의거하여 3월 19일 尾治峴에서 사형을 당하였고,32) 사건 당일의 수문장이었던 車億萬은 공초 당할 것이 두려워 목매어 자살하였다.33)

이들의 추국과정을 위의 실록을 토대로 하고, 『推案及鞫案』의 공초기록을 보충하여 오재영·이성세 등이 패서를 하고자 했던 목적과 동기 및 성격 등을 살펴보기로 한다.

먼저 오재영은 內三廳의 書員으로서 役을 지고 있던 자인데 3월 17일에 의금부에서 행한 그의 결안을 보면 다음과 같이 진술하고 있다.

「나의 아비는 繼柱이며 생존해 있고, 할아버지는 興으로 죽었으며, 어미는 金召史로 생존해 있고, 외할아버지는 喜奉으로 죽었다. 부모는 忠淸道 懷德縣 태생이며 부모를 모시고 살다가 南部 城明坊 石橋上契에 거주하였다. 본래 지극히 요사하고 흉악한 인물로 內三廳의 書員에 入役하였는데, 감히 헤아릴 수 없는 일을 희망하는 계책을 품어 무뢰하고 패악한 李性世를 유인하여 角牌를 위조한 뒤 關西의 妖書에 나오는 李唐揆의 성명을 새겨 李性世에게 차도록 하였습니다. 그리고 이에 재화와 여색 따위의 말로 숱한 방법으로 종용하여 옷을 바꾸어 입고 한밤중에 막중하고 심엄한 곳에 몰래 숨어 있게 하였습니다. 또 형적이 없는 한 賊漢을 꾸며내어 '장검을 끼고 궁궐 담장을 넘어 궁흉·극악한 일을 도모하려 한다'고 둘러대고, 두 장의 종이 조각에 '千金·萬戶로 상을 준다'는 말을 써서 제몸에 지니고는 '적한이 위협하며 준 것'이라 사칭한 뒤 곧 스스로 禁軍에게 달려가 고하며 '적한 둘이 있다'고 크게 부르짖고는 이성세를 엄습해 잡으며 '한 적한은 달아났다'고 하였습니다. 이어 흉칙한 말을

---

31) 『純祖實錄』 卷6 純祖 4年 3月 乙未條.
32) 『推案及鞫案』 卷26 252冊 「罪人載榮性世等推案」 乾 3月 19日條, 141쪽.
33) 『純祖實錄』 卷6 純祖 4年 3月 丁巳條.

퍼뜨려 禁中을 진동 시켰습니다. 또 그 전대에 열록한 것에 대하여는 포도청에서 납초한 것이 무함하고 일망타진하여 의란·소동시키고자 하는 계책이 아님이 없었으니 대역부도가 사실임을 遲晚하였습니다.」[34]

결국 오재영은 이성세에게 '李唐揆'라는 이름의 角牌를 위조하여 줌으로써 성안에 용이하게 들어올 수 있도록 하였다. 각패는 16세 이상의 남자가 소유해야하는 號牌의 일종으로 3품이하와 三醫司, 雜科에 합격한 자가 소지할 수 있는 것이다.[35] 그런데 평민인 이성세에게 이를 위조하여 소지하게 하였으며, 더욱이 이름을『관서비기』의 내용에 나오는 李唐揆란 성명을 새겨 넣음으로써 만일 발각될 경우에 대비하였던 것이다. 이를 통해서 오재영은 적어도『關西秘記』의 내용을 인지하고 있었음을 알 수 있다.

또한 오재영은 궁궐에서 재물을 얻을 수 있다는 미명하에 이성세를 궐안으로 끌어 들여 자신이 가지고 있는 소정의 목적을 이성세를 이용하여 달성하고자 하였던 것이다. 다만 그가 가지고 있었던 목적이 정확

---

34) 『純祖實錄』卷6 純祖 4年 3月 丙午條.
『推案及鞫案』卷26 252冊「罪人載榮性世等推案」乾 3月 17日 罪人吳載榮結案條.
「同日罪人載榮年二十六矣結案白等 矣身根脚段 父繼柱生存 父矣父興故 母金召史生存 母 矣父喜奉故白良乎 父母以胎生於忠淸道懷德縣 隨父母長養入籍居生於南部城明坊石橋上契爲白乎㫆 行兇節次段 矣身本以至妖至兇之物 入役於內三廳書員 敢懷希望叵測之計 誘引無賴慫惡之性世僞造角牌 刻以關西妖書之李唐揆姓名 使性世之 乃以貨色之說 萬端慫慂 使之變服 半夜潛伏於莫重深嚴之地 又粧出無形跡之一賊漢 稱以挾長劒越宮墻 謂圖窮兇極惡之事 以兩片紙 書千金萬戶賞等說 藏置身邊 詐稱賊漢所脅給 旋自奔告禁旅 大呼有二賊 掩捕性世 謂之一賊逃逸 仍播凶說 震動禁中 且其繼佩列錄 捕廳納招 罔非誣陷綱打 疑亂騷動之計 矣身罪惡 萬剮猶輕 大逆不道的實遲晚」
35) 『續大典』卷2 戶典 戶籍條. 角牌 이외에 東·西班과 內官 二品以上은 牙牌, 생원과 진사는 黃楊木牌를, 流品·雜職과 일반서인·향리 등은 小木方牌를, 公私賤은 大木方牌를 차게 되어 있다.

하게 표현되어 있지 않고 '감히 헤아릴 수 없는 일을 희망하는 계책'으로 서술하고 있어 그 구체적인 실상을 알기는 어렵다.

그리고 위의 기록에서 오재영은 본래 충청도 태생으로 어떠한 이유에서 인지는 모르나 한성부로 옮겨와 南部 誠明坊 石橋上契36)에 거주하였던 인물로 內三廳(內禁衛・兼司僕・羽林衛를 통칭하는 말) 書員에 입역하고 있던 자임을 알 수 있다.37) 그리고 그의 어미가 金召史로 표현되고 있는 점으로 보아 그의 신분은 양인이었던 것으로 파악된다.38)

다음으로 9월 14일 의금부에서 최후 진술한 李性世의 공초를 純祖에게 議啓한 기록을 보면 다음과 같다.

「죄인 이성세는 본래 무뢰한 鄕漢으로서 지극히 요약한 吳載榮과 체결하여 먼저 '『關西秘記』를 도성의 4대문에 내건다'는 말로 爛漫하게 모의하였고, 또 宮妃를 유인하여 재물을 훔쳐내려는 계책으로 몰래 서로 약속한 뒤 허리에 전대를 감춘 채 저녁을 틈타 궐문 밖에서 엿보고 있다가 오재영을 끌어 내어 그와 느닷없이 침입하였습니다. 그리고는 군복을 갈아 입고 관서의 妖書에 나오는 李唐揆의 성명을 쓴 가짜 牌를 찬 뒤 깊은 밤에 막중하고 심엄한 곳에 잠복하고 있었습니다. 스스로 그 목을 찌른 것은 의심 현혹시킬 자취를 교묘하게 꾸민 것이오, 몰래 列錄한 것을 던진 것은 일망 타진하려는 계책을 이루고자 한 것이었으니, 그가 비록 오재영이 종용했던 것이라고 미루어 댄다 하더라도 헤아릴 수 없는 정절은 그 자신이 범한 것이 아님이 없습니다. 군복으로 變을 일으킨 것은 실로 軍律을 범한 것이니 다짐을 받아 該營에 出付해 正法해야 하겠습니다.」39)

---

36) 『推案及鞫案』의 공초기록에는 '城明坊'으로 기록되어 있으나 이는 본래 '誠明坊'을 잘못 기록한 것으로 보인다.
37) 『大典會通』卷4 兵典 雜類條. 書員은 兵曹에 소속되어 있는 雜類로서 雜色軍의 일종이며 최하 말단계층이다.
38) 李俊九, 「朝鮮後期 兩班身分 移動에 關한 硏究(上) -丹城帳籍을 中心으로-」『歷史學報』第96輯, 1982. 184쪽. 여인에게 있어서 召史라는 호칭은 생부의 신분이 중인 또는 양인일 경우에 쓰이는 용어이다.

위의 기록은 앞의 오재영의 진술보다는 구체적으로 적고 있다. 즉 이성세는 기본적으로 오재영의 종용을 받아 피동적으로 가담하고 있음과 『關西秘記』를 이용하여 도성의 4대문에 괘서할 것을 함께 모의 하였고, 허리에 차고 있던 전대 속에는 관리들의 이름을 列錄하여 비판하는 내용의 글이 있었음을 확실히 알 수 있다. 또한 이성세는 궁궐에 침입한 목적이 宮妃를 유인하여 재물을 훔쳐내고자 하는데 있다고 진술하고 있다.

위의 두 사람의 진술을 통해서 알 수 있는 것은 주모자는 분명 오재영이고 이성세는 그의 꾀임에 빠져 이용되었다는 것이다. 이는 결국 궁궐에 침입한 목적이 각각 다른 곳에 있음을 의미한다. 오재영은 소정의 목적을 가지고 재물을 얻게 해 준다는 미명하에 이성세를 끌어 들여 도성의 4대문에 괘서하는 일과 관리들을 비판하는 내용의 글이 들어 있는 전대를 궐내에 던지도록 하였고, 이성세는 재물을 얻을 목적으로 오재영의 제의를 받아 들여 궁궐에 침입하였던 것이다.

한편 이성세는 오재영이 가지고 있던 궁극적인 목적을 모르고 있었던 것으로 보인다. 그는 오재영이 3월 17일 처형되고 난 후 장기간 의금부에 갇혀 있으면서 계속 공초를 받아왔는데『關西秘記』내용의 4대문 괘서사건 모의에 대해서는 계속 함구하다가 4월 12일에 이르러 비로소 그 진상을 진술하고 있다.[40] 그는 이 사건의 주모자로서 당시 禁軍

---

39) 『純祖實錄』卷6 純祖 4年 9月 庚子條.
「鞫廳啓 罪人性世本以無賴之鄕漢 締結至妖之載榮 先以關西秘記 揭榜都城四門之說 爛漫謀議 又以誘引宮婢 僞出貨物之計 暗地相約 而腰藏縕佩 乘夕窺伺於關文之外 引出載榮 與之闖入 而變着軍服 仍佩關西妖書中李唐揆姓名僞牌 深夜潛伏於莫重深嚴之地 自刺其頸 巧作疑眩之跡 暗投列錄 欲售網打之計 渠雖推諉於載榮之慫慂 而叵測情節 罔非渠所自犯 軍服作變 實犯軍律 捧侤音出付該營正法」

40) 『推案及鞫案』卷26 253冊「罪人載榮性世等推案」坤 4月 12日 罪人李性世更推白等條. 189쪽.

番將이었던 李秀林과 吳載榮이 함께 모의한 것이라고 주장하였다.41) 당시 이수림은 평안감사와 원한관계가 있어 그 원한을 갚기 위해 오재영으로 하여금 평안도에서 나온 『關西秘記』를 이용하여 도성의 4대문에 괘서함으로써 비기의 전파를 막지 못한 평안감사의 입장을 난처하게 만들 목적으로 괘서를 모의하였다는 것이다.42) 그리고 사주를 받은 오재영이 자신을 꾀어서 먼저 20냥을 주면서 일이 잘 되면 수천냥을 주기로 하고 오O재영 자신은 內三廳의 書員보다 더 좋은 役을 제공 받기로 했다고 진술하고 있다.43) 그러나 그의 이러한 진술에 대해 오재영은 이미 효시를 당한 뒤이므로 사건 당일의 禁軍番將이었던 이수림을 공초하였으나 그는 이성세의 진술이 모두가 杖을 못이겨 나온 誣告라고 주장하고 있다.44)

이러한 이성세의 진술은 사건의 정황으로 볼 때 거짓된 증언일 가능성이 많다. 그 이유는 첫째로 평안감사와 이수림과의 개인적인 원한관계가 있어서 이를 괘서를 이용하여 원수를 갚고자 했다고 하지만 전혀 그 원한관계가 어떠한 것인지 밝혀지지 않았다는 점이다. 둘째, 이수림 자신이 이를 적극적으로 否認하고 있고, 그의 否認을 뒤집을 만한 근거가 전혀 없다는 점이다. 셋째, 이수림의 형벌이 주모자로서 처형되지 않고 全羅道 康津縣 薪智島에 유배형을 당했다는 점이다.45) 적어도 그가 주모자의 가능성이라도 있었다면 극형을 당하여야 옳았는데 단지 유배형에 그쳤다는 것은 그가 주범이 아니라는 점을 반증하는 것이다.

또한 이성세는 禁軍에게 들키지 않기 위해 군복으로 변복을 하고, 가

---

41) 上同.
42) 上同. 4月 12日 罪人李性世更推白等條. 192쪽.
43) 上同. 5月 2日 罪人李性世更推白等條. 217쪽.
44) 『推案及鞫案』 卷26 253冊 「罪人載榮性世等推案」 坤 5月 4日 罪人李秀林更推白等條. 245쪽.
45) 『推案及鞫案』 卷26 253冊 「罪人載榮性世等推案」 坤 9月 14日條. 273쪽.
   『純祖實錄』 卷6 純祖4年 9月 庚子條.

짜 각패를 차고, 허리에는 4척 길이의 전대를 차고, 궁궐의 仁和門 근처에 숨어 있었던 것은 궁궐의 內人과 통교하여 그로부터 재물을 빼내려는 목적을 가지고 있었다46)고 진술하고 있다. 그러나 이것은 단지 오재영의 종용을 받은 이성세 자신의 목적이었으며 이 사건의 根底에 깔려 있는 목적은 아닌 것으로 보인다. 즉 사건의 근본적인 목적이 궁궐의 내인과 통교하여 재물을 빼내려고 했다면 공초과정에서 內人(宮妃)의 실체가 밝혀져야 하며, 그녀가 어떠한 방법으로 재물을 빼내려 했는지에 대해 구체적인 모의 과정이 제시되어야만 한다. 뿐만 아니라 적어도 재물을 빼내려고 한 것이 근본적인 목적이었다면 조용하고도 은밀하게 일을 추진하는 것이 상식적인데 도성의 4대문에 괘서를 하고자 했다는 것은 오히려 경비와 순찰을 강화하는 효과를 가져와 재물을 빼내기가 더욱 어려웠을 것이다. 결국 이 사건의 근본적인 목적은 비록 사건의 열쇠를 쥐고 있는 오재영이 뚜렷한 진술을 하지 않은 채 죽었으나 4대문에 괘서를 하고 관리를 비난하는 내용의 열록한 문서를 궁궐에 유포함으로써 조정의 혼란과 민심을 선동하고자 했던 것이 일차적인 목적이었던 것으로 보인다. 그리고 보다 궁극적인 목적은 주모자가 진술하지 않은채 죽었기 때문에 정확하게 파악할 수 없는 상황이다.

다음으로 이성세란 인물에 대해서 보면 다음과 같다.

「나는 楊州鄕民으로서 北面 縣內 굋掩里에 살고 있으며…나의 부모는 모두 생존해 있다. 아버지는 寅煥이며 아우는 起得으로 25세이다. 친족으로는 5~6家가 있는데 모두 농업을 하고 있다.」47)

---

46) 『推案及鞫案』卷26 253冊 「罪人載榮性世等推案」 坤 4月 16日 罪人李性世更推白等條. 203쪽.
47) 上同. 3月 4日 罪人李性世白等條. 6~8쪽.
「矣身則楊州鄕民居生于北面縣內굋掩里 ⋯ 父母俱存 而父名寅煥 而弟起得年二十五 比隣族黨五六家 皆爲農業矣」

라는 기록과 이수림의 공초에

> 「성세는 일찍이 내 4촌의 도망간 노비 추쇄의 일로 인하여 수차
> 례 나의 집을 왕래한 일이 있는 고로 모름지기 안면은 있으나 그의
> 이름은 몰랐다.」[48]

라는 진술을 통하여 볼 때 한성부에 인접한 楊州地域을 토착근거로 한 농민집안이었음을 알 수 있다. 또한 당시 국가적으로나 사회적으로 도망노비가 증가하여 조선왕조의 국가 기반을 유지하고 있던 신분제도의 틀이 무너지고 있던 시기에[49] 도망노비 추쇄의 일에도 관여하고 있음을 볼 수 있다. 그리고 9월 14일 순조에게 議啓한 기록에서 그를 '無賴之鄕漢'으로 표현하고 있는 점으로 보아 이성세는 신분은 양인이지만 뚜렷한 직업이 없이 떠돌아 다니는 인물이었던 것으로 추측된다.

이와 같이 순조 4년(1804) 都城의 四大門掛書事件은 秘記의 내용이 민간에 널리 유포되어 민심의 혼란을 유발시키는 요인으로 유행하고 있었음을 보여 주는 대표적인 사례이다. 결국 당시 저항의식을 가지고 있던 일반민들은 다른 사람들을 설득할 수 있는 기본적인 이념이나 사상의 정립이 부족하였기 때문에『鄭鑑錄』·『關西秘記』등과 같은 秘記類의 이념을 그들의 목적을 달성하는데 하나의 수단으로 이용하였던 것이다.

---

48) 上同. 3月 12日 罪人李秀林更推白等條. 88쪽.
「供曰 性世曾爲矣身四寸推尋逃奴事 仍以數次往來於矣身家 故雖知顔面 而其姓名 則果不知矣」
49) 鄭奭鍾,『朝鮮後期社會變動硏究』一潮閣, 1983, 185~195쪽.

2. 1826년 淸州牧 掛書事件과 民의 動向

1) 淸州牧의 地域的 條件

淸州牧은 天安과 沃川의 2개 郡과 稷山·木川·文義·懷仁·淸安·鎭川·報恩·永同·黃澗·靑山 등 10개 현을 屬縣으로 가지고 있는 도시이다. 본래 백제 때는 上黨縣이었다가 신라 경덕왕 때 西原京으로 승격, 중심지로서 자리를 잡아갔다. 고려의 태조 23년(940)에 淸州로 改名하였고, 성종 2년(983)에 牧을 두었다. 이후 조선시대에는 세종 31년(1449)에 관찰사로서 판목사를 겸하게 하다가 폐지하고 세조 때에는 鎭을 설치하였다.[50]

조선후기 들어 청주목은 갖가지 사건이 자주 발생하였다. 즉 정치적으로 庚申大黜陟이 있었던 숙종 6년(1680)에는 生員 朴尙韓이 지은 祈雨祭文의 내용이 불순하다 하여 逆律에 처해지면서 西原으로 降號당했다가 己巳換局이 일어난 숙종 15년(1689)에 복구되었으며, 영조 4년에는 戊申亂으로 인해 청주가 함락되고 난의 근거지가 되어 또 다시 西原으로 강등되었다가 영조 16년(1740)에 복구되었고, 순조 대에는 본 항목에서 다루는 괘서사건으로 인하여 또 다시 降號되는 등 여러차례에 걸쳐 명칭의 곡절을 겪기도 하였다.[51]

청주는 地勢가 속리산을 접하고 있으면서도 땅이 기름지고 평야가 있어 五穀과 목화 가꾸기에 알맞다고 한다.[52] 또한 고려의 태조는 청주가 토지가 비옥하고 넉넉하여 호걸이 많다고 하였으며, 尤庵 宋時烈은

---

50) 淸州牧의 沿革에 대하여는 『輿地圖書』 上, 忠淸道 淸州, 建置沿革條. 國史編纂委員會刊, 1973. 213쪽 참조.
51) 林承豹, 「朝鮮時代 邑號陞降에 관한 硏究(下)」 『민족문화』 제15호, 1993의 도표 참조.
52) 李重煥, 『擇里志』 八道總論 忠淸道.

학술과 教化가 잘 이루어져 풍속이 아름다운 곳이라고 기록하고 있다.53)

 청주목에서 발생한 여러 사건 가운데 특히 영조 4년의 戊申亂은 규모면에서나 영향면에서나 가장 큰 사건이었다. 영조대 이후 정권을 장악하고 있던 노론세력들에 대항하여 실세한 남인과 소론들이 꾸준히 견제세력으로서 활동하다가 남인의 李麟佐·鄭希亮 등이 영남을 중심으로 일으킨 난은 노론의 집중적인 공격대상이 되었다. 그리하여 난이 진압된 후 노론에 의한 영남인사들의 정치적 박해와 향촌에 대한 견제가 이루어져 이 지역 출신들이 정계에 진출할 수 있는 길이 사실상 막혀 있었다.54) 이같은 현상은 지역민들의 불만과 함께 지속적인 항쟁을 불러 일으키는 원동력이 되기도 하였다.

2) 淸州北門 掛書事件의 顚末

 청주북문 괘서사건은 순조 26년(1826) 3월 16일 새벽 청주성 북문에 두 장의 괘서가 걸린 사건이다. 이를 당시 북문을 관장하고 있던 忠淸兵使 李謙會가 제일 먼저 보고를 받고 두 장의 괘서를 취하여 충청감사 金學淳에게 밀봉하여 보내고, 다른 한편으로는 직접 조정에 보고하였다55). 충청감사 김학순은 내용을 보고 조정에 관계된 것이라 자신이 처리하기에는 사건이 너무 크다고 보고 즉시 조정에 보고하여 4월 1일 조정에서 공론화 되었다.

 사건이 발생한 후 충청병사 이겸회는 인근지역을 탐문하여 주모자 金致奎·柳致仲·李昌坤 등을 체포하고 공모한 혐의가 있는 柳性浩를 포박하기 위해 그가 살고 있는 경기도 안성의 군수에게 비밀리에 관문

---

53) 『輿地圖書』上, 風俗條, 國史編纂委員會刊, 1973. 215쪽.
54) 『星湖文集』門族登科記에는 「근 백년래로 顯官이 絶稀하다」고 표현하고 있어 적어도 정조대에 이르기까지 이같은 현상이 지속되었음을 알 수 있다.
55) 『承政院日記』道光 6年 丙戌 4月 1日條.

을 보내었다.56) 이겸회가 이들 주모자를 빠르게 체포할 수 있었던 것은 괘서의 하단부에 괘서를 행한 자의 이름과 거주지가 기록되어 있었기 때문이다. 그러나 이겸회는 조정에 보고하지 않고 임의대로 경기도 안성군에 관문을 보내어 죄인을 체포토록 하였다는 명목으로 파직당하고, 이들 죄인은 4월 11일 청주를 거쳐 서울로 압송되어 같은 달 15일에 우의정 沈象奎를 委官으로 하여 내병조에서 庭鞫이 실시되었다.57)

괘서에 적힌 내용은 전체가 기록되어 있지 않아 자세히 알 수는 없지만 주모자들을 공초하는 과정에서 일부의 내용이 거론되고 있다. 金致奎는 그의 최종진술에서 '말을 들으면 함께 올 것이며, 말을 듣지 않으면 곧바로 죽인다(聽言則同來 不聽則速殺)'이라는 문구를 적어 넣었으며, 종이 하단부 위에 스스로 자기의 성명과 거주지를 적어 넣었다고 진술하고 있다.58) 또한 김치규를 訊問하는 과정에서 訊問者가 흉서에 나오는 글자인 '欽惟我后' '天冠道士' '鐵冠大將太白神將'이 누구를 가리키는 말이며, 무슨 뜻인가를 추궁하고 있으며,59) 또한 '亂臣賊子斯君兒上' '日不爲政' '妖姬入宮' '作弊無數' 등의 문구들이 무슨 의미인가를 묻고 있다.60) 이에 대해 김치규는 '欽惟我后'는 강화도에 사는 鄭元帥 즉 鄭喜祚를 가르키며, '天冠道士'는 大國人이고, '鐵冠大將 太白神將'은 역시 鄭喜祚를 지칭하는 말이라고 진술하고 있다.61) 또한 '亂臣賊子 斯君兒上'는 구체적으로 누구누구인지는 모르며, '日不爲政'은 '日日不爲政 月月放蕩'을 의미하며, '妖姬入宮'은 무엇을 의미하는 것인지 모르

---

56) 『純祖實錄』 卷28 純祖 28年 4月 壬戌條.
57) 『承政院日記』 道光 6年 丙戌 4月 15日條.
   『推案及鞫案』 卷27 282冊 「罪人致奎昌坤柳性浩李元基鞫案」 4月 15日條.
58) 『承政院日記』 道光 6年 丙戌 4月 29日條.
59) 『推案及鞫案』 卷27 282冊 「罪人致奎昌坤柳性浩李元基鞫案」 4月 16日 金致奎更推白等條. 602~604쪽.
60) 上同. 4月 23日 金致奎更推白等條. 642~644쪽.
61) 上同. 4月 16日 金致奎更推白等條. 602~604쪽.

고, '作弊無數'는 '妖姬入宮'에 대한 대구로서 사용한 것이라고 실토하였다.62) 또한 그들은 '홍경래의 여러 적들이 아직 죽지 않았으며, 제주도에서 모이기로 기약했다'63)는 등의 말을 퍼뜨리면서 다니기도 하였다.

위의 진술들을 바탕으로 괘서의 내용을 추론하여 보면 먼저 鄭元帥와 같은 가상인물을 만든 것은 『鄭鑑錄』의 민간신앙이 당시 하층민들에게 폭넓게 수용되어 있었으므로 다른 괘서사건과 같이 이를 이용하여 민심을 움직이고자 하였던 것으로 보인다. 또한 '天冠道士'니 '鐵冠大將 太白神將'과 같은 말도 결국 이와 같은 맥락에서 적었던 것으로 보이며, '洪景來 不死說'이나 '제주도에서 모이기로 하였다'는 등의 말로서 민심을 선동하려 하였던 것은 당시 평안도 농민항쟁이 民들에게 얼마나 많은 영향을 끼쳤는가를 여실히 보여주고 있다.

다음으로 '亂臣賊子' '欺君兇上' '日不爲政' '妖姬入宮' '作弊無數' 등의 문자는 그 당시 관리들의 부정부패를 비난하고 나아가 정부의 정책을 비판하고 있는 것으로 보인다. 이는 결국 조선왕조의 구조적 모순을 비판하면서 아울러 秘記를 이용한 민심의 혼란을 유도하여 대다수 民들로 하여금 난이 일어났을 때 이에 동조하도록 강요하고 있다. 이러한 것은 김치규가 진술한 '말을 들으면 함께 올 것이며, 말을 듣지 않으면 곧바로 죽인다'는 문구에 명쾌하게 나타나고 있다.

그리고 마지막으로 자신의 이름을 비롯하여 이에 관련된 인물들의 성명을 列錄하여 괘서의 하단부에 적음으로써64) 자신들이 주장하고 있는 사항에 대한 당위성의 증명과 아울러 民들에게 괘서 내용의 신빙성

---

62) 上同. 642~644쪽.
63) 『純祖實錄』 卷28 純祖 26年 5月 甲申條.
64) 『推案及鞫案』 卷27 282冊 「罪人致奎昌坤柳性浩李元基鞫案」 4月 16日 金致奎更推白等條. 596쪽. 김치규가 충청병영에서 鞫問을 받을 때 괘서에 열록한 인물들에 관하여 진술하고 있다.

을 알려 주고자 하였던 것으로 보인다. 이와 같이 조선후기 괘서사건 가운데 주모자가 자신의 이름을 밝힌 것은 매우 드문 현상이며, 이는 일종에 조선왕조 행정구조에 대한 공개적인 도전이었던 것이다.

 그러면 이들이 괘서를 행한 근본적인 이유와 목적은 어디에 있었는가.

 김치규는 공초과정에서 괘서를 행한 이유에 대하여 자신의 집안이 가난하고 출세의 길이 없는 상황에서 괘서에 많은 사람의 이름을 적어 兵營에 걸어 놓은 다음 자신의 이름과 주소를 밝혀서 병영의 병사들이 자신을 쉽게 찾아내도록 유도하고, 이어서 그들과 함께 괘서에 이름이 적힌 자들을 체포하는데 공을 세우고자 하였다고 진술하고 있다.[65] 그러나 이같은 그의 진술은 논리적으로 허점이 많다. 즉 만일 공을 세우고자 했다면 자신의 이름과 주소를 굳이 괘서의 하단부에 적지 않고도 그들을 고변함으로써 가능했으며, 괘서에 적혀있는 이름은 모두가 실존인물이 아닌 허황한 이름이었으므로 죄인을 체포하는데 도움을 준다는 것 자체가 있을 수 없는 것이기 때문이다. 결국 근본적으로 김치규와 이창곤이 괘서를 하게 된 목적은 다음과 같은 진술에서 극명하게 드러나고 있다.

「글을 지으면 필시 虛가 實이 되고, 無가 有가 되는 것이므로 이 일을 해야하는 것이며, 이 글을 지은 연후에는 인심이 소동하게 되고, 인심이 소동하게 된 연후에는 무리가 많이 소속하게 되어 渠黨이 되는 것이다.」[66]

---

65) 『推案及鞫案』 卷27 282冊 「罪人致奎昌坤柳性浩李元基鞫案」 4月 16日 金致奎更推白等條. 602쪽.
66) 上同. 644쪽.
 「昌坤言作如此書時 必指虛爲實 指無爲有 豈必盡有是事耶 如此書之然後 人心騷動 人心騷動然後 多屬於渠而爲渠黨云矣」

즉 괘서가 虛를 實이 되게 하고 無를 有로 할 수 있는 것이므로 이를 이용하여 민심을 혼란하게 만들고 그 틈을 이용하여 무리를 모으고자 했던 것이다. 이러한 사실은 당시 正言 金羽根의 상소에서 '이들이 도모하는 것은 대개 미혹한 무리들을 유혹하고 선동하여 亂을 자아내는 것이다'[67)]는 말에서 더욱 확연해 진다. 결국 글의 내용은 앞서 살펴 보았듯이 정부의 정책이나 관리 및 왕실을 비판하고 나아가 鄭鑑錄과 같은 秘記를 이용하여 조선왕조의 멸망론을 펼친다든지, 혹은 1811년 평안도 농민항쟁의 주인공인 홍경래가 죽지 않고 살아 있으면서 제주도에서 사람들을 모으고 있다는 등의 말을 유포시켜 정치적·사회적 혼란과 소요를 조성하는데 괘서를 이용했던 것이다. 그리고 이러한 틈을 타서 무리를 규합하고자 하였으나 주모자들이 모두 잡히면서 목적을 달성하지 못하였던 것이다.

다음으로 이 괘서사건에 대한 정부의 대응은 어떠하였는가를 살펴보자.

4월 1일 사건의 보고와 함께 괘서를 읽은 순조는

「…대저 흉서의 辭意가 비록 흉악하고 절패하더라도 뜻을 잃고 나라를 원망하는 무리들에 불과하며, 잠시 숨어서 지내다가 흘러나오는 妖說에 의거하여 헛되고 거짓된 명목을 조작하여 어리석은 民들을 미혹하고 조정의 계책을 엿보고자 하는 것일 뿐이다 …」[68)]

라고 諭示하면서 이를 즉시 승정원에서 불태우게 하였다. 이어서 혹시라도 기근에 어려운 생활을 하고 있는 民들이 동요하기 쉬우니 鎭管의

---

67) 『承政院日記』道光 6年 丙戌 5月 5日條.
68) 『承政院日記』道光 6年 丙戌 4月 1日條.
「大抵凶書辭意 雖絶凶悖 不過是何許失志怨國之類 潛伏幽晴之中 憑依流來之妖說 造作詭誕之名目 欲售誑惑愚珉 窺覘朝廷之計而已」

책임자들은 民이 동요하지 않도록 위로하고 진정시키는 일을 최우선으로 할 것이며, 죄인을 체포하는데 있어서도 완급을 잘 조절하여 소동이 일어나지 않도록 하라고 명령을 내리고 있다.69) 여기서 순조가 가장 염려하였던 것은 역시 民들이 동요하지 않도록 하는 것에 있었음을 알 수 있다. 이는 반대로 괘서사건이 民들 사이에 동요를 일으킬 수 있는 충분한 역할을 하고 있음을 반증하는 것이기도 하다.

순조의 이와 같은 諭示에 대하여 右議政 沈象奎는 '鄕谷의 愚夫愚婦가 感泣해 하고 있다'고 언급하면서 포도청의 관리들이 해이해졌으니 벌을 주어야 한다고 주장하여 從重推考하도록 하였다.70) 이같은 사실에서 당시 관리들의 對民意識이나 사건에 대한 처리방식을 알 수 있다. 즉 우의정의 직위에 있는 사람이 民들을 무조건 '愚夫愚婦'로서 인식하는 이른바 愚民論에 젖어 있으며, 사건이 일어나게 된 원인이나 본질을 파악하여 해결하려고 하기 보다는 어리석은 民이 일으킨 사건이므로 무조건 엄하게 다스리면 해결된다는 인식과 함께 포도청의 관리 몇 사람을 벌 주는 것으로서 관리들의 책임을 면하려고 하고 있음을 알 수 있다.71) 이와같은 관리들의 안일한 對民意識과 사건 대처 능력이 결국에는 19세기의 대대적인 농민항쟁을 확산시키는 결과를 가져왔던 것이다.

한편 죄인이 체포되었다는 보고가 올라오자 조정에서는 親鞫을 논의하다가 판중추부사 金思穆이 '만약 먼저 가벼이 친국을 할 경우 혹 國體를 훼손할까 두렵다'고 주장하여 결국 內兵曹에서 우의정을 委官으로

---

69) 上同.
70) 『承政院日記』道光 6年 丙戌 4月 5日條.
71) 백성에 대한 愚民論 내지 赤子(갓난아기)論은 19세기 후반기로 갈수록 강화되었는데 이는 국왕권을 둘러싸고 특권적 권력을 유지하려는 소수의 집단이 자신들의 권력의 정통성을 유지하기 위한 방편으로 의도적으로 강화시켜간 산물이다. 박광용,「정치운영론」『조선정치사』(하), 719쪽.

하여 庭鞫을 행하라는 명령이 내려졌다.72) 그런데 한가지 주목되는 것은 분명히 앞서 순조의 명령에 의하여 승정원에서 괘서를 불살랐는데 다른 하나가 남아 있었다는 사실이다. 이는 김조순의 다음과 같은 말에서 알 수 있다.

「…흉서는 오래도록 두지 못하여 승정원에 명하여 불사도록 하였는데 업드려 듣건데 세자궁에 謄本이 하나 있다고 하니 이미 죄인이 체포되었으매 신하들이 이를 보고 그 내용을 안 연후에 죄인을 신문하는 것이 가합니다…」73)

라고 하여 세자궁에 명하여 흉서를 여러 대신들에게 보여 주었다. 그런데 법전에는 분명 괘서를 발견하는 자는 타인에게 전파할 수 없으며 즉시 불사르도록 되어 있는데,74) 오히려 조정에서 그 謄本을 만들어 世子宮에 비치하였던 것이다. 결국 이같은 조정의 행동은 대외적으로 괘서를 바로 불사르도록 하여 정부의 강경한 의지를 표명하는 것과 함께 뭇 사람들에게 이같이 하도록 표본을 보이는 것이며, 다른 한편으로는 괘서라는 것은 아무 의미가 없는 것이니 볼 것도 없이 곧바로 불사른다는 것을 보여 주기 위함일 것이다. 그리고 대내적으로는 이를 등본하여 둠으로써 추후 죄인을 추국할 시에 필적의 대조 또는 내용상 추구할 점 등등의 자료로 하고자 함일 것이다.

한편 4월 23일 김치규는 사건의 배후를 묻는 과정에서 이창곤이 평소에 '申綱의 일은 심히 옳은 일인데도 귀양을 갔다'는 말을 했다는 것

---

72) 『承政院日記』 道光 6年 丙戌 4月 15日條.
73) 『承政院日記』 道光 6年 丙戌 4月 11日條.
「祖淳曰向日凶書 不可晷刻留置 故雖命政院 卽爲燒火 而伏聞世子宮 有一謄本 在於大內矣 罪人未捕之前 罔不可忍令諸臣見之 而今則端緖旣出 罪人斯得 則事當出示諸大臣 然後 日後設鞫之時 可以發問矣 …」
74) 『大典會通』 卷5 刑典 推斷條.

과, 만약에 체포되어 신문을 받을 때는 山林의 지시를 받아서 행한 것이라고 진술하면 반드시 무사할 것이라는 말도 했다고 진술하였다.[75] 이러한 그의 진술은 조정에 많은 충격을 주기에 충분하였다. 즉 산림의 선비들이 개입되었다는 것이 사실이라면 이는 보통문제가 아니며, 더 나아가 일전에 豊德의 선비로 充軍의 형벌을 받은 신강이 이 사건과 연결되었다면 사건 참가대상이 더욱 확대될 것은 자명하기 때문이다.

신강은 豊德地域의 在地士族으로서 순조 24년(1824) 조정에서 풍덕고을을 松都에 합병하고 그곳 향교의 위판을 묻어 버리자 이에 강력히 항의하였던 자이다. 그는 같은 마을의 金浩一・黃基泳 등과 함께 마을사람들을 선동하여 향교를 다시 세우고자 하였으며, 일의 부당성을 연명으로 상소하는 등 자기 고을에서의 영향력을 발휘하였던 자이다. 이듬해 이 일에 대하여 조정에서는 州郡을 혁파하고 합치는 것은 나라의 예사로운 일인데 이를 빙자하여 민심을 동요하게 하였다는 죄목으로 이들 세사람을 水軍에 充軍하였다.[76]

조정의 관리들은 김치규의 신강 관련 진술에 대하여 신강을 직접 잡아다가 재차 국문을 벌여야 한다고 주장하기 시작하였다. 즉 괘서사건 자체에 대한 진상조사 보다는 오히려 신강을 중심으로한 山林勢力들의 관련여부를 집중 추궁하고자 하는데 더 큰 주안점을 두고 있었던 것이다. 그리하여 사건의 주모자인 김치규와 이창곤이 처형된 뒤에도 신강에 대한 국청을 상주하는 상소는 계속되었다.

결국 이 사건의 주모자인 김치규와 이창곤은 각각 사형을 당하고 유성호는 집안에 비기를 가지고 있었다는 죄목으로, 이원기는 그의 집에서 兇言을 했고 김치규와 主客의 관계에 있었다는 죄목으로 각각 유배

---

75) 『推案及鞫案』 卷27 282冊 「罪人致奎昌坤柳性浩李元基鞫案」 4月 16日 金致奎更推白等條. 645~646쪽.
76) 『純祖實錄』 卷27 純祖 25年 4月 丙子條.

형을 당하였다. 그리고 連坐律에 의거하여 김치규의 딸인 阿只는 경상도 영일현의 婢로, 이창곤의 아들 가운데 貞逼은 청주에서 사형을, 숙부인 李敬玉에게 양자로 간 貞曄는 함경도 길주목으로 유배를, 며느리 幸任은 경상도 남해현의 婢로, 손자 上甲은 전라도 순천부의 奴로 각각 刑을 집행하였다.77) 그리고 김치규의 모친과 이창곤의 부인은 모두 나이가 많아 連坐律에서 제외당하였다. 또한 이창곤이 살았던 陰竹縣과 김치규가 거주하였던 淸安縣을 諸縣之末로 두어 降號의 의미를 부여하였다.78)

3) 淸州鎭營 掛書事件의 顚末

淸州鎭營 掛書事件은 순조 26년(1826) 10월 초 청주목의 衙舍에 괘서함과 동시에 관아에 투서한 후 몇일 뒤에 鎭營의 衙軒에 같은 내용의 글이 재차 投擲된 사건으로 10월 15일부터 10월 27일까지 兵曹에서 推鞫이 집행되었다. 처음에 사건이 발생하자 절도사 安光質이 흉서를 밀봉하여 조정에 보고하였고, 조정에서는 이를 보고 다시 下送하였다. 그리고 청주진영의 營將 趙禹錫이 인근지역을 탐문하여 행동이 수상한 영월지방의 鄭尙采와 충주의 鄭吉龍(본명:劉吉龍)을 체포하였고, 이들을 통하여 주모자 朴亨瑞(본명:朴在勝)를 검거하였다.

충청도 兵使 안광질의 狀啓가 조정에 도착된 것은 10월 11일로 이를 본 判府事 南公轍, 右議政 沈象奎, 判義禁 金在昌 등은 주범들을 하루 속히 서울에서 재차 공초하여야 한다고 주장하였으며, 심상규는 여름에 逆獄이 있은 연후에 이와 같은 일이 그 지방에서 또 다시 일어난데 대하여 심히 놀라움을 표하고, '劉吉龍은 쉽게 먼저 物故를 당하였으나 鄭尙采가 아직 남아 있으니 잡아와서 다시 鉤問하여야 한다'고 주장하

---

77) 『承政院日記』 道光 6年 丙戌 5月 17日·22日條.
78) 『承政院日記』 道光 6年 丙戌 5月 2日·6日條.

였다.79) 그리하여 죄인과 공초기록이 포도청으로 이송되었고, 이를 바탕으로 재차 推鞫이 거행되었다. 이 사건의 심의를 담당한 委官으로는 右議政 沈象奎, 判義禁 金在昌, 知義禁 洪奭周, 同義禁 沈能岳·尹致謙이다.80) 이들 가운데 심상규는 자신이 먼저 이 사건의 공초에 직접 참여하겠다는 의사를 강하게 밝혀서 이루어 졌는데81) 이는 전술한 金致奎의 청주북문괘서사건과 이번 사건이 연결관계에 있으며 동일한 무리들의 소행으로 파악하고 있었기 때문으로 보인다.

한편 서울에서의 推鞫에서 실제로 신문을 받은 사람은 주모자인 鄭尙采와 朴亨瑞 뿐이었으며, 이들의 공초가 10월 27일에 끝나자 주변 인물에 대한 추국은 거행하지 않은 채 곧 推鞫廳을 철폐하였다. 이에 대하여 우의정 심상규, 行大司諫 朴綺壽 및 의금부와 三司에서 다른 죄인에 대하여도 계속 심문을 해야 한다고 주장하였으며, 특히 行大司諫 박기수는

> 「이러한 무리들은 모두 鄕曲의 蟻蝨之賤으로 이와 같은 兇謀를 어찌 홀로 하겠으며, 반드시 일종의 不逞한 무리가 있어서 사주하는 것입니다」82)

고 하면서 국문을 계속하여 그 배후를 파헤쳐야 한다고 주장하였다. 이에 대해 순조는 윤허하지 않고 다만 여러 죄수들에 대하여는 우의정 심상규에게 裁量하여 草記한 뒤에 처리하도록 하였다.83) 그리고 조정에서는 10월 17일 이 사건을 발생 당시 제대로 처리하지 못한 책임을 물어

---

79) 『承政院日記』 道光 6年 丙戌 10月 11日條.
80) 『純祖實錄』 卷28 純祖 26年 10月 癸亥條.
81) 『承政院日記』 道光 6年 丙戌 10月 15日條.
82) 『承政院日記』 道光 6年 丙戌 10月 28日條.
83) 『純祖實錄』 卷28 純祖 26年 10月 丙子條.

제4장 純祖朝 民의 動向과 掛書 217

인사조치를 단행하여 忠淸兵使 安光質과 淸州營將 趙禹錫을 파직하고 兵使에 白海鎭을, 淸州營將에 鄭日永을 각각 임명하였다.84)

그 후 사건에 관계되었던 죄인들은 推鞫廳에서 국문을 받지 않고 포도청에서 심문이 이루어졌으며, 이를 바탕으로 의정부에서 草記하여 순조에게 보고한 후 밝혀진 죄상에 따라 辛宜柱·申季亮·李奎汝·黃汝玉 등은 청주에서 형을 집행하였다. 결국 辛宜柱와 申季亮은 박형서·정상채와 서로 어울려서 거짓말을 지어 내고 난만하게 화응하였으며, 李奎汝는 妖書를 숨겨 간직하고 凶賊들과 어울렸을 뿐 아니라, 靑山에서 家垈를 사고 海島에 名帖과 돈을 보낸다는 정상채의 말을 듣고 자신의 논을 팔아서 돈을 준 것이 그의 죄상이었다.85) 黃士極과 黃汝玉은 辛宜柱의 유혹에 빠져 박형서의 집에서 모였을 때 島中에 名帖을 보낸다는 말을 듣고 자신의 이름을 써서 주었으며, 疋木으로 군복을 만든다고 하자 辛宜柱와 더불어 시장에 가서 필목을 사서 준 것이 그의 죄이며, 黃允伯은 역적들과 더불어 赴會한 죄가 인정된다고 되어있다. 그리고 이 외에 吳漢京·韓起良·梁允恒 등은 뚜렷한 증거가 없어 석방함이 가하다고 기록하고 있다.86)

한편 이 사건의 주모자들이 작성한 흉서의 내용은 대부분이 句語로 되어 있으며, 그 내용을 성격상 자세히 알 수는 없으나 대체로 주모자인 鄭尙采와 朴亨瑞의 結案을 통해서 추론할 수 있다. 다소 장황하나 사건의 개요를 이해하는데 필요하기 때문에 그들의 결안을 보면 다음과 같다. 먼저 정상채의 결안을 보면

「향리에 출몰하면서 종적이 섬홀하였고, 나이와 이름을 자주 바꾸어 일정치 않았으며, 幻術을 핑게로 幻妙門 등의 妖書를 박형서에게

---
84) 『承政院日記』 道光 6年 丙戌 10月 17日條.
85) 『議政府謄錄』 卷9 純祖 26年 丙戌 「本府草記」 313쪽.
86) 上同. 314쪽.

전해 주고, 사람을 속여서 물건을 취하는 계획을 삼기를 구하였으니, 남을 속이고 호리는 바가 몹시 요사하고 음참하다. 辛未年 壬申年의 西賊은 勝廣(陳勝·吳廣을 말함)의 무리에 지나지 않는다고 하면서 진정한 난리는 이후에 마땅히 나올 것이라는 말로 과장되게 전파하여 인심을 선동하였다. 또 감히 眞人이 섬안에 있다는 황당한 말을 지어 내고, 혹은 兇徒들에게 권장하여 名帖을 써서 보내도록 하고, 혹은 白木을 사서 군복을 짓는다고 하고, 福州에서 兇詩를 방자하게 외워 전파하기까지 하면서, 朴亨瑞와 辛宜柱·李奎汝·申季亮 등 수없이 불령한 무리와 더불어 체결함이 용의주도하고 난만하게 유혹하여 요망한 말로 대중을 호렸다.」[87]

라고 진술하고 있고, 朴亨瑞는

「아주 간특하고 지극히 요사한 정상채와 결탁하여 妖書를 전해 익혀 남의 재물을 속여서 취하고, 흉악한 말을 지어내어 인심을 선동시키면서 감히 해도의 眞人이라느니 兵禍가 장차 일어날 것이라는 말을 지어내어 유혹하고 안팎으로 화응하였으며, 종이를 주면서 名帖에 쓰도록 권하여 나중에 島中에 보낸다고 하고, 돈을 거두어 白木을 사라고 요구하면서 군복을 만든다고 하였으니 이는 이미 용서 받을 수 없는 斷案이었다. 이에 정상채 등 여러 놈이 鎭營에 체포된 뒤로는 스스로 죄가 천지에 차고 악이 극도에 달하여 국법을 벗어나기 어려움을 알고 감히 죽는 가운데서 살기를 구하는 계책으로 재차 營將의 官衙에 흉서를 던졌는데 혹은 거짓으로 湖南元帥라 일컫고,

---

[87] 『純祖實錄』卷28 純祖 26年 10月 乙亥條. 『承政院日記』道光 6年 丙戌 10月 27日條. 『推案及鞫案』卷27 281冊「罪人亨瑞尙采申季亮鞫案」10月 27日 鄭尙采結案白等條. 847~848쪽.
「尙采結案 出沒鄕里 踪跡閃忽 年齒名字 變幻無常 假托幻術 以幻妙門等妖書 傳授於亨瑞 要爲騙人取物之計 其所賑謊誑惑 已極妖慝陰憯 而辛壬西賊 謂之以不過勝廣之徒 而眞亂離此後當出之語 誇張傳播 煽動人心 又敢做出眞人在島之謊說 或勸兇徒而書送名帖 或貿白木 而謂製軍服 以至於福州兇詩之肆然誦傳 與亨瑞及辛宜柱李奎汝申季亮等 許多不逞之輩 締結綢繆 爛漫慫慂 以妖言惑衆」

혹은 거짓으로 물에 정박하고 산에서 木柵을 만든다고 핑계대면서
恐動하고 협박한 것이 글자마다 흉악하고 悖戾하거늘 더구나 左書한
흉서 가운데 句語는 곧 天地萬古에 없었던 極逆大憨이다.」[88]

라고 진술하고 있다.

위의 진술을 통하여 흉서의 내용을 추론하면 海島의 眞人이 난을 준비하고 있으며, 난에 동참하기 위해 軍服을 마련하여 주고, 직접 참가자들의 이름을 적은 名帖을 海島로 보내야 한다는 것이 주된 사항임을 알 수 있다. 결국 이들은 치밀하게 각본을 짜서 난이 일어난다는 유언비어를 유포하였고, 이를 보완하기 위해 洪景來가 아직 살아 있으며, 海島에서 眞人이 병사를 모으고 있으니 돈을 거두어 白木을 사서 군복을 지어 주고, 난에 동참하는 民의 이름을 적은 名帖을 섬으로 보내야 한다고 설득하였다. 그리고 실제로 그들의 설득에 넘어가 자신의 논을 팔아 돈을 대는 자도 나타났고, 名帖에 자신의 이름을 써서 주는 자도 생겨났다. 이와 같이 현 왕조를 부정하는 역성혁명의 논리와 이상사회의 지향에 대한 논리를 가지고 있었던 정감록 사상이 民心을 끌어 모으고 동조세력을 규합하는데 중요한 기능을 하였음을 알 수 있다.

그리고 박형서는 이러한 유언비어를 직접 句語體의 글로서 작성하여 두차례에 걸쳐 관아에 투서하였는데 처음 것은 淸州鎭營의 內衙中門에 던진 것으로 紙質은 薄紙였으며, 두번째 것은 東軒에 던졌는데 紙質이 稍厚紙였다.[89] 그의 공초 가운데 흉서에 적은 글의 의미를 추궁하는 대

---

88) 『純祖實錄』 卷28 純祖 26年 10月 乙亥條. 『承政院日記』 道光 6年 丙戌 10月 27日條.
「亨瑞結案 締結絶惡至妖之尙采 傳習妖書 斯取人財 做出凶言 煽動人心 敢以海島眞人兵禍將出之說 誇張詿惑 爛漫和應 給紙而勸書名帖 謂送島中 收錢而要貿白木 謂造軍服 此己是叵測之斷案 而乃於尙采等諸漢鎭營就捕之後 渠自知罪盈惡極 難逭三尺 敢出死中求 生之計 再投凶書於營將官衙 而或詐稱湖南元帥 或假托水泊山塞 恐動誘脅 字字凶悖 況其左寫凶書中句語 卽是窮天地亘萬古所未有之極逆大憨」

목을 통하여 구체적인 내용을 보면 '順天浦口之說' '忠義寂寞元勳富貴' '小旋風高唐州' '大兵末及出' '湖南元帥' '危邦不居' '辛壬之役' 등의 글자가 적혀 있었던 것을 알 수 있다.90) 이 흉서는 두번째의 것으로 자신이 직접 작성하였기 때문에 그 내용을 암기하고 있었으며,91) 특별하게 어떤 것을 지시하거나 의미하는 것은 아니라고 진술하면서도 난리가 일어난다는 것을 알려서 자신들의 세를 과시하고, 겁을 주고자 한 것이라고 진술하고 있다.92)

이 사건의 결과 朴亨瑞·鄭尙采가 斬刑을 당하고, 李奎汝·辛宜柱·申季亮·黃汝玉은 청주로 보내져 民이 보는 가운데 梟首刑을 당하였으며, 劉吉龍은 鎭營에서 문초를 받는 가운데 物故를 당하였다. 그외 黃允伯은 유배를, 吳漢京은 석방되었다. 그리고 11월 20일에 이르러서는 朴亨瑞의 가족에게 연좌율을 적용하여 아들 朴千達을 처형하고 다른 사람들은 모두 유배를 보내었다.93) 또한 이 사건으로 말미암아 淸州牧은 西原縣으로 강등되었고, 충주와 청주를 합하여 충청도라 하던 것을 공주와 충주를 합하여 公忠道로 개명하였다.94)

한편 이 사건의 推鞫이 매듭된 이후 조정의 논의는 산림세력과의 연계관계로 비화된다. 즉 11월 20일 尹命烈은 다음과 같이 상소하였다.

「신은 포도청의 죄수 韓慶岳의 일에 대해서는 그 이상 더 근심스럽고 의심스러울 데가 없습니다. 松都와 豊德이 합병된 뒤로 畿湖의 패려한 선비들이 근거 없는 일을 속이고 선동하고, 심지어는 申綱

---

89) 『推案及鞫案』 卷27 281冊 「罪人亨瑞尙采申季亮鞫案」 10月 26日 朴亨瑞白等條. 834~835쪽.
90) 上同. 835~837쪽.
91) 上同. 830쪽.
92) 上同. 836쪽.
93) 『承政院日記』 道光 6年 丙戌 11月 20日條.
94) 『純祖實錄』 卷28 純祖 26年 10月 乙亥條.

무리의 패려한 행동이 있었는가 하면 金致奎・李昌坤의 변고와 朴亨瑞・鄭尙采의 옥사가 서로 잇따라 일어나서 단서와 맥락이 접하여 연결되어 있습니다. 이는 반드시 일종의 뜻을 잃은 不逞한 무리들이 국가를 원망하고 은밀히 불칙한 마음을 쌓아 숨어서 틈을 엿보다가 이에 읍을 개혁하고 향교를 혁파하는 것을 기화로 삼아 소요와 의혹을 터무니 없이 퍼뜨려서 장차 搢紳을 함정에 끌어 들이고 국가를 위태롭게 할 것을 도모하였으니 그 또한 흉참합니다....」95)

라고 주장하면서 李奎汝의 공초 가운데 '與鰲村書一案'과 한경악이 진술한 '豊德에 관한 일로써 3편의 歌詞가 있는데 기록하지 않은 집이 없고 외우지 않는 사람이 없다'96)는 내용이 모두 申綱과 관련되니 한경악과 신강을 모두 王府로 하여금 推問할 것을 주장하였다. 우의정 심상규도 한경악은 곧 신강의 정신을 전해 받은 것이라고 단정하면서 이들의 국문에 대하여 찬성의 뜻을 밝혔다.97)

이에 대하여 純祖는 일단 포도청의 문안을 자신이 직접 검토하고 난 후에 한경악이 인심을 선동하고 유혹한 것은 사실이나 歌詞를 스스로 지은 것이 아니라고 하니 추국은 번거로울 뿐이라고 하면서 추국의 의사가 없음을 표명하였다.98) 그러나 이후에도 金致奎・李昌坤・朴亨瑞・鄭尙采・韓慶岳 등의 일들은 모두 申綱으로부터 연유한 것이니 주모자

---

95) 『純祖實錄』 卷28 純祖 26年 11月 丁酉條.
「護軍尹命烈疏略曰 臣於捕盜廳囚韓慶岳事 有不勝憂疑者 自松豊合幷之後 畿湖間悖儒 白地訛煽 甚至有申綱輩悖擧 而奎坤之變 亨采之獄 相繼而起 端緒脉絡 莫不接連 其必有一種失志不逞之徒 憸憝國家 陰蓄不軌之心 潛伏而求釁 乃以革邑罷校 認爲奇貨 誣張搖惑 將以搆陷搢紳 圖危國家 其亦凶憯矣」
96) 『純祖實錄』 卷28 純祖 26年 11月 丁酉條.
97) 『純祖實錄』 卷28 純祖 26年 11月 庚子條. 申綱은 순조 25년 정부에서 豊德의 향교를 혁파하고 松都에 합치하는 조치를 내리자 이에 대한 부당함을 상소하는 한편 풍덕지역의 山林勢力들과 연계하여 정부에 대항하였던 인물이다.
98) 『純祖實錄』 卷28 純祖 26年 11月 辛丑條.

인 신강을 잡아다가 국문해야 한다는 상소가 계속되다가[99] 이듬해 순조를 대신하여 왕세자가 대리청정에 들어가면서 잠잠해졌다.

이상에서와 같이 정부의 관리들은 朴亨瑞·鄭尙采의 청주진영 투척사건도 앞에서 다룬 김치규와 이창곤의 사건 처럼 山林勢力들이 조정의 정책, 즉 구체적으로 豊德의 향교를 혁파하고 松都에 합치시킨 일에 대하여 불만을 품은 자들의 소행이라고 인식하고 있었음을 알 수 있다. 이와 같은 인식은 사건의 본질을 제대로 파악하지 못한 결과이며, 나아가 民들의 의식을 우매한 것이라고 치부하면서 사회적으로 만연되어 있던 『鄭鑑錄』과 같은 민간사상의 존재를 인정하려고 하지 않았음을 알 수 있는 것이다.

4) 關聯人物의 分析과 民의 動向

이상 청주괘서사건 주모자들의 인물분석을 통해 당시 민의 동향과 지역사회에서의 유랑인들의 실태, 나아가 민의 비판의식의 척도를 살펴보고자 한다.

먼저 청주 북문 괘서사건 주모자 중 한사람인 김치규의 신분내력를 그의 結案을 통해 살펴보면 다음과 같다.

「나의 아버지는 弘基, 할아버지는 瑜인데 죽었고, 어머니 金召史는 생존해 있으며 외할아버지 載瑨은 죽었다. 부모는 평안도 中和府 東頭坊 上三里 태생이며 이곳에서 부모를 봉양하며 살았다. 壬午年경에 충청도 淸安縣 遠西面 新坪里로 옮겨 살았으며 초명은 樂欽이었고 致奎로 개명하였다. 中和와 淸安에는 모두 入籍하지 않았다. …中略… 허황된 名號를 날조하여 혹은 聖人이니 道士니 혹은 장군이니 元帥니 하였으며, 혹은 태백산 아래에 산다하고, 혹 홍경래의 여러 적들이 죽지 않았다고 하고, 혹은 제주에서 모이기로 기약했다고 하면서 황

---

99) 『純祖實錄』 卷28 純祖 26年 12月 庚申·丙子條.

제4장 純祖朝 民의 動向과 掛書 223

당스러운 말을 전파하여 소란스럽게 선동하고 유혹하였으며, …中略…
올해 3월 14일 스스로 짓고 스스로 베낀 두장의 흉서를 청주 병영 북문
에 掛付하였는데 天日(임금)을 指斥하고 국가를 誣毁하여 오만한 말과
혼란한 이야기가 이르지 않음이 없었다. …」[100]

위의 진술 내용을 보면 그는 평안도 中和 사람으로서 壬午年인 순조
22년(1822)에 충청도 淸安으로 옮겨 왔으며, 이 때 그의 나이는 25세 였
다. 또한 그는 집안에 돈이 없어 먹고 살 길이 없었기 때문에 辛巳年에
노모만을 모시고, 마을마다 문전걸식을 하면서 청안 땅으로 흘러 들어
와 훈장으로 업을 삼았다[101]고 진술하고 있는 것으로 보아 사회경제적
으로 열악한 처지에 있던 몰락지식인 계층으로서 훈장으로 생계를 꾸
려나가고 있었음을 알 수 있다. 그는 1821년에 고향인 中和를 떠났는데
그 이유는 아버지가 6형제 가운데 둘째로 집안에 禍가 매우 심하여 자
신은 겨우 죽음을 면하고 遊離되었으며, 충청도에 大豊이 이루어졌다는
풍문을 듣고 이듬해에 충청도에 이르러 정착했다고 말하고 있다.[102] 이
가운데 집안의 禍가 무엇인지는 자세히 언급하고 있지 않다. 그리고 출
생지인 中和와 淸安 어느 쪽에도 入籍되어 있지 않다는 것으로 보아 당
시 民들의 호적관리가 체계적으로 이루어지고 있지 않았음을 보여준다.
그는 淸安으로 옮겨와 그 지역의 토착부호인 李元基의 집에 기거하면

---

100) 『承政院日記』 道光 6年 丙戌 4月 29日條.
「矣身根脚段 父弘基 父矣父瑜并只故 母金召史生存 母矣父載瑨故白良乎 父母
以胎生於平安道中和府東頭坊上三里 隨父母長養 仍爲居生是白如可 壬午年分
寓居於忠淸道淸安縣遠西面新坪里 而初名樂欽 改名致奎 中和淸安并不入籍是白
乎旀 …中略… 虛毁名號 或謂之聖人道士 或謂之將軍元帥 或謂居太白山下
或謂景來諸賊之不死 或謂耽羅聚會之約 傳播詭幻 煽惑騷屑者 …中略… 於本
年三月十四日 自製自寫 兩紙凶書 掛付於淸州兵營北門 指斥天日 誣毁國家 熳
辭亂語 無所不至…」
101) 『推案及鞫案』 卷27 282冊 「罪人致奎昌坤柳性浩李元基鞫案」 4月 15日 金致奎
更推白等條. 590쪽.
102) 上同. 4月 23日 金致奎更推白等條. 649쪽.

서 그 아들의 훈장노릇을 했다. 이원기는 이에 대하여 다음과 같이 진술하고 있다.

> 「… 치규와 5년간 만난 것은 다른 뜻이 있어서가 아니라 처음에는 자식을 교육시키고자 집안에 머무르게 하였었다. 그러나 불행하게도 자식이 죽고난 후 달리 가르칠 아이들이 없었으나, 한 때 훈장으로 머물렀으므로 일이 심히 不緊한 까닭에 동네의 빈 집을 빌려주어 그로 하여금 尊接하게 한 것은 실로 차마 내칠 수 없는 데서 나온 것이다.…」[103]

결국 金致奎는 李元基의 배려속에서 계속 그 지역에서 머물고 있었음을 알 수 있다. 그는 이곳에 머물면서 지식인으로 행동하였으며 괘서를 부착한 해인 순조 26년(1826) 초에는 과거에 응시한다고 서울을 다녀 왔으나 실제로는 응시하지 않았다.[104] 또한 그는 '금번의 괘서는 남인이 노론을 해하고자 나온 것이다'라고 주장하여 이 사건을 정치적인 문제로 비화시키려고도 하였으며, 조선왕조의 國運이 다하였다는 전제하에 '鷄龍山五百年' '伽耶山千年都邑說'을 주장하기도 하였다.[105]

결국 이상에서 보듯이 金致奎는 평안도 출신의 26세 젊은 지식인 계층으로서 그 시대 朝廷의 정치적 동향을 잘 파악하고 있었을 뿐 아니라, 관리로의 진출의욕도 강하게 가지고 있었던 비교적 정치의식이 강하였던 인물이며, 경제적으로 몰락한 자신의 가문을 일으키기 위해 과

---

103) 『承政院日記』 道光 6年 丙戌 5月 7日條.
「… 致奎之五年許接 非有他意 始也欲爲敎子 留置家內是白如可 終焉而不幸 矣子身死後 無他可敎之兒輩 徒留訓長 事甚不緊 故借給同里空舍 使之尊接者 寔出於不忍想斥之意也…」
104) 『承政院日記』 道光 6年 丙戌 5月 7日條.
105) 『推案及鞫案』 卷27 282冊 「罪人致奎昌坤柳性浩李元基鞫案」 4月 28日 李元基白等條. 684쪽.

거시험에 응시하고자 노력하기도 하는 등 현실적 인물이었던 것으로 보인다. 그러나 그의 노력에도 불구하고 현실적으로 이것이 어렵자 괘서를 택하여 정부의 정책을 비판하였던 것이다.

김치규와 같은 성격의 인물은 19세기에 널리 퍼져 있는 하나의 유형이기도 했다. 즉 18세기 이후 사회경제적으로 몰락한 양반인 이른바 '貧寒士族'이 전국적으로 광범위하게 존재하고 있었으며, 이들은 자신의 생계유지를 위해 종래에 자신들이 천시하였던 직종인 농업이나 상공업 등에 종사하기도 하고, 상당수는 일정한 거처 없이 자신의 생계를 찾아 유랑하는 유랑지식인이 되어 訓長이나 地師를 業으로 하는 경우가 비일비재하였다.106)

한편 李昌坤은 63세의 노인으로 그 역시 정치의식을 가지고 있었고, 전국을 周遊하면서 불평불만을 표출하였던 인물으로 생각된다. 먼저 그의 結案을 통해 출신지를 알아보면 다음과 같다.

「의금부죄인 昌坤(63) 結案白等 나의 아버지는 仁源, 할아버지는 英輔, 어머니는 劉召史, 외할아버지는 塭으로 모두 죽었다. 부모는 충청도 鎭川縣 文方面 城周里 태생으로 이곳에서 살다가 入籍하였다. 지난 乙酉年 11월 분가하여 서울 근처의 陰竹縣 獨安里에 살았으며…」107)

위에서 보듯이 본래 충청도가 그의 근거지였으며 후에 경기도 음죽으로 옮겨왔다. 그는 전국의 각지를 周遊하면서 스스로를 '生佛'이라 칭하고, '계룡산이 국도가 된다'는 등의 말을 유포하기도 하였으며,108) '조

---

106) 鄭奭鍾, 『朝鮮後期社會變動硏究』 一潮閣, 1983. 264~278쪽.
107) 『承政院日記』 道光 6年 丙戌 5月 3日條.
「義禁府罪人昌坤年六十三矣結案白等 矣身根脚段 父仁源 父矣父英輔 母劉召史 母矣父塭並只故白良乎 父母以胎生於忠淸道鎭川縣文方面城周里 隨父母長養 仍爲入寂居生是白如可 去乙酉年十一月 分寓居于京圻陰竹縣獨安里是白乎旀…」

정의 유생들을 마땅히 다 죽여야 한다'거나 '신강의 일은 심히 옳은 것 인데도 귀양을 갔다'109)고 말하여 정부의 정책이 잘못 되었음을 비판한 것으로 보아 정치의식과 비판의식을 소유하고 있던 자임을 알 수 있다. 또한 '나의 아들 가운데 한 사람을 延城君派에게 주었으므로 나는 곧 五峰의 자손이며, 延城君은 나의 族祖'110)라고 진술하면서 스스로를 연성군의 8대손이라고 주장하고 있다.

유성호는 김치규가 공초 과정에서

「서울에서 과거시험을 보고 돌아오는 길에 안성에 사는 柳性浩, 字는 致仲의 집에서 머물렀는데 鄭喜祚·趙時明 등 50여명의 이름을 列錄하고 있는 것을 보았으나 자세히 기억할 수는 없다.」111)

고 진술하여 체포되었다. 이에 대하여 그는

「작년(1826) 과거시험 때 나의 7촌 조카인 榮春의 집에서 우연히 만난 적은 있으나 대화는 하지 않았다 … 나의 이름은 性浩이고 字는 汝天인즉 치규가 말한 것과 틀리다.」112)

고 항변하면서 치규의 誣告임을 주장하였다. 그러나 그의 7촌 조카라는 榮春을 치규가 알고 있었으며, 함께 서울로 가면서 同宿한 일이 있음을 치규가 진술하고 있는 것으로 보아 유성호와 김치규가 절친한 사이는 아니라 할지라도 一面識 정도는 있었던 것으로 보인다. 유성호는 자신

---

108) 『推案及鞫案』 卷27 282冊 「罪人致奎昌坤柳性浩李元基鞫案」 4月 18日 李昌坤更推白等條. 624쪽.
109) 上同. 4月 23日 金致奎更推白等條. 646쪽.
110) 上同. 4月 19日 金致奎更推白等條. 635쪽.
111) 上同. 4月 15日 金致奎更推白等條. 591쪽.
112) 上同. 4月 15日 柳性浩更推白等條. 592쪽.

의 집에서 列書한 일이 없음을 극구 부인하였으며, 그의 집을 수색하는 과정에서 秘記類로 보이는 책자가 발견되어 이를 집중 추궁받았으나, 그 책은 아비가 과거를 보러 갔을 때 얻어온 것으로서 내용은 무엇인지 모른다고 진술하고 있다.113) 결과적으로 유성호는 이 사건과 직접적으로 밀접하게 관련되어 있지는 않으나 김치규의 진술로 인하여 피해를 당한 것으로 보인다.

그러면 김치규는 왜 그를 이 사건에 끌어 들였는가. 유성호는 京畿道 安城을 근거지로 살고 있던 士類로서 과거시험을 위해 준비하고 있던 지식인이었다. 이러한 사실은 문초과정에서 '네가 비록 鄕曲之人이나 常賤이 아닌 즉 마땅히 일의 중대함을 알 것이며, 사실대로 말하면 杖을 맞지 않을 것이요 直告하지 않으면 죽을 것이다'114)는 말을 통해서 더욱 분명하게 알 수 있다. 결국 김치규는 유성호를 한차례 만나는 과정에서 자신은 빈한한 流浪知識人인데 반하여 그는 안정된 생활속에서 학문을 하고 있어 상대적인 빈곤감을 느꼈을 것으로 보이며, 공초 과정에서 특별히 거론할 인물이 없던 차에 榮春과 관계가 있는 그를 끌어 들였던 것으로 생각한다.

이원기는 충청도 淸安縣의 土着富豪勢力으로서 그 지역의 지식인들과 교유하던 인물이었다. 김치규가 청안현에 들어오자 그를 집안으로 불러들여 자신의 아들 교육을 시키도록 하였으며, 이후 아들이 갑자기 죽자 김치규를 내보내지 못하고 인근 지역에 집을 얻어 주고 그로 하여금 그 곳에서 훈장으로 업을 삼도록 배려해 준 인물이다.115) 이러한 일은 그가 어느 정도의 재력을 가지고 있었음을 의미하며, 김치규가 그와 主客의 관계를 유지한 것도 그의 경제력을 믿었기 때문으로 보인다. 또

---

113) 上同. 4月 16日 柳性浩更推白等條. 597~598쪽.
114) 上同. 4月 17日 柳性浩更推白等條. 613쪽.
115) 『承政院日記』 道光 6年 丙戌 5月 7日條.

한 이창곤과 김치규가 그의 집에 모여 彗星이 나타난 것을 놓고 난리가 일어날 조짐이라고 말하고, 글자를 풀어 破字點을 치면서 '4월 11일에 반드시 난리가 일어난다'고 하는 등의 대화를 나누기도 하였다.116) 이러한 점으로 보아 이원기도 어느 정도의 학식은 겸비하고 있었던 것으로 보이나 그의 신분이 무엇인지는 정확히 알 수가 없다. 이와 같이 이원기는 淸安縣의 토착부호 세력으로 김치규 및 이창곤 등과 교류하면서 그의 집을 거점으로 모여 豊德의 是非를 말하는 등 정부의 정책을 비판하였던 것으로 보인다. 그러나 그는 금번 괘서사건과는 직접적으로 관련을 맺으면서 가담하지는 않았던 것으로 보인다. 이는 그의 죄를 추궁하는 과정에서 김치규나 이창곤과 같은 자들과 어울렸고 그의 집에서 破字點을 쳤다는 것에 관하여 審問할 뿐 괘서사건과의 직접적인 관련사실에 대하여는 심문하지 않는 것으로 보아 알 수 있다.

이상에서 볼 때 김치규나 이창곤 등은 당시의 지식인이면서도 관리로 진출하지 못한 계층들로서 경제적 어려움을 겪으면서 근거지를 떠나 門前乞食하는 등 정부에 대한 불만이 팽배해 있었던 인물들이다. 더욱이 그들은 정치적 흐름을 정확하게 파악하고 있는 등 당시 정치적·사회적 현실에 대한 비판의식을 갖고 있었던 사람들이다. 이와같은 자신들의 생각을 당시 여건하에서 효과적으로 표출하지 못하자 이에 대한 불만을 괘서로서 표현함으로서 해소하고자 하였던 것이다.

한편 청주 진영 괘서사건의 주모자들은 어떠한 성향을 가지고 있던 인물들인가.

먼저 정상채는 부모와 함께 平安道 平壤에 살다가 다시 江原道 寧越府 南面으로 옮겨 살았으며,117) 다시 충청도로 이주하는 등 일정한 안식처가 없이 떠돌아 다녔던 유랑인이었다. 그의 結案에서도 '향리에 출

---

116) 『承政院日記』 道光 6年 丙戌 5月 7日條.
117) 『承政院日記』 道光 6年 丙戌 10月 27日條.

몰하면서 踪跡이 번쩍번쩍 하였고 나이와 이름이 수시로 변하였다'118)고 한 대목에서도 이를 입증하여 준다. 더구나 그는 秘記에 깊이 빠져 있었을 뿐아니라 점술에도 밝아 많은 사람들을 자신에게 끌어들일 수 있는 자질을 가지고 있었으며, 타향살이의 고립감과 토착인들의 멸시를 없애기 위해서 자신의 아우인 鄭來豊이 御使라고 사칭하면서 과시욕을 드러내기도 하였다.119) 또한 1811년 평안도 농민항쟁의 홍경래 등은 중국 秦나라 때 난을 일으켰다가 실패한 陳勝·吳廣의 무리에 불과하고 실질적인 난은 차후에 본격적으로 일어난다고 주장하는 등 비교적 역사적인 사실에도 식견을 가지고 있었던 인물이었다.

그리고 박형서는 忠淸道 淸州牧 西州內面 西林里 태생으로 淸州鎭營의 아전으로 수년간 몸담고 있었던 인물이다. 그는 13세 되던 해에 청주진영의 通引120)으로 들어왔고, 이듬해 아비가 죽고 난 후 20세에 장가를 들었으나 가계가 넉넉지 못하였다.121) 그는 관에 있으면서 문자를 간간히 익혀 알고 있었으나 이러한 사실을 은폐하고 있었으며, 사람이 없을 때 흉서를 작성하여 투척하였다고 진술하고 있다.122) 그가 관아 내부에 쉽게 글을 투척할 수 있었던 것은 관아의 通引으로 오래 있으면서 그곳의 地理를 잘 알고 있었을 뿐아니라, 관아에 근무하고 있던 下吏들과도 안면이 있어 관아의 돌아가는 정세를 잘 알 수 있었기 때문이다. 이러한 배경을 가지고 있었던 朴亨瑞는 鄭尙采로부터 '幻妙門'과 같은 秘記를 받아 읽었고,123) 점술과 비기에 뛰어난 재주를 가지고 있던

---

118) 『推案及鞫案』 卷27 281冊 「罪人亨瑞尙采申季亮鞫案」 10月 27日 鄭尙采結案白等條. 847쪽.
119) 上同. 805쪽.
120) 通引은 守令의 옆에 있으면서 문서나 각종 심부름을 하던 자를 말한다.
121) 『推案及鞫案』 卷27 281冊 「罪人亨瑞尙采申季亮鞫案」 10月 15日 罪人朴亨瑞白等條. 731쪽.
122) 上同. 835쪽.
123) 『純祖實錄』 卷28 純祖 26年 10月 乙亥條.

그의 말을 그대로 믿고 따랐으며, 난이 일어날 경우를 대비하여 그에게서 遁甲奇門術을 배우고자 시도하였다.124) 그가 정상채와 어울리게 된 것은 평소에 '鄕中端雅之人'으로 믿고 따르던 淸州 南面에 살고 있던 선비 李奎汝가 정상채는 神術이 있다고 추천하였기 때문이라고 진술하고 있다.125) 그러나 한편으로는 오랫동안 淸州鎭營에 있으면서 糊口之策을 면하였으나 鎭營에서 물러난 뒤로는 생계의 어려움을 느꼈던 것으로 보이며, 이같은 급박한 상황에서 점술에 뛰어난 鄭尙采를 만나자 그에게서 점술을 배워 생계를 유지하고자 하는 목적에서 쉽게 동화되어 갔던 것으로 보인다. 결국 박형서는 정상채 등과 밀접하게 연결되어 있는 상황에서 그들이 흉서에 연관되어 체포되자 자신도 머지 않아 체포될 것을 우려하여 그 스스로 난리가 일어난다는 내용의 글을 재차 투척함으로써 營將을 위협하여 獄事를 원만하게 해결하도록 하여 삶을 도모하고자 하였던 것이다.126)

이들 외의 인물로서 주목되는 사람은 申季亮이다. 朴亨瑞의 진술에 의하면 李奎汝도 문장이 좋으나 신계량은 자신이 접촉한 사람들 가운데서 가장 문장이 뛰어나며127) 자신의 집과 가까이 있고, 정상채에게 100냥의 돈을 지급하는 것을 보았다고 주장하고 있다. 그리고 李奎汝는 청주 南面의 양반으로 端雅한 선비이며 문벌이 좋고 학문과 지식이 있어 감히 그와는 함께 어울리지 못했다128)는 박형서의 진술로 보아 그는 청주지역의 토착 선비였던 것으로 보이며 신분적인 차이로 인해 박형서와는 어울릴 수 없었던 처지였다. 또한 그는 '靑山에 집터를 사고 海

---

124) 『推案及鞫案』 卷27 281冊 「罪人亨瑞尙采申季亮鞫案」 10月 17日 罪人朴亨瑞白等條. 758쪽.
125) 上同. 752쪽.
126) 上同. 758쪽.
127) 上同. 755쪽.
128) 上同. 755쪽.

島에 돈을 보낸다'는 정상채의 말을 듣고 자신의 논을 팔아 돈을 마련하여 주기까지 하였다.129) 이와 같이 신계량과 이규여는 청주지역을 근거로 한 토착 양반세력으로서 財力과 지식을 겸비하고 있었던 인물들임을 알 수 있다. 이러한 인물들이 정상채와 같은 떠돌이 점술가가 난이 일어난다고 주장하는 말만을 믿고 돈을 지급하여 준 것은 주목할 만하다. 그리고 황사극・황여옥・황윤백 등도 돈을 내고 군복을 짓는데 필요한 正木을 사다 주었던 점으로 보아 토착 부호세력이었음을 알 수 있다.

이상 청주 괘서사건에 관련된 인물의 성향과 그 동향을 살펴 보았다. 이를 통해 알 수 있는 것은 첫째 유랑 지식인들이 연고가 없는 지역에서 훈장 등의 일을 맡아 적응해 가는 양상과 그 과정속에서 토착세력들과의 합류 및 갈등을 빚으면서 정부 비판적인 의식을 표출하는 것을 볼 수 있으며, 둘째 박형서와 같은 하급 아전이 점술과 비기에 빠져드는 과정 및 의식의 변화를 살필 수 있고, 셋째 조선왕조의 멸망론이나 國都의 이동설, 豊德 향교 철폐에 따른 是非 논의 등 民의 정치의식과 사회의식의 一端을 알 수 있다.

제3절 純祖朝 掛書事件의 性格과 特徵

순조가 34년간 재위하는 동안 조정에 보고된 12건의 괘서사건을 유형별로 성격구분하면 다음의 <표 4-2>와 같다.

---

129) 『純祖實錄』 卷28 純祖 26年 10月 乙亥條.

純祖朝 掛書事件의 性格區分

<표4-2>

번호	년대	사건명	주모자의 성향	괘서 내용의 성격				사건의 특징
				정치적	사회적	경제적	기타	
1	1801	하동괘서	·	·	○	·	·	坡字法을 사용
2	1801	의령괘서	幼學(농업)	·	○	·	·	秘記 이용
3	1801	창원괘서	幼學(농업)	·	○	·	·	〃
4	1804	한성괘서	書員入役	·	○	·	○	秘記이용, 사대문동시 괘서 시도
5	1807	〃	萬戶	·	·	·	○	승진에 대한 불만으로 관리 비난
6	1811	〃	賤人	·	○	○	○	천한 신분과 生活苦로 정부비방
7	1812	〃	流浪人	·	○	·	·	평안도농민항쟁과 연계, 민심교란용
8	1812	〃	〃	·	○	·	·	〃
9	1819	수원괘서	官奴	·	○	·	○	官奴에 의해 주도
10	1826	청주괘서	訓長	○	○	·	·	실명괘서, 秘記를 이용하여 민란유도
11	1826	〃	流浪人	·	○	·	·	秘記이용, 구어체
12	1828	공주괘서	·	·	○	·	○	院任문제와 관련

<표 4-2>에서 보듯이 순조대 괘서사건은 대부분이 사회적 성격을 강하게 갖고 있으며, 정치적인 목적으로 이용된 사건은 거의 없는 것을 알 수 있다. 이는 숙종·영조대의 괘서사건이 정치적 성격을 강하게 갖고 있는 것과 대조적이다. 결국 괘서사건의 목적이나 성격이 19세기에 들어오면서 종래 정치적 성향에서 사회적 성향으로 바뀌어 가고 있음을 보여 주고 있는 것이다. 이는 민의 관심대상이 사회적 문제에 보다 많은 의식을 갖고 있었던 것으로 파악되며, 상대적으로 정치적인 무관심의 표현으로도 해석할 수 있지 않을까 생각한다.

다음으로 순조조의 괘서사건이 갖는 특징을 몇가지로 요약 정리하면 다음과 같다. 첫째, 괘서사건 주모자들의 신분적 성향이 지식계층에서 부터 일반농민들로 뚜렷한 일이 없이 떠돌아 다니는 무뢰배들을 포함하여 賤民인 노비에 이르기까지 폭넓게 퍼져 있다는 것이다. 이는 수원 괘서의 주모자가 관노출신이었으며, 청주괘서사건의 주모자인 朴亨瑞도 청주진영의 아전으로서 간간히 자신의 의지를 바탕으로 글을 배워 의식의 변화를 꾀하고 있었던 사실에서 보다 분명해 진다. 결국 하층민들도 폭넓게 문자를 해득하기 시작하였고, 그와 동시에 현실상황의 인식과 함께 비판의식과 권리의식이 싹트기 시작했음을 보여 주고 있는 것이다. 이는 18세기 후반에 이르러 중세적 민본정치의 토양 위에서 근대적 民權意識이 싹트고 있었다는 주장과[130] 일치하는 현상이다. 나아가 이 시기의 괘서를 주도한 지식인들은 대다수 경제적으로 몰락한 貧士 寒儒들로서 뚜렷한 직업이나 거주지가 없이 유랑하다가 일정한 장소에 기거하면서 점술가나 訓長과 같은 직업을 택하여 그 지역의 土着富豪들과 교유하면서 민심의 혼란을 유도하고 있다. 청주진영 괘서사건의 박형서가 점술을 배워 생계를 유지하고자 노력하였던 것도 그 일단을 보여 주고 있는 것이다.

둘째, 대다수 괘서의 내용이 『鄭鑑錄』과 같은 秘記를 이용하여 정부를 비판하면서 민심의 혼란을 유도하고 있는 점도 주목할 만한 현상의 하나이다. 즉 의령과 창원 괘서사건의 주모자들은 이미 秘記에 심취한 인물들이었으며, 서울의 4대문에 괘서하고자 한 사건도 『關西秘記』라고 하는 讖緯說을 근거로 작성하고 있으며, 청주괘서에서는 정감록의 내용과 함께 '洪景來不死說'이 등장하여 秘記와 民亂을 연계시키고자 하였음을 알 수 있다. 결국 당시 저항의식을 가지고 있던 일반민들은 다른

---

130) 韓相權, 『朝鮮後期 社會問題와 訴冤制度硏究 -正祖代 上言 擊錚의 分析을 중심으로-』 서울대 博士學位論文 1993. 322쪽.

사람들을 설득할 수 있는 기본적인 이념이나 사상의 정립이 부족하였기 때문에 『鄭鑑錄』·『關西秘記』 등과 같은 秘記類의 이념을 그들의 목적을 달성하는데 하나의 수단으로 이용하였던 것이다. 더 나아가 난이 일어난다는 말이 자주 등장하고 있으며, 이 말을 그대로 믿고 실제로 피난을 준비하는 자가 있는가 하면 자신의 논을 팔아 그 돈을 민란의 비용으로 쓰도록 내놓는 자도 생겨나게 되었다. 이와 같이 현 왕조를 부정하는 역성혁명의 논리와 이상사회의 지향에 대한 논리를 가지고 있었던 정감록 사상이 民心을 끌어 모으고 동조 세력을 규합하는데 중요한 기능을 하였음을 알 수 있다.

셋째, 농민항쟁과의 연계성이다. 즉 평안도농민항쟁 당시 서울 지역에서 정부의 농민항쟁군 진압을 방해하고 사회적 혼란을 유도하기 위하여 괘서사건을 일으킨 것이 그 대표적인 사례이다. 이는 민의 인심을 유도하고 유언비어를 유포시키는 데는 괘서가 가장 적절한 방법임을 인식하고 있었기 때문에 가능하였다. 그리고 이후 '洪景來不死說' 등의 유언비어가 전국적으로 유포되고 있고, 순조대 후반기 괘서사건의 내용에서도 인용되고 있는 점을 볼 때 괘서가 언론적 기능을 담당하고 있었음을 알 수 있다.

넷째, 괘서 발생지역의 확산을 지적할 수 있다. 괘서의 발생지역이 대부분 사람들이 많이 운집하는 곳으로서 정치적으로나 경제적으로 나아가 사회적으로 중요한 지역적 위치를 차지하고 있는 곳에 집중되어 있음을 발견할 수 있다. 즉 한성부와 청주, 수원, 공주 등은 교통이 원활하여 각 지역에서 물하가 집중되고 인구가 운집해 있어 여론이 쉽게 형성될 수 있는 곳이었다. 이는 헌·철종대에 경상도 내륙의 小邑으로까지 괘서가 확대되고 있는 것과 비교되고 있다.

제5장 憲·哲宗朝 掛書事件과 行政的 處理

제1절 掛書事件의 發生現況

　8세에 왕위에 올라 23세에 죽을 때까지 15년간 재위한 헌종이나 정치적 감각이 없이 왕위에 올라 14년간 재위한 철종 때는 모두가 왕권의 약화와 함께 趙萬永·金祖淳 등 勢道家들에 의해 정국이 운영되었던 시기이다. 이러한 憲·哲宗朝에 괘서사건이 발생하여 중앙에 보고된 것은 모두 6건이다. 이 가운데 헌종조의 괘서사건은 <표 5-1>에서 보듯이 모두 3건이 있다. 헌종 3년(1837) 5월 忠淸道 大興郡 衙門에서 발생한 사건과 헌종 10년(1844) 6월 경상도 山淸縣 衙門과 같은 시기에 옆 고을인 三嘉縣에서 각각 발생한 것이다.

憲宗朝 掛書事件의 發生現況

<표 5-1>

	發生年度	發生場所	主要內容	犯人	典據
1	헌종 3년 (1837) 5월	충청도 大興郡 관아	내용을 알 수 없음	○	實
2	헌종 10년 (1844) 6월	경상도 山淸縣 관아	서양세력이 원수를 갚기위해 처들어 온다는 내용, 비기와 관련	○	實, 備 捕, 山
3	헌종 10년 (1844) 6월	경상도 三嘉縣 관아	비기와 참서를 이용하여 민심을 선동하는 내용	○	實, 備 捕

*實은 『憲宗實錄』, 備는 『備邊司謄錄』, 捕는 『捕盜廳謄錄』, 山은 『山陰記事』이다.

헌종 3년(1837) 大興郡 官衙에 걸린 괘서사건은 충청감사 沈宜臣이 죄인 成國老와 李鍾呂를 체포하고, 忠淸監營에서 推覈하여 그해 5월 중앙에 그 결과를 보고한 사건이다. 『憲宗實錄』의 기록에 의하면 죄인 체포과정이나 訊問내용이 생략된 채 충청감사의 密啓 내용만이 간략하게 적혀 있다. 그 기록에 의하면 다음과 같다.

> 「成國老가 작은 혐의를 가지고 고을 사람을 모함하고, 李鍾呂로 하여금 난언과 부도한 말을 지어서 아문에 붙이게 하였는데 일이 발각되자 사항을 모두 실토하였습니다.」[1]

이에 대해 時・原任大臣들은 義禁府에 鞫廳을 설치하여 재차 訊問할 것을 청하였으나 당시 수렴청정을 하고 있던 대왕대비는 이를 받아 들이지 않고 있다. 그녀는

> 「이번 錦伯의 밀계로 죄인의 흉서를 보건데 비록 지극히 絶悖하나 타인을 무고한데서 출발한 것에 지나지 않고 특별히 根高가 없

---

1) 『憲宗實錄』 卷4 憲宗 3年 5月 丁酉條.
「…國老以微嫌 謀陷邑人 使鐘呂作亂 言不道說 掛之衙門 事覺幷輸款…」

제5장 憲·哲宗朝 掛書事件과 行政的 處理 237

다. 여러 대신들이 모름지기 국청을 설치할 것을 청하나 일이 확대
되어 한갓 소요만 증가할 것이니 成國老와 李鍾呂 두 범인을 道臣에
게 명하여 大逆不道로써 격식을 갖추어 結案을 받게 하라」[2]

는 명령을 내리고 있다. 결국 그녀는 사건을 확대하지 않고 지방에서 범인들을 처형하는 것으로 사건을 종결하고자 하였다. 이 사건을 중앙의 의금부에서 다시 다룬다면 괘서의 내용을 알지 못하는 일반인들에게도 알려질 뿐만 아니라, 사회적 불안을 야기하여 백성들의 소요가 일어나지 않을까 하는 두려움에서 취해진 조처였다.

이 괘서사건의 구체적인 내용은 공초기록이 없어 알 수 없지만 前後 事情을 보건대 사건의 발단은 성국로가 고을사람과의 개인적인 원한관계가 있어 상대방을 욕보이고자 괘서를 작성하여 아문에 걸었던 것으로 보인다. 이럴 경우 그 내용은 정부를 자극할 수 있는 비판적인 것과 秘記에 의거한 후천개벽설이 주류를 이루게 된다. 이에 대한 정부의 기록은 다만 '不道之言'이라는 함축적인 용어로서 표현하고 있다.

헌종 10년(1844) 6월 慶尙道 三嘉縣에서 발생한 掛書事件도 『備邊司謄錄』과 『右捕盜廳謄錄』에 약간의 기록만이 남아 있어 사건의 전말을 알기에는 역부족이다. 대략적인 사건의 개요는 감옥에 갇혀 있던 陳有權이 흉서를 작성하여 밖으로 내보내 괘서하게 하고 그 범인으로서 같이 옥에 갇혀 있는 鄭玉烈의 소행이라고 밀고하여 死中求生之計로 괘서를 이용하였던 것이다.[3] 즉 진유권이 구체적으로 어떠한 죄를 지었는지는 모르나 이미 죽음을 감지하고 있는 상태에서 괘서사건을 일으켜 다른 사람을 주모자로 밀고함으로써 일이 성공할 경우 그 공을 인정받

---

2) 『備邊司謄錄』 225冊 憲宗 3年 5月 21日條.
「大王大妃殿傳曰 觀此錦伯密啓罪人之凶書 雖極絶悖 本事不過出於誣人 別無根窩 諸大臣 爲事體雖請設鞫 而還爲張大 徒增騷擾 成國老李鍾呂兩犯 令道臣 以大逆不道 具格捧結案以聞事 分付」
3) 『備邊司謄錄』 231冊 憲宗 10年 6月 18日條. 『右捕盜廳謄錄』 第4冊 甲辰 6月 20日條.

아 赦免을 도모하고자 했던 것이다. 이와 유사한 사건들은 숙종조에도 발생하고 있다. 결국 괘서사건의 주모자를 체포하기 위해 조정에서 상금과 포상을 내걸었기 때문에 이를 노린 무고사건의 유형이 나타나고 있는 것이며, 나아가 옥에 갇혀있던 죄수들에게까지 그 영향이 미치고 있었음을 알 수 있다.

三嘉縣은 다음 항목에서 구체적으로 분석할 山淸掛書事件의 발생지역인 山淸縣과 이웃하고 있다. 그런데 3일 간격을 두고 두 곳에서 연이어 괘서사건이 발생하자 정부에서는 괘서의 내용이 백성들 사이에 급속도로 와전·전파되어 민심의 혼란을 초래할까에 우려를 표명하고 있다.4) 그리하여 즉시 주모자 진유권을 현장에서 효수토록 하고, 이에 관련된 李化根은 奴로 삼아 絶島에 보냈으며, 金永國은 유배를 보내었다. 이화근은 흉서를 소지하고 있었고, 김영국은 求醫之行을 하면서 흉서를 소장하고 있던 자이다.5) 이외에 관련된 인물들에 대한 형벌도 가담 정도에 따라 차등있게 집행하도록 道臣에게 명하였다.

다음으로 철종대의 괘서사건으로는 아래의 <표 5-2>와 같이 모두 3건이 보고되고 있다.

哲宗朝 掛書事件의 發生現況

<표 5-2>

	發生年度	發生場所	主要 內容	犯人	典據
1	철종 4년 (1853) 12월	경상도 봉화	國家와 勢道를 비판하면서 민심을 선동함	×	實,承,備, 日,捕
2	철종 11년 (1860) 9월	한성부 敦義門	내용을 알 수 없음	×	實,承, 日,捕
3	철종 14년 (1863) 10월	한성부 龍城府 大夫人墓所	내용을 알 수 없음	×	實,承, 日,捕

* 實은 『哲宗實錄』, 備는 『備邊司謄錄』, 承은 『承政院日記』, 日은 『日省錄』, 捕는 『捕盜廳謄錄』이다.

---

4) 『備邊司謄錄』 231冊 憲宗 10年 6月 18日條.
5) 『右捕盜廳謄錄』 第4冊 甲辰 6月 20日條.

제5장 憲·哲宗朝 掛書事件과 行政的 處理 239

철종 11년(1860) 9월 10일 한성부 敦義門에 걸린 괘서사건은 표면에 '朝鮮國王'이라 쓰고 임금의 수결을 새긴 도장을 위조하여 찍었으며, 그 뒤에 지극히 흉악한 말들이 적혀 있었다고 한다.[6] 그러나 구체적인 내용이나 과정 및 목적 등은 기록이 없어 그 실상을 정확하게 파악할 수가 없다. 『哲宗實錄』과 『捕盜廳謄錄』에는 다음과 같은 내용의 기록이 한두줄 있다.

「이 괘서를 보건대 흉역의 뱃속에 무엇을 숨기고 있기에 이러한가. 이는 晷刻이라도 용서할 수 없으니 두 포도대장에게 분부하여 지체없이 잡도록 하라.」[7]

그리고 10일이 지나도록 주모자를 체포하지 못하자 左捕將 許棨는 肅川府로, 右捕將 申觀浩는 中和府로 각각 유배되었고,[8] 새로이 좌포장에 申命淳을 우포장에 李元熙를 각각 임명하였다.[9] 그리고 이들도 15일이 지난 10월 4일에는 전임자와 같은 이유로 모두 파직되었다.[10]

이어서 철종 11년(1860) 10월 10일 한성부의 龍城府大夫人(철종의 生母) 墓所에서 묘의 잔디를 불태우고 비석에 괘서한 사건이 발생하였다. 사건이 발생한 직후 철종은 원로대신들인 判府事 金興根, 領議政 金左根, 左議政 趙斗淳과 치안의 실무책임자인 左捕盜大將 李景純, 右捕盜大將 申觀浩를 불러 그 대책을 물었다. 이 자리에서 원로대신들은 놀라

---

6) 『日省錄』 哲宗 庚申年 9月 11日條. 『承政院改修日記』 咸豊 10年 9月 11日條.
7) 『哲宗實錄』 卷12 哲宗 11年 9月 庚子條. 『捕盜廳謄錄』 上 庚申 9月 11日條.
「敎曰 見此掛書 凶肚逆腸 有何包藏而然乎 此不可晷刻容貸 分付兩捕將 使之不日捉得」
8) 『備邊司謄錄』 哲宗 庚申年 9月 20日條. 『日省錄』 哲宗 庚申年 9月 20日條.
9) 『哲宗實錄』 卷12 哲宗 11年 9月 庚戌條.
10) 『哲宗實錄』 卷12 哲宗 11年 10月 甲子條.

움의 표시와 함께 죄인을 하루빨리 체포해야 한다는 원론적인 의견만을 제시하고 치안 실무책임자들에게 그 책임을 떠넘겼다.11) 그후 죄인의 체포가 이루어지지 않자 좌포도대장 이경순을 林川郡에, 우포도대장 신관호를 泰安郡으로 각각 유배보내고 좌포도대장에 許棨를, 우포도대장에 任泰瑛을 각각 임명하였으나12) 이들도 패서사건의 주모자를 색출하는데는 실패하였다.

패서의 주모자가 체포되지 않아 사건의 주요한 내용이나 그 목적 등에 관하여는 자세한 사항을 알 수가 없다. 다만 용성부대부인의 묘를 관리하고 있던 監官 吳鶴齡, 舍音 鄭喆孫 등을 체포하여 사건의 정황을 파악한 것이 전부이다. 사건이 일어난 당일 저녁에 처음으로 방화를 목격한 사람은 鄭喆孫으로 사건 현장에서 불을 진압하고 비석에 부착되어 있던 패서를 감관에게 전달하였으며, 이들은 글을 알지 못하는 관계로 그 내용을 암기하고 있지 못하였다.13) 또한 당일 묘소주변에서 수상한 자를 목격하지 못했으며, 묘소 주위가 울창한 숲으로 이루어져 있어 발견도 용이하지 않다고 사건 당일의 정황을 진술하고 있다.14)

한편 묘소의 주인공인 龍城府大夫人 廉氏는 영의정에 추증된 廉成化의 딸로서 철종의 아버지인 全溪大院君의 부인이자 철종의 생모이다. 철종이 즉위하면서 아버지 전계대원군의 형제와 부인들을 追贈하는 과정에서 鈴原府大夫人으로 추증되었으며,15) 철종 12년 11월에 龍城府大夫人으로 改封되었다.16)

이 사건은 조선후기에 나타난 다른 패서사건과는 달리 철종 생모의

---

11) 『日省錄』 哲宗 癸亥年 10月 12日條.
12) 『日省錄』 哲宗 癸亥年 11月 17日條.
13) 『右捕廳謄錄』 18冊 癸亥 10月 13日條.
14) 上同.
15) 『哲宗實錄』 卷1 哲宗 卽位年 6月 己丑條.
16) 『哲宗實錄』 卷13 哲宗 12年 11月 庚寅條.

묘소에서 발생하였다는 점에서 주목된다. 일반적인 괘서의 부착장소가 사람들이 많이 왕래하는 곳인데 반하여 수풀에 둘려쌓여 사람의 왕래가 거의 없는 묘소에 괘서하였다는 점으로 볼 때 괘서의 내용을 백성들에게 널리 알리고자하는 목적은 아니었던 것으로 보인다.

그러나 그 묘소의 주인공이 당시의 통치자였던 철종의 생모라는 점에서 괘서의 의미는 달라진다. 즉 일반 民의 묘소에 발생한 사건이라면 단순하게 치부해 버릴 수도 있으나 철종의 생모인 염씨의 묘이기 때문에 단순사건으로 처리할 성질의 것이 아니었다. 더우기 유교적 통치기반을 가지고 있는 조선에서 누군가가 자기 조상의 묘를 불태운다는 것은 일반 사대부라도 참을 수 없는 치욕으로 받아들여 지고 있던 시대에 왕의 생모 무덤에서 방화와 함께 정부를 비방하는 괘서가 동시에 발생하였다는 점에서 그 충격은 더욱 컸다. 결국 철종의 생모 묘소에 불을 지르고 괘서한 주모자가 노리고 있었던 목적은 철종 즉위에 대한 불만의 표현이거나 정국 운영에 대한 반발, 혹은 묘의 관리책임을 맡고 있는 자를 곤경에 빠뜨리기 위한 목적 등이 아니었을까 생각한다.

이상과 같이 憲·哲宗代의 괘서사건은 내용의 자세한 기록을 기피하고 있어서 정확한 사건의 전말을 알기 어려우며, 郡縣의 지방 소도시와 벽지 뿐만 아니라 특정인의 묘소에까지 괘서사건이 확산되고 있고, 사건의 처리도 속전속결로 이루어지고 있음을 알 수 있다.

제2절 山淸·奉化掛書와 政府의 對應

1. 1844년 山淸 掛書事件과 幼學層의 實態

1) 山淸縣의 地域的 條件

지리산 기슭에 자리 잡고 있는 산청현은 신라시대에는 知品川縣으로 불리다가 신라 경덕왕때 山陰으로 개명되어 闕城郡에 예속되었으며, 고려 현종때는 陜州에 소속되었다가 공양왕 때 다시 山陰縣으로 復置되어 監務를 두었다.17) 이후 조선시대 영조 43년(1767)에 들어와서는 山淸縣으로 이름을 바꾸어 縣監 1명과 座首 1명, 別監 2명, 吏 42명, 校 16명, 知印 12명, 官奴 20명, 官婢 14명을 둔 관청으로 변하였다.18)

영조 때 편찬된 『輿地圖書』에 나와 있는 「山淸縣邑誌」의 기록에 의하면 2,114호에 인구 8,989명 정도가 살고 있었으며, 토지는 밭 978결, 논 1,270결로 아주 작은 현이었다. 場市의 경우 1일과 6일에 각각 열리는 縣內場과 3일과 8일에 열리는 生林場 두 곳이 있어 상품거래가 비교적 원활하게 이루어지지는 않았던 小邑이었다.19) 그리하여 경제적으로는 비교적 발달된 晋州에 의지하고 있었던 것으로 보인다. 지리적으로 볼 때 경상도 내륙으로 동으로는 三嘉縣, 서쪽으로는 咸陽郡(30리), 북쪽으로는 居昌郡(49리), 남쪽으로는 丹城(20리)을 거쳐 晋州와 연결되어20) 있는 작은 현으로서 중앙에서 볼 때는 경상도에서도 奧地에 해당하는 곳이었다. 산청현을 중심으로 한 인근의 거창·단성·진주·삼가 등지의 공간적인 지역적 특성을 『擇里志』에서는 다음과 같이 묘사하고

---

17) 『增補文獻備考』 上, 卷17 輿地考5 郡縣沿革條.
18) 『輿地圖書』 下, 慶尙道 山淸, 國史編纂委員會刊, 1973. 993쪽.
19) 上同.
20) 『大東輿地圖』와 『新增東國輿地勝覽』 卷 31 山陰縣.

있다.

> 「땅이 기름지고, 강과 산의 경개가 있으므로 사대부는 넉넉한 살림을 자랑하며, 第宅과 亭子 꾸미기를 좋아하여 비록 벼슬은 못했으나 閑遊하는 公子라는 명칭이 있다.」21)

정치적으로 볼 때 이 지역 일대는 1623년 仁祖反正과 英祖 4년(1728) 영남 士族勢力이 주체가 되어 淸州와 경상도 일대를 중심으로 일어난 戊申亂을 계기로 이후 北人系와 南人系가 몰락하면서 이 지역의 사족들도 西北人과 마찬가지로 중앙정계로부터 소외되었다.22) 특히 무신란에 가담한 鄭希亮은 안의·거창·합천·함양 등지에서 起兵하여 정부에 대항하였기 때문에 난이 정벌된 이후 이들 지역에 대한 老論政權의 지속적인 감시와 견제는 자명한 결과였다. 따라서 이 지역의 士族들은 중앙정권에 대한 불만과 반감이 증폭되어 있었고, 이러한 불만은 1862년 壬戌農民抗爭을 폭발시키는 하나의 요인으로 작용했던 것이다. 즉 晋州 뿐만 아니라 山淸을 둘러싸고 있는 함양·거창·단성 등지에서 모두 1862년 2월~3월 사이에 농민항쟁이 대대적으로 발생하고 있는 현상은23) 이 지역에 대한 정치적 소외감에서 오는 반감이 있었음을 더욱 극명하게 보여주고 있다 하겠다.

이와 같은 19세기 조선의 정치적 배경과 견주어 볼 때 후술할 산청현 괘서사건 역시 사건의 주모자들이 산청을 근거지로 거주하고 있던 士族들이란 점에서 경상도 향촌지역 사족의 실태를 조명할 수 있는 하

---

21) 李重煥, 『擇里志』八道總論 慶尙道.
「土肥而且有江山之槩 士大夫誇富豪 喜治第宅亭臺 雖不仕宦有遊閑公子之名」
22) 경상우도의 정치적 차별화 원인에 관하여는 李在喆,「18世紀 慶尙右道 士族과 鄭希良亂」『大丘史學』 31, 1986. 참조.
23) 망원한국사연구실 19세기 농민항쟁분과, 『1862년 농민항쟁』 동녘, 1988. 105쪽의 지도 참조.

나의 사례라 할 수 있다.

2) 事件의 顚末

경상도 산청현 괘서사건에 관한 기록으로『憲宗實錄』에는 죄인의 처결에 관한 한 구절만이 있고,24)『備邊司謄錄』과『右捕盜廳謄錄』에도 사건의 처리과정에 대한 상세한 기록은 남아 있지 않은 채 경상감영의 보고를 근거로 사건의 처리를 경상도 감영에서 마무리 하도록 하자는 비변사의 의견과 이를 윤허한다는 기록만이 남아 있다.25) 그러나 다행이 사건의 공초기록이『山陰記事』에 남아 있어 사건의 전말을 알 수 있다.26)

『山陰記事』는 국립중앙도서관에 소장되어 있는 사료로서 헌종 6년(1840) 10월부터 그해 겨울까지 산청현에서 일어난 일들을 기록하고 있고, 이 책의 끝 부분에 헌종 10년(1844)에 발생한 산청괘서사건에 관한 공초기록을 적어 놓았다. 이 공초기록의 양은『山陰記事』전체 180여 面 가운데 51면으로 약 1/3의 분량을 차지하고 있다. 괘서사건 이외의 내용으로는 考卜으로부터 시작하여 奉還, 田稅出秩 등 가을에 조세를 부과하고 거두는 과정에서 面과 里에 내린 傳令, 下帖이 중심을 이루고 있으며, 몇 건의 살옥사건에 관한 조사보고서도 실려 있다. 이 기록은 당시 관아의 초등기록이라는 관점에서 괘서사건의 공초기록으로서는 중요한 사료적 의미를 갖는다고 할 수 있다.

이 사건은 산청현 관아 북쪽 지역의 작은 문 밖에서 한장으로 된 괘

---

24)『憲宗實錄』卷11 憲宗 10年 7月 辛亥條.
25)『備邊司謄錄』231冊 憲宗 10年 6月 15·16日條.『右捕盜廳謄錄』第4冊 甲辰 6月 17日條.
26)『山陰記事』의 '山陰'은 '山淸縣'의 옛 지명으로 영조대에 山淸縣으로 바뀌었다. 이 자료는 국립중앙도서관에 소장되어 있는 것을 여강출판사에서 1990년에『地方史資料叢書』를 간행한 가운데 영인되어 있으며, 본 논고에서는 이 영인본을 근거로 분석하였다.

서가 발견된 후27) 경상감사 洪鍾英이 괘서사건의 범인으로 金璣, 金裕璿을 체포하여 訊問을 하고 그 결과를 憲宗 10년(1844) 6월 15일 중앙에 보고한 사건이다.28)

관아에 걸린 괘서를 처음 발견한 사람은 산청현의 汲水軍인 金成汗이다. 그는 자신이 처음 괘서를 발견했을 때의 상황을 다음과 같이 진술하고 있다.

「이달 초 7일 이른 아침 汲水를 하기 위해 관아 뒤의 작은 문 밖으로 나간 즉 앞의 반이 없는 종이가 서까래 윗부분에 걸려 있어 사방을 살펴보니 사람이 없어 심히 괴이하게 여겨 관가에 알렸습니다. 나는 글자를 알지 못하니 어찌 글의 의미를 알겠습니까. 추후에 西洋國人의 4자를 들었습니다.」29)

위의 기록을 통해서 괘서가 발생한 시기는 헌종 10년(1844) 6월 6일 밤에서 6월 7일 새벽 사이에 걸렸음을 알 수 있으며, 괘서의 내용을 추후에 들었다는 진술을 통하여 사건이 발생한 이후 이미 여러 사람들에게 전파되었음을 알 수 있다.

괘서사건이 발생한 이후 山淸 草谷面에 사는 柳召史가 자신의 돈을 사기당했다고 주장하면서 괘서사건에 관한 이야기를 들었다고 진술함으로써 사건이 활기를 띄기 시작한다. 유소사는 金璣라는 자가 산청 초곡면이 살기가 좋다고 유혹하여 남편인 鄭珌錫과 함께 家産을 정리하여 500여냥을 그와 金裕璿에게 주었으나 그들이 자신을 속이고 돈을 갚

---

27) 『山陰記事』, 『地方史資料叢書』 23卷 報牒篇, 驪江出版社 459쪽. 掛榜書査案條. 이후의 각주에서는 『山陰記事』만으로 간략하게 처리하고 뒷부분은 생략한다.
28) 『備邊司謄錄』 231冊 憲宗 10年 6月 15日條
29) 『山陰記事』 山淸縣玉洞居汲水軍金成汗條. 460쪽.
「今月初七日 早朝汲水次出往衙後小門外 則無前半張紙掛在椽頭 四顧無人 故見甚怪異 指示入番及唱摘納于官家是白乎所 矣身目不識字 何以知辭意乎 追后聞西洋國人四字是白遣」

지 않았으며, 머지않아 변란이 일어날 것이라는 둥, 요술을 부려서 의식을 해결할 수 있다는 둥, 500냥의 돈을 이미 麻布와 바꾸었으므로 가격이 오르는 것은 오래가지 않는다는 둥, 지금의 괘서는 앞으로 71州에서 똑같이 나올 것이라는 등의 말을 늘어 놓았다고 진술하였다.30) 그리하여 김기와 김유선 및 정필석을 잡아들여 문초하고 그들과 통교가 잦은 文秉璿·文德奎, 괘서의 내용을 전파한 閔和局·張日得·文春宅 등 모두 11명을 문초하였다.

1차 訊問에서는 이들 모두를 차례로 訊問하였고, 2차에서는 괘서의 내용을 전파한 사람들을 제외하고, 사건에 밀접하게 관련된 柳召史·金璣·金裕璿·鄭珌錫·文德奎 5사람으로 압축하여 조사를 벌이고 이어서 對質訊問을 벌였다. 그 결과 사건의 주모자가 김기와 김유선으로 압축되자 3·4차에서는 이들에 대해서만 집중적인 訊問을 진행하여 실토를 받기에 이른다. 이후 1차로 보고서를 작성하고 다시 한차례 미진한 부분에 대해서 추궁한 연후에 訊問을 끝내고 최종보고서를 작성하여 중앙에 보고하였다. 이와 같이 사건이 발생한 縣에서 사건을 해결한 후 중앙에 최종 보고하기까지 9일이 걸렸으며, 중앙의 명령을 받아 刑을 집행하였다.

한편 괘서에는 내용을 명시한 후에 도장을 각인하여 날인하였으며, 외국의 연호를 만들어 적어 넣었다.31) 뿐만 아니라 가공의 인물을 설정하여 聯名의 형식으로 괘서를 작성하였다.32) 이와 같은 형식은 문서로서의 격식을 갖추고자 하는 의도로 풀이되며, 나아가 글의 내용에 대한 신빙성을 보장한다는 의미를 암암리에 보여 주고자 했던 것으로 보인다. 사건이 발생한 후 최후 진술에서 김유선은 도장은 소나무를 잘라서

---

30) 『山陰記事』 山淸草谷面居柳召史白等條. 461~463쪽.
31) 『山陰記事』 514쪽. 「…具他國之年號…」
32) 『山陰記事』 514쪽. 「…五人聯書姓名…」

새겼으며33) 印朱는 고을에서 생산되는 石間朱를 사용하였고,34) 종이는 인근의 東堂邑 安義縣에서 돌아오는 길에 쌀을 주고 사서 이용했다고 실토하였다.35) 그리고 괘서에 이용한 도장과 남은 종이는 증거를 없애기 위해 김기가 불살라 버렸다36). 결국 괘서의 사전 준비단계와 사후 처리과정을 살펴볼 때 매우 치밀한 계획을 세웠음을 알 수 있고, 글을 작성하는 방법이나 도장을 사용하는 등 그 형식과 방법에 있어서도 한낱 글귀를 적은 종이 조각이 아닌 서식의 형태를 갖추고 있는 점으로 보아 문서를 작성하는 기본적인 소양을 갖추고 있는 지식인의 소행임을 알 수 있게 한다.

그러면 이들이 괘서에 적은 내용은 어떠한 것들이며, 괘서를 행한 직접적인 목적은 어디에 있었는가.

먼저 괘서에 씌어 있는 글귀에 대하여 金璣는 「西洋國王萬達聖 頓首百拜 朝鮮國王下 朱電飛 趙神明 卞飛龍 洪洋文」37)이라고 진술하고 있다. 이 가운데 朱電飛 趙神明 卞飛龍 洪洋文은 人名을 의미하는 것으로서 각각 의미를 부여하고 있다. 즉

> 「朱電飛는 날랜 것이 번개와 같고 붉은 색을 가진 자이며, 趙神明은 밝음이 神과 같고 달리는 것이 능한 자이며, 卞飛龍은 날램이 용과 같고 천하를 변화시킬 수 있는 자로서 모두 王·大將이 되며, 洪洋文은 크고 넓은 바다에 파도가 바람을 따라 일어 남이 끊이지 않는 고로 그 신속함을 취하여 부리는 자이다. 그리고 글의 의미는 병자년의 원수를 갚고자 하는 것이다.」38)

---

33) 『山陰記事』 山淸幼學金裕瑢更招白等條. 500쪽. 「印本則以松木刻之」
34) 『山陰記事』 山淸幼學金裕瑢更招白等條. 500쪽. 「印朱則以該邑所産石間朱」
35) 『山陰記事』 山淸幼學金裕瑢更招白等條. 500쪽. 「紙本一張 則東堂邑安義縣歸路給價一㪷貿米」
36) 『山陰記事』 罪人金璣白招白等條. 514쪽. 「…印草本則果卽投火仰爲滅跡…」
37) 『山陰記事』 山淸幼學金璣白等條. 503쪽.
38) 『山陰記事』 山淸幼學金璣白等條. 503쪽.

라고 진술하고 있다. 괘서에 씌어 있는 내용으로 볼 때 서양의 여러 나라들이 병자년에 당한 원수를 갚기 위해 조선에 쳐들어 온다는 내용으로 압축된다. 여기서 말하는 병자년이란 순조 16년(1816)을 의미하는 것으로 생각된다. 이는 헌종 10년(1844) 이전의 병자년이라면 가깝게 영조 32년(1756)과 순조 16년(1816) 인데 이 가운데 서양인이 조선에 표류하였다는 기록은 후자에 나타나기 때문이다. 즉 순조 16년 7월 13일 영국의 함선 알세스트호와 리라호가 충청도 馬梁鎭 葛串 밑에 표류하여 물과 곡식을 요구하다가 말이 통하지 않아 돌아간 사실이 있다.39) 당시에 영국인들은 조선관리에게 영국왕의 印章이 찍혀 있는 공문을 전달하여 배가 정박할 경우 음식물을 사도록 해 주고, 물을 가져다 마실 수 있도록 허락해 줄 것을 요구하고 있다.40) 이러한 기록 이외에 뚜렷하게 영국의 함선과 交戰하였다는 기록은 보이지 않는다.

 결국 괘서의 글귀가 의미하는 것이 '外國王이 병자년의 원수를 갚기 위해 온다'는 것은 적어도 괘서의 주모자가 병자년에 영국의 배 두 척이 표류했었다는 사실을 알고 있었음을 의미하며, 이를 이용하여 그들이 침략한다는 허위 사실을 유포하고자 했던 것임을 알 수 있다. 비록 18세기 중반 이후부터 서양세력과의 접촉이 점차 늘어나는 시대적 상황이었으나 적어도 1816년 당시 영국군함이 표류하였을 때는 교전이 없었기 때문에 이후 양국간에 특별한 원한관계가 성립되었다고는 보이지 않는다. 또한 김기와 함께 공모한 김유선이 괘서를 한 것은 김기의 사주를 받아서 한 것이고, 괘서 글귀의 의미가 서양사람들이 병자년의

 「飛如電而色紅者 朱電飛也 明如神而能走者 趙神明也 飛如龍而變化天下者 卞飛龍也 是爲王大將是白遣 洪大也 洋波也 文紋也 大海滄波 隨風成文逝而不息故 取其迅速之意 是爲使者 洪洋文也 辭意則欲報丙子之讐」
39) 『純祖實錄』 卷19 純祖 16年 7月 丙寅條.
40) 上同.

원수를 갚기 위한 것이라는 사실을 김기에게 들어서 알았으며, 이러한 사실을 속히 전파하기 위해 함께 가서 山淸에 괘서하였다고 진술하고 있는 점으로 보아 인심을 선동하기 위한 목적에서 외국인을 이용하였던 것임을 알 수 있다. 이러한 사실은 종래 괘서의 내용에 종종 倭寇의 침입과 변란이 일어난다는 것을 삽입하여 민심의 혼란을 유도함으로써 자신들의 목적을 달성하고자 했던 사실을 상기할 때,[41] 서양인의 세력을 끌어 들여 국내의 민심을 동요시키고자 했던 것은 19세기 후반 조선이 서양세력과의 접촉이 빈번해지는 시대적 상황을 반영하고 있다는 점에서 주목된다. 결국 19세기 중반이 되면서 일반 백성들에게 종래 침입의 주요 대상으로 왜구를 인식하던 의식구조에서 서양세력도 침입의 대상국이 될 수 있다는 인식구도를 가지고 있었음을 엿볼 수 있다.

한편 김기와 김유선이 괘서를 한 직접적인 목적은 김기의 최후 진술을 통해서 알 수 있다. 그가 '인심을 선동하여 빚의 독촉을 잠시 무마시키고자 하는 계책이었다'[42]고 말하고 있는 것으로 보아 유소사와 정필석으로부터 빚의 독촉이 심하자 이를 피하기 위한 수단으로 괘서를 행하였던 것이다. 그들이 빚 독촉을 피하기 위한 수단으로서 굳이 괘서를 선택한 데에는 당시의 상황분석을 통하여 볼 때 보다 이해가 빠르다.

김기는 산청의 座首로서 토착지역의 세력을 장악하고 있던 文德奎에게[43] 김유선이라는 사람이 당대의 異人으로서 의술에 능통하고 地理뿐 아니라 四柱까지도 정확하게 볼 수 있다고 소개하면서 南海의 下吏

---

41) 영조 24년에 '假倭'의 출현으로 난리가 일어난다는 내용의 괘서가 文義에서 발생하였고, 이 후 실제로 倭寇가 쳐들어 온다는 소문으로 인해 하던 일을 중단하는 사례가 발생하기도 하였다. (『英祖實錄』 卷67 英祖 24年 5月 丁未條.)
42) 『山陰記事』 罪人金璣白等條. 514쪽. 「… 而必欲煽動人心 安接稨梅姑息債督之計 是白在果 …」 또한 김유선도 그의 공초에서 「빚독촉이 심하여 인심을 선동하여 柳召史를 안심시키고자 했다」고 진술하고 있다.(같은 책, 500쪽.)
43) 『山陰記事』 山淸幼學金裕璿白等條. 474쪽. 「時座首文德奎 前以山訟事…」

鄭玭錫에게 김유선을 소개시킬 것을 권고하였다.44) 그후 이들은 모두 함께 바다 구경을 간다는 구실로 南海에 가서 정필석을 만나 사주를 봐주고 매우 좋다고 하면서 지리적인 상황으로 볼 때 三聖五賢之處가 있는데 主人을 기다린다고 하면서 산청의 초곡면이 살기 좋다고 꾀어 家産을 정리하고 산청으로 오도록 유도하였던 것이다.45) 당시 정필석은 아들이 병이 들어 오랜 기간 낫지 않자 이들의 말을 곧이 듣고 500냥의 돈을 주어 거처를 마련해 달라 하고, 아내를 보내 함께 산청의 초곡면에 가서 상황을 살피라고 하였다. 결국 함께 초곡에 도착한 유소사는 주위에서 이들의 정황을 살펴 보았으나 한갓 無爲徒食하면서 유랑이나 하고 처가집에 모여 허송세월하는 자들이라는 것을 알고 돈을 돌려 줄 것을 요구하였다. 이에 대해 김기와 김유선은 머지않아 변란이 있을 것이니 기다리라고 하고, 내가 묘술을 부릴 줄 아는데 衣食이 저절로 나올 것이라고 유혹하면서 시일을 지연하였다.46) 결국 유소사가 자기 앞에서 묘술을 부려 볼 것을 요구하자 '평소에 묘술을 부리면 하늘이 필시는 귀신의 화를 내릴 것'47)이라고 하면서 회피하곤 하였다. 또한 그들은 평소에도 '금년 3월에 변란이 일어날 것이다'48) 또는 '서양 나라가 마침내 南海邊을 포위하여 진을 치고 있다'49)거나 괘서가 발생한 후에 '지금 이러한 괘서가 71주에 있음은 시절이 결코 출두해서는 안됨을 허락하는 것과 같으니 필히 함께 死生之意를 가져야 하는데 이익을 위임하였으나 천금의 재물을 하루 아침에 잃어 버리게 되어 원통한 바라'50)라는 말을 하고 돌아 다녔음을 알 수 있다.

---

44) 『山陰記事』 山淸幼學文德奎白等條. 475~476쪽.
45) 『山陰記事』 南海下吏鄭玭錫白等條. 467~469쪽.
46) 『山陰記事』 山淸草谷面居柳召史白等條. 462쪽.
47) 『山陰記事』 山淸草谷面居柳召史白等條. 462쪽.
　　「請其一試 則答曰 若試於平時 天必降禍鬼」
48) 『山陰記事』 罪人金璣白等條. 513쪽.「今年三月丁寧變出等語耶」
49) 『山陰記事』 罪人金璣白等條. 513쪽.「西洋國將卒回渡南海邊留陣等說」

이와 같은 상황을 감안할 때 묘술을 부릴 수 있다고 큰소리 치고, 사회에 변란이 곧 일어날 것이라고 虛言을 한 김기와 김유선은 자신들의 말을 입증할 필요성을 느꼈을 것이며, 이를 간접적으로 증명하기 위해 사회 혼란을 유도함으로써 자신들의 논리를 정당화시키고자 했던 것이다. 결국 이를 위해 괘서라는 방법을 동원하였던 것이다.

역사적으로 볼 때 김기와 김유선이 괘서를 함으로써 사회 혼란을 유도하여 자신들이 갈취한 재물을 정당화 하려고 했다는 사실보다도 보다 주목해야할 것은 그들의 사회적인 위치가 지방에서는 지도적인 자리에 있는 識者階層이며, 더우기 한 고을의 중심적 역할을 수행해 내는 座首까지도 한덩어리가 되어 사회의 혼란을 유도하는데 일조하였다는 점이다. 이러한 사실은 앞서 설명하였듯이 18세기 이후 영남지역의 士族들이 정계로부터 소외당한 현상이 빚어낸 결과 중의 하나일 것이라는 점이다. 다시 말해서 정계로부터 소외당한 일부 지식인들은 勢道政治로 일관해 오는 정치현상 속에서 관리로의 진출이 어렵게 되자 점차 정치에 대한 관심에서 멀어져 가고, 생계를 위한 내지는 토착지역의 세력을 장악하기 위한 방편에 관심을 돌렸던 것으로 파악된다. 19세기 후반에 이르면서 일부 지식인계층이 地師를 자처하면서 떠돌이 생활을 하거나 고을에 떠돌아 다니면서 訓長으로 생계를 유지하다가[51] 농민항쟁의 대열에 참여하는 현상도 이와 같은 맥락에서 원인을 찾을 수도 있을 것이다.

이 사건의 처리 결과 관련된 인물 가운데 주모자인 김기와 김유선은

---

50) 『山陰記事』 山淸草谷面居柳召史白等條. 463쪽. 「今此掛書榜在於七十一州 如許時節決不可出頭 必於此同死生之意 利誘然千金之財 一朝見失實所痛寃」

51) 純祖朝의 淸州掛書事件의 범인인 金致奎의 경우 몰락한 지식인 계층으로서 문전걸식하면서 떠돌아 다니다가 훈장으로 정착한 후 현실정치를 비판한 인물로 대표적인 사례이다. 李相培, 「純祖朝 掛書事件의 推移와 性格에 관한 硏究 - 1826년 淸州牧掛書事件을 中心으로-」 『史學硏究』 49, 123~125쪽.

고을의 백성이 모인 가운데 梟首되었고, 문덕규와 정필석은 絶島의 奴로 삼았으며, 이 외의 인물들은 刑을 당한 후 放送되었다.

3) 關聯人物의 分析을 통해 본 幼學層의 實態

한편 산청괘서사건에 관련된 인물은 모두 11명이다. 사건의 정확한 원인 파악을 위해 이들의 인간관계와 신분, 근거지, 그리고 각자의 혐의 내용을 도표로 일목요연하게 표시하면 아래의 <표 5-3>과 같다.

관련 인물의 분석

<표 5-3>

성 명	근거지	신 분	혐 의 사 항
金成汗	山淸	汲水軍	괘서를 최초로 발견한 자
柳召史	東萊	良人	괘서의 내용에 관해 듣고 사기를 당한 피해자. 정필석의 아내
金 璣	山淸	幼學	괘서 부착 및 작성자
文秉璹	山淸	幼學	김유선과 친밀히 통교한 자
鄭玭錫	南海	下吏	사기 사건의 피해자
金裕璿	晉州	幼學	괘서 부착 및 작성, 유언비어 날조, 사기사건 혐의자
文德奎	山淸	座首	정필석, 김기 등과 친밀하고 사기사건에 관련된 자
福 沾	山淸	僧	문덕규와 爭訟한 자
閔和局	山淸	幼學	괘서의 내용을 전파한 자
張日得	山淸	院奴	괘서의 내용을 전파한 자
文春宅	山淸	農民	괘서의 내용을 전파한 자

위의 표에서 보듯이 관련된 인물 11명 가운데 8명이 산청지역에 거주하고 있는 토착세력들이고, 그 가운데 4명의 신분이 幼學이고 1명은 산청현의 座首이며, 관청의 하급 관리, 노비, 농민이 각각 1명씩임을 알수 있다.

이들의 유기적인 관계를 살펴보자. 먼저 피해자인 鄭玭錫을 중심으로

한 인간관계를 보고, 가해자인 金璣와 金裕璿을 중심으로 한 인간관계를 살펴보는 것이 이해가 빠를 것으로 생각한다.

柳召史는 良人身分으로 본래 東萊에서 살던 사람으로서 早失父母하고 마을마다 轉轉流離하다가 헌종 5년(1839)에 남해에 이르러 南海縣의 下吏로 있던 鄭玭錫을 만나 부부가 되어 산자 5년이 된 자이다.52) 그녀의 가족들은 그대로 東萊에 머물러 있었던 것으로 보이며,53) 헌종 9년(1843)에 김기와 김유선의 유혹에 빠져 산청현 초곡면에 들어와 거주하였다.

정필석은 남해안에 위치한 南海縣의 하급관리로서 문서 등을 전달하던 자이다. 그는 헌종 8년(1842) 軍器 보수에 관한 문서를 가지고 星州를 다녀오던 길에 山淸의 문덕규 집에서 하루를 머물렀다. 남해로 돌아온 뒤에 그의 집에서 머물렀던 것에 대한 답례로서 魚族을 갖추어 보낸 일이 있어 문덕규와 아는 사이가 되었다.54) 그리고 정필석의 동생도 南海縣의 吏房으로 있었던 것으로 미루어55) 이들 형제가 모두 한 고을의 하급관리를 지내고 있었던 吏族家로 보인다. 이러한 관점에서 볼 때 정필석이가 선뜻 500냥의 거금을 마련할 수 있었던 것도 그의 직책을 이용한 비리가 있었던 것이 아닌가 생각된다.

김유선은 본래 晋州의 吏屬을 지냈던 자로서 산청에 거주하면서 약간의 의술과 지리에 대한 지식을 가지고 향촌에서 행세하던 자이며,56)

---

52) 『山陰記事』 山淸草谷面居柳召史白等條. 461쪽.
53) 정필석과 결혼한 이후에 동래에 살던 그의 동생이 죽었다는 소식을 듣고 다녀온 것으로 미루어 일부 가족들은 동래에 머물러 있고 혼자만 떠돌았던 것으로 보인다.
54) 上同. 南海下吏鄭玭錫白等條. 466쪽.
55) 上同. 山淸幼學金裕璿白等條. 473쪽. 김유선의 공초과정에서 「翌朝躬往玭錫弟吏房處」라는 기록이 보인다.
56) 上同. 山淸幼學金裕璿白等條. 471쪽.
「矣身本以晋州吏屬 居在鄕曲 粗解醫術與地理 以是爲業是白乎所」

김기는 평소에 晋州 馬洞里에서 痘醫를 業으로 삼고 있으면서57) 산청 지역을 자주 왕래하면서 김유선 등과 교우해 온 자이다. 이들의 신분은 모두가 幼學으로 통칭되고 있는 것으로 보아 양반의 범주에 들어가나 職役의 경우를 보면 中人의 직역에 종사하고 있음을 보여준다.58) 이들 두 사람은 이번 사건을 처음부터 직접 모의한 자들이다. 이들은 일찍부터 친분관계를 유지해 오면서 자신의 학문이나 직업에 대해 전념하기 보다는 여기저기 떠돌면서 유언비어를 만들어 내고 四柱나 地理를 보아 준다는 명목으로 양민들을 상대로 물건을 사취하면서 방탕한 생활을 했던 것으로 보인다.59) 반면에 文秉璹이 김유선의 아버지로부터 글을 배우기 위해 충청도에서 산청으로 옮겨 온 것을 보면60) 김유선의 가문은 기본적으로 學風을 지니고 있었던 것으로 보인다. 또한 김기의 경우도 김유선이 생원으로 호칭했던 점으로 보아61) 이들 모두는 지식인계층 이었음을 알 수 있다.

　文德奎는 初試에 합격하여 고을에서 生員으로 불리면서 座首의 직책을 맡고 있던 자이고,62) 文秉璹은 함경도 咸興사람으로서 순조 33년(1833) 충청도 옥천에 들어와 살다가 헌종 7년(1841)에 김유선을 만나 이듬해 산청으로 옮겨 온 자이다.63) 문덕규는 산청고을의 토호로서 세력을 가지고 있었기 때문에 김유선이나 김기가 그에게 접근하였고, 한

---

57) 上同. 山淸幼學金璣白等條. 464쪽.「矣身素居晋州馬洞里 小有班名 以痘醫爲業」
58) 金泳謨, 『韓國社會階層研究』—潮閣, 1982. 36쪽의 도표에 의하면 幼學을 準兩班의 범주에 분류하였고, 雜職으로서의 醫生과 衙前은 中人의 범주로 분리하였다.
59) 『山陰記事』 515쪽.「金裕璿…平日恒言莫非惑世誣民 生來社業都 是欺人取物 又得至妖極惡之金璣十年…萬事同謀 表裡相符 自以爲生同室死同穴 到處移舍…」
60) 上同. 山淸幼學文秉璹白等條. 465쪽.
61) 上同. 山淸幼學金裕璿白等條. 472쪽.
62) 上同. 472쪽. 474쪽. 「…投宿文生員家…」「…時座首文德奎 前以山訟事…」
63) 『山陰記事』 山淸幼學文秉璹白等條. 465쪽.「矣身本以咸鏡道咸興之人 癸巳年寓接于忠淸道沃川 辛丑年果與金裕璿…壬寅秋?移于此」

때 정필석이 문덕규의 집에 투숙했던 것이 화근이 되어 그를 이용하여 정필석에게 접근하였던 것이다. 문덕규 또한 비록 산청지역의 座首이긴 하나 작은 고을에서 지식인이면서 그들대로의 약간의 세력을 가지고 있었던 김기와 김유선을 무시할 수 없었기 때문에 함께 어울려 남해의 정필석을 찾아 갔던 것이다.64)

이들 이외에 閔和局·張日得·文春宅은 모두 괘서의 내용을 듣고 이를 발설한 자들로서 閔和局은 장일득으로부터 들었고, 張日得은 文春宅으로부터 들었다고 진술하여 차례로 訊問을 받게 되었던 것이다. 최종으로 文春宅은 괘서가 발생한 날 아침에 거리에서 왁자지껄하게 떠드는 소리를 듣고 나무를 지고 나가는 길에 일득이를 만나 알려 주었다고 진술하고 있다.65) 이와 같은 진술은 정부에서 비록 괘서 내용의 전파를 적극적으로 막기 위하여 발견 즉시 불사르게 하고 이를 어기는 자에 대하여는 엄한 형벌을 내리는 정책을 시행함에도 불구하고 괘서의 내용이 일반 백성들 사이에 얼마나 빨리 전파되고 있는가를 단적으로 증명해 주는 것이다.

한편 괘서사건은 시대적인 각종 모순을 비판하고 국가의 정책이나 개인의 비리 등을 폭로하여 사회문제화 함으로써 민란의 원동력이 되는 등 그 시대의 정치·경제·사회·사상 등의 제반 현상과 유기적으로 밀접하게 연결되어 있다. 따라서 반대로 괘서사건을 통해 당시 사회의 흐름을 다방면에서 조명해 볼 수가 있다. 이에 산청괘서사건 주모자들의 身分과 職役을 바탕으로 당시의 사회현상을 되짚어 보자.

앞서 서술하였듯이 鄭珌錫은 南海縣의 下吏였고, 金裕璿도 晋州의 吏屬을 지냈던 사람으로서 모두가 관청의 하급 행정 실무관리들이었다.

---

64) 바다 구경을 빌미로 南海의 鄭珌錫의 집에 찾아 갔던 사람은 金璣·文德奎·文秉璿·金裕璿 등 네사람이다.
65) 『山陰記事』 山淸文春宅白等條. 482쪽. 「…今月初七日 朝前有掛書之變 …傳聞浪藉故 果於特洞五里 許負薪之路 向日得傳之是白乎所」

조선후기에 이들 하급 행정 실무관리들의 부정부패상은 극에 달하여 晋州農民抗爭을 비롯한 19세기 후반 일련의 민중항쟁을 불러 일으키는 직접적인 도화선이 되기도 했다. 특히 三政의 紊亂으로 대표되는 田政·軍政·還穀의 문란은 19세기에 들어서면서 사회문제화 되다가 정부의 효과적인 대응책이 제시되지 못하자 결국에는 대대적인 농민항쟁을 불러 일으켰고, 당시 삼정문란의 주모자들 가운데 하리들의 행패가 극에 달하였음은 이미 주지하고 있는 사실이다. 茶山 丁若鏞은 그의 저서인 『牧民心書』에서 吏屬들의 폐해에 대하여 다음과 같이 적고 있다.

> 백성은 토지를 밭으로 삼고 吏屬들은 백성을 밭으로 삼아서 살갗을 베끼고 뼈골을 찍어 내는 것으로 밭갈이 하는 것 같이 생각하고 머리 수를 세어서 훑어 들이는 것으로 가을철의 수확과 같이 생각하니 이것이 습관이 되어 당연한 것으로 되어 있다.66)

이와 같은 하급관리들의 부정부패는 19세기에 일반화된 현상이었다. 산청괘서사건의 피해자인 정필석의 경우를 보면 당시 그는 500냥에 달하는 거금을 선뜻 잘 알지도 못하는 김기·김유선 등에게 제공하고 있는 것을 볼 수 있다. 공초과정에서 500여냥의 출처에 대하여 訊問하였으나 단지 家産을 정리한 것일 뿐이라는 대답 이외에는 달리 진술한 것이 없다. 그리고 이러한 그의 진술에 대하여 더이상 이의를 제기하지 않고 돈의 출처를 묻지 않고 있다. 만일 그의 진술대로 家産을 정리한 것이었다면 南海縣에 살지 않고 이미 山淸縣으로 이사를 왔어야 했는데, 돈을 가지고 산청에 왔던 사람은 그의 부인 뿐이었다. 결국에 500여냥의 돈은 정필석에게는 여유자금이었을 것이며, 縣의 下吏로서 이러한 여유자금을 가지고 있었다는 것은 당시 사회현상과 견주어 볼 때 농민들로부터 착취한 돈이 아닐까 생각된다. 더우기 그의 동생도 남해현의

---

66) 丁若鏞, 『牧民心書』 第4卷, 吏典六條, 束吏條.

吏房으로 있었기 때문에 부정을 저지르기는 매우 쉬웠을 것이다.

이와 같은 상황분석은 정필석이 下吏로 몸담고 있던 남해현에서도 1862년 12월 민란이 발생한 것을 통해서도 알 수 있다. 당시 남해의 농민들은 머리에 흰 두건을 쓰고 손에 몽둥이를 들고 무리를 지어 그동안 농민들의 원망의 표적이 되었던 이서배(退吏)인 金大鎰·鄭直謨·朴義祿·朴基範·鄭敬能·金億祖, 그리고 下吏인 金若祖·鄭漢裕·鄭時夏·金恒祖·鄭基郁 등의 집을 습격하여 불태우고 부수어 버렸다.67) 이들의 봉기는 곧 환곡포탈에 관련된 하급관리들의 응징이었다.

한편 공초기록에는 사건의 주모자들이 모두 山淸幼學으로 기록되어 있다. 이 '幼學'은 역사적으로 볼 때 麗末鮮初 이래로 戶籍과 封彌 등 각종 서식이나 법전·연대기·고문서 등에서 많이 사용된 용어로서 일반적으로 벼슬하지 못한 양반의 職役, 즉 未仕儒生을 지칭한다. 이러한 유생이 조선후기에 이르면서 수적으로 증가됨에 따라 그들의 신분적 지위에 대한 회의가 일기 시작하였다. 그 결과 17세기 이전까지는 양반의 직역이었으나 19세기에 이를수록 그들 가운데 중인과 양인층도 포함되는 현상이 나타남을 문제제기함과 아울러 이들에 대한 신분적 지위를 兩班 혹은 準兩班으로 규정화하는 것은 잘못되었다는 지적이 대두되었다.68) 또한 幼學은 그 호칭이 세습적 의미를 지니고 있으며 국가로부터 법제적인 지위를 보장받고 있을 뿐 아니라 신분에 상응하는 경제적 지위도 함께 가지고 있던 양반으로 보아야 한다는 주장도 제기되었다.69) 더 나아가 19세기경의 幼學 격증현상은 하층민의 신분상승 시

---

67) 『壬戌錄』 國史編纂委員會刊, 1971. 100쪽. 「十二月二十八日 南海縣令牒呈內本縣民人等 白巾條棒 聚黨起鬧…卽入城底退吏金大鎰·鄭直謨·朴義祿·朴基範·鄭敬能·金億祖 下吏金若祖·鄭漢裕·鄭時夏·金恒祖·鄭基郁 民人剝成祿金淑祖鄭召史 等家舍 或燒或毁 …」
68) 崔承熙, 「朝鮮後期 '幼學'·'學生'의 身分史的 意味」 『國史館論叢』 1, 1989. 94쪽.
69) 李俊九, 『朝鮮後期身分職役變動硏究』 一潮閣 1993. 133·159·164쪽.

도로 인해서 나타나는 하나의 혼요현상으로 이는 곧 中世社會解體期의 사회상을 반영하는 것이라고 하였다.

이와 같은 연구상황을 基底로 볼 때 산청괘서사건의 주모자들인 金 璣·金裕瑄·文德奎·文秉璹·閔 和局 등은 어떠한 신분으로 보아야 하는가. 앞에서 서술하였듯이 김기와 김유선은 모두가 벼슬을 위한 학문적인 소양을 가지고 있다기 보다는 점술이나 의술에 보다 깊은 관심을 가지고 있었을 뿐만 아니라 정치의식과 함께 국정의 흐름도 정확하게 인식하고 있었던 자들로 보인다. 또한 김유선의 아버지는 문장에 능하였다는 것으로 보아 본질적으로 이들은 양반이었던 것으로 생각된다. 결국에는 신분적으로는 양반이며, 직역상의 칭호도 양반을 표시하는 '幼學'을 사용하고 있었지만 실제적인 생업은 醫術이나 吏屬 또는 점술 등에 종사하면서 살아가고 있었음을 보여 준다. 이러한 현상은 역시 19세기 사회체제의 근본적인 흔들림 속에서 신분체제의 붕괴로 인해 나타날 수 있는 특징으로 설명할 수 있을 것이다.

2. 1853년 奉化 掛書事件과 行政的 處理

1) 奉化縣의 地域的 條件

조선시대 安東鎭管에 소속되어 있던 봉화현은 본래 고구려의 古斯馬縣이었다가 후일 신라에 편입되었으며, 신라 景德王 16년(757) 지방제도 개편시에 玉馬縣으로 개칭되어 奈靈郡(지금의 영주시)의 領縣이 되었다.[70] 이후 고려시대에 奉化縣으로 개칭되었고, 공양왕 때 監務가 설치되어 비로소 중앙의 직접적인 지배를 받게 되었다. 조선조 태종 13년(1413)부터 縣監이 임명되기 시작한 이래 座首 1명, 別監 1명, 軍官 14

---

70) 『新增東國輿地勝覽』 卷25 奉化縣.

명, 吏 19명, 知印 11명, 使令 5명, 婢 14명을 둔 작은 고을이었다.71)

이곳 봉화는 동으로는 順興과 榮川, 남으로는 禮安과 安東, 북으로는 태백산을 배경으로 하여 강원도 三陟과 연결되고 있어 安東文化圈에 속하며,72) 서울에서 485里 떨어져 있어 걸어서 5일정도 걸리는 산간내륙지방이다. 『輿地圖書』의 기록에 의하면 이곳의 戶數는 총 1,106호에 5,798명의 인구가 거주한 작은 마을로73) 경제적으로는 안동과 밀접하게 연결되어 있었던 것으로 보인다. 그럼에도 불구하고 奉化를 본관으로 하는 성씨로 鄭氏와 琴氏가 있으며, 安東權氏도 지역적으로 인접해 있어 많이 거주하였던 고을이다. 특히 鄭氏로는 조선의 개국공신인 三峰 鄭道傳의 가문이 이곳과 관계가 깊은데 그의 高祖부터 봉화지역의 토착세력이었다.74)

안동문화권에 해당하는 順興・榮川・禮安・安東・奉化 지역의 공간적 특성에 대하여 『擇里志』에는 다음과 같이 기술하고 있다.

「禮安・安東・順興・榮川・醴泉 등 고을은 태백산과 소백산의 남쪽에 위치하였는데 여기가 神이 알려준 복된 지역이다. 태백산 밑은 산이 평평하며 들이 넓어 명랑하고 수려하며, 흰 모래와 단단한 토질이어서 氣色이 완연히 漢陽과 같다. 예안은 退溪 李滉의 고향이며, 안동은 西厓 柳成龍의 고향이다. 고을 사람들이 이 두 분이 살던 곳에다 각각 사당을 짓고 제사한다. 이런 까닭으로 서로 가까운 이 다섯 고을에 사대부가 가장 많으며, 모두 退溪와 西厓의 문하생 자손이다. 의리를 밝히고 道學을 중히 여겨서 비록 외딴 마을 쇠잔한 洞里라도 문득 글 읽는 소리가 들리며, 헤진 옷을 입고 항아리 창을 한 집에 살아도 또한 도덕과 人性, 天命에 대하여 말한다.

---

71) 『輿地圖書』下, 慶尙道 奉化, 國史編纂委員會刊, 1973. 691쪽.
72) 안동문화권이라 함은 조선시대 안동부와 그 관할지역 및 越境地까지를 포함하는 것으로 봉화지역도 안동의 관할권에 들어 있었다.
73) 『輿地圖書』下, 慶尙道 奉化, 國史編纂委員會刊, 1973. 691쪽.
74) 上同. 693쪽.

그런데 이러한 풍습이 근세에 와서는 점점 쇠퇴해져서 비록 정성
스럽고 삼가하나 度量이 좁고 실상은 적으면서 말다툼을 좋아하니
또한 옛날보다 못하다는 것을 알 수 있고 우도 여러 고을은 모두 이
보다 더 못하다」[75]

위의 기록에서 보듯이 안동문화권의 이 지역은 조선시대 중기 성리
학의 대가였던 退溪 李滉과 西厓 柳成龍 門人들의 후예들을 중심으로
한 사대부들이 토착기반을 가지고 있었던 지역이다. 이 지역의 사대부
들은 영남학파의 본산으로 조선후기 南人의 입장을 고수하면서 중앙권
력을 장악한 西人 내지 老論政權과 정치적 대결을 벌여왔다.[76] 이들 남
인은 영·정조 이후 중앙정계에서 큰 영향력을 발휘하지는 못했으나
野黨으로서의 역할은 꾸준히 수행하고 있었다.

특히 영조 4년 노론정권에서 배제된 소론과 남인 및 북인계와 실세
한 세력이 합작하여 노론중심의 영조정권을 타도하고자 일어났던 사대
부들의 대규모 반란인 戊申亂 이후 경상도 지역의 유생들은 중앙정권
으로부터 지속적인 감시와 탄압을 받았다.[77] 그러나 이 당시 안동지역
의 사대부들은 외형적으로 무신난의 주체세력과 연결고리를 끊고자 노
력하였으며, 오히려 이들을 토벌하기 위하여 官軍편에 서서 倡義하는
등 반란에 호응하지 않아 난이 진압된 후 이 지역의 사대부들은 보호받
을 수 있었다. 당시 順興에 거주하였던 무신란의 주체세력인 鄭希亮이

---

75) 李重煥, 『擇里志』 八道總論 慶尙道.
「禮安安東順興榮川醴泉等邑 在二白之南 玆爲神皐福地 而太白之下 平山曠野 明
秀淸朗 白沙堅土 氣色宛然如漢陽 禮安卽退溪李滉之鄕 安東卽西厓柳成龍之鄕
鄕人卽所居並立祠俎豆之 故玆五邑隣比相近最多士大夫 而皆退溪西厓之門人子孫
也. 明倫義重道學 雖孤村殘里 輒有讀書聲 鶉衣瓮牖 亦皆談道德性命矣. 然近浸衰
薄 雖愿謹而拘礙齷齪 少實而喜 口舌爭競 亦可見古今之不相及也 右道諸邑皆不
及此」
76) 李樹健, 『嶺南學派의 形成과 展開』 一潮閣, 1995. 556쪽.
77) 李在喆, 앞의 논문 참조.

경상우도인 安陰에서 거병할 수 밖에 없었던 것도 바로 이 지역의 사대부들로부터 호응을 얻어 내지 못했기 때문이다.78)

한편 李重煥은 위의 기록에서 보듯이 조선후기에 와서 이 지역의 사대부 문화가 변화해 가고 있다고 지적하고 있는데 이는 조선후기의 정치·사회적 변화와 무관하지 않은 것으로 보인다. 즉 안동지역을 중심으로 鄕權을 장악하고 있던 이곳 사대부들은 17세기 이후 자신들 간에 정치적·사회적 이해관계에 따라 鄕戰을 벌이게 되는데79) 이중환은 이를 두고 비판적 입장에서 서술한 것으로 보인다.

또한 安東을 위시한 禮安·順興·榮川·醴泉·奉化 지역은 철종 13년(1862) 壬戌農民抗爭이 삼남지방에 창궐하였던 때 그 영향을 받지 않았던 곳이다. 즉 당시에 이들 지역에서의 농민항쟁의 요소는 발견되지 않고 있다.80) 이는 이 지역의 토착세력으로 鄕權을 장악하고 있던 계층이 士族들이었기 때문인 것으로 생각된다.

이와 같은 공간적·시대적인 여건을 가지고 있던 지역 인근인 奉化縣에서 19세기 중반에 괘서사건이 발생한 것은 의외로 받아들여진다. 즉 이 지역이 정치적으로 집권세력에 대하여 비판적 위치에 있기는 하였지만 향권을 장악하고 있던 사대부들의 영향력으로 19세기 농민항쟁이나 반정부적인 행위가 없었던 지역이기 때문이다.

2) 事件의 顚末과 主謀者의 造作

奉化掛書事件은 철종 4년(1853) 12월 16일 봉화현에서 발생한 사건으로 甘弘伊가 처음 발견하여 고을의 衙前인 金昌淵 등을 거쳐 奉化縣監 任百能에게 보고하였고, 그가 내용을 보고 즉시 慶尙監事 曹錫雨에게

---

78) 李樹健, 앞의 책, 564쪽.
79) 李樹健, 위의 책, 576~585쪽에서 安東鄕戰에 대하여 자세히 다루고 있다.
80) 망원한국사연구실 19세기 농민항쟁분과, 『1862년 농민항쟁』 동녘, 1988. 95쪽.

보고하였다. 조석우는 죄인의 체포를 위해 괘서의 내용을 등사한 후 등사본을 조정에 보고하였고, 12월 28일 조정에서 時任原任大臣과 永恩府院君 등이 모여 대책회의를 열었다. 결국 사건이 발생한 후 12일이 지나서 조정에 보고된 것이다. 이는 봉화에서 서울까지 5일의 路程이었던 것을 감안하면 매우 늦은 보고였음을 알 수 있다.

영부사 鄭元容은 괘서의 내용을 보고 다음과 같이 논하고 있다.

> 「천하에 어찌 이와 같은 대변괴가 있겠습니까. 우리나라의 臣民이면 하루라도 같은 하늘 밑에서 살 수 없는 원수이며, 등골이 떨리고 가슴이 막혀서 할 말을 모르겠습니다. 그 임금이 욕을 당하면 신하는 죽는 의리가 있으니, 만약 이 賊徒들을 즉시 잡아서 법으로 다스리지 못하면 신 등이 어찌 살아서 자립할 수 있겠습니까. 하늘의 도가 매우 밝으니 이 역적은 마땅히 잡지 못할 리가 없습니다. 嶺南에서는 계책을 세워 이미 기찰을 하였으나 봉화에 가까운 강원도에도 일체로 발포하는 뜻을 신 등이 물러가 합문 밖에 와서 기다리는 두 포장에게 분부하여야 하겠습니다.」[81]

라고 하여 괘서에 대한 원론적인 이야기를 한 후 지역적으로 봉화의 북쪽에 인접한 강원도에까지 수사를 확대하도록 조치하겠다는 뜻을 밝히고 있으며, 나아가 한성부에 있는 교리들 중에서 영리하고 詗察을 잘하는 자들을 선발하여 파견하자는 제안도 하였다[82]. 또한 김좌근은

---

81) 『哲宗實錄』 卷5 哲宗 4年 12月 戊戌條. 『承政院改修日記』 哲宗 4年 12月 28日 條.
「領府事鄭元容等曰 天下豈有如此大變怪乎 東國臣民之一日不共戴之讎也 骨顫臆塞 不知所言 其在主辱臣死之義 此賊若不卽捕而伸法 則臣等何可爲生而自立乎 天道孔昭 此賊宜 無不捕之理 嶺南則計已譏詗 而奉化旁近之關東 一體發捕之意 臣等退出 當分付於閤外來 待之兩捕將矣」
82) 上同.

「三南의 다섯 鎭營에도 죄인을 기찰하여 체포하라는 뜻으로 本道에 은밀하게 關門을 보내는 것이 좋을듯 합니다.」[83]

라는 의견을 개진하여 죄인 체포를 위한 지역적 범위의 확산을 주장하였고, 나아가 공개적인 방법보다는 은밀하게 처리하자는 방안을 제시하였다. 이에 대하여 哲宗은 다음과 같이 말하고 있다.

「어찌 이와 같은 변괴가 있겠는가. 만약 寡躬을 지척하는 데 그쳤다면 내 마음이 놀랍고 몹시 분개함이 이처럼 극도에 이르지는 않았을 것이다. 즉시 체포하지 않을 수 없다. 이와 같은 역적을 잡지 못하면 어찌 나라에 법이 있다고 할 수 있겠는가.」[84]

라고 하여 죄인 체포에 결연한 의지를 천명하고 있다.

한편 괘서에 실린 주요 내용은 기록되어 있지 않아 정확하게 알 수는 없다. 다만 대체적인 내용의 흐름은 위의 철종의 말에서 알 수 있듯이 단순한 현실비판적인 차원의 것이라기 보다는 왕을 비판하는 단계를 넘어선 것으로 보인다. 이를 보다 구체적으로 살펴볼 수 있는 기록은 이 사건에 직·간접적으로 관련된 자들의 진술에서 찾을 수 있다. 즉 당시 병영의 장교로 있던 安國民이 괘서의 내용에 관하여 들리는 소문을 다음과 같이 진술하고 있다.

「내가 과연 병영에서 들은 바 제일 먼저 국가에 대하여 말했고, 다음은 세도에 대하여 말했고 마지막으로는 인심을 소요시키는 것이었다.」[85]

---

83) 上同.「金左根曰三南五鎭營譏捕之意 密關本道 恐好矣」
84) 上同.
「教曰 豈有如此變怪乎 若止指斥寡躬 則予心之驚憤痛惋 豈至此極乎 不可不趂卽譏捕矣 若此賊不捕 則豈可謂國有三尺乎」

결국 괘서내용의 주된 論点은 제일 먼저 국가를 비난하는 내용으로서 국가의 정책이나 구조적인 모순, 각종 비리 등을 비판하였던 것이며, 둘째로는 19세기 정치사의 특징인 이른바 勢道政治의 폐단을 비판하였으며, 마지막으로 이를 종합하여 조선은 더 이상 지속할 수 없는 왕조이므로 백성들이 일어서야 한다는 내용으로 인심을 소요시켰던 것으로 생각된다.

이와 같은 괘서의 내용은 당시의 정치·사회상을 비교적 논리적으로 비판한 것으로 보인다. 따라서 괘서의 주모자는 당시의 정치적·사회적인 현실인식이 분명한 식자였음을 추론할 수 있다. 철종이 본인 스스로 괘서의 내용이 자신을 비판하는 단계를 넘어 섰다고 말한 것은 安國民의 진술에 보다 신빙성이 있음을 반영해 주고 있다 하겠다.

이 괘서의 내용은 급속하게 민간에 전파되었던 것으로 보인다. 후에 괘서의 주모자로 몰렸던 琴聖玉은 포도청에서의 진술에서 다음과 같이 당시의 상황을 묘사하고 있다.

「縣에 괘서가 걸리는 변이 있은 연후에 눈이 있는 자는 모두 그 글을 보았고, 입이 있는 자는 모두 글의 의미를 말하였으며, 흉서의 意思가 모두 虛張聲勢에서 나온 말이라고 사람들마다 말하는데 나의 집이 읍내 가까이에 있어서 말을 전해 들었다86)」

이는 괘서가 걸린 이후에 그 지역에 살고 있던 사람들 사이에 괘서의 내용이 직·간접적으로 널리 전파되고 있었음을 입증한다.

---

85) 『右捕廳謄錄』 第9冊 甲寅 9月 15日條
「…吾以所聞於兵營中者 以先言國家 次言世道 終言騷動人心…」
86) 上同.
「縣掛書變出之後 有目者皆見其書 有口者皆言書意 凶書意思 全出於虛張聲勢之意是如 人人言之 而矣家在於邑內之致 慣聞傳言矣」

한편 괘서의 주모자 체포에 혈안이 되어 있던 경상감사는 權致守라는 자를 체포하고, 먼저 경상감영에서 죄의 사실여부를 訊問한 후에 그 실상을 추후에 보고하겠다고 조정에 알려왔다.87) 그러나 추후에 그가 범인이 아닌 것으로 밝혀지자 스스로 자신의 잘못을 인정하는 상소를 올렸고, 이에 대하여 왕은 越俸 3等의 율로써 다스리고자 하였으나 비변사의 탄핵을 받아 파면조치를 취했다.88) 그러나 경상도 지역의 賑恤政事가 많아 당분간 직책을 유임하도록 하였다.89)

그 후 같은 해 윤7월 全羅兵使 李健緖가 봉화현 괘서관련자들을 체포하여 兵營에서 訊問한 후에 조정에 上奏文을 올렸다. 이를 뒤늦게 보고 받은 全羅道觀察使 鄭基世는 다시 죄인들을 감영에서 취조해야 할 지의 여부를 묻는 상소를 올렸고, 이에 대해 철종은 즉시 窮覈하라고 명하였다.90)

전라감사는 즉시 죄인들을 訊問하여 그 결과를 조정에 보고하였는데 처음에 전라병영에서 올라온 수사결과와 서로 상반되게 나타났다. 즉 전라병영의 訊問過程에서 괘서주모자로 지목된 혐의자들이 감영에서의 두번째 訊問過程에서 자신의 범행사실을 모두 부인하였다. 이에 조정에서는 즉시 괘서혐의자 7명을 서울로 압송하여 포도청에서 재차 訊問하여 보고 하도록 조치하였다.91) 이 때 압송된 혐의자는 金升文·朴七元·金石卜·金水宗·崔文億·金外鼻·琴聖玉 등 모두 7명이다.

그러나 당시 兵營에서 보고된 내용과 監營에서 보고된 내용 자체가 상세하게 기록되어 있지 않아 상호 비교할 수는 없다. 하지만 혐의자들이 병영에서는 죄를 시인했으나 감영에서 이를 부인했고, 또 다시 포도

---

87) 『哲宗實錄』 卷6 哲宗 5年 1月 壬子條.
88) 『哲宗實錄』 卷6 哲宗 5年 4月 辛未條.
89) 『哲宗實錄』 卷6 哲宗 5年 4月 癸酉條.
90) 『哲宗實錄』 卷6 哲宗 5年 閏7月 乙亥條.
91) 『備邊司謄錄』 第241冊 哲宗 5年 9月 2日條.

청에서의 訊問過程에서도 한결같이 자신의 진술내용을 번복함은 물론 타인을 무고하였음을 밝히고 있다. 그리고 그 이유에 대하여 혐의자들은 전라병영에서의 訊問過程에서 고문이 너무나 심하여 이를 이기지 못하고 타인을 무고할 수 밖에 없었다고 실토하고 있다.

결국 조정에서는 이 사건을 다시 원점으로 돌리게 되었고, 이후 괘서 사건의 진범은 체포되지 않았다. 결국 전라병영과 전라감영, 포도청의 訊問을 거치는 동안 애매한 백성들만이 피해를 보게 되는 결과를 가져왔다. 이에 대하여 철종은 다음과 같이 심경을 밝히고 全羅兵使 李健緖를 유배형에 처하였다.

> 「연이어 捕盜廳의 推案과 전라감사가 조사하여 보고한 것을 본즉 다른 것이 없었고, 전라병영이 조사한 것이라고 이르는 것은 의거할 것이 전혀 없는데도 많은 무고한 사람으로 하여금 애매하게 극형을 당하게 하였으니 진실로 恒心이 있다면 어떻게 차마 이렇게 하겠는가. 평민이 도적을 잘못 잡은 것도 오히려 해당되는 형률이 있거늘 하물며 萬古에 없는 惡逆으로서 여러사람에게 억지로 죄를 덮어 씌우는 것에 있어서랴. 진실로 이해가 가지 않는 일이니 놀라고 한탄스러워 차라리 말하고 싶지 않다. 전라병사 李健緖는 絶島에 定配하여 赦令 前의 일일지라도 赦免해 주지 아니하여 남쪽 백성에게 사례하고, 갇히어 있는 여러 사람은 모두 놓아 보내도록 하라」[92].

이 사건은 죄인이 체포되지 않아 괘서를 행한 목적이 어디에 있으며, 그 주체세력이 어떠한 인물들이며, 정치적·사회적으로 어떠한 위치에 있었던 사람들인가에 대하여 알 수 없다는 것이 그 한계점이다. 그러나 근본적으로 괘서의 내용을 보건대 당시 세도정치의 난맥상을 정확하게 인식하고 있었고, 이를 비판하고자 했던 것으로 보아 적어도 유식자계

---

92) 『哲宗實錄』 卷6 哲宗 5年 10月 辛卯條.

층으로서 정치·사회의식을 가지고 있었던 인물이며, 정면에서 비판하지 못하고 괘서의 방법을 택한 것은 주모자 자신이 실세한 인물이었기 때문으로 보인다.

3) 造作된 主謀者의 人物과 行政的 處理의 亂脈

다음으로 이 사건으로 인해 직접적으로 피해를 입은 무고관련 혐의자들에 관하여 살펴보고자 한다. 이는 이들이 당시 사회적으로 어떠한 위치에 있었기에 전라병사가 단순한 고문으로 그들을 진범으로 만들 수 있었는가 하는 점을 파악하는데 도움을 줄 수 있기 때문이다.

한편 이 사건으로 인해 전라병영과 전라감영을 거쳐 포도청까지 올라와 죄를 추궁당하면서 가장 큰 피해를 본 사람은 아래의 도표에서 보듯이 모두 7명이다. 이들의 신상에 관하여 간단한 사항을 도표로 보면 다음의 <표 5-4>와 같다.

이들에 관하여『右捕盜廳謄錄』에 기록되어 있는 것을 근거로 보다 상세하게 보충하면 다음과 같다.

金升文은 경기도 수원태생으로 충청도 공주에서 농사를 짓다가 가세가 기울어 부모봉양이 어렵게 되자 철종 4년(1853)에 전라도 남원으로 옮겨와 가죽신을 만들어 팔아 연명하였다. 그후 철종 5년(1854)에 들어 淳昌·玉果·潭陽·光州·昌平 등지를 떠돌아 다니다가 전라병영의 崔孝福을 구타한 죄로 체포되었다. 그는 兵營의 訊問過程에서 고문에 못이겨 담양에 있을 때 함께 떠돌아 다니면서 품을 팔았던 金水宗과 金石卜을 봉화괘서에 연루된 자로 무고하였다.[93] 포도청에서 그는 봉화괘서의 일 자체를 몰랐다고 진술하고 있다.

朴七元은 전라도 和順에서 품을 팔아 하루하루 먹고 사는 임금노동

---

93)『右捕盜廳謄錄』第9冊 甲寅 9月 15日條.
  「…矣身毒受私刑不勝若楚 果以無罪之金水宗金石卜答之…」

자로서94) 校卒을 구타한 죄로 병영에 체포되었고, 직업이 뚜렷하지 않은 그에게 봉화괘서의 일로 고문하자 한 때 같이 걸인행각을 벌였던 崔文億과 聖佳菴에서 한차례 만난 적이 있는 金外鼻가 관련되었다고 무고하였다. 그도 역시 포도청에서 자신이 혹독한 고문의 고통을 이기지 못하고 무고하였음을 시인하고 있다.95)

무고관련 피의자 분석

<표 5-4>

성 명	나이	신분 및 직업	병영에서의 죄명	비 고
金升文	28	떠돌이 농민	교졸구타, 괘서동참죄	고문으로 김수종을 무고
朴七元	54	임금노동,걸인	교졸구타, 괘서동참죄	고문으로 김외비를 무고
金石卜	44	걸인	괘서동참죄	박칠원의 아들이 무고
金水宗	37	임금노동자	괘서동참죄	담양거주
崔文億	44	걸인, 주막업	괘서동참죄	전라도 남평거주
金外鼻	42	서얼, 농업	괘서부착죄	본명은 張翰, 지식인
琴聖玉	61		괘서부착죄	김두창을 주모자로 무고

金石卜은 담양읍내에서 '軍牢隨行'하다가 헌종 13년(1847)부터 걸인으로 떠돌아 다니면서 연명하였으며, 철종 2년(1852)부터는 술집(주막)을 운영하였던 사람이다.96) 그는 박칠원의 아들이 '김승문과 함께 봉화에 갔다'는 무고에 따라 무조건 담양관아에서 체포되어 병영으로 넘겨졌고, 이곳에서 訊問을 당하였다. 그러나 그도 역시 봉화에 갔다는 사실 자체를 극구 부인하고 있다.

─────────

94) 上同.
「…矣身本以居生于全羅道和順邑內 雇賃資生矣」
95) 上同.
「…營庭酷刑備至 而翌日又自中營捉致 矣身訊杖牢刑 無所不至是白乎矣」
96) 上同.
「矣身本以居生于潭陽邑內 以軍牢隨行是白如可 七年前見汰以行乞保命矣 再昨年居接于 山城大城里賣酒資生是白如可」

金水宗은 담양에 살고 있는 자로 품을 팔아 먹고 사는 임금노동자이다.97) 한 때 김승문과 어울렸던 것이 화근이 되어 그의 무고로 인해 병영에 체포되었으며, 포도청에서는 모든 사실을 부인하고 있다.

崔文億은 전라도 남평 도천면에서 주막을 하면서 생활하던 자로 생활이 계속 빈궁해지자 이웃 고을인 和順으로 '건너가 朴七元 등과 함께 어울려 門前乞食으로 세상을 살던 자이다.98) 그는 박칠원이와 함께 영남으로 건너가 봉화의 聖佳菴에서 金石卜 등과 함께 숙식하였다는 혐의를 받았는데 이는 박칠원의 무고에 의한 것이라고 밝히고, 봉화에 간 일도 없으며 성가암이 어디에 있는지도 모른다고 주장하고 있다.

金外鼻는 경상도 안동태생으로 양반가의 서얼이며, 헌종 11년(1845) 봉화에 옮겨와 농사도 짓고 상업에도 종사하였던 자이다.99) 본명이 金張翰인 그는 박칠원의 무고로 투옥되어 병영의 訊問에서 고문에 못이겨 같은 고향에 살고 있는 금성옥을 괘서의 주모자로 진술하였다. 그는 포도청의 진술에서 괘서를 부착한 사실에 대하여 집중적으로 추궁을 받았으나 끝까지 사실을 부인하고 있을 뿐아니라 '자신이 이름을 숨긴 것은 죄가 되지 않으며, 어리석은 백성이라고 갑자기 잡아 가두는 것은 천만부당하다'100)고 항변하고 있다.

琴聖玉은 이 사건의 핵심인물로 거론된 자이다. 그는 봉화현에서 태어나 자란 사람으로 본명은 稱悅이다. 그는 병영에서 봉화괘서의 주모자가 金斗昌이며, 흉서를 전달한 사람은 鄕吏 尹以根이라고 진술하였다. 그리고 감영과 포도청에서는 이러한 사실을 모두 부인하고 김두창

---

97) 上同.
「矣身本以居生于潭陽靑石面簇者洞 至貧無依 雇賃資生是白可尼」
98) 上同.
「矣身本以居生全羅道南平道川面本村里 酒業資生是白加尼 … 乞于隣邑和順地 偶典朴七元相逢 作伴乞食矣…」
99) 上同.「矣身以班家庶孼 或農或商 所業不一」
100) 上同.「隱喩以無罪 愚珉忽爲獄囚 千萬不當是白遣」

을 무고하였다고 실토하였다.
 그는 김두창을 誣告한 이유에 대하여 다음과 같이 진술하고 있다.

> 「…趙月漢이 나에게 말하기를 '너의 죄가 이지경에 이르렀으니 다시 살아날 길이 없다. 만약 세력있는 자를 잠시 끌어 들여 함께 갇히어 있게 되면 힘이 없음을 의지하여 살아날 수 있다'고 누차 말하는 까닭에 斗昌을 誣引하였다. 두창을 세력이 있는 자라고 지칭하는데 그의 집이 가난하지 않고 오래동안 서울에 있었기 때문에 親知가 많아 다른 사람들이 세력이 있다고 말한 것이며 이러한 연고로 두창을 무고한 것이다…」101)

 위의 진술로 보아 금성옥은 어떤 죄명인지는 모르나 이미 옥에 갇혀 있었던 인물이었다. 그가 봉화괘서사건의 소식을 접하고 그 범인으로서 김두창을 무고한 것은 김두창이 범인으로 몰릴 경우 죄인체포의 공을 인정 받아 사면될 것을 노린 것이다. 위에서 금성옥으로 하여금 有力者를 끌어 들이도록 권고한 趙月漢은 전라병영의 장교로서 금성옥을 지키고 있었던 자이다.
 그리고 금성옥의 무고를 받은 김두창은 순흥에 사는 선비로서 '金進士'로 불렸으며, 금성옥과는 먼 사돈관계에 있던 인물이었으나 서로간에 왕래는 없었던 것으로 보인다.102)
 결과적으로 봉화괘서사건의 혐의자로 몰려 피해를 당한 사람들은 위에서 보듯이 한결같이 사회적 지명도나 힘을 갖고 있지 못함은 물론 경

---

101) 上同.
「…趙月漢言于矣身曰 汝罪至此 更無生出之路矣 若以有勢力者 暫引同囚 則似賴無力而 生活是如屢屢言之 故果以斗昌誣引 而斗昌指謂勢力者 其家不貧 長在京洛 多有親知 而人皆稱以有勢力云 故以斗昌誣告是白遣…」
102) 上同. 금성옥은 「…順興金進士斗昌 卽矣身子婦之再從祖也…」라고 진술하였고, 김두창은 금성옥을 병영의 뜰에서 심문하는 과정에서 처음 만났다고 말하고 있다.

제적으로도 곤궁하여 대부분이 문전걸식하는 무뢰배들이었음을 알 수 있다. 이들은 경제적 어려움을 극복하기 위해 임금노동자로 생활하다가 그것도 여의치 않게 되면 유리민으로 전락하여 이곳 저곳 떠돌아 다니면서 걸식하는 존재로 전락되는 과정을 그대로 보여주고 있다.

이와 같이 힘없는 民들에게 고문에 가하여 괘서사건의 진범으로 조작한 것은 당시 행정상의 난맥을 그대로 드러낸 것이다. 또한 지방 관아의 수령들도 출세욕만을 앞세워 민생의 구제는 뒷전에 있었음을 극명하게 보여주는 것이라고 하겠다. 이러한 행정의 난맥과 수령들의 출세욕에 따른 탐학은 19세기 중반 이후 진주민란을 필두로 한 민의 저항을 불러일으킨 하나의 요인으로 작용하였던 것이다.

이 사건의 처리과정에서 다음과 같은 세가지 사항을 주목할 수 있다. 첫째는 지방행정의 난맥상과 함께 刑罰의 濫用이 일어나고 있다는 점이고, 둘째는 현실적으로 유리민의 증가와 함께 걸인이나 임금노동자들이 사회 곳곳에 만연하고 있다는 점이며, 셋째는 정치·사회에 대한 백성들의 의식수준의 일단을 볼 수 있다는 점이다.

먼저 지방행정의 문란은 19세기 勢道政治가 자행되면서 나타난 현상의 하나로서 헌종·철종대를 지나면서 보다 가속화되어 가고 있었다. 괘서사건이 발생한 직후 경상감사 조석우가 혐의가 있는 자를 체포하여 訊問을 했으나 사건과 관련이 없는 것으로 밝혀짐으로 인하여 스스로 자신의 실수를 인정하게 된 것도 약간의 의심이 가거나 평소 요주인물로 생각해 왔던 자들을 무조건 혐의자로 몰아 사건을 빨리 해결함으로써 중앙으로부터 능력을 인정받고자 하는 생각이 앞섰던 결과이다. 이것을 보다 구체적으로 이행한 사람이 전라병사 이건서이다. 그는 당시에 전라도 지역에 떠돌아 다니는 걸인들을 중심으로 한 힘없는 사람들과 지식인으로서 庶孽 金張翰 등을 괘서사건의 주범자로 몰아 공을 인정받고자 하였다. 그리하여 있지도 않은 죄를 고문에 의해 자백받고,

그 사실을 전라감사를 거치지 않고 자신의 공을 극대화하기 위해 직접 중앙에 상주하였던 것이다. 그러나 이 사실을 알게 된 전라감사가 죄인들을 다시 문초할 것을 조정에 건의하였고, 再訊問 결과가 조정에 보고되면서 병영에서의 보고와 차이가 난다는 것이 밝혀졌다. 이에 포도청에서 다시 訊問을 하여 그 실상을 밝혀 내었고, 고문에 의해 백성들에게 억울한 피해를 입힌 전라병사 이건서를 유배조치하는 것으로서 사건은 다시 원점으로 돌아 갔다. 결국 전라병사와 전라감사 사이에 공조에 의한 사건 해결이 이루어지지 않았던 것은 자신의 공을 각자 극대화하기 위함이었으며, 이러한 현상은 19세기 세도정치 하에서 비일비재하였다. 당시 일반화 되어 있던 매관매직의 현상도 이같은 일을 부추기는 하나의 원인이 되었다고 할 수 있다.

다음으로 괘서사건의 혐의자로 몰렸던 사람들은 모두가 농민들로서 7명 중에 5명이 자신의 근거지를 이탈하여 유리민으로 전락한 상태였으며, 그 이후 모두가 걸인이나 임금노동자로 연명해가고 있었다. 이들이 자신의 근거지를 이탈하게 된 원인은 사회적·경제적 요인이 강하게 작용하여 먹고 살 수 있는 여건이 조성되지 않았기 때문이다.

당시 고향을 이탈하여 떠돌이 신세로 전락하는 사태는 이미 일반적인 추세였다. 당시의 유망현상에 대하여는 헌종 때 右議政 李止淵의 다음과 같은 상소를 통해서 잘 알 수 있다.

> 「지금 외읍의 弊瘼을 말하는 자로서 백성들이 流亡하여 家戶가 없어진 것을 말하지 않는 사람이 없습니다. 이제부터 수령이 잘 다스리고 잘못 다스리는 것을 유망이 있고 없는 것을 보아서 殿最하고 勸善懲惡하는 자료로 삼게 하여 撫摩를 잘하는 자는 品秩을 더하여 褒獎하고 전과 같이 가혹하게 학대하는 자는 파직하여 죽을 때까지 관리가 될 수 없게 하여 수령이 된 자로 하여금 모두 조정에서 근본을 중요하게 여긴다는 뜻을 알게 하소서」[103]

위에서 보건대 백성들의 流亡現象이 가장 큰 문제점이라고 지적하면서 그 원인을 수령들이 가혹하게 학대하는 것에서 찾고 있음을 알 수 있다. 그리고 유망현상의 과다를 따져서 관리 임용의 기준으로 활용하자는 내용을 제안하여 대왕대비가 윤허하고 있다. 결국 이와 같은 사회 현실의 구체적인 실상은 봉화괘서사건에 관련된 혐의자들을 통해서 극명하게 살펴볼 수 있다.

다음으로 당시 民들의 정치·사회적 의식수준을 봉화괘서의 내용과 소위 有勢力者에 대한 가치기준에서 그 일단을 살펴 볼 수 있다. 즉 괘서의 내용상 전개가 제일 앞에 국가에 대한 비판을 시작으로하여 관리들의 세도정치를 비판하였고, 이들을 근거로 인심을 자극하여 소요를 유도하였다는 것은 이미 당시의 民이 나라의 잘못된 점과 세도정치의 폐해를 뿌리 깊게 인식하고 있었음을 보여 주는 것이다. 만일 민들이 그러한 인식을 갖고 있지 않았다면 굳이 괘서의 내용에 세도정치의 폐해를 넣지 않았을 것이다.

그리고 백성들이 평소에 자신의 어려움이 있을 경우 法보다는 세력이 있는 자의 힘을 빌리면 해결할 수 있다고 인식하고 있었고, 또한 실제로 그러한 사회분위기였음을 보여 주고 있다. 앞에서 보듯이 금성옥과 같은 순진한 일반민들은 재물이 있고 서울에 살았었다는 사실 하나만으로도 세력이 있는 자의 척도로 삼고 있다. 그리고 그러한 세력자는 옥에 갇혀 있는 사람도 쉽게 풀어줄 수 있을 것이라는 인식을 하고 있었기 때문에 장교의 말을 그대로 믿고 따랐던 것이다. 이는 당시 시대적 여건이 유력자의 힘에 의지하는 풍조가 만연하였음을 보여 주고 있으며, 이른바 세도정치의 모순이 작은 고을까지도 영향을 미치고 있음

---

103) 『憲宗實錄』 卷5 憲宗 4年 7月 甲辰條.
「今之說外邑之弊者 莫不以流亡絶戶爲先 自今以往 守令治不治 視流亡有無 而爲殿取勸懲之資 其撫摩得宜者 增秩而褒嘉之 其苛虐如前者 革職而廢錮之 使爲守令者 咸知朝家重 邦本之意」

을 알 수 있다. 이와 같이 당시의 백성들은 정치・사회적 모순에 대하여 정확하게 인식하고 있었고, 사회의식도 가지고 있었음을 알 수 있다.

제3절 憲・哲宗朝 掛書事件의 性格과 特徵

헌・철종의 약 30여년 재위기간(1835~1863) 동안에 중앙에 보고된 괘서사건의 총 수는 6건이다. 앞에 서술한 괘서사건의 추이와 분석을 토대로 하여 이들 괘서사건을 다음의 <표 5-5>에서 보듯이 유형별로 정치적・사회적・경제적 성격으로 구분하였다.

憲・哲宗朝 掛書事件의 性格區分

<표 5-5>

번호	년대	사 건 명	주모자의 성향	괘서 내용의 성격				사건의 특징
				정치적	사회적	경제적	기 타	
1	1837	大興掛書		·	·	·	○	신속하게 범인 처형
2	1844	山淸掛書	유랑지식인	○	·	○	·	내용에 西洋勢力의 침략 등장
3	1844	三嘉掛書	죄수	·	·	○	○	현장에서 신속하게 범인 처형
4	1853	奉化掛書		○	○	·	○	고문에 의한 범인 조작
5	1860	敦義門掛書		·	·	○	·	국왕의 수결을 위조
6	1863	漢城府掛書		·	·	○	·	왕의 생모와 관련

위의 도표에서 보듯이 헌・철종조 괘서사건의 성격은 다양하게 나타나고 있다. 총 6개의 사건 가운데 사회적 성격을 가지고 있는 것이 전체의 50%를 차지하고 있으며, 정치적 성향과 경제적 요인을 가지고 있

제5장 憲·哲宗朝 掛書事件과 行政的 處理 275

는 것도 각각 2건으로 33%에 해당하고 있다. 숙종조의 괘서사건은 정치적 성격이 강했고, 영조조는 정치적 성향이 강한 가운데 약간의 사회성을 띄고 있었으며, 순조조는 사회적 성격이 강한 양상을 나타내고 있는 것과 비교할 때 헌·철종 때는 모두가 복합적인 양상을 띄고 있는 것이 주목된다 할 수 있다. 즉 이 때가 되면 괘서의 성격이 어느 특정한 분야에 치중되어 나타나지 않고 고른 양상으로 나타나고 있다는 점에서 그 폭이 좀더 넓어졌다 할 것이다.

다음으로 이 시기의 괘서사건이 갖고 있는 몇가지 특징을 요약하면 다음과 같다.

첫째, 괘서사건에 대한 정부의 대응이 미온적이었다는 점이다. 당시 중앙의 지배세력들은 민생에 관한 직접적인 책임이 전적으로 수령들에게 있는 것으로 인식하고 있었을 뿐만 아니라, 그에 대한 대책을 모색하거나 마련할만한 의지와 능력을 상실하고 있었으며, 구조적·사회적 문제들을 개인적인 문제로 돌려버림으로써 사회모순을 정면으로 다루는 것 자체를 회피하는 상황이었음을 감안할 때[104] 괘서사건에 대한 정부의 대응자세 역시 미온적일 수 밖에 없었다. 결국 괘서사건에 대한 중앙에서의 처리의지를 가지고 있지 않았다고 볼 수 있다.

둘째, 사건의 처리를 지방에 일임하고 있다는 점이다. 즉 종래에는 괘서사건이 중앙에서 발생하든, 지방에서 발생하든 간에 최종적으로 의금부에서 鞫廳을 설치하여 推鞫하는 것이 일반적이었는데 반하여, 헌·철종조의 괘서사건에 대한 처리는 의금부 혹은 형조에서 다시 확인공초를 거치지 않고 조정에 보고된 감영에서의 공초결과만을 근거로 형을 집행하고 있다. 따라서 감영에서의 공초기록이 남아 있지 않아 사건의 성격을 정확하게 단정하기에 애매한 점을 갖고 있다. 이와 같은 사건의 처리는 대왕대비의 말에서 알 수 있듯이 신속하게 주범자를 극형

---

104) 오수창,「주요정책의 실상」『조선정치사』하, 683쪽.

에 처함으로서 괘서내용의 전파를 빠른 시간안에 막아 소요를 줄이고자 한 데서 기인한 조치로서 19세기에 들어서 나타나는 사건대처의 특징이기도 하다.105) 나아가 이는 영조대의 괘서사건이 대부분 중앙에서 親鞫을 통해 해결하고 있는 것과도 대비된다.

셋째, 다른 시기에 비하여 괘서사건에 대한 구체적인 기록이 적다는 점이다. 이는 정부의 대응 자세와도 관련이 있으며, 중앙에서의 국청이 이루어지지 않아 공초기록도 남아 있지 않다. 따라서 보다 구체적인 실상을 알기에는 미약한 점이 있다는 한계성을 갖고 있다.

넷째, 괘서사건의 내용을 통해서 살펴볼 때 당시 민들의 의식속에는 세력있는 가문이면 무슨 일이든지 할 수 있다는 생각을 가지고 있었으며, 이는 세도정치기의 정치상을 민이 그대로 인식하고 있었음을 보여주는 사례이다.

다섯째, 괘서사건의 주모자가 체포되지 않자 거리의 유랑인들을 잡아들여 범인으로 위조하고 고문을 통해 자백을 받아 내고 있는 실상이 밝혀지고 있다는 점이다. 어떠한 방법으로든 자신의 영달을 위해 애매한 민을 그 희생양으로 삼고 있는 사례의 하나이다.

---

105) 종래 괘서사건이 발생하여 범인이 체포되었을 경우에는 중앙으로 이송되어 事案의 성질에 따라 포도청이나 의금부, 형조 등지에서 심문을 받았으며, 영조대는 親鞫도 많이 하였던 것과 대조를 이룬다.

제6장 掛書事件의 性格과 機能

제1절 歷史的 性格과 變化의 樣相

1. 性格 및 內容別 變化

　조선후기 괘서사건의 성격은 괘서의 내용과 목적을 분석해 볼 때 크게 정치적 성격과 사회적 성격으로 구분할 수 있다. 전자의 경우는 朋黨間의 정치권력 장악이나 失勢한 권력의 만회라는 측면에서 주로 이용되어 졌다. 그리고 후자는 개인적인 원한관계로 인해 상대방을 무고한다든지 혹은 『鄭鑑錄』과 같은 비기를 이용하여 민심의 혼란을 유도하고 난을 기도하는가 하면 왜구나 서양세력이 침입한다는 유언비어를 퍼뜨려 사회적 혼란을 조성하는 등의 경우가 그것이다. 이러한 괘서사건의 성격은 조선후기의 시대를 지남에 따라 정치적 성격에서 사회적 성격으로의 전환을 가져오며, 동시에 나타나는 경우도 있다.
　괘서사건이 처음 나타나는 숙종조의 경우는 사회적 성격 보다는 정치적 성격이 강하게 나타나고 있다. 즉 南人과 西人 사이의 정치적 주도권 장악을 위한 소용돌이 속에서 남인들이 괘서를 통해 서인을 모함하는 글을 작성하여 게시하였다가 오히려 庚申大黜陟과 함께 남인의 몰락을 초래한 把子橋洞 掛書事件, 소론 현직관리들의 이름을 괘서에 적어 비판함으로써 정치적 불이익을 받도록 도모한 敦化門 掛書事件, 丙子胡亂 이후 정부의 對中外交가 明과의 의리를 저버리고 오랑캐인 淸나라와 외교관계를 유지하는 것을 비판한 迎恩門 掛書事件 등이 모두 정치성을 강하게 띄고 있는 사건들이다.

　이후 영조조에 이르면 정권이 老論과 少論 사이의 갈등 속에서 영조의 탕평정책에 따라 온건계열을 중심으로 한 탕평파가 정국의 주도권을 장악해가고, 탕평파 내부에서도 실질적으로는 老論의 정권장악이 이루어지게 된다. 그리고 정권장악에서 실패하여 정계에서 물러난 소론세력, 이들 중에서도 비교적 급진적 성향을 가지고 있는 峻少 인물들은 영조 재위기간에 꾸준하게 정권의 재창출을 위한 노력을 전개하였다. 대표적인 사건이 영조 4년의 李麟佐 亂이며, 이 난은 영조 중반까지 그 영향을 미치고 있었다. 이와 같은 정치적 상관관계 속에서 준소 계열의 인물들이 괘서를 이용하여 현정부와 관리를 비판하고 나아가 사회적 혼란을 유도하였던 것이다. 즉 영조 3년(1727)과 영조 4년(1728) 全州·南原·한성부의 西小門·鐘街에서 발생한 일련의 괘서사건, 영조 14년(1738) 영의정과 중앙의 관리들을 비판한 한성부의 景福宮 掛書事件, 영조 17년(1741) 소론의 조현명과 박문수를 비판하는 내용의 漢城府 闕門 掛書事件, 영조 31년(1755)소론의 尹志가 주동이 된 羅州 掛書事件 등이 그 예이다.

　영조조는 이같은 정치적 성격을 가진 괘서사건 이외에 사회적 성격의 괘서사건도 나타나고 있다. 즉 영조 9년(1733) 金永建과 그의 아들이 자신들과 원한관계에 있던 사람들의 이름으로 괘서를 하고 그 내용으로는 李麟佐 亂과 관련된 사항과 秘記를 이용한 정부의 비방 및 관리를 비판한 南原城邊의 掛書事件, 지방 관리의 비리를 괘서를 이용하여 비판한 영조 10년(1734)의 大邱 鎭營 掛書事件과 영조 38년(1762)의 漢城府 興化門 掛書事件 등이 그 예이다. 그리고 정치적 성격과 사회적 성격을 동시에 내포하고 있는 사건들로는 이인좌 란 당시 사회적 혼란을 유도하기 위한 목적에서 이용된 괘서사건이 그 대표적인 사례이다. 이 사건들은 주모자들의 배후에 정치적 역학관계가 내포되어 있을 뿐만 아니라 자신들의 목적에 유리하도록 여론을 조성하는 등 정치성과 사회성을 두루 갖추고 있다. 결국 영조조의 괘서사건은 종래의 괘서사건이 정치성을 강하게 갖고 있던 것에 반하여 사회적 성격이 함께 나타나는 것으로 보아 괘서사건의 성격적 변화를 가져오는 시기라고 할 수 있다.

순조조의 괘서사건은 정치적 목적에서 이루어진 사건 보다는 사회적 성격을 가지고 있는 사건이 압도적으로 많다. 즉 모두 12개의 괘서사건 가운데 정치성을 가지고 있는 사건으로는 순조 26년(1826) 淸州北門 掛書事件을 들 수 있다. 이 사건은 당시 豊德을 松都에 합병하면서 향교를 없애 버리자 풍덕 지역의 산림세력들이 거세게 저항한 사건과 연결되어 있다는 점에서 약간의 정치성을 가지고 있다 할 것이다. 이 외에는 모두가 사회적 성격을 갖는 사건들로서 秘記를 이용하여 여론을 조성함으로써 사회적 혼란을 유도함은 물론 더 나아가 민란과 연계되기도 한다. 또한 개인적 불만을 괘서로써 표출하기도 하고, 자신의 천한 신분과 생활고에 연유하여 정부를 비방하는 등 民의 관심 대상이 사회적 문제에 보다 많은 의식을 가지고 있었던 것으로 보인다.

헌·철종조의 괘서사건은 어느 특정한 성격을 가지고 나타난다기 보다는 복합적인 양상을 보이고 있다. 즉 모두 6개의 괘서사건 가운데 사회적 성격을 가지고 있는 것이 3건으로 50%를 차지하고 있고, 정치적 성격을 가지고 있는 사건이 2건으로 30%를 차지하고 있으며, 경제적 요인에 의한 괘서사건도 2건으로 나타나고 있다. 따라서 이 시기가 되면 패서의 성격이 어느 특정한 분야에 치중되어 나타나지 않고 고른 양상을 보이고 있다는 점에서 성격의 폭이 더욱 넓어졌다 할 수 있다.
　다음으로 조선후기 패서사건을 내용별로 나누어 보면 다음과 같이 크게 세 가지로 구분할 수 있다.

① 정부 관리의 비리나 정책을 비판하는 내용
② 참서 등 비기를 주로 이용하여 조선의 멸망설, 鄭眞人 說, 홍경래 不死說 등을 기록한 내용
③ 외부의 침략 또는 난의 발생을 예언하거나 난을 선동하는 내용

위의 세가지 경우를 왕조별로 구분하여 발생빈도를 살펴보면 다음의 <표 6-1>과 같다.

패서사건의 내용별 분류
<표 6-1>

	숙종조(6건)				영조(15건)				순조(12건)				헌·철종조(6건)			
	①	②	③	*	①	②	③	*	①	②	③	*	①	②	③	*
건수	4	·	·	2	12	9	1	1	1	5	7	2	1	2	1	3
비율(%)	66	·	·	34	80	60	6	6	8	42	58	17	17	33	17	50

*표시는 ①②③의 경우에 포함되지 않거나 사건의 내용이 기록되어 있지 않은 경우이다. 총 건수보다 분류건수가 많은 것은 내용이 겹치는 경우가 있기 때문이다.

위의 표에서 보듯이 숙종조에는 전체 6건의 패서사건 가운데 정부관리의 비리나 정책을 비판하는 내용이 모두 4건으로 약 66%를 점유하고 있으며, 秘記를 이용한 내용의 패서사건과 난을 유도하는 사건은 한 건도 보이지 않고 있다. 결국 숙종조 패서사건의 성격이 정치성을 띠고

있는 것과 일치하고 있는 현상이다. 그리고 영조조에는 정부관리의 비리나 정책을 비판하는 경우가 모두 80%를 차지하고 있고, 참서 등 비기를 주로 이용하여 조선의 멸망설, 鄭眞人 說 등을 내용으로 기록한 괘서사건이 60%를 차지하고 있음을 알 수 있다. 이로서 영조조에는 괘서의 정치적·사회적 성격이 동시에 나타나고 있음을 증명한다. 그리고 외부의 침략 또는 난의 발생을 예언하거나 난을 선동하는 내용의 괘서사건이 처음으로 나타나기 시작하고 있다. 이어서 순조조에는 모두 12건의 괘서사건 가운데 7건이 외부의 침략 또는 난의 발생을 예언하거나 난을 선동하는 내용으로 되어 있어 약 58%의 점유율을 차지하고 있으며, 비기를 이용한 괘서사건도 5건으로 42%를 차지하고 있다. 그 외 정치성을 띠는 ①의 경우는 단 1건이 나타나고 있을 뿐이다. 이후 헌종과 철종조에도 ①, ②, ③의 경우가 고르게 나타나고 있으며, 특별한 사항은 괘서의 내용을 알 수 없는 것이 3건으로 50%를 점유하고 있는 사실이다. 이는 괘서사건의 발생시 그 내용에 관하여 중앙에 자세히 보고하지 않음은 물론 설사 보고한다 하더라도 사건의 처리를 지방에 일임하고 있으며, 그 처리를 신속하게 하고 있어 기록이 남아있지 않은 경우가 많기 때문이다.

이상의 내용을 종합해 보면 조선후기 괘서의 주요 내용으로서 정부관리의 비리나 정책을 비판하는 것이 모두 18건으로 전체 43건 가운데 42%를 차지하고 있고, 참서 등 비기를 주로 이용하여 조선의 멸망설, 鄭眞人 說, 홍경래 不死說 등을 기록한 것으로는 모두 16건으로 37%를 점유하고 있으며, 외부의 침략 또는 난의 발생을 예언하거나 난을 선동하는 내용은 9건으로 20%를 차지하고 있음을 알 수 있다. 결국 이러한 분석을 토대로 볼 때 조선후기 괘서사건은 정치적 흐름과 밀접하게 관련되어 있을 뿐 아니라 사회적 현상의 변화와도 연관관계를 가지고 있음을 알 수 있다

2. 時期別 變化樣相

먼저 조선후기 패서사건의 발생현황을 시기별로 나누어 그래프로 표시하면 다음의 <표 6-2>와 같다. 이 막대그래프에서 보듯이 조선후기에서도 18~19세기 사이에 가장 많은 패서사건이 발생하였고, 그 중에서도 18세기 전반기와 19세기 전반기에 사건발생이 집중하고 있는 현상을 한눈에 볼 수 있다.

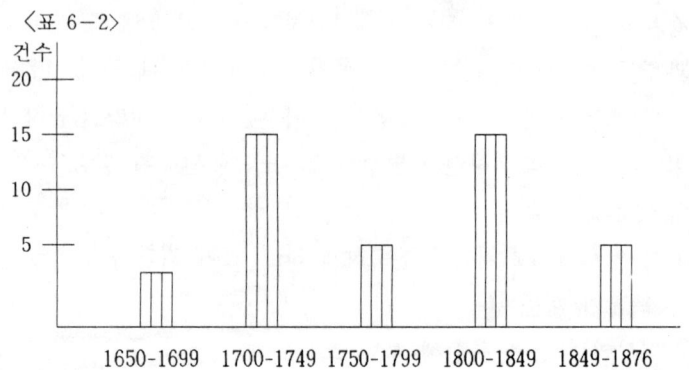

朝鮮後期 時期別 掛書事件 發生現況
〈표 6-2〉

18세기 전반기는 숙종 재위 말년부터 영조 재위 중반기까지에 해당하는 시기로서 정치적으로 혼란기를 겪었던 시기이다. 즉 숙종이 죽은 후 왕위계승에 따른 老論과 少論의 정치적 갈등은 경종조를 지나면서 더욱 격화되었고, 영조조에는 노론의 정국주도에 대항한 소론계열의 저항이 격렬하게 나타난 시기이다. 이들 소론계의 저항은 李麟佐의 亂을 계기로 하여 극에 달하였으며, 이 난의 영향은 영조조 중반까지 계속 정쟁의 불씨로 남아 있었다. 이와 같은 정쟁의 소용돌이 속에서 정치적

제6장 掛書事件의 性格과 機能 283

으로 소외당한 소론계열이 민심의 동요를 유도하여 자신들의 목적을 달성하기 위해 괘서를 많이 이용하고 있다. 이 시기의 괘서사건이 대부분 정치적인 성격을 짙게 가지고 있는 것도 이와 같은 시대상에서 연유하는 것이다.

그리고 19세기 전반기는 주지하듯이 정조가 갑자기 죽고 나이어린 순조가 즉위하여 수렴청정에 의해 국정을 이끌어 가던 시기이다. 따라서 정치적으로는 세도정치가 팽배해지면서 외척에 의한 정권의 농락이 이루어지고, 민생의 안정과는 거리가 멀어 사회적 혼란이 야기되었다. 뿐만 아니라 평안도 농민항쟁의 발발은 19세기 전반기의 사회상을 혼란속으로 몰아 넣었고, 천주교의 유입으로 인한 사상적 혼란과 자연재해의 빈발, 수령과 하급관리들의 대민수탈, 정감록과 같은 비기류의 유행 등은 사회혼란을 부채질 하기에 충분한 요소로 작용하였던 것이다. 이러한 시대적 배경속에서 보다 많은 괘서사건이 발생하게 된 것은 극히 자연스럽다고 할 것이다.

다음으로 괘서사건의 발생현황을 왕조별로 구분하여 발생분포를 도표화 하면 다음의 <표 6-3>과 같다.

왕조별 괘서사건 발생분포

<표 6-3>

구 분	숙 종	영 조	정 조	순 조	헌철종	고 종	총 계
건 수	6	15	1	12	6	2	42
분 포	14%	36%	2%	29%	14%	5%	100%

왕조별 괘서사건의 분포도를 근거로 막대그래프로 표시하면 <표 6-4>와 같다.

朝鮮後期 王朝別 掛書事件 發生現況

<표 6-4>

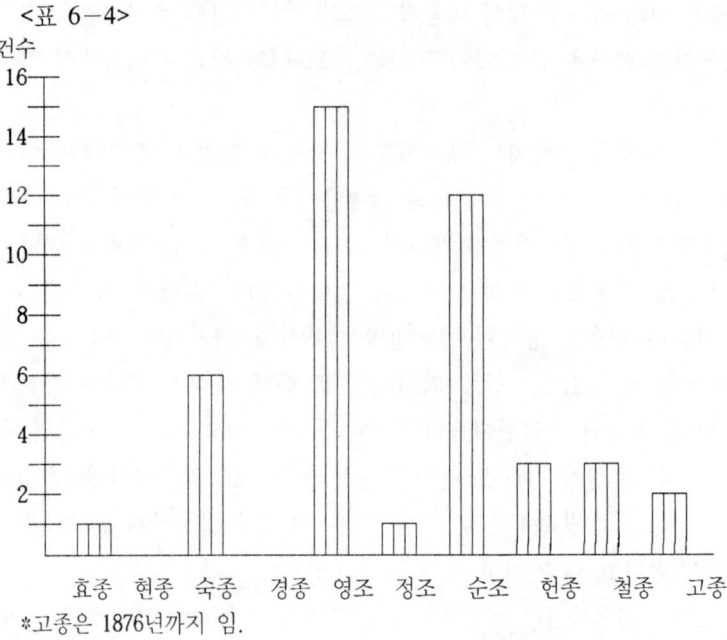

*고종은 1876년까지 임.

위의 막대그래프와 발생분포를 통해서 볼 때 다음 두가지 사항이 주목된다. 첫째는 비록 재위기간이 다른 왕조에 비해 길기는 했지만 일반적으로 탕평정치로 인해 왕권이 안정되었다고 판단되는 영조조가 전체 괘서사건의 36%로 가장 많이 발생하고 있다는 점이다. 둘째는 영조 다음으로 순조조가 29%의 발생율을 보이고 있다. 이는 재위기간이 영조는 52년간이고 순조는 34년간이었던 점을 고려한다면 영조 때 보다는 오히려 순조 때가 더 많은 발생율을 보이고 있음을 의미하는 것이며, 나아가 조선후기에서 19세기로 넘어가는 순조조가 매우 혼란스러웠음을 입증하는 하나의 자료가 될 것이다. 그리고 비교적 재위기간이 짧은 헌종과 철종조는 각각 3건에 그치고 있으며, 경종조에는 한건의 사건발생 보고도 없다. 또한 정조조가 1건으로 비교적 적은 건수를 기록하고 있는 것은 이 시기가 정치적으로나 사회적으로 다른 시기에 비해 상대적으로 보다 안정되어 있음을 반증하는 것이다.

3. 主謀者의 身分·職役別 分布

괘서사건의 주모자들이 체포된 사건 가운데 그들의 신분이나 직역을 알고 있는 범위속에서 왕조별로 身分과 職役의 유형을 정리하면 다음의 <표 6-5>와 같다.

조선후기 특히 19세기로 내려 올수록 신분간의 이동이 심하게 나타나 신분별 구분을 명확하게 하기는 쉬운 일이 아니다. 이미 조선후기에 신분제도가 붕괴되어 사회질서의 혼란을 가져 왔다는 것은 주지의 사실이다. 따라서 괘서사건 主謀者의 供草資料에 뚜렷한 신분이 명기되지 않은 경우도 많거니와 그들의 職役만이 나와 있는 경우도 있어 명확한 신분 구별이 용이하지 않은 상태이다. 그리하여 도표에서 보이는 바와 같이 신분과 직역을 함께 구분자료로 사용하였다.

主謀者의 身分과 職役 類型

<표 6-5>

身分職役	肅宗朝	英祖朝	純祖朝	憲哲宗朝
	出身, 幼學	進士, 幼學, 前職官吏, 沒落知識人, 평민	幼學, 書員, 萬戶, 訓長, 流浪人, 奴婢, 官奴	流浪人, 罪囚

<표 6-5>에서 보듯이 숙종대는 양반신분에 해당하는 계층들만이 존재하며, 영조대는 지식인들과 함께 平民이 가담하고 있는 것이 눈에 띄는 현상이다. 그리고 순조대는 幼學·訓長 등 지식인과 함께 거리를 떠돌아 다니는 流浪人과 奴婢·官奴와 같은 최하계층의 신분층까지 괘

서를 이용하고 있는 것으로 나타나고 있다. 뿐만 아니라 헌·철종대에는 옥에 갇혀 있는 죄수까지도 괘서를 이용하고 있다. 이와 같은 현상은 18세기에서 19세기로 오면서 괘서의 이용층이 종래의 지식인 그룹에서 점차 하층계급으로 확대·변화하고 있음을 보여주는 것이다. 이는 곧 민의 意識水準이 19세기로 오면서 점차 높아져 가고 있음을 의미하는 것이기도 하다. 즉 괘서를 이용하는 층이 노비에게까지 확산되고 있는 것은 최하층의 민들도 저항의식과 함께 비판의식을 표출하기 시작했음을 의미하는 것이며, 이는 곧 농민들을 대다수로 한 민의 의식수준이 향상되었음을 가늠하기에 충분하다 할 것이다. 이와 같은 의식의 변화는 19세기 전국적인 민중항쟁을 불러 일으킬 수 있는 기반을 조성하고 있었던 것이다. 이를 다시 신분별 분포로 나누어 보면 다음과 같다.

주모자의 신분·직역별 분포

<표 6-6>

	지식인	농 민	만 호	천 민	유랑인	죄 수	총 계
건 수	8	2	1	2	3	1	17
분포율	47%	12%	5%	12%	18%	5%	100%

* 지식인의 범주에는 出身·幼學·進士·前職官吏·訓長 등을 모두 포함하였다. 이러한 구분은 비교적 이들이 글자를 충분히 해독할 수 있는 수준에 이른 자들이라고 판단한 것에 기인한다.

위의 표에서 보듯이 주모자가 확인된 총 17건의 괘서사건 가운데 지식인들이 약 47%를 차지하고 있어 비교적 비판의식을 많이 가지고 있던 識者階層에서 괘서를 많이 이용하였음을 보여 주고 있다. 지식인 그룹을 보다 세밀하게 나누면 幼學이 4건으로 가장 많고, 出身·進士·前職官吏·訓長이 각각 1건씩으로 나타나고 있다.

기존의 연구에 의하면 幼學은 18·19세기로 접어 들면서 중인이나 양인들에 의해 冒稱되어 그 추세가 관에서도 제어할 수 없는 상태에 이른 것으로 확인되고 있다. 즉, 조선후기로 올수록 幼學은 양반·중인·양인이 혼용되어 나타나고 있다는 것이다[1]. 결국 幼學을 어느 한 계층으로 명확하게 구분하기가 힘들다는 것이다. 그러나 최근의 한 연구에서 19세기 幼學을 冒稱한 경우의 점유율이 16.2%~46.2% 정도가 된다는 연구결과가 나왔으므로[2] 이를 감안할 때는 위의 <표 6-5>에서 보이는 숙종·영조대의 幼學은 양반일 가능성이 보다 높다고 할 것이다.

지식인 다음으로는 流浪人이 18%를 차지하고 있다. 이들 유랑인 가운데는 물론 지식인들도 포함되어 있었을 것으로 보이나 정확한 상황을 알 수가 없어 따로이 분류 하였다. 그리고 농민과 천민이 각각 12%씩 24%를 차지하고 있어 하층민들의 괘서이용율이 높은 점유율을 차지하고 있는 것으로 나타나고 있다.

4. 地域的 擴大

조선후기 괘서사건의 전파과정을 발생 지역별로 분석하여 어떠한 양상을 가지고 있는지 살펴 보고자 한다. 괘서사건의 지역별 분포를 보면 다음의 <표 6-7>과 같다.

掛書事件의 地域別 分布

<표 6-7>

구 분	한성부	경기도	충청도	전라도	경상도	총 건 수
발생건수	22건	1건	6건	7건	7건	43건
비 율	52%	2%	14%	16%	16%	100%

---

1) 崔承熙,「朝鮮後期 '幼學'·'學生'의 身分史的 意味」『국사관논총』 1, 國史編纂委員會, 1989.
2) 李泰鎭,「朝鮮後期 兩班社會의 變化-신분제와 향촌사회 운영구조에 대한 연구를 중심으로-」『韓國社會發展史論』, 一潮閣, 1992.

위의 표에서 보듯이 지역별로는 한성부가 22건으로 총 43건 중에 52% 이상을 차지하여 가장 많은 발생률을 보이고 있다. 이와 같이 괘서사건이 수도 서울에 집중되어 있는 현상은 무엇 때문인가. 이는 오늘날과 마찬가지로 조선시대의 수도였던 한성부가 정치・경제・사회・문화의 중심지였음을 감안할 때 괘서 주모자가 괘서의 내용을 보다 많은 사람들에게 전파하여 파급효과를 극대화하고, 그로 인해 그들이 달성하고자 하는 목적에 보다 가까이 근접하기 위하여 지방보다는 수도를 보다 더 선호하였던 것으로 생각한다. 뿐만 아니라 수도 서울은 다른 대도시에 비해 인구가 많아 주모자가 사건 이후 도망하기에 편리하고, 관에서의 주모자 체포가 용이하지 않았던 점도 작용되었을 것이다. 나아가 괘서의 내용이 관리를 비판한다든지, 정부의 정책을 비판 하는 것이라면 보다 도성이 가까운 지역이 유리하였을 것은 자명한 사실이다. 그리하여 한성부 내에서도 괘서 발생 장소가 궐문에 가장 많이 집중되어 나타나고 있으며, 그 이외에는 鐘街나 관청의 담장 및 육조거리 앞 등 일정한 장소에 구애받지 않고 나타나고 있다.

또한 한성부 이외의 지역으로는 충청도・전라도・경상도 지역이 같은 비율로 고른 분포를 나타내고 있으며, 강원도와 한성부 이북 지역에서는 전혀 나타나고 있지 않는 것도 하나의 특징이라 할 수 있다.

한편 괘서사건이 지역적으로 어떻게 변화되어 가는가를 알아보기 위해 왕조별로 발생장소를 도표로 정리해 보면 다음의 <표 6-8>과 같다.

掛書事件의 發生場所

<표 6-8>

구 분	숙 종	영 조	순 조	헌·철종
發生地域	漢城府 6건	漢城府7건, 南原3건, 全州, 大邱,淸州,羅州	漢城府5건, 河東, 宜寧, 昌原, 水原, 淸州, 公州	漢城府2건, 大興郡, 三嘉縣, 山淸縣, 奉化

위의 표에서 보듯이 지역적인 면에서 사건의 발생 확대과정을 살펴볼 때 괘서가 본격적으로 나타나기 시작한 숙종조는 서울에 집중되어 있고, 영조조는 서울과 삼남지방의 대도시, 즉 監司나 牧使가 파견되어 있는 지방의 대도시로 확산되어 갔음을 볼 수 있다. 이어서 순조조는 河東과 宜寧과 같은 郡에까지 전파되어 갔고, 헌·철종조에는 山淸縣, 三嘉縣과 같은 비교적 인구가 작고 협소한 지역으로까지 확산되어 가고 있음을 보여주고 있다. 이러한 현상은 조선후기 괘서사건이 숙종조에는 나라의 수도인 서울에 집중되어 나타나다가 지방의 대도시로 확산되었고, 결국에는 지방의 군소도시로 퍼져 나갔음을 한눈에 보여 주고 있는 것이다. 이는 곧 괘서 이용층의 확산과 함께 지역적으로도 괘서 발생 범위가 확대되어 갔음을 밝혀 주고 있는 것이며, 조선후기 괘서사건이 보여 주고 있는 또 다른 특징이기도 하다.

5. 政府의 對應과 主謀者 檢擧現況

조선후기 괘서사건에 대한 정부의 대응을 주모자 검거율이라는 측면에서 살펴보면 다음의 <표 6-9>와 같다.

괘서사건의 주모자 검거율

<표6-9>

	효종	숙종	영조	정조	순조	헌·철종	고종	계
건 수	1	6	15	1	12	6	2	43건
검 거	·	2	10	1	11	3	2	29
미검거	1	3	2	·	1	3	·	10
기 타	·	1	3	·	·	·	·	4
검거율	0%	33%	67%	100%	92%	50%	100%	67%

* 고종은 1876년까지를 한계로 하였다.

위의 표에서 보듯이 총 43건의 사건발생 중에서 주모자가 체포된 것은 29건이고, 완전히 잡히지 않은 경우는 10건이며, 나머지 4건은 주모자로 지목되어 체포되기는 했지만 그가 과연 진범인지의 여부가 불투명한 경우이다. 따라서 실제적인 주모자 검거율은 약 67%에 달하고 있음을 알 수 있다. 이는 괘서사건이 대부분 익명서로 이루어져 있음을 감안할 때 비교적 높은 검거율을 보이고 있는 것이라 할 수 있다. 당시 주모자를 검거하는 방법으로서는 주로 주변지역에 살고 있는 사람들의 동향을 탐문 수색하고, 거동 수상자가 발견될 경우 괘서의 서체와 필체를 대조하는 방법 등을 사용하고 있다. 기본적으로 괘서사건의 주범은 발생된 지역의 범위 내에서 활동하고 있는 자의 소행일 확률이 매우 높다는 점, 또한 비판의식을 가지고 있는 識者階層이 많다는 점, 괘서의 내용과 직접적으로 연관관계가 있는 경우가 많았다는 점 등이 주모자의 검거율을 높게 한 요인으로 작용하였던 것이다.

이를 왕조별로 구분하여 볼 때 순조대가 92%로 비교적 높은 검거율을 보이고 있다. 그리고 영조대의 경우 다른 왕조에 비해 親鞫을 하는 등 주모자 검거에 강경책을 폈음에도 불구하고 67%의 검거율로 순조대보다 낮은 분포로 나타나고 있음을 볼 수 있다.

또한 주모자가 체포되지 않은 10건의 경우를 보면 숙종대와 헌·철종대가 많은 수를 차지하고 있다. 이와 같이 주모자의 검거율이 영조나 순조에 비해 상대적으로 낮았던 것은 당시의 시대적 여건과 깊은 관계가 있었던 것으로 보인다. 즉 숙종대의 경우는 괘서사건이 나타나기 시작한 시기이고, 지역적으로도 비교적 다른 곳보다는 범위가 넓고 인구가 많은 서울에 집중된 것과 관련이 있으며, 철종대는 임술농민항쟁과 함께 전국적으로 사회적 혼란이 지속되어 행정권과 치안이 효과적으로 이루어지지 못한 시대적 배경이 주모자의 검거를 용이하지 못하게 만든 원인이 아닌가 생각된다.

제2절 歷史的 機能과 役割

1. 情報傳達・輿論形成・變亂企圖로서의 機能

조선후기 패서의 기능 가운데 가장 중요한 것은 여론형성을 위한 언론적 기능이라 할 수 있다. 정보매체가 발달되지 못한 전근대사회에서 정보전달이나 여론조성 등은 대부분 사람들의 입을 통해서 전달되는 것에 의존하였다.3) 口傳으로 전달되는 대표적인 것으로는 讖謠나 流言, 訛言 등이 있으며, 이들을 글로 적어 표시한 것으로 掛書・匿名書 등을 들 수 있다. 따라서 패서는 전근대사회 민의 커뮤니케이션으로서 역할한 참요나 와언・유언비어 등을 활성화하는 매개체가 되었을 뿐만 아니라 여론형성의 직접적인 원인을 제공하기도 하였다.4)

조선후기 패서가 정보전달의 기능을 가지고 있었음은 다음의 기록에서 알 수 있다.

「…차마 듣지도 입에 담을 수도 없는 말로써 여러 신하들의 죄목을 꾸미고, 익명서를 만들어 길가의 민가에 붙이거나 관아의 담장

---

3) 물론 국가 차원에서 정보전달을 위한 봉수나 파발제도가 존재해 있었고, 대민행정 차원에서 榜을 걸어 뜻을 알리는 정도의 정보전달 방법이 있었으나 여기서는 民들간의 사회적 문제 혹은 소문이나 풍문, 다른 지역에서의 사건발생 등에 관한 정보 전달을 의미한다.
4) 讖謠・訛言 등이 조선시대 민중의 커뮤니케이션으로서 역할하였다는 것은 金光玉의 연구에서 잘 알 수 있다. 그는 민중의 사회 내 커뮤니케이션을 口傳言語(orallanguage) 중심으로 연구하면서 '말 자체는 流言의 형태로 정보전달・수용기능과 개인적 긴장해소 및 사회인식의 기능을 통해 사회공론에 투입되었고, 謠는 고대로부터 세상의 인심을 노래하고 사회를 비판하는 가사가 나돌면 백성이 이에 讖應하는 현상이 있었고, 특히 동요는 어린이를 통해 사회 인식과 비판・예언의 기능을 수행하며 사회 공론에 참입하였다'고 주장하였다.(金光玉,「朝鮮朝 對抗 커뮤니케이션으로서의 讖謠考」『朝鮮時代 커뮤니케이션 硏究』韓國精神文化硏究院, 1995. 157쪽)

에 붙이거나 하여 널리 퍼뜨리려 하니 백성들이 일시에 모여 들어 다투어 적어 가기를 마치 科場의 문제를 베껴 가듯 합니다. 그래서 도처에 전파하고 있으니 일의 해괴함이 무엇이 이것보다 더 심하겠습니까.」5)

「縣에 괘서가 걸리는 변이 있은 연후에 눈이 있는 자는 모두 그 글을 보았고, 입이 있는 자는 모두 글의 의미를 말하였으며, 흉서의 意思가 모두 虛張聲勢에서 나온 말이라고 사람들마다 말하는데 나의 집이 읍내 가까이에 있어서 말을 전해 들었다.」6)

위의 두 가지 괘서관련 기록은 모두가 괘서 내용의 정보가 전달되는 양상을 보여 주고 있다. 즉 괘서의 내용을 民들이 앞 다투어 베껴 가는 것이 마치 과거시험장에서 문제를 베껴 가는 것과 같으며, 괘서가 걸린 이후에 그 내용을 직접 많은 사람들이 보았을 뿐 아니라 民들 스스로 그 문구에 대한 해석을 시도하는가 하면 民에 의해 다른 지역으로의 전달이 이루어지고 있음을 알 수 있다. 이는 곧 괘서가 정보전달의 매개체가 되고 있음을 보여 주는 것이라 할 수 있다.

이와 같은 정보전달은 물론 보다 더 큰 기능으로서 여론형성의 기능도 가지고 있었다. 이는 위의 기록에서도 알 수 있거니와 다음의 기록에서 보다 분명하게 살펴볼 수 있다.

「글을 지으면 필시 虛가 實이 되고, 無가 有가 되는 것이므로 이 일을 해야하는 것이며, 이 글을 지은 연후에는 인심이 소동하게 되고, 인심이 소동하게 된 연후에는 무리가 많이 소속하게 되어 渠黨이 되는 것이다.」7)

---

5) 『備邊司謄錄』 35冊 肅宗 5年 7月 28日條. 『肅宗實錄』 卷8 肅宗 5年 7月 己未條.
6) 『右捕盜廳謄錄』 第9冊 甲寅 9月 15日條.
「縣掛書變出之後 有目者皆見其書 有口者皆言書意 凶書意思 全出於虛張聲勢之意 是如 人人言之 而矣家在於邑內之致 慣聞傳言矣」

결국 民들은 이미 괘서가 無를 有로 만들 수 있고, 虛를 實로 만드는 힘을 가진 매개체라는 인식을 가지고 있었음을 알 수 있다. 이는 곧 언론을 통한 여론의 힘과도 같은 것이다. 즉 조선후기의 유언비어를 글로서 적어 괘서하였을 때 그 내용이 사실인 것처럼 알려지게 되고, 반대로 전혀 근거없는 이야기를 글로 적어 괘서함으로써 마치 있었던 일인 양 民에게 급속도로 확산시킬 수 있음을 의미하는 것이다. 實例로서 景宗과 英祖의 왕위계승 과정에서 노론에 의한 경종의 독살설이 민간에 널리 유포되어 있었고, 이러한 내용을 노론의 반대세력인 급진적 소론 계열들이 글로서 적어 괘서의 내용에 포함시킴으로써 객관적 사실화하려고 시도했던 사건이 그 대표적인 사례이다. 이것이 곧 여론 형성의 힘을 빌리고자 했던 것이며, 괘서는 그 기능을 수행하기에 적합했던 것이다.

이같은 여론 형성에는 반드시 정부 비판적 요소만이 있었던 것은 아니다. 비록 여러개의 괘서사건 가운데 한 건에 불과하지만 왕의 병환이 심각하니 民들이 성금을 모아 제사를 지내자는 여론을 형성하기 위해 괘서가 이용되기도 하였다.

> 「성상의 환후가 여러 달을 끌고 있으니 臣者된 자로서 정성으로 기도를 올려 재앙을 물리치는 절차가 있어야 마땅하다. 5部의 백성으로 하여금 성금을 내어 祭需를 돕게 하자.」[8]

다음으로 變亂企圖로서의 기능은 괘서를 통해 여론을 형성한 이후에

---

7) 『推案及鞫案』卷27 282冊 罪人致奎昌坤柳性浩李元基鞫案 4月 16日 金致奎更推白等條. 644쪽.
「昌坤言作如此書時 必指虛爲實 指無爲有 豈必盡有是事耶 如此書之然後 人心騷動 人心騷動然後 多屬於渠而爲渠黨云矣」
8) 『肅宗實錄』卷55 肅宗 40年 5月 壬寅條.

사회의 혼란을 틈타 변란을 일으키고자 하는 목적에서 괘서사건을 일으킨 경우에 해당한다. 괘서사건의 다양한 기능 가운데 변란을 기도한 기능으로서의 괘서사건은 보다 구체화된 행동양식의 하나로서 치밀한 계획하에 추진 되었던 것이다. 이러한 기능으로서 이용된 괘서사건의 대표적인 사례를 보면 다음과 같다.

「문장력이나·무예·힘이 있으면서 하는 일이 없고 失農한 사람들은 나의 북소리와 나의 倡義를 따르라. 재상이 될 만한 자는 재상을 시키고, 장수가 될 만한 자는 장수를 시키며, 지혜로운 자는 부림을 얻을 것이며, 꾀있는 자는 가까이 할 것이며, 가난한 자는 풍요로움을 얻을 것이며, 두려워하는 자는 숨겨줄 것이다.」[9]

위의 괘서 내용을 보면 지식인계층에서부터 일반 농민들로 뚜렷한 일이 없이 떠돌아 다니는 무뢰배들에 이르기까지 모두를 포용하면서 이들에게 자신을 따라 亂에 동참할 것을 요구하고 있다. 이는 마치 檄文이나 昌義文과 같은 형태를 보이고 있어 변란기도를 위한 사회혼란 유도의 용도로서 괘서가 이용되었음을 극명하게 보여 주고 있는 것이다.

이 외에도 순조 19년(1819) 경기도 수원에서 발생한 괘서사건에는 '金魯信을 都元帥로하여 諸將 80명과 10만의 병사들이 난을 일으킬 것이다'[10]는 내용이 기록되었고, 순조 26년(1826) 청주 북문 괘서의 경우 주모자인 金致奎는 '말을 들으면 함께 올 것이며, 말을 듣지 않으면 곧바로 죽일 것이다'[11]는 내용을 써 넣어 변란을 기도할 것임을 분명히

---

9) 『承政院日記』 嘉慶 6年 辛酉 12月 26日條.
「有文筆武藝氣力 無形勢所業失農者 應我鼓吹 從我倡義 相者相之 將者將之 智者使之 謀者近之 賓者豊之 畏者隱之」
10) 『純祖實錄』 卷22 純祖 19年 6月 壬辰條.
11) 『承政院日記』 道光 6年 丙戌 4月 29日條.「聽言則同來 不聽則速殺」

하였다. 또한 영조 4년 李麟佐 亂이 발생하였을 때 서울의 鐘街와 남원·전주 등 여러 지역에서 괘서사건이 발생하였는데 괘서의 주모자들은 그 목적을 '지금 우리의 수가 적은데 각 영의 기포는 날로 심해지고 있다. 이 때 만약 서울과 전주에 괘서하면 각 영은 반드시 우리의 무리가 많다고 의심하여 두려운 나머지 체포하려 하지 않을 것이다'고 진술하였다12). 이는 난이 이미 일어난 상태에서 괘서를 이용하여 자신들의 勢를 과시하고자 하였던 것이다. 즉 괘서는 변란의 계획단계에서 뿐만 아니라 진행 과정에서도 그 기능을 발휘하였던 것이다.

이상에서와 같이 조선후기 괘서는 민에게 있어서 각종 정보를 제공해 주는 매개체로서, 변란을 일으키기 위한 준비단계의 한 방법으로서, 괘서의 주모자들에게 유리한 여론을 조성하기 위한 언론적 기능으로서 자리매김하고 있었음을 알 수 있다. 괘서의 이러한 기능은 民의 言路가 막혀 있던 전근대사회에 민의 의사표출을 위한 탈출구로서 역사속에 자리매김 하였다는 점에서 그 의의가 있다 할 것이다.

2. 批判的 意思表現 道具로서의 役割

조선후기 괘서의 역할 중에 주목해야할 사항으로서 민의 비판적 의사표현 도구로서의 역할이 있다. 이는 합법적 범주 속에서 民들이 자신의 의사를 표출할 수 있는 방법이나 수단이 많지 않았고, 民訴와 같은 것이 있다 하더라도 신분제 체제 하에서 방법상의 절차를 모르거나 또는 결과가 오히려 자신들에게 불리하게 판정되는 경우가 있어 기피하였던 것이다. 그 예로서 정약용은 『牧民心書』에서 民의 訴狀이 처리되는 한 단면을 다음과 같이 적고 있다.

---

12) 『戊申別謄錄』 1冊 3月 15日 全羅兵使趙儆狀啓

「바야흐로 백성이 소장을 꾸밀 때에는 간신히 남의 손을 빌려서 자신의 간곡한 속사정을 적어낸 것인데, 아전이 그 소장을 보고할 때는 알맹이는 빼내어 버리고 그 끝부분만 아뢴다.」13)

이러한 상황 속에서 民들은 복잡한 절차를 거치지 않고도 자신의 의견을 표출할 수 있는 방법을 찾게 되었고, 그 가운데 하나가 괘서이다.

조선후기 괘서사건 가운데 개인의 의견을 표출한 대표적인 사건으로는 숙종 37년(1711) 迎恩門 掛書事件을 들 수 있다. 이 괘서의 주모자가 누구인지는 밝혀지지 않았으나 그 내용은 조선정부가 對中國關係에 있어서 전통적으로 우호관계를 맺어온 明나라를 저버리고 오랑캐로 인식해 온 淸나라와 친교관계를 유지하는 외교정책의 실태를 신랄하게 비판하고 있다. 나아가 청나라와 전쟁을 해서라도 對明義理를 회복해야 한다고 주장하고 있다. 이는 주모자 자신의 조선 외교정책에 대한 견해를 괘서를 통해 표출한 것으로서 주목되는 사건이다.

또한 영조 38년(1762) 12월 한성부 興化門에 걸린 괘서는 利川에 사는 李得龍이 利川의 수령에게 당한 개인적인 원한을 보복하기 위해 수령의 비리를 적어 괘서한 사건이 있다. 이 사건은 주모자 이득룡이 자신의 억울한 사연을 지방의 수령과 합법적인 방법으로는 문제의 해결을 도모할 수가 없음을 알고 서울까지 와서 그의 비리를 적어 괘서함으로써 자신의 의사표현 권리를 전개한 것이다. 순조 26년(1826) 청주 괘서사건의 경우도 주모자 김치규와 이창곤 등이 정부에서 풍덕의 향교를 없애버린 정책에 대해 반대의견을 표시하면서 자신들의 의사를 괘서를 통해 표출하고 있다.

이와 같이 民의 개인적인 의사표현을 괘서를 통해서 표출하는 과정에서 단순한 의견제시의 수준에서 머무른 것이 아니고 대부분은 정부

---

13) 丁若鏞,『牧民心書』刑典六條 第1條 聽訟 上.
　　「方民之修狀也 艱辛借手 寫其情曲 乃吏之告狀也 刪沒精神 擧其結語」

나 관리에 대한 비판으로 이어진다.

　영조 10년(1734) 대구에서 발생한 괘서사건은 그 지역에 살고 있던 한미한 집안의 徐武弼이 경상감영의 營裨 權順性에게 곤장을 맞고 자신의 억울한 사정을 호소할 길이 없자 그의 비리를 글로 적어 괘서하였던 것이다. 이는 비록 단순한 개인적 원한관계에서 비롯된 사건이라 할지라도 죽음을 무릅쓰고 괘서한 것은 그의 비판의식이 있었기에 가능하였다. 그러한 의식이 없었다면 억울하게 당하고 나서도 자신의 처지를 생각하면서 체념하는 단계에 머물렀을 것이기 때문이다. 영조 24년(1748) 『道詵秘記』의 내용을 인용하면서 왜구가 쳐들어 온다는 내용으로 淸州와 文義 사이에 괘서한 李之曙도 '나라를 원망하는 마음에서 나라에 해를 끼치게 하기 위하여 괘서하였다'고 그 목적을 진술하고 있어 자신의 비판의식을 분명히 표출하고 있다. 뿐만 아니라 영조 31년(1755) 나주에서 발생한 괘서사건은 '조정에 간신이 가득 차서 백성들이 도탄에 빠져 있다'고 정부를 비판하고 있으며, 숙종 41년(1715) 돈화문에 걸린 괘서사건도 현직 고위 관리들의 이름을 실명으로 거론하면서 비판하고 있다. 이와 같이 조정 관리들의 비리나 정책을 비판하는 내용은 앞서 살펴 보았듯이 조선후기 전체 43건의 괘서사건 가운데 18건으로 42%를 차지하고 있어 가장 많은 점유율을 보이고 있는 점을 통해서도 괘서가 비판적 의사표현 도구로서의 역할을 충실히 수행했음을 보여주고 있다 할 것이다.

結 論

　본 연구에서는 조선후기 정치·사회적 변화과정 속에서 掛書사건의 발생양상 및 변화과정과 주요내용, 정부의 반응 등을 살펴보았고, 각 시대별로 괘서가 가지고 있는 성격과 특징을 서술하였다. 그리고 이러한 괘서사건이 역사속에서 어떠한 기능과 역할을 수행하였는가를 살펴보았다.
　民의 저항형태 가운데 하나인 괘서사건에 대한 분석 결과 조선후기의 괘서가 민의 의사표현의 한 방법으로서 활용되어 일종의 언론적 기능을 수행하였고, 비판 대상은 정치적·사회적 문제에 이르기까지 폭넓게 퍼져 있었음이 밝혀졌다. 나아가 민의 정치 및 사회에 대한 비판의식도 활발하게 이루어 졌음을 알 수 있었다.
　匿名書의 범주에 포함되는 掛書는 조선후기에 나타난 사회적 결과물로서 字意的으로 볼 때 '글을 걸다'는 의미를 가지고 있으며, 조선후기에 들어 고유명사화된 하나의 역사용어로 정착되어 갔다. 전근대사회 民의 비합법적인 의사표현 방법 가운데 하나인 괘서는 주로 사람이 많이 왕래하는 성문이나 관아의 문루, 場市 등에 밤에 몰래 게시하는 글로서 주요 내용은 정부의 정치형태와 정책에 대한 비판, 관리의 부정부패에 대한 비판과 각종 역모설, 난을 일으킨다는 선동적 내용, 각종 秘記를 인용한 조선의 멸망설 등 다양한 형태를 띠고 있다.

　조선후기 중앙에 보고되어 史料에 기록된 괘서사건의 발생건수는 약 43건이다. 이 중에서 지역별로는 정치·경제·사회·문화의 중심지인 서울이 22건으로 52%의 발생율을 보이고 있으며, 전라도와 경상도가 각각 7건씩으로 32%를, 충청도가 6건으로 14%를, 경기도가 1건으로 2%의 분포를 보이고 있어 서울과 下三道에 집중적으로 나타나고 있다. 그리고 왕조별로는 영조대가 15건으로 전체의 35%를 차지하여 가장 많은 괘서사건이 발생하고 있으며, 다음으로 순조대가 12건으로 28%의 점유율을 보이고 있다. 시기별로는 18세기 전반기와 19세기 전반기에 각각 15건씩으로 전체의 70%가량을 차지하고 있다. 이는 이 시기가 정치적으로나 사회적으로 혼란기임을 입증하는 것이다.

　괘서사건의 주모자 검거는 43건 가운데 모두 29건으로 약 67%의 검거율을 보이고 있으며, 사건이 미결로 남은 것이 10건, 주모자를 체포하여 형을 집행하였으나 진범인지의 여부가 불분명한 것이 4건의 분포를 보이고 있다. 그리고 왕조별로는 순조대가 92%로 비교적 높은 검거율을 보이고 있다.

　또한 괘서사건의 발생지역이 숙종대에는 서울에 집중되어 있다가 영조대에는 서울과 지방의 南原·全州·羅州·大邱·淸州 등 대도시로, 순조대에는 서울과 河東·宜寧·昌原·淸州·公州·水原 등 비교적 인구가 많은 大都市와 中小都市로, 헌·철종대는 서울과 山淸縣·三嘉縣·奉化·大興郡 등 비교적 작은 읍·현으로 확대되어 갔다. 이러한 현상은 괘서가 시기적으로 중앙에서 지방으로 점차 확산되어 가고 있음을 보여주는 것으로 지역적 확산에 따른 계층적 확산도 이루어지고 있다. 즉 괘서사건 주모자들의 신분층은 관직을 지낸 자에서부터 양반 및 일반 평민과 노비에 이르기까지 다양하게 나타나고 있다. 이는 괘서 발생지역이 19세기로 오면서 보다 광범위하게 지역적으로 확대되고 있는 점과 유기적으로 관련지어 볼 때 민의 정치의식이나 사회의식도 각계 각층 및 도시와 지방에 이르기까지 널리 확산되어 가고 있음을 엿볼 수 있게 한다.

조선후기 괘서의 주요 내용은 크게 세가지 유형으로 나누어 볼 수 있다. 첫째는 정부 관리나 정책을 비판하는 내용, 둘째는 讖書 등 秘記를 주로 이용하여 조선의 멸망설, 鄭眞人 說, 洪景來 不死說 등을 기록한 내용, 셋째는 외부의 침략 또는 난의 발생을 예언하거나 난을 선동하는 내용이다.

첫 번째의 경우 그 주모자들은 대부분 지식인들로서 정계에서 몰락한 후 정계복귀를 도모하거나, 政爭의 여파와 함께 정치적 이해관계와 어울어져서 괘서하는 것이 많다. 이러한 유형의 괘서사건은 조선후기 전체 43건 가운데 모두 18건으로 약 42%를 차지하고 있다.

두 번째 유형은 현 왕조를 부정하는 역성혁명의 논리와 이상사회의 지향에 대한 논리를 가지고 있었던 『鄭鑑錄』과 같은 秘記類와 讖書가 민심을 끌어 모으고 동조세력을 규합하는데 중요한 기능을 담당하였음을 보여 주고 있다. 결국 당시 저항의식을 가지고 있던 일반민들은 다른 사람들을 설득할 수 있는 기본적인 이념이나 사상의 정립이 부족하였기 때문에 『鄭鑑錄』・『關西秘記』 등과 같은 秘記類의 이념을 그들의 목적을 달성하기 위한 수단으로 이용하였던 것이다. 이러한 유형은 모두 16건으로 약 37%의 점유율을 보이고 있다.

세 번째 유형은 곧 난이 일어날 것이며, 그 주도세력들은 누구누구이고, 조선의 운은 다하였으니 모두 일어나라는 등의 민심 선동적인 내용을 담고 있어 변란을 일으키기 위한 사전 준비단계에서 주로 이용한 경우이다. 이러한 유형은 모두 9건으로 전체의 약 20%를 차지하고 있다.

한편 괘서의 전파성은 매우 빨랐다. 발생장소가 사람이 많이 운집하는 곳이었기 때문에 民의 눈에 쉽게 노출되어 있었던 것이 하나의 요인이다. 그리고 실제로 영조대의 文義掛書事件의 경우 사건 발생 이후에 그 내용을 믿고 근거지를 버리고 피난하는 사람이 많아 고을이 텅텅 비는 사태에까지 이르는가 하면 자신의 논을 팔아 그 돈을 난을 일으키는데 비용으로 쓰도록 내놓는 자도 생겨나게 되었으며, 괘서의 내용을 앞을 다투어 謄書하여 가지고 있거나 내용전파에 이용하기도 하였다.

괘서사건에 대한 정부의 반응은 시대적 상황에 따라 다르게 전개되었다. 숙종대는 초기에 온건한 방법을 택하다가 연속적으로 괘서사건이 발생하면서 민심이 혼란해지고, 괘서의 내용이 현직 관리들을 정면으로 거론하여 비판하는데까지 이르자 사태의 심각성을 깨닫고 뒤늦게 강경한 자세로 전환하고 있다. 반면에 영조대는 괘서사건에 대하여 가장 강경한 정책을 견지하였다. 이때의 괘서 주모자에 대하여는 대부분이 영조가 직접 죄인을 국문하는 親鞫을 행하였다는 점에서도 그러하다. 영조가 이와 같이 사건의 처리에 적극적인 자세를 보인 것은 정치적으로 그의 왕권안정과도 관련이 있었기 때문으로 보인다. 즉 영조의 왕위계승 과정에서 老論과 少論 및 南人 사이에 많은 불협화음을 초래하였으며, 급기야는 景宗의 毒殺說로 발전되어 영조의 정치적 입지를 난처하게 만들었다. 나아가 이같은 영조의 약점을 빌미로 삼아 무신란을 일으켰던 급진계열의 소론세력들에 대하여 영조는 강경하게 대처할 수 밖에 없었으며, 여기서 파생되었던 괘서의 내용 또한 영조에게 이로운 점은 아니었기에 적극적으로 대처했던 것으로 생각한다. 영조대 괘서사건 가운데 1755년 나주괘서사건은 연루되어 죽은 자가 120여명에 달하여 정부의 괘서에 대한 정책을 알 수 있게 한다. 그리고 순조대 이후로는 괘서사건의 처리를 지방에 일임하고, 그들의 보고에 따라 처결에 대한 방침만을 내려 주었던 것이다.

이러한 괘서사건은 조선후기로 올수록 집단세력에 의해 이용되기도

하였다. 숙종대는 把子橋洞掛書事件이 南人勢力들과 연결되어 일어난 것 이외에는 큰 연결고리를 발견할 수 없다. 그러나 영조대는 괘서가 집단화된 저항조직에 의해 민심교란용으로 이용되고 있는 점을 발견할 수 있다. 즉 영조 4년(1728) 西小門掛書事件을 비롯한 일련의 鐘街·沃溝·臨陂 등지의 괘서사건이 무신란과 연계되어 사회적 혼란을 유도하기 위한 목적에서 이용되었던 것이다. 순조 12년(1812) 서울에서 발생한 괘서사건들도 농민항쟁과 연결되어 나타나고 있어 괘서가 집단화된 세력에 의해 이용되는 실상을 볼 수 있다.

그러면 조선후기 정치적 변화와 괘서사건의 연관성 및 사회적 변화와 괘서사건과의 관계 등을 괘서사건이 가지고 있는 성격변화를 통해 정리하면 다음과 같다.

숙종대의 괘서사건은 그 내용이나 목적에서 모두가 정치적 성격을 가지고 있다. 특히 숙종대 초기 南人과 西人 사이의 정치적 주도권 장악을 위한 소용돌이 속에서 남인들이 괘서를 통해 서인을 모함하는 글을 작성하여 게시한 것은 괘서가 정치적 목적의 한 수단으로 이용되었음을 극단적으로 보여 주고 있는 것이다. 그 결과 이 괘서사건은 남인들이 의도했던 것과는 반대로 오히려 그들이 숙청되는 庚申大黜陟의 換局이 일어났고, 남인의 거두이자 원로인 尹鑴와 許積이 賜死되는 한 원인으로 작용하였다. 뿐만 아니라 敦化門掛書事件의 경우도 현직 고위 관리들의 이름을 구체적으로 명시하여 비판하고 있다. 이들은 주로 소론계열의 인물들로서 당시 정권의 주도세력이었음을 생각할 때 괘서사건이 政爭에 이용되고 있었다는 또 하나의 實例이다. 그리고 비록 직접적인 인과관계는 찾아 볼 수 없다 할지라도 그 다음해 이른바 丙申處分으로 정국의 주도권이 소론에서 노론으로 이양되고 있는 점을 생각할 때 괘서의 정치적 성격의 일단을 살펴볼 수 있다. 결국 숙종대의 괘서사건은 그 내용이나 목적 및 처리결과에서 볼 때 주로 정치적인 관점에서 다루어 졌으며, 괘서가 사회적으로 民들이 널리 이용·유통되는 단계는 아니었던 것으로 보인다.

영조대는 정치적 성격과 사회적 성격을 동시에 내포하고 있다. 당초 정치적 이슈와 정권장악의 한 방편으로서 이용되던 것이 영조대에 오면서 정치적으로 몰락한 세력들이 세력의 만회와 아울러 민란을 유도하기 위한 사전 준비단계로서 여론을 형성하고자 괘서를 이용하였던 것이다. 대체적으로 노론이 정권을 장악하고 있던 영조대에 권력에서 소외된 소론의 급진계열들이 괘서를 이용하여 민심을 선동하고 나아가 권력을 되찾기 위한 발판을 마련하고자 했던 것이다. 그러한 목적에서 나타난 영조 31년의 나주괘서사건과 심정연 시권사건은 주모자들 본래의 목적을 달성하지 못한 채 오히려 영조의 왕권강화와 노론정권의 확립이라는 결과를 가져오기도 하였다. 이후 괘서사건의 주도세력은 비단 정치적 야심을 가지고 있는 지식인들에게만 국한되지 않고 그 이용층이 확대되고 있다.

반면 순조대는 대부분이 사회적 성격을 강하게 갖고 있으며, 정치적인 목적으로 이용된 사건은 거의 없다. 결국 괘서사건의 목적이나 성격이 19세기에 들어오면서 종래 정치적 성향에서 사회적 성향으로 바뀌어 갔음을 보여 주고 있는 것이다. 이는 민의 관심대상이 사회적 문제에 보다 많은 의식을 갖고 있었음을 의미하는 것이며, 상대적으로 정치적인 무관심의 표현으로도 해석할 수 있지 않을까 생각한다.

그리고 헌·철종대 괘서사건의 성격은 다양하게 나타나고 있다. 총 6건의 사건 가운데 사회적 성격을 가지고 있는 것이 전체의 50%를 차지하고 있으며, 정치적 성향과 경제적 요인을 가지고 있는 것도 각각 2건으로 33%에 해당하고 있다. 숙종대의 괘서사건은 정치적 성격이 강했고, 영조대는 정치적 성향이 강한 가운데 약간의 사회성을 띠고 있었으며, 순조대는 사회적 성격이 강한 양상을 나타내고 있는 것과 비교할 때 헌·철종대는 모두가 복합적인 양상을 띠고 있는 것이 주목된다 하겠다. 즉 이 때가 되면 괘서의 성격이 어느 특정한 분야에 치중되어 나타나지 않고 고른 양상으로 나타나고 있다는 점에서 그 폭이 좀더 넓어졌다 할 것이다.

　이와 같이 위의 여러 가지 괘서사건에 대한 연구결과를 놓고 볼 때 조선후기 괘서사건이 갖고 있는 역사적 기능을 다음의 몇가지로 요약할 수 있다. 첫째 輿論形成의 기능을 담당했다는 점, 둘째 난을 일으키기 위한 사전 준비단계인 變亂企圖의 기능을 가지고 있었다는 점, 셋째 정부의 정책이나 관리들의 부정부패에 대한 批判機能을 가지고 있었다는 점, 넷째 비합법적인 방법 내에서 民의 意思表現 道具로서의 기능과 역할을 담당했다는 점, 마지막으로 조선후기 情報傳達을 위한 言論的 機能을 담당했다는 점 등을 지적할 수 있다.

　결과적으로 볼 때 조선후기 민들은 전근대사회 정치·사회적 억압과 모순에 대항하여 비합법적인 방법으로서 자신의 의사표현을 저항의 한 方便인 괘서를 통해 표출하였고, 이러한 괘서사건은 후대로 내려 올수록 지역적인 확대와 함께 참여계층의 다양화 현상으로 나타나고 있다. 이는 곧 조선후기 민의 저항의식과 비판의식이 점차 확대·성장하여 감을 나타내 주는 것이며, 나아가 괘서사건은 당시의 정치현실 및 사회상의 변화를 반영하고 있음을 보여주는 것이다 그리고 이러한 민의 의식 성장은 1862년의 대대적인 농민항쟁을 불러 일으키는 사상적 원동력이 되었음은 물론 개항 이후 東學으로 발전되는 밑바탕이 되었던 것이다. 따라서 조선후기 民의 抵抗意識과 批判意識을 표출할 수 있는 창구역할을 담당하여 민의 의식변화를 활성화시켰던 괘서는 민의 주요한 저항수단으로서 자리잡아 조선후기 정치·사회변동을 가속화시키는 한 축을 담당했다는 점에서 그 역사적 의미를 찾아야 할 것이다.

<附 錄>

朝鮮後期掛書事件發生現況

	發生年度	發生場所	主 要 內 容	犯人	典據
1	효종 6년 (1655) 6월	전라도 金溝縣 客舍	지역의 선비와 전감사를 비난하는 내용	×	實
2	숙종 5년 (1678) 4월	한성부 把子橋洞	장수들의 이름을 열거하고 그들이 난을 일으킨다는 내용	○	實,備,燃,推
3	숙종 5년 (1678) 7월	한성부 관아 담벽	내용이 구체적이지 않음. 다만 백성이 내용을 등서하여 전파함	×	實,備
4	숙종 37년 (1711) 4월	한성부 迎恩門	조선의 외교정책을 비난. 특히 대청외교의 문제점을 비판함	×	實,備,承,鞫
5	숙종 40년 (1714) 2월	한성부 崇禮門	'不道之言'이라는 기록외에는 없음	×	實
6	숙종 40년 (1714) 5월	한성부 敎義門	왕의 병이 심하니 5부의 백성에게 돈을 거둬 제사하자는 내용	○	實
7	숙종 41년 (1715)10월	한성부 敦化門	조정 내외의 현직 고위관리 이름을 명기하여 비판한 내용	?	實,備,承,推
8	영조 3년 (1727)12월	전라도 全州 場市	무신란과 관련되며 왕과 조정을 비난하는 내용	○	實,承,備,推
9	영조 3년 (1727)12월	전라도 南原 場市	〃	○	實,承,備,推
10	영조 4년 (1728) 1월	한성부 西小門	〃	○	實,承,備,推
11	영조 4년 (1728) 2월	한성부 鐘街	〃	○	實,承,備,推
12	영조 4년 (1728) 3월	전라도 沃溝·臨陂	〃	?	實,承,備
13	영조 9년 (1733) 4월	전라도 南原 百福寺	왕을 비난하고 곧이어 난이 일어날 것이라는 내용	○	實,承,備,鞫,推
14	영조 9년 (1733) 7월	전라도 南原 城邊	무신란의 괘서내용과 유사하게 조정을 비판한 내용	○	實,承,備
15	영조 10년 (1734) 1월	경상도 大邱 鎭營門	지방관리들의 부정부패를 비난하는 내용	○	實,承,備,日
16	영조 14년 (1738) 3월	한성부 景福宮門	조정의 관리들을 거명하여 비판하는 내용	×	實
17	영조 17년 (1741)10월	한성부 闕門 밖 紅馬木	趙顯命 朴文秀 등의 관리를 비난하는 내용	×	實

18	영조 24년 (1748) 5월	충청도 淸州·文義	비기를 이용하고, 왜구들이 쳐들어 온다는 내용	?	實
19	영조 29년 (1755) 2월	전라도 羅州牧 客舍	조정의 대신과 국가의 정책을 비난한 내용	○	實,承,備
20	영조 38년 (1762) 2월	한성부 闕門	讖書와 秘記를 이용하여 민심혼란을 획책하는 내용, 미수사건	○	實
21	영조 38년 (1762)12월	한성부 興化門	지방의 수령의 탐학을 비난하는 내용	○	實
22	영조 47년 (1771)	한성부 迎恩門	내용을 알 수 없음	?	實
23	정조 21년 (1797) 5월	한성부 鍾街	난리가 일어난다는 내용	○	
24	순조 1년 (1801) 6월	경상도 河東 斗峙場	참서를 이용하여 민심의 혼란을 유도하는 내용	×	實,推
25	순조 1년 (1801) 7월	경상도 宜寧	〃	○	實,推
26	순조 1년 (1801) 8월	경상도 昌原	〃	○	實,推 承,備
27	순조 4년 (1804) 3월	한성부 四大門	참서를 이용하여 서울의 4대문에 모두 괘서하려다 실패함	○	實,推
28	순조 7년 (1807) 1월	한성부 文禧廟 南墻	현직 고위관료 17명의 이름을 列書하여 비난하는 내용	○	實,推
29	순조 11년 (1811) 6월	한성부 捕盜廳	내용이 기록되어 있지 않음	○	實,推 承,備
30	순조 12년 (1812) 2월	한성부 南門 石柱	홍경래난과 관련되어 서울에서 민심혼란을 유도하는 내용	○	實,推
31	〃	한성부 舊壯營 大門	〃	○	實,推
32	순조 19년 (1819) 5월	경기도 水原	난을 일으킨다는 내용으로 민심혼란을 유도	○	實,捕, 日
33	순조 26년 (1826) 4월	충청도 淸州 城門	實名으로 곧이어 난이 일어날 것이라고 주장한 내용	○	實,推
34	순조 26년 (1826)10월	충청도 淸州 城門	참서를 이용하여 민란을 선동한 사건으로 앞의 사건과도 관련됨	○	實,推
35	순조 28년 (1828) 1월	충청도 公州	내용없음 실제 발생년도는 1827년 가을임.	○	實,推
36	헌종 3년 (1837) 5월	충청도 大興郡 官衙	내용을 알 수 없음	○	實

37	헌종 10년 (1844) 6월	경상도 山淸縣 官衙	서양세력이 원수를 갚기 위해 처들어 온다는 내용, 비기와 관련됨	○	實,備 捕,山
38	헌종 10년 (1844) 6월	경상도 三嘉縣 官衙	비기와 참서를 이용하여 민심을 선동 하는 내용	○	實,備 捕
39	철종 4년 (1853) 12월	경상도 奉化	국가와 勢道를 비판하면서 민심을 선동함	×	實,備 捕,承 日
40	철종 11년 (1860) 9월	한성부 敦義門	내용을 알 수 없음	×	實,承 捕,日
41	철종 14년 (1863)11월	한성부 龍城府 大夫人墓	내용없음, 묘에 불을 놓아 잔디를 태우고 비문에 괘서함	×	實,承 捕,日
42	고종 4년 (1867) 3월	한성부 鐘閣, 六曹前,迎恩門	인심동요를 위해 동시다발적으로 괘서함. 내용 없음	○	實,捕
43	고종 13년 (1876) 2월	충청도 公州	내용을 알 수 없음	○	實

* 實은 『朝鮮王朝實錄』, 備는 『備邊司謄錄』, 承은 『承政院日記』, 推는 『推案及鞫案』, 鞫은 『鞫廳日記』, 日은 『推鞫日記』, 山은 『山陰記事』, 捕는 『捕盜廳謄錄』, 燃은 『燃藜室記述』을 가르킨다.
* 犯人에서 ×는 주모자가 체포되지 않은 것이고, ○는 주모자가 체포된 것이며, ?는 주모자로 체포되기는 했으나 진범인지가 불확실 한 경우이다.

參考文獻

1. 基本史料

『三國史記』『高麗史』『朝鮮王朝實錄』『備邊司謄錄』『承政院日記』『日省錄』『推案及鞫案』『左捕盜廳謄錄』『右捕盜廳謄錄』『左右捕盜廳謄錄』『鞫廳日記』『推鞫日記』『議政府謄錄』『鄭鑑錄集成』『經國大典』『大典會通』『大典通編』『續大典』『受敎輯錄』『朝野會通』『燃藜室記述』『星湖文集』『牧民心書』『擇理誌』『山陰記事』『勘亂錄』『大事編年』『黨議通略』『闡義昭鑑』『蒼筤』『壬戌錄』『增補文獻備考』『新增東國輿地勝覽』『輿地圖書』『大東輿地圖』

2. 著書 및 學位論文

姜周鎭, 『李朝黨爭史研究』 서울대출판부, 1971.
高錫珪, 『19세기 鄕村支配勢力의 변동과 農民抗爭의 양상』 서울대박사학위논문, 1991.
高成勳, 『朝鮮後期 變亂研究』 東國大博士學位論文, 1994.
具良根, 『甲午農民戰爭原因論』 亞細亞文化社, 1993.
近代史研究會, 『韓國中世社會解體期의 諸問題』 上·下, 한울, 1987.
金淇春, 『朝鮮時代刑典 －經國大典刑典을 中心으로－』 三英社, 1990.
金大吉, 『朝鮮後期 場市研究』 國學資料院, 1997.
金雲泰, 『朝鮮王朝行政史』(近世篇) 博英社, 1983.
金容燮, 『朝鮮後期 農業史研究 Ⅰ·Ⅱ』 一潮閣, 1970.
＿＿＿, 『韓國近代農業史研究』 一潮閣, 1975.
金容淑, 『閑中錄研究』 正音社, 1987.

망원한국사연구실,『1862년 농민항쟁』동녘, 1988.
裵惠淑,『朝鮮後期 社會抵抗集團과 社會變動硏究』東國大博士學位論文, 1994.
吳甲均,『朝鮮時代司法制度硏究』三英社, 1995.
吳 星,『朝鮮後期 商人硏究』一潮閣, 1989.
元永煥,『朝鮮時代 漢城府 硏究』江原大出版部, 1990.
元裕漢,『朝鮮後期 貨幣史 硏究』韓國硏究院, 1975.
_____,『朝鮮後期 貨幣流通史』正音社, 1978.
劉元東,『朝鮮後期 商工業史硏究』韓國硏究院, 1968.
李成茂·鄭萬祚,『朝鮮後期 黨爭의 綜合的 檢討』韓國精神文化硏究院, 1992.
李銀順,『朝鮮後期黨爭史硏究』一潮閣, 1988.
李章熙,『朝鮮時代 선비硏究』博英社, 1990.
李俊九,『朝鮮後期身分職役變動硏究』一潮閣, 1993.
李泰鎭,『朝鮮時代 政治史의 再照明』汎潮社, 1985.
이해준,『조선시기 촌락사회사』민족문화사, 1996.
李熙煥,『朝鮮後期 黨爭硏究』國學資料院, 1995.
李勛相,『朝鮮後期의 鄕吏』一潮閣, 1990.
鄭奭鍾,『朝鮮後期社會變動硏究』一潮閣, 1983.
_____,『조선후기의 정치와 사상』한길사, 1995.
鄭玉子,『朝鮮後期文化運動史』一潮閣, 1988.
_____,『朝鮮後期 知性史』一志社, 1991.
趙 珖,『朝鮮後期天主敎史硏究』高大 民族文化硏究所, 1988.
震檀學會,『韓國史 -近世後期篇-』乙酉文化社, 1965.
陳德奎 外,『19世紀 韓國傳統社會의 變貌와 民衆意識』高大民族文化硏究所, 1982.
崔南善,『朝鮮常識問答』三省文化文庫, 1974.
平木實,『朝鮮後期 奴婢制硏究』知識産業社, 1980.
한국역사연구회,『1894년 농민전쟁연구 1 -농민전쟁의 사회경제적배경-』역사비평사, 1991.
한국역사연구회,『1894년 농민전쟁연구 2 -18·19세기의 농민항쟁-』역사비평사, 1992.

한국역사연구회, 『1894년 농민전쟁연구 3 -농민전쟁의 정치사상적배경-』 역사비평사, 1993.
한국역사연구회 19세기정치사연구반, 『조선정치사 1800~1863』 상·하, 청년사, 1990.
韓國精神文化硏究院, 『朝鮮後期의 體制危機와 社會運動』 1989.
_____, 『傳統思想의 現代的 意味』 1990.
韓國精神文化硏究院, 『朝鮮時代 커뮤니케이션 硏究』 1995.
韓相權, 『朝鮮後期社會와 訴冤制度』 一潮閣, 1996.
Benjanin B. Weens 箸, 홍성식 역, 『東學百年史』 (Reform Rebellion and the Heavenly way) 서문당, 1975.

3. 論 文

姜錫和, 「1712년의 朝·淸定界와 18세기 朝鮮의 北方經營」 『震檀學報』 79, 1995.
高承濟, 「李朝末期 村落反亂運動과 村落社會의 構造的 變化」 『白山學報』 19, 1975.
金光玉, 「朝鮮朝 對抗 커뮤니케이션으로서의 識謠考」 『朝鮮時代 커뮤니케이션 硏究』 韓國精神文化硏究院, 1995.
金龍德, 「昭顯世子 硏究」 『朝鮮後期 思想史 硏究』 1977.
金容晩, 「朝鮮時代 17·18세기 民衆의 動向 -奴婢層을 中心으로-」 『國史館論叢』 37, 1992.
金容燮, 「哲宗朝 民亂發生에 대한 試考」 『歷史敎育』 1, 1956.
_____, 「朝鮮後期에 있어서의 身分制의 動搖와 農地占有」 『史學硏究』 15, 1963.
金仁杰, 「朝鮮後期 鄕村社會 權力構造 變動에 관한 試論」 『韓國史論』 19, 1988.
_____, 「17,18세기 향촌사회 신분구조변동과 <儒·鄕>」 『韓國文化』 11, 1990.
金鎭鳳, 「壬戌民亂의 社會經濟的 背景」 『史學硏究』 19, 1967.
金慧子, 「朝鮮後期 北邊犯越問題 硏究」 『梨大史苑』 18·19합집, 1982.

朴廣成,「高宗朝의 民亂硏究」『仁川敎育大學論文集』 14, 1979.
朴光用,「正祖年間 時僻黨爭論에 대한 재검토」『韓國文化』 11, 1990.
_____,「蕩平論의 展開와 政局의 變化」『朝鮮時代 政治史의 再照明』 汎潮社, 1992.
朴贊勝,「조선후기 농민항쟁사 연구현황」『韓國中世社會解體期의 諸問題』 下, 한울 1987.
裵亢燮,「壬戌民亂 前後 明火賊의 活動과 그 性格」『韓國史硏究』 60, 1988.
裵惠淑,「乙亥獄事의 參與階層에 關한 硏究」『白山學報』 40, 1992.
白鍾基,「事大交隣外交의 地政學的 및 歷史的 考察」『人文學硏究』 10, 成均館大學校, 1981.
孫承喆,「北學의 中華的 世界觀 克服」『江原大論文集』 15, 1981.
宋俊浩,「身分制를 통해서 본 朝鮮後期社會 性格의 일면」『歷史學報』 133, 1992.
申一澈,「解題 -鄭鑑錄에 대하여-」『韓國의 民俗·宗敎思想』 삼성출판사, 1990.
安秉旭,「朝鮮後期 民隱의 一端과 民의 動向 -正祖代 應旨民隱疏를 中心으로-」『韓國文化』 2, 1981.
_____,「朝鮮後期 自治와 抵抗組織으로서의 鄕會」『聖心女子大學校論文集』 18, 1986.
_____,「19세기 壬戌民亂에 있어서의 鄕會와 饒戶」『韓國史論』 14, 1986.
_____,「19세기 민중의식의 성장과 民衆운동」『역사비평』 제1호, 1987.
梁銀容,「鄭鑑錄信仰의 再照明」『傳統思想의 現代的 意味』 韓國精神文化硏究院, 1990
吳甲均,「英祖朝 戊申亂에 關한 一考察」『歷史敎育』 21, 1977.
_____,「鞠廳運營의 一貌 -趙聖復의 刑獄事를 中心으로-」『淸州敎育大學論文集』 제22집, 1985.
吳洙彰,「仁祖代 政治勢力의 動向」『韓國史論』 13, 1985.
우 윤,「민중사상과 민중운동」『역사비평』 역사비평사, 1988 봄.
劉鳳榮,「白頭山 定界碑와 間島問題」『白山學報』 13, 1972.
李相培,「肅宗朝 掛書에 關한 硏究」『江原史學』 제5집, 江原史學會, 1989.

_____, 「英祖朝 尹志掛書事件과 政局의 動向」『韓國史硏究』76, 1992.

_____, 「英祖朝 沈鼎衍 試券事件과 乙亥逆獄」『人文學硏究』제30집, 江原大學校論文集, 1992.

_____, 「朝鮮後期 漢城府 掛書에 관한 硏究」『鄕土서울』第53號, 서울特別市史編纂委員會, 1993.

_____, 「純祖朝 掛書事件의 推移와 性格에 관한 硏究 -1826년 淸州牧 掛書事件을 中心으로-」『史學硏究』第49號, 國史編纂委員會, 1995.

_____, 「山陰記事를 통해 본 山淸掛書事件의 特徵」『史學硏究』第50號, 國史編纂委員會, 1995.

_____, 「把子橋洞 掛書事件과 匿名書定罪事目」『鄕土서울』제57호, 서울特別市史編纂委員會, 1997.

_____, 「1712년 李天裁假稱御史事件에 관한 硏究」『江原史學』 13·14合集, 1998.

李相玉, 「英祖 戊申亂의 硏究」『友石史學』 2, 1969.

李相禧, 「朝鮮朝社會의 言路現象 硏究 -民意의 顯在化 過程을 中心으로-」『朝鮮後期의 體制危機와 社會運動』韓國精神文化硏究院, 1989.

李離和, 「北伐論의 思想史的 檢討」『創作과 批評』 10-4, 1975.

_____, 「19世紀 前期의 民亂硏究」『韓國學報』 35, 1984.

_____, 「19世紀 民亂의 組織性과 連繫性에 관한 한 硏究 -九月山勢力과 智異山勢力을 中心으로-」『嶠南史學』創刊號, 1985.

_____, 「朝鮮朝 黨論의 展開過程과 그 系譜」『韓國史學』 8, 1986.

李在喆, 「18世紀 慶尙右道 士族과 鄭希良亂」『大丘史學』 31, 1986.

李鍾範, 「1728년 戊申亂의 性格」『朝鮮時代 政治史의 再照明』 汎潮社, 1985.

李鍾日, 「朝鮮後期 社會階層考 -支配의 身分層을 中心으로-」『玄岩申國柱博士華甲記念 韓國學論叢』東國大出版部, 1985.

李鉉淙, 「16世紀 後半期 東亞의 情勢」『한국사』12, 국사편찬위원회, 1978.

李熙煥, 「肅宗과 己巳換局」『全北史學』 8, 全北大學校, 1984.

林承豹, 「朝鮮時代 邑號陞降에 관한 硏究」『民族文化』 제14·15호, 1992·1993.

全海宗, 「女眞族의 侵寇」『한국사』 12, 국사편찬위원회, 1978.

_____,「胡亂後의 對淸關係」『한국사』12, 국사편찬위원회, 1978.
鄭萬祚,「英祖朝 初半의 政局과 蕩平策의 推進 －蕩平基盤의 成立에 이르기까지－」『朝鮮時代 政治史의 再照明』汎潮社, 1985.
鄭奭鍾,「肅宗朝의 社會動向과 彌勒信仰」『朝鮮後期社會變動研究』 一潮閣, 1983.
_____,「조선후기 민중운동사의 과제」『현실과 전망』1, 1984.
_____,「朝鮮後期 理想鄕 追求傾向과 三峰島 －燕岩 許生傳의 邊山群盜와 無人島의 實在性여부와 관련하여－」『碧史李佑成敎授停年退任紀念論叢』下, 1990.
鄭昌烈,「조선후기 농민봉기의 정치의식」『韓國人의 生活意識과 民衆藝術』成均館大大東文化研究院, 1984.
趙 珖,「朝鮮後期 思想界의 轉換期的 性格」『韓國史 轉換期의 문제들』韓國史研究會 역음, 知識産業社, 1992.
崔鳳永,「壬午禍變과 英祖末・正祖初의 政治勢力」『朝鮮後期 黨爭의 綜合的 檢討』韓國精神文化研究院, 1992.
韓明基,「19세기전반 괘서사건의 추이와 그 특성 －1801년 하동・의령괘서사건을 중심으로－」『국사관논총』43, 1993.
韓相權,「18세기 중・후반의 농민항쟁」『1894년 농민전쟁연구 2 －18・19세기의 농민항쟁－』, 역사비평사, 1992.

索 引

(ㄱ)

家禮源流 39
歌詞 221
假稱御史 15
角牌 200, 204
甲戌換局 39, 79
姜嬪 79
강홍립 61
강화도 140
居昌 48, 49
擊錚 10, 11, 19
經國大典 27
景福宮 掛書事件 278
庚申大黜陟 38, 39, 46, 50, 52, 57, 94, 278, 302
庚申處分 106
경종의 독살설 131, 167, 177, 183, 301
經驗錄 185, 186
雇工 194
告變 86

郭世楗 37
關西秘記 17, 185, 200, 201, 203, 205, 233, 301
掛書 15
괘서 발생 장소 288
괘서의 파급효과 81
敎英契 164
求生之計 57, 237
具善行 157
具鎰 47
國都의 이동설 231
國祚編年 185
鞫廳 195, 275, 276
鞫廳日記 16
軍政 256
權大運 37, 46, 52, 54, 55
權道經 47
권리의식 233
권상하 167
權瑞鳳 104, 128, 129
權喬 69, 75

權흠事件　68
權順性　115, 116, 297
權以鎭　125
權益寬　108
權一衡　149
闕門掛書事件　120
均役法　109
金龜書　185
琴聖玉　264, 265, 269, 270, 273
朞年服　35, 36
己巳換局　38, 39, 79
奇彦杓　140
己酉處分　105, 106
吉喜徵　113
金觀柱　196
金洸　117
金機　245~249, 251, 253, 256, 258
金魯鼎　194
金魯亨　194
金道成　159, 160, 166, 172
金東弼　122, 123, 125
김두창　270
金龍澤　100
金尙魯　110, 133, 150, 160, 178, 179
金石卜　265, 268
金錫胄　38
金聖應　157, 158, 165
金成汗　245
金省行　100

金水宗　265, 269
金壽恒　35
金壽弘　36, 37
金升文　265, 267
金始慶　67
金始炯　115, 116, 118
金時煥　71
金演　67
金永建　114, 278
金外鼻　265, 269
金龍澤　104
金羽根　211
金宇杭　67
金遠聲　116
金元澤　114
金元八　114
金元河　114
金裕璿　245, 246, 248, 249, 251, 253, 254, 256, 258
金潤龜　113
金益勳　38, 47
金寅濟　163
金一鏡　100, 101, 102, 130, 146, 151, 160, 166
金在魯　84, 102, 106, 110, 165
金在默　194
金在昌　215, 216
김조순　213
김좌근　262
金柱天　141

索引 317

金重器 67
金祗 28
金昌淵 261
金昌集 83, 99, 100, 105, 106
金總角 130
金春澤 39
金取魯 106, 179
金致奎 207, 208, 210, 213, 221, 224, 226, 227, 228
金學成 191
金學淳 207
金沆 140
金浩 146
金弘壽 128
金興慶 110
金興根 239

(ㄴ)

羅貴永 140, 146
羅萬致 128
羅州掛書事件 17, 111, 132, 146, 148, 152, 155, 156, 160, 164, 171, 172, 179, 183, 278
南公轍 215
南九萬 39
南師古秘記 114
南原 百福寺의 괘서사건 111
南原城邊의 掛書事件 278
南有容 179
南就明 101

南泰齊 155
南泰徵 128
南泰會 151
內三廳 199, 201, 203
老·少聯政 106, 118
노론 17
노론4대신 100, 102, 104, 105, 108
농민항쟁 305
누르하치 61

(ㄹ)

陵上放火 15

(ㄷ)

黨爭 15
大功九月服 36
大邱掛書事件 115
大邱 鎭營 掛書事件 279
大急手 100
대리청정 146
大明律 27, 28, 29, 31, 32
大明律直解 28
對民意識 212
對民認識 10
大事編年 132
大典通編 27
大典會通 27
大興掛書 274
都堂錄會圈 108
도망노비 205

道詵秘記　119, 297
盜賊　15
圖讖書　185, 195
敦義門　196, 274
敦義門掛書事件　45, 274
敦化門掛書事件　16, 42, 81, 84, 86,
　　90, 91, 95, 96, 128, 278
동국정운　64
동학농민전쟁　12
遁甲奇門術　230
登聞鼓　10
리라호　248

(ㅁ)
麻晉先　92
明火賊事件　42
慕華思想　62
睦來善　37
牧民心書　24, 256, 295
睦虎龍　100, 102, 130, 151
誣告　57, 80, 94, 203, 226, 270
무고사건　69, 70, 74, 81, 97, 124
文光謙　186
文德奎　246, 249, 253, 254, 258
문묘배향　109
文秉璹　246, 258
文書色　15
문의괘서사건　120
文仁邦　186
文春宅　246

物故　93, 147
민간사상　222
민간신앙　187
閔觀孝　130
民權意識　233
民訴　10, 295
閔氏 복위운동　39
閔元普　128
閔鼎重　47
閔鎭遠　102
閔和局　246, 258
閔孝寬　23
閔孝達　141
閔厚基　141
閔熙　37, 52
密豊君 坦　104, 128, 131

(ㅂ)
朴綺壽　216
朴文秀　107, 117, 118, 128, 149,
　　155
朴師緝　168, 170
朴世采　39
朴埈　125
朴俊慶　111
朴志源　179
朴晉材　21
朴纘新　111, 117, 128, 141, 142,
　　164
朴七元　265, 267

朴弼夢　100, 102
朴弼周　107
朴弼顯　104, 128
朴亨瑞　215, 216, 218, 220, 222, 229, 203, 233
泮水橋　107
榜書　10, 22
裵綸慶　191
배오개장　127
裵縉慶　191
排淸思想　62
白尙福　77, 80
백수해　68
白天湜　186
白海鎭　217
犯越事件　69
壁書　10, 12, 16, 19, 25, 26
벽파　195
變亂企圖　291, 293
邊山　114
邊山의 도적　123
別問事郞廳　15
別刑房　15
丙申處分　39, 40, 95, 302
丙子胡亂　16
福昌君　38
奉化掛書事件　18, 258, 261, 270
秘記　17, 120, 121, 184, 185, 187, 188, 205, 209, 211, 227, 229, 231, 233, 237, 278, 279, 286, 297, 300, 305
비판의식　10, 12, 222, 226, 228, 233, 286, 290, 297, 305
批判意識의 高揚　182
貧士寒儒　233
貧寒士族　225

(ㅅ)

事大　61
四大門掛書事件　17, 189, 205
사도세자　179
斯文是非　99
邪學　15
산림　279
山林勢力　214, 222
山陰記事　18, 244
山淸掛書事件　18, 238, 242, 274
山淸縣邑誌　242
三嘉掛書　274
三年服　35
三省推鞫　15
三田渡　62
三政의 紊亂　256
上變書　15, 159
喪服　35
上言　10, 11, 19
徐命均　104
徐武弼　116, 297
西小門掛書事件　122, 132
庶子 堅　38

서종철 76
徐宗哲 誣告事件 57, 75
徐宗泰 65, 83
徐宗厦 100, 102, 146
徐志修 110
石間朱 247
先發之計 87
設賑 40
成國老 236, 237
勢道政治 18, 198, 251, 264, 266, 271, 273, 276
世弟의 代理聽政 99
세제책봉 146
小急手 100
소론 17
소론4대신 146
小中華觀念 62
昭顯世子 79, 104, 128, 131
續大典 27
宋國仁 192
宋文載 151
宋秀岳 161
宋時烈 37, 39, 38, 62, 109, 167
宋寅明 106~108, 118
宋載厚 102
宋浚吉 109
受教輯錄 32, 33, 44, 118
肅靖門 196
崇禮門 196
崇禮門掛書事件 44, 84, 90

乘門衍義 185
昇平門 21
試券 156, 157, 159, 172
試券事件 156, 164, 172, 177, 180, 304
是非不分(忠逆解消) 103
신강 214, 221
申季亮 230
申觀浩 239
神韜經 185
申斗炳 116
申晩 110
申命淳 239
申聞鼓 10, 19
辛生의 獄 79
辛聖老 49
申琓 47
辛酉大訓 107, 109
辛壬獄事 100, 102, 134, 152, 155
申天永 128
辛丑獄 100, 168
申致雲 166, 167, 170, 172
沈能岳 216
沈象奎 208, 212, 215, 216
沈相吉 100
沈成衍 155
沈星鎭 152
沈鏽 169, 170
沈攸 37
沈維賢 104, 128, 131

沈宜臣　236
沈鼎衍　155, 158, 159, 164, 172, 180, 303
沈鼎衍試券事件　156, 183

(ㅇ)

安光質　215, 217
安國民　263, 264
安東文化圈　259
알세스트호　248
암행어사 사칭　193
양수척　21
兩是兩非論　118
良役變通　109
양재역벽서사건　26
兩治兩解(老少扶抑)　103
어보　72, 74
呂光學　161
輿論形成　18, 291, 292, 293, 305
輿地圖書　242, 259
逆謀　15
역성혁명　219
延恩門　57
延礽君　99, 101
연좌율　220
영남학파　260
迎恩門　57
迎恩門掛書事件　16, 42, 46, 57, 66, 70, 74~76, 80, 84, 90, 128, 278
禮論　35, 36

吳廣　229
吳命佑　164
吳命恒　104, 128
吳時大　140
吳始壽　28, 36, 37, 43, 49, 55
吳載榮　196, 198, 199, 200, 203
吳挺緯　55
吳鶴齡　240
獄事　79
訛言　120, 123
綏少　104, 105
妖言　188
龍城府大夫人　239, 240
愚民論　212
愚夫愚婦　212
右捕盜廳謄錄　16
雲從街　127
元景夏　108
元子定號　38
衛正斥邪思想　62, 63
위조　72
柳經章　111
遺棄兒收養法　40
流浪知識人　227, 231
遊離　223
유리민　271
유명두　163
柳夢弼　88, 89
柳鳳輝　101, 104, 150, 152, 170
柳成龍　260

柳性浩　207, 214, 226, 227
柳壽垣　169, 171, 172
流言　291
유언비어　22, 25, 188, 219, 293
兪彦任　75, 76
柳頤泰　137
兪拓基　160
柳致仲　207
兪拓基　106
幼學　96, 191, 242, 252, 254, 257, 258, 285, 286
兪漢淳　193
柳赫然　46
六矣廛商街　127
윤광철　136, 140
尹梅　75, 76
尹命烈　220
尹尙白　141
尹聖時　100, 102, 146, 149
尹淳　104
尹陽來　107
尹元衡　47
尹拯　38
尹志　134, 136, 137, 138, 139, 140, 142, 147, 148, 150, 154, 160, 163, 164
尹趾完　39
尹震興　71, 72, 74
尹就商　68, 69, 83, 91, 146, 147, 152

尹致謙　216
尹惠　160, 163, 166
尹鑴　35, 49, 52, 53, 54, 56, 95, 303
乙巳處分　103, 128
乙亥逆獄　180
乙亥獄事　180
應旨上疏　101
李巨源　101, 168, 169
李健命　99, 100, 105
李健緖　265, 266, 271
李謙會　207, 208
李京來　186
李景明　50, 51, 52
李景純　239, 240
李景夏　45
李匡德　117
李匡師　142
李光佐　101, 104, 108, 125, 152
李奎汝　230, 231
李起徵　87~91
李基夏　67, 71, 77
李吉輔　151
李端夏　37
李得龍　296
李麟佐　154
李萬江　136, 137
李明彦　102, 146, 152, 171
李明誼　100, 101, 102, 152, 171
李明祚　141, 146, 148

李鳳鳴　101
李師尙　102, 146, 152
李思晟　128
李森　125
李瑞雨　37
李選　47
李聖龍　111, 114
李盛蕃　71, 72, 73, 74
李㻟　186
李性世　196, 198, 199, 200, 201
李成中　133
李世卿　86, 88~92
李世文　89
李修敬　142
李壽慶　37, 52, 55
李修範　142
李時秀　196
李時中　92
李時熙　141
李如松　65
李預　113
李檥　77, 80
李檥 誣告事件　77
이원기　214, 227
李元熙　239
李崴　113
李裕身　152
李有翼　104, 128, 129, 130, 131
李義淵　101
李頤命　66, 83, 99, 105, 106

李翊　32
李翼觀　129
李翊相　47
李益炡　149, 152
李益亨　47
李麟佐 亂　16, 17, 104, 113, 117, 121, 122, 128, 129, 132, 134, 141, 146, 152, 154, 178, 278, 282, 295
李日佐　128
李章吾　158
李齊春　140
吏族家　253
李宗茂　138, 140, 146
李宗城　117, 166
李鍾呂　236
李埈　161
李重明　87, 88, 89, 90, 91
李重述　101
李重煥　261
李之曙　119, 297
李之時　119
李止淵　272
李眞儒　100, 102, 146, 152
이진해　68
李震化　191
李昌坤　207, 214, 215, 221, 228
李昌壽　152
李天紀　100, 104
李天輔　106, 179

李哲 194
李喆輔 155
李春躋 149
李台瑞 37, 50, 51, 52, 55
李台佐 104
李垕 104
李夏徵 142, 148, 149, 154, 160, 163, 164
李漢命 29
李行益 47
李亨逵 179
李㶅 128
李好春 191
李煥 38, 49, 50, 52, 53, 55, 56, 95
李滉 260
李孝植 137, 140
李希登 87
李喜之 100
匿名書 10, 12, 16, 19, 20, 26, 298
匿名書定罪事目 19, 27, 30, 31, 32, 33, 44, 96
仁宣王后 35, 36
仁祖反正 61, 243
林國薰 137, 138, 140, 148, 149
임금노동자 80, 268, 269, 271, 272
任百能 261
任瑞虎 128
壬戌告變 38
壬戌農民抗爭 243, 261, 290
임오지변 179

壬寅獄 100, 102, 104, 151
林柱國 102
林天大 136, 137, 138, 140, 146
任泰瑛 240

(ㅈ)

字小 61
張吉山 41
帳幕御用事件 38
張鵬翼 111
張日得 246
장천련 72, 73
張千連 誣告事件 57, 71, 77
장희빈사건 79
再造之恩 61
在地士族 214
저항의식 195, 205
全溪大院君 240
田政 256
田志孝 191
鄭鑑錄 121, 184~187, 205, 209, 211, 219, 222, 233, 234, 277, 283
庭鞠 50, 196, 213
鄭均 21
鄭基世 265
鄭道傳 259
丁未換局 104
情報傳達 18, 291, 292, 305
鄭尙采 215, 220, 222, 228, 229,

230, 231
鄭錫五 108
鄭世胤 128
丁若鏞 24, 256
鄭羽良 110, 125
鄭元容 262
丁酉獨對 99
鄭履祥 83
鄭日永 217
呈狀 71, 73
정중부 21
鄭知和 35
鄭眞人 說 280, 281
鄭纘述 158
鄭昌孫 23
鄭哲孫 191
鄭喆孫 240
정치의식 226, 231
정치지향적 성향 95
鄭倬 130
鄭珆錫 245, 246, 250, 252, 253, 255, 256, 257
鄭楷 100, 102, 152
鄭澔 102
鄭弘淳 152, 155
鄭翬良 152
鄭希亮 104, 128, 154, 207, 243, 260
趙大妃 35, 36
趙德奎 128

趙東鼎 141
趙東夏 141, 161
趙斗淳 239
趙文命 110, 118, 124
趙尙絅 106
曹錫雨 261
朝鮮常識問答 187
조선왕조의 멸망론 231
조선의 멸망설 280, 281, 300
趙聖復 100
趙榮順 179
趙禹錫 215, 217
趙雲逵 132, 133
趙載浩 107, 160
趙載洪 149, 152
調劑保合 107
趙泰耈 100, 101, 149, 152
趙泰億 101, 104, 125
趙泰采 99, 100, 105
趙顯命 107, 117, 118
趙珩 36
趙虎臣 114
鍾街掛書事件 125
左右捕盜廳謄錄 16
左捕盜廳謄錄 16
主謀者 檢擧 289
峻少 104
中華的 世界秩序觀 62
地師 225, 251
陳勝 229

陳有權　237, 238
眞淨秘訣　185, 186
晋州農民抗爭　256

(ㅊ)

讖書　120, 184, 188, 280
讖謠　291
讖緯說　185
昌義文　294
蔡濟恭　151
闡義昭鑑　17
淸南　37, 38, 56
淸要職　109
淸州掛書事件　32, 189, 222
淸州北門 掛書事件　279
崔斗徵　113
崔文億　265, 269
崔補　102
崔錫鼎事件　39
崔錫恒　100, 104, 152
崔怡　21
최충헌　21
推鞫　15, 216, 220, 275
推鞫日記　15
推鞫廳　217
推案及鞫案　15, 16
春塘臺　156
出身　96
忠逆是非　128, 154, 155
親鞫　15, 113, 116, 120, 121, 150, 198, 212, 276, 290, 302

(ㅋ)

커뮤니케이션　70

(ㅌ)

濁南　37
탕평비　107
蕩平收用(老少幷用)　103
탕평정치　284
탕평책　99, 103, 104, 139, 167
탕평파　105, 106, 107, 108, 109, 110, 139, 148, 150, 170, 172, 278
擇里志　242, 259
討逆慶科　156, 164
討逆庭試　172
토호세력　87, 90
通引　229
投書　10, 12, 15, 16, 19, 22, 26, 159, 172

(ㅍ)

파급효과　288
把子橋洞 掛書事件　16, 28, 29, 42, 46, 95, 278
破字點　228
八空菴　114
悖子逆孫　105
평안도 농민항쟁　193, 229, 234
平地手　100

豊德의 是非　228
筆契　140, 164
筆墨契員　114

(ㅎ)

韓師得　149
漢城府掛書　274
咸以完　39
海島의 眞人　219
鄕戰　261
許榮　239, 240
許倫　193
許穆　37, 52, 55
許積　35~37, 38, 46, 49, 50, 52, 55, 95, 303
홍경래　193, 211, 219, 229
洪景來 不死說　209, 233, 280, 281
洪啓禧　179
洪國榮　198
洪名漢　151
洪武正韻　64
洪武正韻體　63
洪福榮　186
洪鳳漢　110, 133, 157, 179
洪象漢　157, 158
洪奭周　188, 216
洪鍾英　245
洪致中　103, 106
還穀　256, 257
換局　35, 57, 94, 105, 303

幻妙門　229
環翠亭凶言　131
黃鎭紀　113
黃欽　57
懷尼是非　38
후천개벽설　237
訓長　225, 227, 231, 233, 251
凶疏　15
興仁門　196
興化門 掛書事件　279

조선후기 정치와 괘서

인쇄일	초판 1쇄	1999년 03월 01일
	2쇄	2015년 03월 05일
발행일	초판 1쇄	1999년 03월 07일
	2쇄	2015년 03월 25일

지은이 이 상 배
발행인 정 찬 용
발행처 **국학자료원**
등록일 1987.12.21, 제17-270호

서울시 강동구 성내동 447-11 현영빌딩 2층
Tel : 442-4623~4 Fax : 6499-3082
www.kookhak.co.kr
E-mail : kookhak2001@hanmail.net
ISBN 978-89-8206-348-0 *03910
가 격 16,000원

*저자와의 협의 하에 인지는 생략합니다.